21世纪经济管理新形态教材·国际经济与贸易系列

国际货物运输与保险

梁　瑞◎主　编
修媛媛　杨山峰　贾孝魁◎副主编

清華大學出版社
北京

内容简介

国际货物运输与保险是为国际贸易顺利开展保驾护航的两个关键环节,因国际贸易发展的需求而产生,同时又随国际贸易发展而不断创新与完善。该课程作为经贸类相关专业的一门专业课,具有理论性、实践性和操作性较强的特点。

本书以海洋货物运输方式为重点,同时兼顾铁路、航空、集装箱和多式联运等其他运输方式,介绍了国际货物运输与保险的基础理论和相关操作实务。本书有两个突出特点:①在系统梳理与分析比较的基础上,尽力呈现理论的发展脉络与实践的最新应用,凸显国际货物运输与保险的内在性质和实践重要性。②综合运用本章结构图、引导案例、知识链接、练一练、经典案例、本章小结、关键术语等模块,增加教材导学导读的趣味性和学生即学即练的便捷性。

本书适合作为高校国际经济与贸易、保险学、物流管理等相关专业的教材,同时也可作为国际货物运输与保险相关从业人员、研究人员及感兴趣的读者的参考用书。

图书在版编目(CIP)数据

国际货物运输与保险 / 梁瑞主编. —北京:清华大学出版社,2020.8
21世纪经济管理新形态教材. 国际经济与贸易系列
ISBN 978-7-302-55954-2

Ⅰ. ①国…　Ⅱ. ①梁…　Ⅲ. ①国际货运－高等学校－教材②国际货运－交通运输保险－高等学校－教材　Ⅳ. ①F511.41②F840.632

中国版本图书馆 CIP 数据核字(2020)第 120447 号

责任编辑:张　伟
封面设计:李伯骥
责任校对:宋玉莲
责任印制:宋　林

出版发行:清华大学出版社
　网　　址:http://www.tup.com.cn, http://www.wqbook.com
　地　　址:北京清华大学学研大厦 A 座　　**邮　　编**:100084
　社 总 机:010-62770175　　**邮　　购**:010-62786544
　投稿与读者服务:010-62776969, c-service@tup.tsinghua.edu.cn
　质量反馈:010-62772015, zhiliang@tup.tsinghua.edu.cn
　课件下载:http://www.tup.com.cn,010-83470158
印 装 者:三河市少明印务有限公司
经　　销:全国新华书店
开　　本:185mm×260mm　　**印　　张**:23　　**字　　数**:531 千字
版　　次:2020 年 8 月第 1 版　　**印　　次**:2020 年 8 月第 1 次印刷
定　　价:59.00 元

产品编号:069316-01

前言

对外贸易对一国经济与社会的发展起着非常重要的作用。国际货物运输与保险作为国际贸易活动的两个关键环节，是国际贸易活动得以顺利开展的重要保障。国际货物运输负责货物的跨境运送，运输方式、运输成本、运输技术以及运输系统管理等不仅影响国际贸易活动的顺利开展，还在一定程度上对国际贸易的规模、格局和国际竞争力产生影响。国际货物运输保险为货物的跨境运输提供风险保障，投保险种的选择、保险条款的保障范围、保险费率、保险理赔与索赔程序等直接影响被保险人的保险利益，进而影响进出口贸易商贸易利益的实现。由此可以看出，国际货物运输与保险的理论知识、相关操作实务和国际惯例与规则对国际贸易相关从业者和研究者非常重要。

国际货物运输与保险是国际贸易的衍生需求，"一带一路"倡议通过互联互通促进沿线国家和地区贸易发展的同时，也必将为国际货物运输与保险行业的发展提供更多的机遇，提出一些新的挑战。因此，在新时期，如何结合国际贸易活动的新形势和新特点，不断完善和发展国际货物运输与保险的理论和实践，以更好地为我国与"一带一路"沿线国家与地区对外贸易活动的顺利开展保驾护航，是国际贸易、国际货物运输与保险的相关从业者与研究者必须面对的新课题。

本书旨在对国际货物运输与保险的基础理论和相关操作实务进行全面阐述。全书包括两部分内容。第一部分为国际货物运输，共分为7章。在对国际货物运输进行基本概述的基础上，分别介绍了海运、铁路、航空、集装箱、公路和其他几种运输方式以及国际多式联运的基础知识与实务操作内容。第二部分为国际货物运输保险，共分为6章。在对保险的基础知识和基本原则进行阐述的基础上，重点介绍了海洋运输货物保险的保障范围、中国海洋运输货物保险条款和伦敦保险协会海洋运输货物保险条款。同时也对陆运、航空运输和邮包运输货物保险进行了介绍。最后介绍了国际货物运输保险的相关实务。

考虑到本课程具有较强的专业性和应用性，本书在编写过程中力争呈现以下特点：①强调系统梳理与分析比较，努力呈现国际货物运输与保险理论和实践的发展脉络；②突出案例和资料的专业性、时效性和应用性；③注重编写体例的灵活性和多样性。本书每章都设有本章结构图、引导案例、知识链接、练一练、经典案例、本章小结、关键术语等模块，增加教材导学导读的趣味性和学生即学即练的便捷性。

本书由梁瑞（北京联合大学）担任主编，修媛媛（北京联合大学）、杨山峰（郑州商学院）和贾孝魁（郑州商学院）担任副主编。各章分工如下：第一章、第七章和第十二章由杨山峰编写，第二章、第八章、第九章、第十章和第十一章由梁瑞编写，第四章、第五章和第六章由贾孝魁编写，第三章由修媛媛编写，第十三章由梁瑞和修媛媛共同编写。宋远参与了部分章节资料的收集与整理工作。梁瑞对全书进行了审校。

本书是北京联合大学“十三五”规划教材，在编写的过程中参考了大量专家学者的成果，本书的出版同时得到了清华大学出版社的大力支持，在此一并表示衷心感谢！

由于国际货物运输与保险面临复杂而多变的发展环境，更囿于编者的认知水平，书中难免存在不足之处，敬请专家、学者和广大读者给予批评、指正，以待编者不断对其进行修正和完善。

编　者

2020 年 4 月

目录

第一章

国际货物运输基本概述

【本章结构图】

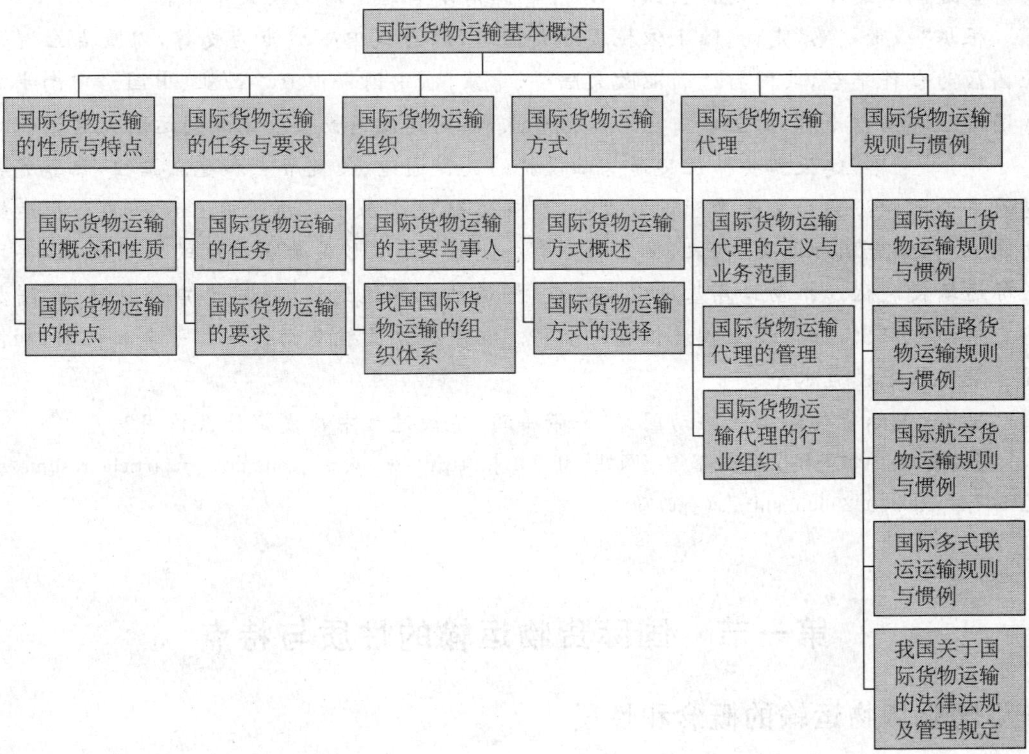

【本章学习目标】

1. 掌握国际货物运输的定义、性质及其特点
2. 了解国际货物运输的主要当事人及我国国际货物运输的组织体系
3. 掌握国际货物运输的方式及其选择
4. 理解并掌握国际货物运输代理的定义及其业务范围
5. 了解国际货物运输代理的行业组织及国际货物运输规则与惯例

引导案例

三部委联合发布"一带一路"愿景与行动

国家发展改革委、外交部、商务部于2015年3月28日联合发布了《推动共建丝绸之路经济带和21世纪海上丝绸之路的愿景与行动》。"一带一路"贯穿亚欧非大陆,一头是活跃的东亚经济圈,另一头是发达的欧洲经济圈,中间广大腹地国家经济发展潜力巨大。丝绸之路经济带重点畅通中国经中亚、俄罗斯至欧洲(波罗的海),中国经中亚、西亚至波斯湾、地中海,中国至东南亚、南亚、印度洋。21世纪海上丝绸之路重点方向是从中国沿海港口过南海到印度洋,延伸至欧洲;从中国沿海港口过南海到南太平洋。

根据"一带一路"走向,陆上依托国际大通道,以沿线中心城市为支撑,以重点经贸产业园区为合作平台,共同打造新亚欧大陆桥、中蒙俄、中国—中亚—西亚、中国—中南半岛等国际经济合作走廊;海上以重点港口为节点,共同建设通畅安全高效的运输大通道。

"一带一路"建设需要抓住交通基础设施的关键通道、关键节点和重点工程,配套完善道路安全防护设施和交通管理设施设备,提升道路通达水平。推进建立统一的全程运输协调机制,促进国际通关、换装、多式联运有机衔接,逐步形成兼容规范的运输规则,实现国际运输便利化。推动口岸基础设施建设,畅通陆水联运通道,推进港口合作建设,增加海上航线和班次,加强海上物流信息化合作。拓展建立民航全面合作的平台和机制,加快提升航空基础设施水平。

思考:国际货物运输在推动国家"一带一路"建设过程中应发挥什么作用?

资料来源:中华人民共和国商务部网站[EB/OL]. http://www.mofcom.gov.cn/article/resume/n/201504/20150400929655.shtml.(有改动)

第一节 国际货物运输的性质与特点

一、国际货物运输的概念和性质

(一) 国际货物运输的概念

运输活动是伴随着人类生产和生活的需要而逐步发展起来的,可以说,运输活动与人类的生产、生活息息相关。以中国为例,自古代开始,就非常注重运输通道的开通,相继开拓出了汉代丝绸之路(中原之地与西域之间交流的重要通道)、海上丝绸之路(沟通东亚、东南亚、南亚、中亚以及北非的海上商业渠道)、茶马古道(古代中国与南亚地区一条重要的贸易通道)等一系列重要的国际运输通道,曾经一直引领着世界的发展方向。

近代以来,随着货物运输现代化的不断推进以及运输技术的飞速发展,国际货物运输能力快速增强,整个世界变成了一个"地球村",极大地促进了国际贸易的开展。当前我国各大城市都可以买到来自世界各地的新鲜水果,同时中国的各类商品也走向了国际市场,邮政部门的国际货物运输水平有了较大提升，推出的国际快件业务极大缩短了各类包裹的运送时间，货物能够隔日到达全球多个城市。总体看，这些都离不开与我们日常生活密切相关的经济活动——运输。当前的国家"一带一路"倡议会进一步推动国际贸易的飞速发展，国际货物运输业务会更加繁荣，其重要地位会进一步凸显。

根据《中华人民共和国国家标准物流术语》对运输的解释，运输是指"用运输设备，将物品从一地点向另一地点运送。其中包括集货、分配、搬运、中转、装入、卸下、分散等一系列操作"。运输就其运送对象来说，分为货物运输和旅客运输，而货物运输又可按地域划分为国内货物运输和国际货物运输两大类。

国际货物运输，简言之，就是在国家与国家、国家与地区之间的运输。其实质是根据国际分工的原则，依照国际惯例，利用国际化的运输网络、运输设施和运输技术，实现货物在国际的流动与交换，以促进区域经济的发展与世界资源的优化配置。国际货物运输的总目标是为国际贸易和跨国经营服务，即选择最佳的方式与路径，以最低的费用和最小的风险，保质、保量、适时地将货物从某国的供方运到另一国的需方。国际货物运输可分为国际贸易物资运输和非贸易物资（如展览品、个人行李、办公用品、援外物资等）运输两种。由于国际货物运输中的非贸易物资运输往往只是贸易物资运输部门的附带业务，因此，国际货物运输通常被称为国际贸易运输。从一国来说，就是对外贸易运输，简称外贸运输。

（二）国际货物运输的性质

正如马克思所说："除了采矿工业、农业和加工制造业以外，还有第四个物质生产部门，它也经过手工业生产、工场手工业生产和机器生产三个不同阶段。这就是运输业，不论它是客运还是货运。"[①]运输作为一个特殊的物质生产部门，它所生产的东西是商品的场所变动，这就是运输的生产过程。商品在空间上的流通，即通过运输使商品位置发生移动，改变了商品使用价值的位移，从而使商品的交换价值增大，它可以按照高于原来产地的价格出售。由运输追加到商品中去的价值，等于使商品的使用价值发生位移所需要的劳动量，这个劳动量，一部分是物化劳动量，另一部分是活劳动量，这同其他一切商品的价值增加过程是一样的。

然而，作为一个独立的物质生产部门，国际货物运输同国内运输一样，有着自己的本质属性。这种本质属性主要体现在以下三个方面。

第一，国际货物运输是连接生产与流通的纽带。运输生产是物质产品生产过程在流通领域中的继续。没有物质产品生产就没有运输生产，反过来，没有运输把生产的产品运到消费地点，产品的使用价值就无法实现，物质产品的生产就会失去意义。

第二，国际货物运输提高了商品的价值。借助国际货物运输，实现商品位置的移动，可以提高商品的价值。也可以说，通过改变商品的使用价值的位置，可以提高商品的交换价值，增值的部分就是运输过程追加到商品中的价值。在国际贸易中，商品的运价包含于商品的价格中，商品的运价在商品的价格中占有一定的比重，一般来说，运价在低价值商品的价格中所占比重就大一些，如运价在原料性商品的价格中会占到50%甚至100%以

① 中央编译局. 资本论：第4卷 第一册[M]. 北京：人民出版社，1975：444.

上，而在高价值的制成品中一般只占10%～40%。商品的运价也和商品的生产价格一样，随着市场供求关系变化而围绕着价值上下波动。商品的运价随着商品的物质形态一起进入国际市场中交换，商品运价的变化直接影响到国际贸易中商品价格的变化。因此，从事国际贸易不得不重视运输在商品中的增值性。

第三，国际货物运输属于服务贸易范畴。运输业生产的产品是无形的，在运送商品的过程中，运输不能改变劳动对象的形状和性质，也不能生产出独立形态的产品。因此，运输在国际贸易中被划为服务贸易范畴。

综上所述，深刻认识国际货物运输的本质属性有利于人们重视国际运输业的发展，进而从宏观上加强对国际货物运输的发展规划和指导，从微观上加强对国际货物运输的投资和技术改造，使国际货物运输及相关产业成为国民经济发展的重要产业。

二、国际货物运输的特点

国际货物运输是国家与国家、国家与地区之间的运输，与国内货物运输相比，它具有以下几个主要特点。

（一）国际货物运输是一项政策性很强的涉外活动

国际货物运输是国际贸易的一个组成部分，在组织货物运输的过程中，需要经常同国外发生直接或间接的广泛的业务联系，这种联系不仅是经济上的，也常常会涉及国家之间的政治问题，是一项政策性很强的涉外活动。因此，国际货物运输既是一项经济活动，也是一项重要的外事活动，这就要求我们不仅要用经济观念去办理各项业务，而且要有政策观念，按照我国对外政策的要求从事国际运输业务。

（二）国际货物运输距离长、环节多

国际货物运输是国家与国家、国家与地区之间的运输，一般来说，运输的距离都比较长，往往需要使用多种运输工具，通过多次装卸搬运，要经过许多中间环节，如转船、变换运输方式等，经由不同的国家和地区，要适应各国不同的法规和规定。如果其中任何一个环节发生问题，就会影响整个的运输过程，这就要求我们做好组织工作，环环紧扣，避免在某环节上出现脱节现象，给运输带来损失。

（三）国际货物运输涉及面广，情况复杂多变

国际货物运输涉及国内外许多部门，需要与不同国家和地区的货主、交通运输、商检机构、保险公司、银行或其他金融机构、海关、港口以及各种中间代理商等打交道。同时，各个国家和地区的法律、政策规定不一，贸易、运输习惯和经营做法不同，金融货币制度的差异，加之政治、经济和自然条件的变化，都会对国际货物运输产生较大的影响。

（四）国际货物运输的时间性强

按时装运进出口货物，及时将货物运至目的地，对履行进出口贸易合同、满足商品竞争市场的需求、提高市场竞争能力、及时结汇都有着重大意义。特别是一些鲜活商品、季

节性商品和敏感性强的商品，更要求迅速运输，不失时机地组织供应，才有利于提高出口商品的竞争能力，有利于巩固和扩大销售市场。因此，国际货物运输必须加强时间观念，争时间、抢速度，以快取胜。

（五）国际货物运输的风险较大

由于国际货物运输环节多、运输距离长、涉及的面广、情况复杂多变，加之时间性又很强，在运输沿途国际形势的变化、社会的动乱，各种自然灾害和意外事故的发生，以及战乱、封锁禁运或海盗活动等，都可能直接或间接地影响到国际货物运输，以至于造成严重后果。因此，国际货物运输的风险较大。为了转嫁运输过程中的风险损失，各种进出口货物和运输工具都需要办理运输保险。

第二节　国际货物运输的任务与要求

一、国际货物运输的任务

（一）按时、按质、按量地完成进出口货物运输

签订国际贸易合同后，只有通过运输，及时将进口货物运进来，将出口货物运出去，交到约定地点，商品的流通才能实现，贸易合同才能履行。“按时”就是根据贸易合同的装运期和交货期的条款的规定履行合同；“按质”就是按照贸易合同质量条款的要求履行合同；“按量”就是尽可能地减少货损货差，保证贸易合同中货物数量条款的履行。如果违反了上述合同条款，就构成了违约，有可能导致赔偿、罚款等严重的法律后果。因此，国际货物运输部门必须重合同、守信用，保证按时、按质、按量完成国际货物运输任务，保证国际贸易合同的履行。

（二）节省运杂费用，为国家积累建设资金

由于国际货物运输是国际贸易的重要组成部分，运输的距离长，环节较多，各项运杂费用开支较大，故节省运杂费用的潜力比较大，途径也多。因此，从事国际货物运输的企业和部门，应该不断地改善经营管理，节省运杂费用，提高企业的经济效益，为国家积累更多的建设资金。

（三）为国家节约外汇支出，增加外汇收入

国际货物运输是一种无形的国际贸易，它是国家外汇收入的重要来源之一。国际贸易合同在海上运输一般采用 CIF（到岸价格）和 FOB（离岸价格）等贸易术语成交，按照 CIF 条件，货价内包括运费、保险费，由卖方派船将货物运至目的港；按照 FOB 条件，货价内则不包括运费和保险费，由买方派船到装货港装运货物。为了国家的利益，出口货物多争取 CIF 价格，进口货多争取 FOB 价格，则可节省外汇支出，增加外汇收入。国际货物运输企业为了国家利益，首先要依靠国内运输企业的运力和我国的方便旗船，其次考虑我国的租船、中外合资船公司和侨资班轮的运力，然后充分调动和利用各方面的运力，使货主

企业同运输企业有机地衔接,争取为国家节约外汇支出,创造更多的外汇收入。

(四) 认真贯彻国家对外政策

国际货物运输是国家涉外活动的一个重要组成部分,它的另一个任务就是在平等互利的基础上,密切配合外交活动,在实际工作中具体体现和切实贯彻国家各项对外政策。

二、国际货物运输的要求

(一) 选择最佳的运输路线和最优的运输方案,实现合理化运输

所谓合理化运输,就是按照货物的特点和合理流向以及运输条件,走最少的里程,经最少的环节,用最少的运力,花最少的费用,以最短的时间,把货物运到目的地。为此,组织国际货物运输时,就需要选择最佳的运输路线和最优的运输方案。具体需要做到以下两点。

第一,由于各种运输方式有着各自较合理的适用范围和不同的技术经济特征,因此在选择时必须进行全面的比较和分析,需要综合考虑货物的性质、货物的数量、运输的距离、运输成本、运输速度、市场需求的缓急程度以及运输风险等因素。

知识链接 1-1

不同类型的货物,对运输的要求是不一样的。

(1) 鲜活商品、季节性商品的运输要求:运输速度快、交货及时,以免贻误销售时机。

(2) 贵重货物的运输要求:因商品价值高,要求严格地保证运输质量。

(3) 货价较低的大宗商品的运输要求:要求低廉的运输费用,以降低商品成本,增加竞争能力。

因此,在确定运输方案时,一定要综合考虑不同类型货物的运输要求,进而作出科学决策。此外,对于同一种运输方式,如铁路或公路运输,可根据不同商品选择不同类型的车辆,海运可选择班轮或不定期船,以及充分利用运输工具回空来运输货物,等等。

第二,正确选择运输路线和装卸、中转港口。一般说来,应尽量安排直达运输,以减少运输装卸、转运环节,缩短运输时间,节省运输费用。必须中转的进出口货物,也应选择适当的中转港、中转站。进出口货物的装卸港,一般应尽量选择班轮航线经常停靠的、自然条件和装卸设备较好的、费用较低的港口。进口货物的卸港,还应根据货物流向和大宗货物用货地来考虑;出口货物的装港,则还应考虑靠近出口货物产地或供货地点,以减少国内运输里程,节约运力。

综上所述,国际货物运输就是要根据所运货物的特定要求,综合考虑运输速度、成本、质量等因素,实现合理化运输。

(二) 树立系统观念,加强协同配合,努力实现系统效益和社会效益

在国际货物运输的过程中,要切实加强货主、运输企业、商检、海关、银行、港口、船代

和货代等部门与企业之间的联系，相互配合、密切协作，充分调动各方面的积极性，形成全局系统观念，共同完成国际货物运输任务。特别是货运代理企业，还要综合运用各方面的运力，从综合运输系统和国际贸易整体的系统利益出发，除了努力争取本企业的经济利益以外，更重要的是考虑系统效益和社会效益，在完善企业自身的同时考虑企业的社会责任。

（三）实现国际货物运输"安全、迅速、准确、节省、方便"的要求

根据国际货物运输的性质和特点，针对国际货物运输的任务，经过多年的实践，中国外运集团提出的国际货物运输"安全、迅速、准确、节省、方便"的"十字方针"，已被广大相关企业和部门所认可。

第一，安全，即要求在运输过程中做到货物完好无损和各种运输工具的安全，如果运输过程中不能维护货物的质量，甚至造成大量货物的残次、破损和丢失，就不能保质保量地完成货物的运输；如果在运输中发生重大事故，车毁船沉，不仅不能完成任务，而且会造成生命和财产的重大损失，所以国际货物运输要把安全放在首位。

第二，迅速，即严格按照贸易合同的要求，把进出口货物及时地运进来或运出去。不仅国际市场有争时间、抢速度的问题，国内市场也同样面临这一问题，时间就是效益。只有不失时机地把出口货物运到国外市场，才有利于巩固出口货物的市场地位。

第三，准确，即要把进出口货物准确无误地运到交货地点，包括准确地办理各种货运单证手续，使单、货相符；准确地计收、计付各项运杂费，避免错收、错付和漏收、漏付。只有准确才能说得上又好又省，发生任何差错事故，必然会造成损失，这是显而易见的。

第四，节省，即要求通过加强经营管理，精打细算，降低运输成本，节省运杂费用和管理费用，减少外汇费用支出，用较少的钱办较多的事，为国家和社会创造更大效益。

第五，方便，即要简化手续，减少层次，为货主着想，急客户所急，立足于为客户服务。竭尽全力为客户排忧解难，要使客户感到办事手续、办事时间、办事地点、采用的运输方式，以及配套服务等方面十分便利。

总之，"安全、迅速、准确、节省、方便"是相辅相成的，要想成为有竞争力的、一流的国际货物运输企业，必须按照这一方针的要求贯彻执行。"十字方针"是一个有机联系的整体，可以根据市场供求的缓急、商品特性，以及运输路线与运力的不同情况，全面考虑，科学决策。

第三节　国际货物运输组织

一、国际货物运输的主要当事人

国际货物运输是一项系统性、复杂性的涉外活动，其业务的顺利开展离不开国际货运当事人的积极参与和通力合作。总结来看，国际货物运输的主要当事人主要包括以下三类。

（一）货主

在国际货物运输领域，货主(cargo owner)通常为外贸出口商或进口商，是指经营进出口商品业务的国际贸易商。他们为履行贸易合同组织货物进出口运输，是运输服务的需求方。通常，与承运人签订运输服务协议，在出口地或起运地向承运人交付货物的称为国际货物运输中的托运人(shipper)，在进口地或运输服务的目的地收取货物的称为收货人(consignee)。

（二）承运人

承运人(carrier)是指专门经营水路、公路、铁路、航空、管道等货物运输业务的运输服务提供方，如航运企业、公路运输公司、铁路运输公司以及航空公司等。这些企业通常拥有一定数量的运输设施和设备，如车、船、货场等，以此来为社会提供运输服务。但要注意，是否拥有运输设施和设备并不是判定承运人的唯一标准。

知识链接 1-2

《中华人民共和国海商法》(以下简称《海商法》)第 42 条规定："承运人"，是指本人或者委托他人以本人名义与托运人订立海上货物运输合同的人。"实际承运人"，是指接受承运人委托，从事货物运输或者部分运输的人，包括接受转委托从事此项运输的其他人。

由此可见，承运人包括船舶所有人(shipowner)和以期租(time charter)或光租(bare charter)的形式承租，进行船舶经营的经营人。

（三）运输代理人

运输代理人(freight forwarder)有很多种类型，主要有以下三种。

1. 货运代理人

货运代理人(forwarding agent)是指根据委托人的要求，代办货物运输业务的机构。它们有的代理承运人向货主揽取货物，有的代理货主向承运人办理托运，有的兼营两方面的代理业务。它们属于运输中间人性质，在承运人和托运人之间起着桥梁作用。

2. 船舶代理人

船舶代理人(ship's agent)是指接受船舶经营人或船舶所有人的委托，为他们在港船舶办理各项业务和手续的人。船舶代理人在港为委托人揽货，在装卸货港口办理装卸货物手续、保管货物和向收货人交付货物，为船舶补充燃料、淡水和食品，以及代办船舶修理、船舶检验，集装箱跟踪管理，等等。

3. 海运经纪人

海运经纪人(ship broker)也称航运经纪人，通常是指具有一定资格，在海运业务中专门为双方当事人提供或制造订约机会的人。在海上运输中，有关货物的订舱和揽载、托运和承运、船舶的租赁和买卖等项业务，虽然常由交易双方直接洽谈，但由海运经纪人作为媒介代办洽谈的做法已成为传统的习惯。我国海运经纪人的角色也属于船舶代理人的业务范围。

此外,国际货物运输与海关、国家出入境检验检疫局、港口当局(海上安全监督局和港务局)、保险公司、银行和外汇管理局、包装、仓储等机构有着较为密切的联系,共同组成了国际货物运输组织系统。

二、我国国际货物运输的组织体系

(一) 货主

在我国,货主主要包括以下企业。

(1) 各专业进出口总公司和地方外贸专业公司。

(2) 各工农贸公司。

(3) 有进出口权的工厂、集体企业。

(4) 外商独资、中外合资、合作企业和合营企业。

(二) 承运人

在我国,承运人主要包括以下运输企业。

1. 水上运输企业

(1) 中国远洋运输集团及下属各公司。

(2) 中国海运集团及下属各公司。

(3) 各地方轮船公司。

(4) 长江、珠江、黑龙江各航运公司。

(5) 中外合资、合作及合营的轮船公司。

(6) 外商独资的轮船公司。

(7) 中国外运集团所属的船公司。

2. 铁路运输企业

铁路局及其他具有独立法人资格从事铁路运输经营的企业。

3. 公路运输企业

交通运输部公路局管辖的各运输公司,以及中外合资、合作和联营企业的运输公司。

4. 航空运输企业

(1) 中国国际航空公司。

(2) 中国民用航空局管辖的其他各航空公司。

(3) 地方民用航空公司。

(4) 中外合资、合营的航空公司。

(5) 外国各航空公司。

(三) 运输代理人

1. 货运代理人

在我国,货运代理人主要包括以下企业。

(1) 中国外运集团及其在各地的公司。

(2) 中国外轮代理公司及其在各港的货代分公司。

(3) 中远集团货运公司及在各地的分公司。

(4) 中外合资、合作的代理公司。

(5) 外国货运代理公司在中国各地的分支机构。

(6) 经商务部正式审批的其他种类的货运代理公司,如仓储、公路运输、铁路运输、航空运输、各进出口公司,以及航运公司等成立的货代公司。

2. 船舶代理人

在我国,船舶代理人主要包括以下企业。

(1) 中国外轮代理公司及在各港的下属公司。

(2) 中国船务代理公司及在各港的下属公司。

(3) 经交通运输部批准的其他船舶(务)代理公司。

(四) 装卸人和理货人

装卸、理货业是接受货主或船舶营运人的委托,在港口为船舶进行货物的装卸、清点、交接、检验货损程度和原因并作出公证等项作业的行业。

1. 装卸人

装卸业是办理将货物装船和从船上卸下业务的行业。经营这种业务的企业/个人被称为装卸人(stevedore)或装卸业者。装卸人对于所在港口经常装卸的货物的包装、性质以及装卸方法都富有经验,对各种类型的船舶也都深有了解,能参与制订装卸计划,委托人对他们的装卸技术也有所信任。但是,由于装卸和积载的质量,对于船舶和货物的安全有密切的关系,所以,这种作业都是在船方的监督和指挥下进行的。

在我国,港口装卸人主要包括以下企业。

(1) 各口岸港务局下属的港务(或装卸)公司。

(2) 各港口的地方装卸公司。

(3) 中国外运集团系统的港务公司。

(4) 各货主码头的装卸公司。

(5) 中外合资、合营的港务公司。

2. 理货人

理货人(tally man)是在船舶装货或卸货时,对货物的件数进行清点,并对货物的交接作出证明的企业/个人。理货通常是由船公司或货主各自委托他们的代理人,即分别由站在船公司立场(ship side)的理货人和站在货主立场(doct side)的理货人会同进行的。只有代表双方的理货人会同确认,才能证明货物交接的正确性。

这种正确交接的证明有较强的公证性,所以理货人不但要有较全面的知识和熟练的方法,而且必须具有诚实、公正的品质。

练一练 1-1

1. 交通运输部门是货物运输工作中的(　　)。

A. 收货人　　B. 托运人　　C. 承运人　　D. 中间人

2. 货运代理人是货物运输工作中的(　　)。

A. 收货人　　B. 托运人　　C. 承运人　　D. 中间人

3. 接受货主委托,代办与货物有关的报关、交接、仓储、检验、包装、租船、订舱等业务的人是(　　)。

A. 船务代理　B. 租船代理　C. 货运代理　D. 咨询代理

我国代表船公司立场的理货人主要由中国外轮理货公司及其在各港的分支机构担任,而代表货主立场的理货人往往由委托代理人的驻港人员担任。

第四节　国际货物运输方式

一、国际货物运输方式概述

在国际货物运输中,涉及的运输方式很多,其中包括水路运输(water transport)、公路运输(road transport)、铁路运输(railway transport)、航空运输(air transport)、管道运输(pipeline transport)、邮政运输(parcel post transport)、集装箱运输(container freight transport)以及由各种运输方式组合的国际多式联运(international multimodal transport)等。具体如图 1-1 所示。

- 国际货物运输
  - 水路运输
    - 内河运输
    - 海上运输
      - 沿海运输
      - 近海运输
      - 远洋运输
  - 公路运输
  - 铁路运输
  - 航空运输
  - 管道运输
  - 邮政运输
  - 集装箱运输
  - 国际多式联运
  - 大陆桥运输

图 1-1　国际货物运输方式

现将国际货物的主要运输方式简要介绍如下。

(一) 水路运输

水路运输(water transport)一般可以分为内河运输和海上运输,其中海上运输是目前国际货物运输最主要的一种方式。水路运输一般不会受到道路限制,只要有河有海洋,就能顺利地到达目的港口。这种运输方式的成本低、货运量大,并且对货物的限制少,因此广受各位货主的喜爱。但是水路运输的速度慢,同时受自然条件影响大,运输时间性要求较强的货物就不适合采用此种运输方式。

(二) 公路运输

公路运输(road transport)能提供更为灵活和更为多样的服务,多用于价高、量小的货物的门对门服务。目前,其经济里程一般在 300 千米以内。公路运输具有运输速度快、机动性高等优点,同时存在运输成本高、运输能力小、能耗高、污染严重等缺点。

综上,公路运输主要适用于以下作业:①近距离的独立运输作业;②补充和衔接其他运输方式,当其他运输方式担负主要运输时,由公路担负起点和终点的短途集散运输,实现门到门的运输任务。

(三) 铁路运输

铁路能提供长距离范围内的大宗商品的低成本、低能源运输。目前,其运输的经济里程一般在 300～500km。铁路运输(railway transport)具有运输能力大、运输成本较低、受自然条件的影响小等优点,同时存在灵活性差、基建投资成本高等缺点。

综上,铁路运输主要适用于以下作业:①大宗低值货物的中、长距离运输,也较适合运输散装、罐装货物;②大量货物一次高效率运输。

(四) 航空运输

航空运输(air transport)一般是指使用飞机等交通工具进行运输的一种国际货物运输方式。这种运输方式具有速度快、安全性高且不容易受到地面情况影响的特点,在各类灾害中,常常被用来运输物资等。但是航空运输的运价相对比较昂贵,且载货量有限,因此它的运输成本相对较高。同时,航空运输很容易受天气影响,因此国际货物运输很难做到定时送达。

一般来说,航空运输被用于一些贵重物品、对新鲜度要求比较高的食品以及各类紧急物品的运输。

(五) 管道运输

管道运输(pipeline transport)完全是为了国家之间的石油、天然气等液体和气体的传输而特别发展起来的。管道运输具有高度专业化,几乎达到了“专管专用”,在运输过程中,这种运输方式完全不需要进行包装,且能够保证 24 小时不间断地传输。但是管道运输有一些明显的缺点:一是管道一经铺设几乎不可能再做大幅度移动了;二是修建和维护管道本身就需要耗费巨资。这两个缺点使得管道运输无法被广泛使用。

(六) 邮政运输

邮政运输(parcel post transport)是指通过邮局寄交进出口货物的一种运输方式。邮政运输比较简便,只要卖方根据买卖合同中双方约定的条件和邮局的有关规定,向邮局办理寄送包裹手续,付清邮费,取得收据,就完成交货任务。

国际邮政运输分为普通邮包和航空邮包两种，对每件邮包的重量和体积都有一定的限制。如一般规定每件邮包长度不得超过1m，重量不得超过20kg，但各国规定也不完全相同，可随时向邮局查询。邮政运输一般适合量轻体小的货物，如精密仪器、机械零配件、药品、样品和各种生产上急需的物品。

（七）集装箱运输

集装箱运输（container freight transport）是指以集装箱这种大型容器为载体，将货物集合组装成集装单元，以便在现代流通领域内运用大型装卸机械和大型载运车辆进行装卸、搬运作业和完成运输任务，从而更好地实现货物"门到门"运输的一种新型、高效率和高效益的运输方式。其具有高效益、高效率、高投资、高协作和易于实现多式联运等特点。

（八）国际多式联运

国际多式联运（international multimodal transport）是在集装箱运输的基础上产生和发展起来的，是指按照国际多式联运合同，以至少两种不同的运输方式，由多式联运经营人将货物从一国境内的接管地点运至另一国境内指定交付地点的货物运输方式。其具有手续简便、运输效率高、运输成本低等特点。

国际多式联运适用于水路、公路、铁路和航空多种运输方式。在国际贸易中，由于85%～90%的货物是通过水运完成的，因此，水运在国际多式联运中占据主导地位。

二、国际货物运输方式的选择

在国际货物运输方式的选择上，除了考虑运输成本和运输速度外，还需要综合考虑货物的性质、运输批量、运输距离、客户的具体要求、运输的风险程度等多方面因素。具体分析如下。

从货物品种及性质、形状因素来看，货物品种及性质、形状应在包装项目中加以说明，选择适合这些货物特性和形状的运输方式。

从运输时限因素来看，运输时限必须与交货日期相联系，必须调查各种运输方式所需要的运输时间，根据运输时间来选择运输方式。各种运输工具可以按照它的速度编组来安排日程，加上它的两端及中转的作业时间，就可以算出所需的运输时间。在商品流通中，要研究这些运输方式的现状，进行有计划的运输，有一个准确的交货日期是基本的要求。

从运输成本因素来看，运输成本因货物的种类、重量、容积、运距不同而不同。而且，运输方式不同，运输成本也会发生变化。在考虑运输成本时，必须综合考虑运费与其他物流子系统之间存在着互为利弊的关系，不能只考虑运输费用来决定运输方式，要由总成本来决定。

从运输距离因素来看，一般情况下可以参照以下原则：300km以内，优先采用公路运输；300～500km，优先采用铁路运输；500km以上，且对时效性要求不太高的，优先采用水路运输；500km以上，且对时效性要求很高的，建议直接采用航空运输。一般来说，这样选择是比较经济合理的。

从运输批量因素来看，大批量运输成本低，一般来说，15～20t以下的货物采用公路运输；15～20t以上的货物采用铁路运输；数百吨以上的原材料之类的货物，应选择水路运输。

总结来看,国际货物运输方式的选择方案总体上如表1-1所示。

表1-1 国际货物运输方式的选择方案

商品的性质、数量、运输距离	运输方式
贵重或急需的货物(数量不大、长途)	航空运输
贵重或急需的货物(短途)	公路运输
容易死亡、变质的活物、鲜货(长途且数量大)	铁路运输
容易死亡、变质的活物、鲜货(长途且数量不大)	航空运输
大宗笨重的货物(远距离运输)	水路运输或铁路运输

练一练1-2

1. 我国对外贸易进出口货物绝大部分通过(　　)。

A. 公路运输　B. 铁路运输　C. 水路运输　D. 航空运输

2. 水路运输的特点不包括(　　)。

A. 运量大　B. 运费低廉　C. 受自然条件影响大　D. 风险小

第五节　国际货物运输代理

一、国际货物运输代理的定义与业务范围

(一) 国际货物运输代理的定义

1990年7月13日经贸部颁布的《关于国际货物运输代理行业管理的若干规定》最早对国际货物运输代理给予了明确的定义:国际货物运输代理是介于货主与承运人之间的中间人,是接受货主或承运人的委托,在授权范围内办理国际货物运输业务的企业。

1995年6月29日国务院批准颁布的《中华人民共和国国际货物运输代理业管理规定》进一步对国际货物运输代理的定义进行了明确规定:国际货运代理是指接受进出口收货人、发货人的委托,以委托人的名义或以自己的名义,为委托人办理货物运输及相关业务并收取服务报酬的行业。

托运人、国际货运代理人和承运人的关系示意图如图1-2所示。

知识链接1-3

国际货运代理协会联合会(FIATA)对国际货运代理的定义为:国际货运代理是根据客户的指示,并为客户的利益而揽取货物运输的人,其本身并不是承运人。国际货运代理也可以依这些条件,从事与运输合同相关的活动,如储货(也含寄存)、报关、验收和收款等。

需要注意的是,世界上绝大多数国家包括我国都允许国际货物运输代理企业接受承

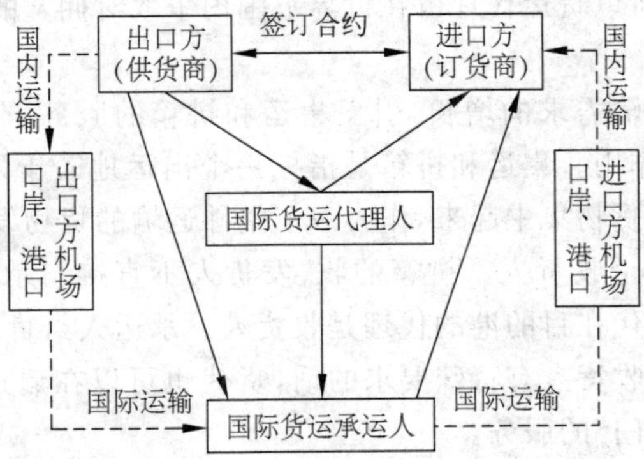

图 1-2 托运人、国际货运代理人和承运人的关系示意图

运人的委托,代为办理国际货物运输及相关业务(我国国际海上运输除外),即作为承运人的代理人。

(二)国际货物运输代理的业务范围

1. 为发货人服务

国际货物运输代理可以为发货人提供以下服务。

以最快最省的运输方式,安排合适的货物包装,选择货物的运输路线;向客户建议仓储与分拨;选择可靠、效率高的承运人,并负责缔结运输合同;安排货物的计重和计量;办理货物保险与拼装;装运前或在目的地分拨货物之前把货物存仓;安排货物到港口的运输,办理海关和有关单证的手续,并把货物交给承运人;代表托运人/进口商承付运费、关税;办理有关货物运输的任何外汇交易;从承运人那里取得各种签署的提单,并把它们交给发货人;通过承运人与货运代理在国外的代理联系,监督货物运输进程,并使托运人知道货物去向。

2. 为海关服务

当货运代理作为海关代理办理有关进出口商品的海关手续时,他不仅代表他的客户,而且代表海关部门。事实上,在许多国家,他得到了这些部门的许可,办理海关手续,并对海关负责,负责在签发的单证中申报货物确切的金额、数量、品名,以使政府在这些方面不受损失。

3. 为承运人服务

货运代理向承运人及时定舱,议定对发货人、承运人都公平合理的费用,安排适当时间交货,以及以发货人的名义解决和承运人的运费账目等问题。

4. 为航空公司服务

货运代理在空运业务上,充当航空公司的代理。在国际航空运输协会以空运货物为目的而制定的规则上,他被指定为国际航空运输协会的代理。在这种关系上,他利用航空公司的货运手段为货主服务,并由航空公司支付佣金。

5. 为班轮公司服务

货运代理与班轮公司的关系,随业务的不同而不同,近几年来由货代提供的拼箱服务,已经使其与班轮公司及其他承运人之间建立了较为密切的联系,然而一些国家却拒绝向货运代理支付佣金，所以货运代理也在世界范围内争取对佣金的要求。

6. 提供拼箱服务

国际贸易中集装运输需求的增长，引发集运和拼箱的服务，在提供这种服务的过程中，货代发挥委托人的作用。集运和拼箱是指把一个出运地若干发货人发往另一个目的地的若干收货人的小件货物集中起来，作为一个整件运输的货物发往目的地的货代，并通过他把单票货物交给各个收货人。拼箱的收、发货人不直接与承运人联系，对承运人来说，货代是发货人，而货代在目的港的代理是收货人。承运人给货代签发的是全程提单或货运单。如果发货人或收货人有特殊要求的话，货代也可以在启运地和目的地从事提货和交付服务，提供"门到门"的服务。

7. 多式联运服务

货运代理可以充当主要承运人，为发货人提供多式联运服务。它可以以当事人的身份，与其他承运人或其他服务提供者分别谈判并签约。但是，这些分拨合同不会影响多式联运合同的执行，也就是说，不会影响发货人的义务和在多式联运过程中他对货损及灭失所承担的责任。

知识链接 1-4

根据《中华人民共和国国际货物运输代理业管理规定实施细则》的规定，国际货代企业可以从事下列全部或部分业务。

(1) 揽货、订舱(含租船、包机、包舱)、托运、仓储、包装。

(2) 货物的监装、监卸、集装箱的拆箱、分拨、中转及相关的短途运输服务。

(3) 报关、报检、报验、保险。

(4) 缮制签发有关单证、交付运费、结算及交付杂费。

(5) 国际展品、私人物品及过境货物运输代理。

(6) 国际多式联运、集运(含集装箱拼箱)。

(7) 国际快递(不含私人信函)。

(8) 咨询及其他相关国际货运代理业务。

二、国际货物运输代理的管理

(一) 国际货物运输代理的管理体制

综观世界各国(地区)国际货物运输代理的行业管理体制，总体上可以分为以下几种模式。

1. 苏联模式(东欧国家、越南、朝鲜、蒙古国等)

特点：国际货运代理行业由对外经济贸易部门管理，采用独家垄断经营或多家骨干企业为主的经营模式；国内货运代理行业由交通运输部门管理。

2. 美国模式

特点：由不同的政府部门按照陆海空三种不同的运输方式分别对货运代理业进行管理，允许所有符合条件的企业申请经营。

3. 韩国模式(韩国、新加坡)

特点:航运和货运代理分别由不同的政府部门管理,允许多家经管,相互之间开展竞争。

4. 日本模式(日本、比利时)

特点:所有运输方式下的货运代理皆由交通运输部门管理。

5. 德国模式(德国、英国、加拿大和中国香港)

特点:政府不负责货运代理行业具体管理,主要由行业协会进行行业管理,经工商登记的任何企业都可以经营货运代理业务。

(二) 我国现行国际货物运输代理行业管理体制

我国现行的国际货物运输代理行业管理涉及商务部、地方商务主管部门、中国国际货运代理协会和国务院公路、水路、铁路、航空、邮政运输、联合运输等主管部门等多个主体。其各自职责分析如下。

(1) 商务部:我国国际货运代理行业的主管部门。

(2) 地方商务主管部门:在商务部的授权下,负责对本行政区域内的国际货运代理业实施监督管理。

(3) 中国国际货运代理协会:在商务部和地方商务主管部门的监督与指导下,协助政府有关部门加强行业管理。

(4) 国务院公路、水路、铁路、航空、邮政运输、联合运输等主管部门:根据与本行业有关的法律、法规和规章对国际货运代理企业的设立及其业务活动进行不同程度的管理。

三、国际货物运输代理的行业组织

(一) 国际货运代理协会联合会

国际货运代理协会联合会(FIATA)是世界国际货运代理的行业组织,其英文名称为International Federation of Freight Forwarders Associations。其法文缩写是FIATA,被称为“菲亚塔”,并被用作该组织的标识。

FIATA由16个国家的货运代理协会于1926年5月31日在奥地利维也纳成立,总部设在瑞士苏黎世,并分别在欧洲、美洲、亚太、非洲和中东四个区域设立了地区办事处,任命有地区主席。FIATA是一个非营利性的组织,其宗旨是保障和提高国际货运代理在全球的利益。FIATA的最高权力机构是会员代表大会。FIATA每年举行一次世界性的代表大会,所有会员都可以参加。截至2019年8月,其会员来自全球161个国家和地区的国际货运代理行业,包括106家协会会员和近6 000家企业会员。

目前,FIATA起草了《国际货运代理示范法》,拟定了《国际货运代理标准交易条件》,制定了8套标准格式的FIATA单证。中国对外贸易运输总公司以一般会员的身份,于1985年加入该组织。目前在中国,FIATA共拥有四个一般会员[除中外运外,还包括中国国际货运代理协会(China International Freight Forwarders Association,CIFA,2001年加入)、台湾地区和香港特区的货运代理协会]。

（二）中国国际货运代理协会

1992 年，上海国际货运代理协会成立，这是我国第一个地方国际货运代理协会。2000 年 9 月 6 日，中国国际货运代理协会在北京宣告成立。CIFA 是一个非营利性的全国性行业组织。

CIFA 宗旨是：协助政府部门加强对我国国际货代行业的管理；维护国际货代业的经营秩序；推动会员企业间的横向交流与合作；依法维护本行业利益；保护会员企业间的合法权益；促进对外贸易和国际货代业的发展。其业务范围是：协助政府主管部门依法规范国际货运代理企业经营行为，整顿行业秩序；开展行业市场调研，编制行业统计；组织行业培训及行业发展研究；承担政府主管部门委托的部分职能；为会员企业提供信息咨询服务；代表全行业加入国际货运代理协会联合会，开展同业国际交流。

中国国际货运代理协会成立以来，为规范国际货运代理行业经营秩序、维护国际货运代理企业合法权益做了大量工作，同时积极配合政府部门加强行业管理，维护国际货运代理行业经营秩序，促进了有关法规和规章的修改。2002 年 7 月 15 日，中国国际货运代理协会颁发《中国国际货运代理协会标准交易条件》，并推荐会员使用。该标准交易条件采纳 FIATA 的《国际货运代理示范法》，并吸纳了其他国家相关立法和标准交易条件。

知识链接 1-5

据 2016 年 6 月中商情报网发布的信息显示，美国咨询公司 Armstrong & Associates，Inc. 公司发布了 2016 年全球货运代理 TOP25 排行榜。作为唯一进入十强的中国企业，招商局集团旗下的中国外运股份有限公司（以下简称“SINOTRANS”）位居第五名，相比 2015 年有所提升。

全球货运代理前十名如表 1-2 所示。

表 1-2 2016 年全球货运代理前十名

序号	企业名称	序号	企业名称
1	DHL 供应链 & 全球代理	6	Expeditors 康捷
2	德迅	7	Panalpina 泛亚班拿
3	DB 辛克物流	8	UPS 供应链
4	日本通运	9	DSV 德思威
5	SINOTRANS	10	Hellmann 海尔曼全球物流

第六节 国际货物运输规则与惯例

一、国际海上货物运输规则与惯例

国际海上货物运输法规主要涉及国际海上运输合同和提单。其中，国际海上运输合同包括租船运输合同和班轮运输合同。其中,租船运输适用于运送大批货物。班轮运输是指承运人接受不同托运人的托运,将分属不同托运人的货物使用一船,按照固定的船期、固定的航线、固定的顺序挂靠相应的港口,并以固定的费率收取运费的一种海上运输形式。班轮运输是海上运输的主要形式,由此,班轮运输合同构成了海上运输法的基础。

提单是货物运输的重要法律文件,是用以证明海上运输合同,货物已由承运人接管或装船,以及承运人保证凭此交付货物的单据。根据不同的标注,可将其划分为不同的种类。鉴于海运提单的重要性,本书将会在第二章对其加以详述。

目前,国际海上货物运输规则与惯例主要有:《海牙规则》(1924 年)、《维斯比规则》(1968 年)和《汉堡规则》(1978 年)。现将其具体分析如下。

第一,适用范围。《海牙规则》适用于在任何缔约国签发的一切提单。《汉堡规则》在此基础上扩大其适用范围,规定:①装货港在一缔约国内;②预订的卸货港或实际的卸货港在一缔约国内;③提单或证明海上运输合同的其他单据在缔约国内签发;④提单或证明海上运输合同的其他单据规定,公约的各项规定或使其生效的国内立法,约束该提单;⑤依据租船合同签发的提单,同时对承运人和非属承租人的提单持有人之间的关系加以制约,则该提单适用《汉堡规则》。

第二,承运人责任起讫。从《海牙规则》规定的,从货物装上船时起至卸下船时止,货物处于承运人掌管之下的全部期间扩展为承运人在装货港接管货物时起至卸货港货交收货人为止,货物在承运人掌管之下的整个期间。值得注意的是,我国海上运输实践中一直采用《海牙规则》规定的责任起讫时间。新颁布的《海商法》做了新的规定,对集装箱货物和非集装箱货物的运输加以区分,并在承运人承担责任上分别作出规定:对于集装箱装运的货物的责任期间,是从装货港接收货物时起至卸货港交付货物时止,货物处于承运人掌管之下的全部期间;对非集装箱装运的货物,其责任期间从货物装上船时起至卸下船时止,货物处于承运人掌管之下的全部期间。对于装船前和卸船后所承担的责任,由双方协议决定。这样,对非集装箱货物适用《海牙规则》,而对集装箱货物承运人的责任起讫适用《汉堡规则》(《海商法》第 46 条)。

第三,赔偿责任。《汉堡规则》把《海牙规则》中承运人的不完全过失责任改为承运人的推定完全过失责任,即除非承运人证明他本人及代理人和所雇用人员为避免事故的发生及其后果已采取了一切合理必要的措施,否则,承运人对在其掌管期间因货物灭失、损坏及延迟交货所造成的损失负赔偿责任。

第四,货物。《海牙规则》中,货物的概念不包括舱面货物和集装箱装运的货物及活动物。《汉堡规则》规定,承运人只有与托运人达成协议或符合特定的贸易习惯或为法规或条例要求时,才能在舱面载运货物,否则要对舱面货物发生的损失负赔偿责任。对于活动物,只要承运人证明是按托运人对该动物作出的指示办事,则将动物的灭失、损坏或延迟交货造成的损失视为运输固有的特殊风险而不承担责任。我国《海商法》中也规定了与之相类似的内容。

第五,赔偿金额。《汉堡规则》将《海牙规则》和《维斯比规则》的规定提高到每件或其他装运单位 835 计算单位或相当于毛重每千克 2.5 计算单位的金额,以较高者为准。计算单位是指国际货币基金组织规定的特别提款权(special drawing right,SDR)。对于延迟交货,承运人的赔偿责任以相当于该延迟交付货物应付运费的 2.5 倍为限,但不得超过海上运输合同中规定的应付运费金额。

第六,保函。《汉堡规则》将保函合法化。规定托运人为取得清洁提单向承运人出具承担赔偿责任的保函在托运人和承运人之间有效,但对提单受让人包括收货人在内的任何第三方无效。在发生欺诈的情况下(无论是托运人还是承运人),承运人承担赔偿责任,且不能享受公约规定的责任限制利益。

第七,索赔与诉讼时效。《汉堡规则》将《海牙规则》和《维斯比规则》规定的 1 年时效改为 2 年,如果接到索赔要求人的声明可以多次延长。收货人应在收到货物次日,将损失书面通知承运人。如货物损失属非显而易见的,则在收货后连续 15 日内,《海牙规则》规定 3 天内,我国《海商法》规定 7 天内,集装箱在运输交付货物次日起 15 天内,延迟交货应在收货后连续 60 天内将书面通知送交承运人,否则,收货人丧失索赔权利。

第八,管辖权。对此,《海牙规则》和《维斯比规则》均未做规定。《汉堡规则》规定,原告就货物运输的法律程序,可就法院地做下列选择:①被告主营业所所在地或惯常居所所在地;②合同订立地,且合同是通过被告在该地的营业所、分支机构或代理机构订立的;③装货港或卸货港;④海上运输合同中指定的其他地点。

总结来看,《海牙规则》和《汉堡规则》的主要区别点如表 1-3 所示。

表 1-3 《海牙规则》和《汉堡规则》的主要区别点

主要区别点	《海牙规则》 (维护船方利益)	《汉堡规则》 (维护货方利益)
责任基础	不完全的过失责任制	完全的过失责任制
免责	航行过失、火灾过失+无过失免责	无过失免责
责任期间	装到卸	接到交(管货期间更长)
责任限制(管货期间)	低	高
关于延迟责任	无规定	承担责任(不得通过约定免责)
关于实际承运人	无规定	与承运人共负连带责任(不得通过约定免责)
关于舱面货和活牲畜	无规定	适用(不得通过约定免责)
关于保函	无规定	承认善意保函在托运人和承运人之间有效(不得通过约定免责)
诉讼时效	1 年	2 年

二、国际陆路货物运输规则与惯例

目前,国际陆路货物运输规则与惯例主要有:《国际铁路货物联合运输协定》(以下简称《国际货协》)(1951 年)、《关于铁路货物运输的国际公约》(以下简称《国际货约》)(1961 年)和《国际公路货物运输合同公约》(1956 年)。

其中,《国际货协》于1951年在华沙订立,我国于1953年加入。1974年7月1日生效的修订本,其成员国主要是苏联、东欧各国加上我国、蒙古国、朝鲜、越南等共计12国。《国际货约》于1961年在伯尔尼签字,1975年1月1日生效。其成员国包括了主要的欧洲国家,如法国、德国、比利时、意大利、瑞典、瑞士、西班牙及东欧各国,此外,还有西亚的伊朗、伊拉克、叙利亚,北非的阿尔及利亚、摩洛哥、突尼斯等共28国。

需要说明的是,《国际货协》的东欧国家又是《国际货约》的成员国,这样《国际货协》国家的进出口货物可以通过铁路转运到《国际货约》的成员国,这为沟通国家之间铁路货物运输提供了更为有利的条件。我国是《国际货协》的成员国,凡经由铁路运输的进出口货物均按《国际货协》的规定办理。

三、国际航空货物运输规则与惯例

目前,国际航空货物运输规则与惯例主要有:《华沙公约》(1929年)、《海牙议定书》(1955年)和《瓜达拉哈拉公约》(1961年)。

其中,《华沙公约》于1929年在华沙签订,1933年2月13日生效,我国1958年加入该公约。《海牙议定书》于1955年9月签订,1963年8月1日生效,我国于1975年加入该议定书。《瓜达拉哈拉公约》订于1961年,1964年5月1日生效,但我国未加入该公约。

四、国际多式联运运输规则与惯例

目前,国际多式联运运输规则与惯例主要有《联合国国际货物多式联运公约》。《联合国国际货物多式联运公约》是1980年5月24日在日内瓦举行的联合国国际联运会议第二次会议上,经与会的84个贸发会议成员国一致通过的。《联合国国际货物多式联运公约》全文共40条和1个附件。该公约在结构上分为总则、单据、联运人的赔偿责任、发货人的赔偿责任、索赔和诉讼、补充规定、海关事项和最后条款8个部分。

五、我国关于国际货物运输的法律法规及管理规定

目前,我国尚无专门关于国际货物运输的法律法规及管理规定,与之相关的法律、法规以及规章列举如下。

1. 法律

法律主要包括:《中华人民共和国民法通则》《中华人民共和国合同法》《海商法》《中华人民共和国民用航空法》《中华人民共和国港口法》《中华人民共和国邮政法》《中华人民共和国加入世界贸易组织议定书》等。

2. 法规

法规主要包括:《中华人民共和国国际货物运输代理业管理规定》《中华人民共和国国际海运条例》。

3. 规章

规章主要包括:《中华人民共和国国际货物运输代理业管理规定实施细则》《中华人民共和国国际海运条例实施细则》等。

练一练 1-3

1. 海洋运输一般分为班轮运输和(　　)。

A. 定期运输　B. 租船运输　C. 专线运输　D. 内河运输

2. 下列哪项海运规则明显偏袒承运人的利益而不利于国际贸易的发展?(　　)

A.《华沙规则》　B.《汉堡规则》　C.《海牙规则》　D.《维斯比规则》

3. 根据《海牙规则》,向船方索赔的时效规定为自货物卸船之日起(　　)年内。

A. 半　B. 一　C. 二　D. 三

经典案例

京津冀首列"中亚国际货运班列"正式开通

2016 年 7 月 8 日,伴随一声清脆的汽笛声,"好望角号"中亚国际货运班列正式开通。该班列从邢台始发,途经石家庄、太原、乌鲁木齐,经行哈萨克斯坦,最终抵达乌兹别克斯坦的塔什干,全程 4 989km,运行时间 8~10 天。本次班列共 51 节车厢,装载 52 个 20 英尺集装箱、25 个 40 英尺集装箱;主要货物为木地板、自行车零件、玻璃等,共计约 1 800t,货值约 118 万美元。

为保证班列顺利运行,石家庄海关隶属邢台海关组建专门课题组,开展中亚班列运输专题研究,从中欧班列运营模式和其他中欧班列优缺点比较以及运行机制建设等多个方面开展深入研究,提出有针对性的意见和建议;该关还派专人赴霍尔果斯进行沟通协调,最终确定采用"一体化"通关模式。同时积极帮助地方政府理顺铁路运行机制,促成中亚班列进一步压缩成本,降低货物堆场费用。

中亚班列在河北省乃至京津冀尚属首列,列车货物是在邢台报关、单证放行,霍尔果斯实物放行后,直达塔什干,填补了没有从邢台出发的国际班列空白,"邢台制造"走出国门、走向世界又多了一条新通道。

以平乡亚特西车业有限公司为例,该公司是一家专门做外贸出口的企业,在中亚班列开通前,公司生产的自行车及零配件都需要先运到郑州、北京、天津等地,然后走国际货运线路运往塔什干,需要 25 天左右,中亚班列开通后,仅需 8~10 天。这次首发中亚班列上,就有该公司 13 个车厢的货物。

中亚班列的开通,使京津冀的产品源源不断地运往中亚地区,中亚地区的水果、棉花等商品也会运回邢台,通过邢台再销往各地。下一步,在实现常态运营的基础上,"好望角号"班列将由中亚逐步延伸至西亚、欧洲国家。

资料来源:网易财经. http://money.163.com/16/0713/09/BRRHH1B600253B0H.html.(有改动)

本章小结与关键术语

练习思考题

1. 国际货物运输的定义及其特点是什么？
2. 国际货物运输的主要当事人有哪些？
3. 简述国际货物运输的方式及其优缺点。
4. 如何合理选择国际货物运输方式？
5. 国际货物运输代理的定义及其业务范围是什么？
6. 国际货物运输代理的行业组织有哪些？
7. 简述国际货物运输规则与惯例。

即测即练

第二章 国际海洋货物运输

【本章结构图】

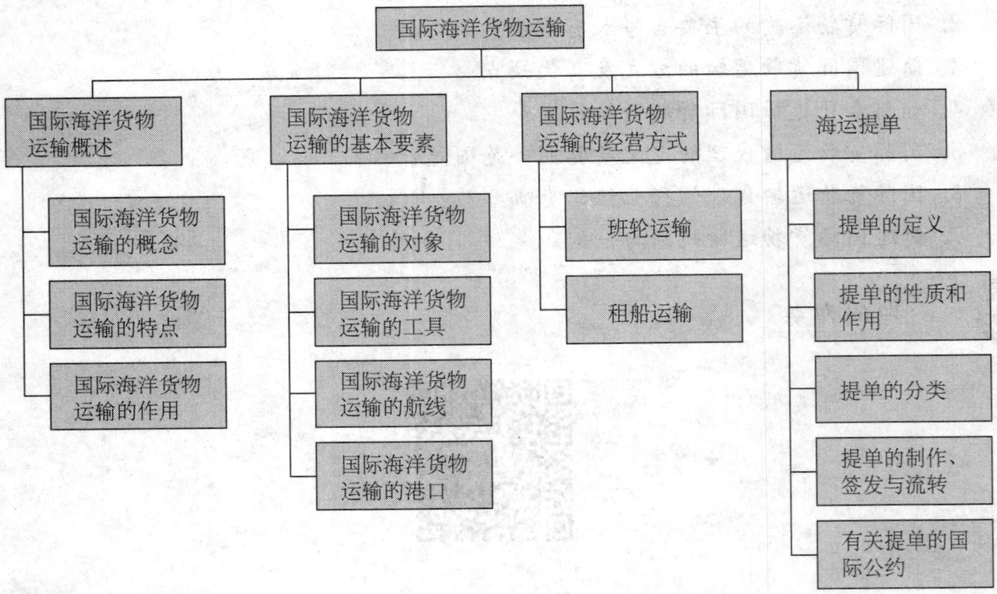

【本章学习目标】

1. 了解国际海洋货物运输的概念及其特点
2. 了解国际海洋货物运输的作用
3. 熟悉国际海洋货物运输的基本要素
4. 掌握国际海洋货物运输的经营方式
5. 掌握提单的性质、作用和分类
6. 掌握提单的制作、签发与流转
7. 了解与提单有关的国际公约

引导案例

马士基收购汉堡南美有助“一带一路”

丹麦马士基航运(以下简称“马士基航运”)、德国汉堡南美船务集团(以下简称“汉堡南美”)分别是全球第一大、第九大集装箱班轮运输公司。马士基航运提出收购汉堡南美100%的股权,汉堡南美将成为马士基航运的业务部门,并以独立品牌方式运营。由于马士基航运和汉堡南美两家公司在全球主要航线都有一定的竞争,因此该收购案需要得到包括欧盟、美国、澳大利亚、韩国、巴西以及我国等主要经济体监管机构的反垄断审查批准。

作为反垄断执法机构,我国商务部在接到企业申报后于2017年4月27日正式依据《中华人民共和国反垄断法》(以下简称《反垄断法》)开始初步审查。我国商务部对以下问题进行了审查,审查结论具有以下特征:①相关市场界定符合国际海运市场实践;②相关地域市场包括贸易航线、中国市场和全球市场;③竞争分析侧重于远东至南美洲东西航线普通和冷藏集装箱班轮运输。最终我国商务部依据《反垄断法》以附加限制性条件的方式批准了马士基航运对汉堡南美的股份收购。

国际贸易对“一带一路”实施具有重要影响,特别是国际贸易总运量中的2/3以上、我国进出口货物运输总量的90%都是通过海上运输来完成。商务部规范国际海运市场竞争行为的决定意义重大,对促进中国与南美国家间的贸易往来以及推动实施“一带一路”有着重要意义。

在我国发展“一带一路”、推动全面开放新格局的重要时点,商务部发布了《关于附加限制性条件批准马士基航运公司收购汉堡南美船务集团股权案经营者集中反垄断审查决定的公告》,依据《反垄断法》以附加限制性条件的方式批准了马士基航运对汉堡南美的股份收购。这对推动南美国家加入“一带一路”、促进我国与南美国家间的经贸往来、维护中国与南美国家间海运市场的公平竞争以及保护我国进出口商和消费者的利益有着重要意义。

由于此次收购发生在海运市场形成马士基与地中海航运(2M)、海洋联盟(Ocean Alliance)和大联盟(The Alliance)三大航运联盟格局之际,因此该案引起了海运企业、进出口商、港口企业和学术界等各方对国际海运市场日趋集中的担忧和广泛关注。

资料来源:黄晋.马士基收购汉堡南美有助“一带一路”[N].经济参考报,2017-12-26.(有改动)

第一节 国际海洋货物运输概述

一、国际海洋货物运输的概念

海洋运输是历史悠久的国际货物运输方式。海洋运输是指使用船舶(或其他水运工具)通过海上航道运送货物和旅客的一种运输方式。最初的海上运输是与贸易融为一体,船长除了驾驶船舶负责航行外,还要亲自经营货物的买卖,即"船货一体"。后来,才出现了作为商业行为承运他人货物的公共承运人(public carrier),且最初以不定期运输为主。由于国际贸易是进行世界范围的商品交换,地理条件决定了海上运输的重要作用。目前国际贸易总运量的 2/3 是通过海运完成的,我国超过 80%的货运量都是通过海运完成的。

国际海洋货物运输是指以船舶为工具,通过海上航道在不同国家和地区的港口之间运送货物的一种运输方式,在国际货物运输中使用最为广泛。

二、国际海洋货物运输的特点

国际海洋货物运输是当今国际贸易中最主要的运输方式,有些国家海运量占到贸易总运量的 90%以上。国际海洋货物运输与其他各种运输方式相比,有优点也有缺点。

(一) 国际海洋货物运输的优点

1. 运输量大

随着造船技术的日益发展和精益求精,船舶朝着大型化发展,如 50 万~70 万 t 的巨型油船,16 万~17 万 t 的散装船,以及集装箱船的大型化,船舶的载运能力远远超过火车、汽车和飞机,是运输能力最大的运输工具。

2. 通过能力大,不受道路和航道的限制

海上运输的航线四通八达,不像公路运输、铁路运输和航空运输要受道路、轨道和航线的限制。例如,若遇到政治、经济及自然等条件的变化,可随时改选最有利的航线来完成运输任务。

3. 动力燃油消耗少,运输成本低,运费低廉

海上运输所通过的航道均为天然形成,而且保养费用低,而铁路、公路则需大量投资修筑铁轨或公路。除此之外,船舶运载量大,运输里程远,所以与其他运输方式比,海运的单位运输成本较低,使得海运运费低廉。

4. 适应运输各种货物

海上货物运输船舶种类繁多,可适应多种货物运输的需要。

(二) 国际海洋货物运输的缺点

1. 风险大

海上运输会受到气候和自然条件的影响,遇险的可能性较大,船舶航行日期也不易准确预计。

2. 送达速度慢

海上运输由于船舶体积大,水流阻力大,因此速度较慢,一般多为每小时 10~20 海里,无法与其他运输方式相比。

三、国际海洋货物运输的作用

尽管海上运输存在着风险大、送达速度慢等不利因素,但由于运输量大、运费低廉等优越性,它在我国对外贸易中发挥着极其重要的作用,其重要性远远超过其他几种运输方式。

（一）国际海洋货物运输是国际货物运输的主要方式

海洋运输虽然存在送达速度慢、风险较大的不足，但是它的通过能力大、运量大、运费低以及对货物适应性强等优势，加上全球特有的地理条件，使它成为国际贸易中主要的运输方式，我国进出口货物运输总量的80%～90%是通过海洋运输进行的。集装箱运输的兴起和发展，不仅使货物运输向集合化、合理化方向发展，而且节省了货物包装用料和运杂费，减少了货损货差，保证了运输质量，缩短了运输时间，从而降低了运输成本。

（二）国际海洋货物运输是国家节省外汇支付、增加外汇收入的重要渠道之一

在我国，运费支付一般占外贸进出口总额10%左右，大宗货物的运费占的比重更大。如果在对外贸易中能充分利用国际贸易术语，争取我方多派船，不但可以节省外汇的支付，而且可以争取更多的外汇收入。我国应把运力投入国际航运市场，积极开展第三国的运输，为国家创造外汇收入。目前，世界各国特别是沿海的发展中国家都十分重视建立自己的远洋船队，注重发展海洋货物运输。运费的收入成为一些航运发达的国家国民经济的重要支柱。

（三）发展国际海洋货物运输业有利于改善国家的产业结构和国际贸易出口商品的结构

海洋运输是依靠航海活动的实践来实现的，航海活动的基础是造船业、航海技术和掌握技术的海员。造船工业是一项综合性的产业，它的发展又可带动钢铁工业、船舶设备工业、电子仪器仪表工业的发展，促进整个国家的产业结构的改善。我国由原来的船舶进口国，近几年逐渐变成了船舶出口国，而且正在迈向船舶出口大国。由于我国航海技术的不断发展，船员外派劳务已引起了世界各国的重视。随着海洋运输业的发展，我国的海洋运输船队已进入世界十强之列，为今后大规模的拆船业提供了条件，不仅为我国的钢铁工业提供了廉价的原料，而且能节约能源和减少进口矿石的消耗，还可以出口外销废铁。由此可见，海洋运输业的发展，不仅能改善国家产业结构，而且能改善国际贸易中出口商品的结构。

（四）海洋运输船队是国防的重要后备力量

海洋运输船队历来在战争时期都被用作后勤运输工具。美、英等国把商船队称为“除陆、海、空之外的第四军种”，苏联的商船队也被西方国家称为“影子舰队”。可见，海洋运输船队对战争的胜负所起的作用。正因为海洋运输占有如此重要的地位，世界各国都很重视海洋航运事业，通过立法加以保护，从资金上加以扶植和补助，在货载方面给予优惠。

第二节 国际海洋货物运输的基本要素

一、国际海洋货物运输的对象

国际海洋货物运输的对象是指国际海洋货物运输部门承运的各种进出口货物，如原料、工农业产品、商品以及其他产品等。

（一）货物的分类

国际海洋货物运输占国际货物运输总量的绝大部分，因此海运货物种类繁多。充分认识海运货物的种类和特征，有利于降低运输成本、提高运输服务质量、保证运输安全。根据国际海洋货物运输的需要，可以从以下几个方面分别介绍。

1. 按含水量划分

按含水量，其可分为干货和湿货。

（1）干货。干货是指不含水分或含水很少的货物。有包装的件杂货物大都属于此类。

（2）湿货。湿货是指散装液体货，如石油及其制品、植物油、化学品等。金属桶或塑料桶装运的流质货物以及半流质，如肠衣等也都属于此类。

2. 按有无包装形式划分

按有无包装形式，其可分为包装货物、裸装货物和散装货物。

（1）包装货物。包装货物是指为了保证在装卸运输中的安全和便利，必须使用一些材料对它们进行适当包装的货物。包装货物按照包装的形态和材料又可分为箱装、桶装、袋装、捆装、卷筒、编筐装以及坛罐瓶装等多种形态的包装货物。一般日用百货、电器、药品、食品等商品均需要包装后才能运输。

（2）裸装货物。裸装货物是指不加包装而成件的货物。裸装货物通常不便于包装，且不包装也不影响货运质量。常见的有各种钢材、生铁、有色金属以及车辆和一些设备等。有些裸装货物在运输过程中，需要采取防止水湿锈损的安全措施。

（3）散装货物。散装货物又称散货，是指在运输中，一般无法清点件数的粉状、颗粒状或块状货物。这种大批量的低值货物，不加任何包装，采取散装方式，以利于使用机械化、自动化装卸作业进行大规模运输，把运费降到最低限度，包括干质散装货物和液体散装货物，如煤炭、小麦、豆类、铁矿、油、酒等。

3. 按是否能分件划分

按是否能分件，其可分为件杂货和大宗货。

（1）件杂货。件杂货是指有包装的、可分件的、数量较小的货物。

（2）大宗货。大宗货一般是指数量较大、规格较统一和价值较低的初级产品。在运输时，它们大多都是散装。

4. 按理化性质划分

按理化性质，其可分为普通货物和特殊货物。

1）普通货物

（1）清洁货物。清洁货物是指清洁、干燥货物。这种货物在运输保管过程中，不能混入杂质，也不能被玷污，如茶叶、棉纺织品、粮食、陶瓷器、各种日用工业品等。

（2）液体货物。液体货物是指盛装于桶、瓶、坛内的流质或半流质货物，如油类货物、酒类货物、药品、普通饮料等。

（3）粗劣货物。粗劣货物是指具有油污、水湿、扬尘和散发异味等特质的货物，如包装外表油腻的桶装油类货物、生皮、盐渍货物、水泥、烟叶、化肥、矿粉、颜料等。由于易造成其他货物污损，粗劣货物因此又称为污染性货物。

2）特殊货物

（1）危险货物。危险货物是指具有易燃、易爆、毒害、腐蚀和放射性质等特征的货物。根据危险货物运输规则，它又分若干大类与小类。

（2）易腐、冷藏货物。易腐、冷藏货物是指常温条件下易腐变质或指定以某种低温条件运输的货物，如果蔬、鱼类、肉类等。

（3）贵重货物。贵重货物是指价值高昂的货物，如金、银、其他贵重金属、货币、高价商品、精密器械、古玩、名画等。

（4）活的动植物。活的动植物是指具有正常生命活动，在运输中需要特殊照料的动物、植物。

5. 按价值划分

按价值，其可分为高值货物和低值货物。

（1）高值货物。高值货物是指高价、贵重货物，如金、银、古董、艺术品和精密仪器等。

（2）低值货物。低值货物是指价值较低的货物。大宗货物多数属于此类。

区分高值货物和低值货物并无严格界限，主要是根据货物运费率的高低决定，一般以班轮费率8级为标准，1～8级为低值货物，9～20级为高值货物。

6. 按重量和体积比率划分

按重量和体积比率，其可分为重量货物和轻泡货物。

（1）重量货物，简称“重货”。按照国际航运惯例，凡货物积载因数（stowage factor，S. F）小于1.132 8m^3/t或40立方英尺/t的货物，称为重货，即指重量1公（长）吨的货物，其体积小于1.132 8m^3（约40立方英尺）。中国航运习惯是，凡1公吨的货物其体积大于1m^3则为轻货，按货物体积计收运费；凡1公吨的货物其体积小于1m^3则为重货，按货物重量计收运费。

知识链接2-1

货物积载因数

货物积载是指根据货物的特点和船舶的承载能力，将已经装上船的货物谨慎而适当地进行堆放的作业行为。而货物的积载因数是船舶配积载工作中十分重要的一个数据资料，用于计算一定重量的某种货物需要占用多少货舱容积，或者一定的货舱容积能装载多少吨重量的某种货物。

货物积载因数是指货物的重量与其体积之间的比率，表示每吨重量的货物所具有的体积或每吨货物在货舱中正常堆积时所占有的空间（立方米或立方英尺）。

货物积载因数＝立方英尺/长吨（或者立方米/公吨）

货物积载因数的大小可表明货物的轻重程度，反映一定重量的货物需占据船舶的舱容、集装箱箱容或库容的数量。货物积载因数的测量方法是：将1公吨（长吨）的货物堆积成正方体形状，测量出该货堆的最大外形尺度，求出其体积即为货物积载因数。

货件较重时，通常将货件堆积3层，每层9件（共27件），测量出27件货堆的最大外形尺度，并计算出该27件货物的总重量，即可计算出该货物的货物积载因数。散装货物的货物积载因数可采用计算单位重量的容积的方法求出。应特别注意，即使相同的货物，其包装规格不同或品质等级不同，其货物积载因数也是不同的。

(2) 轻泡货物,简称“轻货”,或称体积货物、尺码货物。按照国际航运惯例,凡货物积载因数大于 1.132 8m^3/t 或 40 立方英尺/t 的货物,称为轻货,即指重量 1 公(长)吨的货物,其体积大于 1.132 8m^3(约 40 立方英尺)。

7. 按长度和重量划分

按长度和重量,其可分为超长货物,超重货物和超长、超重货物。

(1) 超长货物。超长货物一般是指长度超过 9 米或 11 米的货物。

(2) 超重货物。超重货物一般是指重量超过 3 公吨或 5 公吨的货物。

(3) 超长、超重货物。超长、超重货物一般是指长度和重量都超过规定的货物。

超长、超重货物并无严格界限,但货物超长、超重则需加收附加运费且费率分级递增。

8. 按集装箱划分

按集装箱,其可分为整箱货和拼箱货。

(1) 整箱货。整箱货是指托运人的货物能够装满一个整箱。

(2) 拼箱货。拼箱货是指托运人的货物不能装满一个集装箱,需由承运人将其他货主的货物拼装于一个集装箱。

(二) 货物的计量和包装

1. 货物的计量

货物的计量包括货物丈量和衡重。

货物的丈量又称量尺,是测量货物的外形尺度和计算体积,即量出货物外形最大处的长、宽、高后算出货物的体积。

货物的长、宽、高以米为计量单位。公式如下:

$$V=L\cdot W\cdot H$$

式中:V 为体积,以立方米(m^3)为计量单位;L 为长度,取货物的最大长度,以米(m)为计量单位;W 为宽度,取货物的最大宽度,以米(m)为计量单位;H 为高度,取货物的最大高度,以米(m)为计量单位。

货物的衡重是指衡定货物的重量。货物的重量可分为净重、皮重和毛重。在国际海洋货物运输中一般以毛重计算。货物衡重的计量单位可为吨(ton)、短吨(short ton)、长吨(long ton),海运货物的重量以公吨为单位。重量的衡量原则上采取逐件衡重,如有条件或时间限制,可采用整批或分批衡重、抽件衡重求平均值等方法测得重量。

2. 货物的包装

货物的包装包括销售包装和运输包装。其中,良好的运输包装对货物在国际海洋长途运输中抵御自然灾害等风险可能给货物造成的损失至关重要。同时,方便在运输过程中的货物装卸。此外,按合同规定对货物进行恰当的包装也是履行货物买卖合同和运输合同所必需的义务。发货人在进行货物运输包装时必须综合考虑货物、运输工具、运输航线、运输季节、装卸与积载方式的特点,选择适合运输的包装。如果因包装不当,导致货物的灭失或损坏,承运人不负责赔偿;导致运输工具或其他货物受损,发货人应当承担赔偿责任。在托运人为收货人时,收货人应当承担连带责任。

二、国际海洋货物运输的工具

船舶是水上运输的工具，它的种类繁多，结构形式多样。国际海洋货物运输中使用的船舶又称商船(merchant ship)。

(一) 商船的规范

1. 船舶吨位

船舶吨位(ship's tonnage)是船舶大小的计量单位，可以分为重量吨位和容积吨位(registered tonnage)两种。其中，重量吨位包括排水量吨位(displacement tonnage)和载重吨位(dead weight tonnage)，容积吨位包括注册总吨和注册净吨。

(1) 重量吨位是指根据船舶的载重量计算而得的吨位，用以表示船舶的载重能力。

练一练 2-1

船舶排水量计算

船舶排水量的计算公式为

排水量(长吨)＝长×宽×吃水深度×方模系数(立方英尺)/35(海水)或 36(淡水)(立方英尺)

排水量(公吨)＝长×宽×吃水深度×方模系数(立方米)/0.975 6(海水)或 1(淡水)(立方米)

假如一海上船舶长 500 英尺，宽 70 英尺，自甲板至龙骨深为 34 英尺，空船吃水深度为 8 英尺，满载吃水深度为 30 英尺，方模系数为 0.7。那么空船排水量和满载排水量分别是多少?

① 排水量吨位是指船舶在水中所排开水的吨数，也就是船舶自身的重量。排水量吨位又可分为轻排水量、重排水量和实际排水量三种。其中，轻排水量又称空船排水量；重排水量又称满载排水量，是船舶最大限度的重量；实际排水量是指船舶每个航次载重后的实际确定的排水量。排水量既可用于军舰大小及舰队的统计，也可用于计算船舶的载重吨。通常，为了便于计算实际排水量，船上一般都备有载重表。如已知船的吃水深度，从表上即可查出当时的实际排水量和总载重吨。

② 载重吨位是指船舶在运营中能够使用的载重能力。载重吨位可分为总载重吨和净载重吨。

总载重吨是指船舶根据载重线标记的规定所能装载的最大限度的重量。它包括船舶所载运的货物、船上所需的燃料、淡水和其他储备物料重量的总和。

总载重吨＝ 满载排水量－空船排水量

净载重吨是指船舶所能装运货物的最大限度重量，又称载货重吨，即从船舶的总载重量中减去船舶航行期间需要储备的燃料、淡水及其他储备物品的重量所得的差。

船舶载重吨位可用于对货物的统计，作为期租船月租金计算的依据，表示船舶的载运能力，也可以用作新船造价及旧船售价的计算单位。

(2) 容积吨位是指船舶容积的单位，又称注册吨，是各海运国家为船舶注册而规定的一种以吨来计算和丈量的单位。以100立方英尺或2.83立方米为一注册吨。容积吨位分为容积总吨(gross registered tonnage，GRT)和容积净吨(net registered tonnage，NRT)两种。

① 容积总吨，又称注册总吨，是指船舱内以及甲板上所有关闭的场所的内部空间(或体积)的总和，是以100立方英尺或2.83立方米为一吨折合所得的商数。容积总吨可用于政府对商船队的统计，表明船舶的大小，用于船舶登记，用于政府确定对航运的补贴或造舰津贴，用于计算保险费用、造船费用以及船舶的赔偿，等等。

② 容积净吨，又称注册净吨，是指从容积总吨中减去不能直接用作装载客、货部分容积后的余数，也就是船舶可以用来装载货物的容积折合后的吨数。容积净吨主要用于船舶的报关、结关，作为船舶向港口缴纳的各种税收和费用的依据，作为船舶通过运河时交纳运河费的依据。

2. 船舶载重线

船舶载重线(ship's load line)是指船舶满载时的最大吃水线。它是绘制在船舷左右两侧船舶中央的标志，是根据航行的海域及季节性变化而定的。规定载重线，目的是限制超载，以保证船舶、人命和财产的安全。

知识链接 2-2

轮船的安全线"普利姆索尔线"

"普利姆索尔线"(Plimsoll mark)又称船舶"载重线"或"吃水线"，这是为了保证船舶航行的安全，而必须在各种船上都标明的船舶载重标志。通常，船舶"载重线"是在船旁边用油漆画上多条水平横线，用以显示船舶在不同季节或水域的最大安全载重量，也表示船舶安全航行时排开水的最大体积。当轮船装载的货物小于或等于最大载重量时，水面在"载重线"以下或者与"载重线"平齐，轮船可以安全地在水面上航行。如果轮船装载的货物超过最大载重量，水面超过"载重线"，轮船在航行时就会有沉船的危险。

在远洋海轮上，通常同时标记几条"载重线"，从上到下依次为"淡水线""印度洋线""夏季海洋线""冬季海洋线"和"北大西洋线"，表示轮船在不同季节或不同水域航行时总载重量不得超过相应的载重线。

3. 船籍和船旗

船籍(ship's nationality)是指船舶的国籍。船舶所有人向本国或外国有关管理船舶的行政部门办理所有权登记，取得本国或登记国国籍证书后才能取得船舶的国籍。

船旗(ship's flag)是指商船在航行中，悬挂其所属国籍的国旗。船旗是船舶国籍的标志。按照国际法的规定，商船是船旗国浮动的领土，无论在公海还是在他国海域航行，均需要悬挂船籍国的国旗。船舶有义务遵守船籍国法律的规定，并享受船籍国法律的保护。

方便旗船(flag of convenience)是指在外国登记、悬挂外国国旗并在国际市场上进行营运的船舶。第二次世界大战后，方便旗船迅速增加，占世界商船队总吨的30%左右。

挂方便旗的船舶主要属于一些海运比较发达的国家和地区，如美国、希腊、日本、韩国和中国香港。船东将船舶转移到外国进行登记，逃避国家重税和军事征用。他们可以自由制定运价不受政府管制，自由处理船舶与运用外汇，自由雇用外国船员并支付较低的工资，降低船舶标准以节省修理费用，降低营运成本以增强竞争力，等等。而公开允许外国船舶在本国登记的所谓“开放登记”(open register)的国家或地区，主要有利比里亚、巴拿马、巴哈马、百慕大群岛、新加坡、塞浦路斯等。通过这种登记可以为登记国增加一定的外汇收入。

4. 船级

船级(ship's classification)是表示商船技术状况的一种指标。国际航运界要求注册总吨在100吨以上的海运船舶，应在某一公认的船级社或船舶检验机构的监督下建造。在船舶开始建造之前，船舶各部分的规格须经船级社或船舶检验机构批准。每艘船建造完毕，由船级社或船舶检验机构对船体、船上机器设备、吃水标志等项目和性能进行鉴定，试航成功后即发给船级证书。证书有效期一般为4年，到期后须更换新证。船舶入级的作用有以下几点。

(1) 可保证船舶安全航行，防止船舶因技术状态不良而引起海事。

(2) 有利于国家对船舶进行技术监督，促进船舶技术管理水平的提高。

(3) 便于租船人和托运人择优选用船只，满足进出口货物运输的需要。

(4) 便于保险人确定船货保险费率。

国际船级社协会(International Association of Classification Societies，IACS)是1968年在奥斯陆举行的主要船级社讨论会上正式成立的。IACS成立的目标是促进海上安全标准的提高，与有关国际组织和海事组织进行合作，与世界海运业保持密切合作。

目前，国际船级社协会成员有：美国船级社(ABS)、法国船级社(BV)、中国船级社(CCS)、挪威船级社(NV)、德国劳氏船级社(GL)、韩国船级社(KR)、英国劳埃德船级社(LR)、日本海事协会(NK)、意大利船级社(RINA)、波兰船级社(PRS)、俄罗斯船级社(RS)、印度船级社(IRS)、克罗地亚船级社(CSR)13个正式成员。

船级证书除了记载船舶的主要技术性能外，还绘制出相应的船级符号。各国船级社对船级符号的规定不同。如中国船级社的船级符号为 * ZC(“中船”两字的汉语拼音的第一个字母)；英国劳埃德船级社的船级符号为LR，标志为100AI，其中，“100A”表示该船的船体和机器设备是根据劳氏规范与规定建造的，“I”表示船舶的装备如船锚、锚链和绳索等处于良好和有效的状态。

5. 船速

船速(ship's speed)以“节”(knot)表示。船舶的船速依船型不同而不同，其中干散货船和油轮的航速较慢，一般为13～17节；集装箱船可达24.5～35节；客船速度更快。节＝海里/小时，1海里＝1.852公里。

6. 船舶的主要文件

船舶的主要文件(main documents)是指证明船舶所有权、性能、技术状况和营运必备条件的各种文件的总称。船舶必须通过法律登记和技术鉴定，并获得这类有关正式证书后，才能参加营运。

国际航行船舶的船舶文件主要包括船舶国籍证书(certificate of nationality)、船舶所有权证书(certificate of ownership)、船舶船级证书(certificate of classification)、船舶吨位证书(tonnage certificate)、船舶载重线证书(certificate of load line)、船员名册(crew list)、航行日志(log book)。

此外,还有轮机日志、卫生日志和无线电日志等。根据我国现行规定,进出口船舶必须向港务管理机关(港监)呈验上述所有文件。

(二) 商船的分类

商船是国际海洋货物运输的主要工具,它以经济实用为宗旨,货舱容量较大,装卸设备较齐全。根据不同的划分标准,商船可以划分为以下类别。

1. 按货轮运输对象不同划分

按货轮运输对象不同,其可分为干货型船(dry cargo ship)、液体船(wet cargo ship)、专用船(special cargo ship)、成组船(unitized vessel)和多用途船(multi-uses ship)。

1) 干货型船

(1) 杂货船(general cargo vessel),是以箱装、袋装、桶装和捆装件杂货为主要承运对象。此类船都具有装卸设备,经营方式有班轮和不定期船两种。

(2) 干散船(dry bulk cargo ship),是以大宗粮谷、矿砂、煤炭、磷酸盐、木材、化肥、砂糖、工业盐、硫黄等为承运对象。这类船一般为单层甲板、尾机型。

2) 液体船

(1) 油轮(oil tanker),是以散装原油为主要承运对象,此外还可运输鱼油、植物油和其他油类物资。油轮的吨位在世界商船船队中占很大的比重。

(2) 液化石油气船(liquefied petroleum gas carrier,LPGC),是专门用来运输石油气的船舶。因石油气是精制产品,船舶容量较之液化天然气小,一般为 1 000～75 000 立方米。

(3) 液化天然气船(liquefied natural gas carrier,LNGC),是专门用来装运天然气的船舶,普通容量可达 125 000 立方米。

(4) 化工船(chemical ship),是专门用来运输各种液体化学品货物,如酸、苯、醇等的船舶。这种船的结构多为双层底和双层舷侧。因液体化学品大多具有剧毒、易燃、易挥发、易腐蚀等特点,所以这类船舶的分隔舱多,以满足防火、防爆、防毒、防腐蚀的要求。

3) 专用船

(1) 冷藏船(refrigerated vessel),是专门用于装载冷冻易腐货物的船舶,船上有制冷装置以及适合冷藏货的冷藏舱。

(2) 木材船(timber ship),是专门用于运输木材或原木的船舶,一般在船舱设置 1 米左右的"舱墙",以防木材滑出舱外,也可以提高装载能力。

(3) 水果船(fruit ship),是专门用于运输各类新鲜水果的船舶,船上装有保鲜设备,以防水果腐烂。

4) 成组船

(1) 集装箱船(container ship),是以集装箱为承运对象,具有换装方便、装卸率高、周转快、运输质量好、相对运输成本低的优点。这类船在我国航运市场上具有较强的竞争力。

(2) 滚装船(roll on/roll off ship),是把集装箱或者货物连同带轮子的底盘或装货的托盘作为一个货物单元,用拖车或者交叉装卸车搬运,直接进出货舱。

(3) 载驳船(barge carrier),又称子母船,专门用于装载货驳。其特点是技术先进、装载速度快、母船周转迅速,曾一度在世界上广为流传。

5) 多用途船

(1) 以载运集装箱为主的多用途船舶。

(2) 以运输重大件、特长件为主的多用途船舶。

(3) 兼运集装箱和重件货的多用途船舶。

(4) 兼运集装箱、重件货和滚装货的多用途船舶。

2. 按货轮的载重量不同划分

按货轮的载重量不同,其可分为好望角型船、巴拿马型船、超巴拿马型船、大灵便型船和小灵便型船。

(1) 好望角型船,这类船的载重量通常在17万吨左右。

(2) 巴拿马型船,这类船的载重量为6万~8万吨,船长小于245米,船宽不超过32.2米,最大允许吃水12.04米。

(3) 超巴拿马型船,是指船宽超过32.2米的大型集装箱船。

(4) 大灵便型船,这类船的载重量通常为3万~5万吨。

(5) 小灵便型船,这类船的载重量通常在3万吨左右。

3. 按对货轮的经营方式不同划分

按对货轮的经营方式不同,其可分为班轮(liner transport)和租轮(charter transport)。

(1) 班轮(定期船),是按预定的航行时间表、沿固定的航线、从事各基本港口间货物运输的船舶。

(2) 租轮(不定期船),是指根据租船合同(charter party),船东将船舶出租给租船人使用,以完成特定的货物运输任务,租船人按合同规定的运价支付运费。

知识链接 2-3

中国船级社检验的 20 000TEU 超大型集装箱船举行命名仪式

2019年1月11日,中国船级社检验的20 000TEU超大型集装箱船"COSCO SHIPPING PISCES"在大连中远海运川崎船厂举行命名仪式。该船是大连中远海运川崎船舶工程有限公司为中远海运集团建造的第二艘20000TEU超大型集装箱船,入CCS船级,获得了CCS授予的EEDI III、EOM等代表行业最高水平的能效、能效管理及能效在线监测智能船舶符号。船舶总长400.00米,型深30.70米,型宽58.60米,最大装箱量为19 273TEU,具有油耗低、装箱量大、建造精度高、适港性强等优势。船舶装载量、营运快速性、安全性能、绿色环保、智能化等指标,均达到世界先进水平。

资料来源:中国船级社.中国船级社检验的20 000TEU超大型集装箱船举行命名仪式[J].中国船检,2019(1):4.(有改动)

知识链接 2-4

立足现在 着眼未来——国际航运业发展的新趋势

多种方案迎接限硫令

2020 限硫令是目前整个海事业无法避开的话题。美国船级社可以提供多种多样的咨询服务，无论船东希望选择洗涤塔还是低硫油，都可以提供全套的方案。如果有船东对选择哪种方案还不确定，ABS 的技术经济性研究可以有针对性地为船东进行比较分析，协助船东根据自身情况作出选择。美国船级社工程和技术高级副总裁 Derek Novak 先生建议根据船舶的使用方式采取不同的策略。如果这艘船在全球航行，没有固定的挂靠港，那么洗涤塔是比较好的选择，特别适用于有安装空间的大船；但如果这艘船挂靠固定的港口，去特定港口加注燃料，那么低硫油可能更加可靠。船型和船舶运营方式是做决策时需考量的重要因素。对于选择使用低硫油的船东，Novak 先生建议不要等到 2020 年 1 月 1 日再开始加注合规燃料，而应该在 2019 年尽早开始使用，以便燃料供应商对需求情况作出更准确的预估。同时，对于船厂来说，限硫令也带来了一些前所未有的挑战。Novak 先生认为，限硫令是自油轮要求双壳设计后造船行业发生的最重大的变化，并表示 ABS 会帮助船厂达到改造的要求，确保它们的设计能够适用选择洗涤塔和低硫油两种策略。

循序渐进引入清洁能源

2018 年 4 月，国际海事组织（IMO）通过了航运业首个温室气体减排战略，规定到 2030 年，每 1 运输单位的二氧化碳排放量减少 40%，到 2050 年减少 70%，并且到 2050 年，总排放量与 2008 年相比每年减少 50%，逐步朝着零碳目标迈进。

2018 年 12 月，马士基宣布到 2050 年实现净零碳排放目标。对此，Novak 先生认为，以航运界目前的技术水平，还无法达到这一目标。就目前来看，还没有一个解决方案。Novak 先生指出，从现在开始收集数据很重要，这将帮助我们解决这个问题。我们需要在能源上做很多工作。有些能源虽然含碳，但是比例较小，我们可以据此着手研究，如 LPG(液化石油气)、甲醇、乙烷、酸性物质等。我们收集这些数据，能更好地了解哪些好用、哪些不会减少碳排放，同时开发寻找可再生能源。太阳能、风能和电池技术都可能是未来船舶的主要动力来源，未来的解决方案很可能是太阳能、风能和电池混合动力。电池技术和水电技术势头发展很好，目前的一些最新应用都是用它们和传统能源进行组合，这似乎是值得期待的一种方法。以目前的电池技术，要获得同等的能量，需要 3 倍于重油体积的电池，这对于需要在海上航行数日、数周的船舶来说很难实现，但是确实可以从汽车、飞机等其他交通工具上借鉴到很多经验。

安全务实地向自动化迈进

多年来，维护和运行船舶都由人工操作完成，而下一阶段将使用智能技术收集数据、管理数据、分析数据，凭借这些信息作出决策。到第三阶段，机器开始做更多的决定，人来监控这些决定。最后将过渡到全自动化阶段，机器代替人类作出所有的决定。我们行业正处在智能化的第二阶段，这也是为什么 ABS 推出了智能功能的指导手册（cuidance notes on smart function implementation），我们关注船舶的一些独立组件，而不是整船。现在的集装箱船上，光操控系统就有超过 2 000 个感应，还有 7 000 个左右的小型警报和信息传感器，它们每天收集超过 2 千兆字节的数据。所以第一步要尝试利用这些船上的数据，让船东和运营者改善运营、维护设备、减少油耗。对于第三阶段何时会到来，Novak 先生表示，人们已经开始尝试半自动化的项目，虽然要在国际主要海运航线上广泛应用还为时尚早，但是短距离、沿海的国内航行短期就可以实现。关键一点是要安全使用这种技术。船级社在这里扮演了重要的角色，确保技术在安全的前提下和相关组织的要求下使用，确保生命、财产和环境都能得到保护。在一定时间内还需要人的监督。

Novak 先生将限硫令和自动化技术视为 2019 年最需关注的两大热点，但他同时表示，无论是 2030 年、2050 年的环保目标，还是自动化船舶的未来愿景，都不是一蹴而就的，需要从现在开始收集尽可能多的信息，为行业的未来做好准备。

资料来源：徐亦宁. 立足现在 着眼未来 专访美国船级社工程和技术高级副总裁 Derek Novak 先生[J]. 中国远洋海运，2019(1)：8，24-26.（有改动）

三、国际海洋货物运输的航线

（一）航线的概念和分类

航线是船舶运输路线的简称，是货物的流向和流量。国际海洋货物运输航线是指船舶根据不同水域、潮流、港湾、风向、水深等自然条件及社会、政治和经济等因素，为达到最大的经济效益所选定的营运通路。国际海洋货物运输航线像蜘蛛网般纵横于各大洋。从不同的角度，国际海洋货物运输航线有不同的分类方法。

1. 按航程的远近划分

按航程的远近，其可分为远洋航线、近洋航线和沿海航线。

(1) 远洋航线。远洋航线是指船舶航行跨越大洋的运输航线，如远东各港至欧洲、美洲和大洋洲的航线。

(2) 近洋航线。近洋航线是本国各港口至邻近国家港口的海上运输航线的总称。我国习惯于把航行在亚丁湾以西地区的亚洲和大洋洲的航线称为近洋航线。

(3) 沿海航线。沿海航线是指本国沿海各港口间的海上运输航线，如上海至广州、青岛至大连等。

2. 按船舶运营方式划分

按船舶运营方式，其可分为定期航线和不定期航线。

(1) 定期航线。定期航线是指用固定的船舶，按固定的船期和港口航行，并以相对固定的运价，经营客、货运输业务的航线。定期航线又称班轮航线，主要装运件杂货物。

(2) 不定期航线。不定期航线与定期航线相对，是指使用不定船舶、不定船期、不定港口，并使用租船市场运价，经营大宗、低价货物运输业的主航线。

3. 按航行的范围划分

按航行的范围，其可分为大西洋航线、太平洋航线、印度洋航线和环球航线。

（二）世界主要大洋航线

1. 太平洋航线

(1) 远东—北美西海岸航线。该航线包括从中国、朝鲜、日本、俄国远东海港到加拿大、美国、墨西哥等北美西海岸各港的贸易运输线。从我国的沿海各港出发，偏南的经大隅海峡出东海；偏北的经对马海峡穿日本海后，或经清津海峡进入太平洋，或经宗谷海峡，穿过鄂霍茨克海进入北太平洋。

(2) 远东—加勒比、北美东海岸航线。该航线常经夏威夷群岛南北，过巴拿马运河后，到达美国东海岸。从我国北方沿海港口出发的船只多半经大隅海峡或经琉球奄美大岛出东海。

(3) 远东—南美西海岸航线。从我国北方沿海各港出发的船只，多经琉球奄美大岛、硫黄列岛、威克岛、夏威夷群岛之南的莱恩群岛，穿越赤道进入南太平洋，至南美海岸各港。

(4) 远东—东南亚航线。该航线是中、韩、日货船去东南亚各港，以及经马六甲海峡去印度洋、大西洋沿岸各港的主要航线。东海、台湾海峡、巴士海峡、南海是该航线船只的必经之路，航线繁忙。

(5) 远东—澳大利亚、新西兰航线。远东至澳大利亚东南海岸分两条航线。中国北方沿海港口、韩国及日本到澳大利亚东海岸和新西兰港口的船只，需走琉球久米岛、加罗林群岛的雅浦岛进入所罗门海、珊瑚湖；中澳之间的集装箱船需在香港加载或转船后经南海、苏拉威西海、班达海、阿拉弗拉海，后经托雷斯海峡进入珊瑚海。中、日去澳大利亚西海岸航线，从菲律宾的民都洛海峡、望加锡海峡以及龙目海峡进入印度洋。

(6) 澳大利亚、新西兰—北美东西海岸航线。由澳大利亚、新西兰至北美海岸多经苏瓦、火奴鲁鲁等太平洋上的重要航站到达。至北美东海岸则到达坐落在波利尼西亚群岛上的最大岛屿——塔希提岛上的帕皮提市，过巴拿马运河而至。

2. 大西洋航线

(1) 西北欧—北美东海岸航线。该航线是西欧、北美两个世界经济最发达地区之间能源、原材料和产品交换的运输线，两岸拥有世界上 2/5 的重要港口，运输极为繁忙，船舶大多走偏北大圆航线。该航区冬季风浪大，并有浓雾、冰山，对航行安全有威胁。

(2) 西北欧、北美东海岸—加勒比海航线。该航线多半出英吉利海峡后横渡北大西洋。它同北美东海岸各港出发的船舶一起，一般都经莫纳、向风海峡进入加勒比海。除去加勒比海沿岸各港外，还可经巴拿马运河到达北美太平洋沿岸港口。

(3) 西北欧、北美东海岸—地中海—苏伊士航线。西北欧、北美东海岸—地中海—苏伊士航线属世界最繁忙的航段，它是北美、西北欧与亚太、海湾地区间贸易往来的捷径。该航线一般途经亚速尔、马德拉群岛上的航站。

(4) 西北欧、地中海—南美东海岸航线。此航线一般都经西非大西洋岛屿—加那利群岛、弗得角群岛上的航站。

(5) 西北欧、北美东海岸—好望角—远东航线。该航线一般是巨型油轮的油运线。弗得角群岛、加那利群岛是过往船只停靠的主要航站。

(6) 南美东海岸—好望角—远东航线。这是一条以石油、矿石为主的运输线。该航线处于西风漂流海域，风浪较大。一般西航偏北行，东航偏南行。

3. 印度洋航线

印度洋航线以石油运输线为主，此外有不少大宗货物的过境运输。

(1) 波斯湾—好望角—西欧、北美航线。该航线主要由超级油轮经营，是世界上最主要的海上石油运输线。

(2) 波斯湾—东南亚—日本航线。该航线东经马六甲海峡(20 万吨载重吨以下船舶可行)或龙目、望加锡海峡(20 万吨载重吨以上超级油轮可行)至日本。

(3) 波斯湾—苏伊士运河—地中海—西欧、北美运输线。该航线目前可通行 30 万吨级的超级油轮。

除了以上三条油轮运输线之外，位于印度洋的其他航线还有：远东—东南亚—东非航线；远东—东南亚—地中海—西、北欧航线；远东—东南亚—好望角—西非、南美航线；澳大利亚、新西兰—地中海—西北欧航线；印度洋北部地区—亚太航线；印度洋北部地区—欧洲航线。

4. 世界主要海运集装箱航线

世界主要海运集装箱航线有：远东—北美航线；北美—欧洲、地中海航线；欧洲、地中海—远东航线；远东—澳大利亚航线；澳大利亚、新西兰—北美航线；欧洲、地中海—西非、南非航线。

(三) 中国外贸主要海运航线

目前，我国与世界 230 多个国家和地区有着贸易往来关系，已开辟了至世界各地的许多条海上航线。

1. 近洋航线

近洋航线有：中国—朝鲜航线；中国—日本航线；中国—越南航线；中国—香港航线；中国—俄罗斯航线；中国—菲律宾航线；中国—新马航线；中国—北加里曼丹航线；中国—泰国湾航线；中国—印度尼西亚航线；中国—孟加拉湾航线；中国—斯里兰卡航线；中国—波斯湾航线；中国—澳大利亚、新西兰航线。

2. 远洋航线

远洋航线有：中国—红海航线；中国—东非航线；中国—西非航线；中国—地中海航线；中国—西欧航线；中国—北欧、波罗的海航线；中国—北美航线；中国—中南美航线。

四、国际海洋货物运输的港口

(一) 世界主要港口

世界主要港口有：鹿特丹港(Rotterdam)、纽约港(New York)、新奥尔良港(New Orleans)、神户港(Kobe)、安特卫普港(Antwerp)、新加坡港(Singapore)、马赛港(Marseille)、横滨港(Yokohama)、汉堡港(Hamburg)、伦敦港(London)等。

（二）我国对外贸易主要港口

我国对外贸易主要港口有：上海港、宁波港、天津新港、黄埔港、青岛港、秦皇岛港、大连港、深圳港、舟山港、营口港、基隆港、香港港等。

知识链接 2-5

2019 年全球百大集装箱港口榜单

根据英国《劳氏日报》发布的 2019 年全球百大集装箱港口榜单，中国内地共 21 家港口上榜，排名前十中共有 6 家中国内地港口上榜。

全球集装箱港口排名前十分别为上海港（第一）、新加坡港（第二）、宁波舟山港（第三）、深圳港（第四）、广州港（第五）、釜山港（第六）、香港港（第七）、青岛港（第八）、天津港（第九）、迪拜港（第十）。

与 2018 年相比，宁波舟山港超越深圳港成为第三名，香港港连跌两位从第五名下降至第七名，釜山港维持第六名的位置不变，广州港超越香港港和釜山港上升至第五名，天津港也上升一位成为第九名。

第十一位至第二十位分别是：鹿特丹港（第十一）、巴生港（第十二）、安特卫普港（第十三）、厦门港（第十四）、高雄港（第十五）、大连港（第十六）、洛杉矶港（第十七）、丹戎帕拉帕斯港（第十八）、汉堡港（第十九）、长滩港（第二十）。

其他上榜的中国港口还有营口港（第二十六）、太仓港（第三十一）、连云港港（第三十四）、日照港（第四十一）、东莞港（第四十六）、福州港（第四十九）、南京港（第五十三）、烟台港（第六十）、唐山港（第六十一）、泉州港（第七十七）、珠海港（第八十一）、海口港（第九十）、嘉兴港（第九十六）。

资料来源：http://news.wl890.com/zhwuliu/1564545058517.html? newsid=11284&sghevo=iwenp.（有改动）

知识链接 2-6

2019 年世界十大港口排名，舟山港吞吐量达七亿吨

在全球 35 个国际化的大城市中有 31 个是港口类型的城市，港口的便利迅速地带动了当地经济的发展，而世界上最繁忙的 10 个港口中国就占据了 7 个。2019 年世界十大港口排名如下：①舟山港 7 亿吨；②上海港 6.3 亿吨；③新加坡港 6 亿吨；④天津港 5 亿吨；⑤葵涌货柜码头 4.9 亿吨；⑥韩国釜山港 4.5 亿吨；⑦广州港 4.3 亿吨；⑧苏州港 4 亿吨；⑨青岛港 3.8 亿吨；⑩迪拜港 3.5 亿吨。

（1）舟山港。舟山港是以水水中转为主要功能的深水良港，国际上与日本、韩国、新加坡、马来西亚、美国、俄罗斯及中东地区均有贸易往来。

（2）上海港。上海港地处长江东西运输通道与海上南北运输通道的交汇点，是中国沿海的主要枢纽港。

(3) 新加坡港。新加坡港位于新加坡南部沿海，西临马六甲海峡，是亚太地区最大的转口港。此港扼太平洋及印度洋之间的航运要道，战略地位十分重要。13世纪开始新加坡港便是国际贸易港口，也是该国的政治、经济、文化和交通的中心。

(4) 天津港。天津港位于天津海河入海口，处于京津冀城市群和环渤海经济圈的交汇点上，是中国北方最大的综合性的对外贸易口岸，该港是在淤泥质浅滩上挖海建港、吹填造陆建成的世界航道等级最高的人工深水港。

(5) 葵涌货柜码头。葵涌货柜码头总共有9个码头，24个泊位，是香港最主要的集装箱物流处理中心，可停泊最大型的货柜船，是全球最繁忙的港口，也是效率最高的货柜港口之一。

(6) 韩国釜山港。其位于韩国东南沿海，东南濒朝鲜海峡，西临洛东江，与日本对马岛相峙，是韩国最大的港口。其始建于1876年，在20世纪初由于京釜铁路的通车而迅速发展起来。它是韩国海陆空交通的枢纽，又是金融和商业中心，在韩国的对外贸易中发挥重要作用。

(7) 广州港。广州港是中国广东省广州市港口，地处珠江入海口和珠江三角洲地区中心地带，濒临南海，毗邻香港和澳门，东江、西江、北江在此汇流入海。1978年以来，广州港发展成为中国综合运输体系的重要枢纽和华南地区对外贸易的重要口岸。

(8) 苏州港。苏州港地处长江入海口的咽喉地带，背靠经济发达的苏、锡、常地区，东南紧邻上海，是由原国家一类开放口岸张家港港、常熟港和太仓港三港合一组建成的新兴港口，原3个港口相应成为苏州港张家港港区、常熟港区和太仓港区。

(9) 青岛港。青岛港位于山东半岛胶州湾畔，濒临黄海，与日本和朝鲜半岛隔海相望，是中国沿黄河流域和环太平洋西岸的国际贸易口岸与中转枢纽。青岛港拥有码头大概15个，泊位71个，主要由前湾新港区、青岛老港区等4大港口组成，它的集装箱效率和特矿石卸船效率在世界十大港口里面排第一。目前其发展和基础建设已经非常稳定，拥有中国最大的原油码头和煤炭码头。

(10) 迪拜港。迪拜港位于阿联酋东北沿海，濒临波斯湾的南侧，又名拉希德港，并与1981年新建的米纳杰贝勒阿里港同属迪拜港务局管辖，是阿联酋最大的港口，也是集装箱大港之一。

资料来源：http://www.896198.com/hot/show-2145.html.（有改动）

第三节　国际海洋货物运输的经营方式

国际海洋货物运输按照船舶经营方式的不同，主要可以分为班轮运输和租船运输。

一、班轮运输

班轮运输最早于19世纪初出现在美国，随后先后扩展到英国、中东、远东、澳大利亚、日本、德国和法国等地。中国于19世纪70年代开始沿海和长江的班轮运输，并于20世纪初在长江和其他内河开展班轮运输。中华人民共和国成立后，开辟了大连—上海定期定港班轮货运航线。中国远洋运输(集团)总公司于1961年成立并开始建立中国远洋运输船队和国际班轮航线。

(一) 班轮运输的概念与特点

班轮运输(liner transport)是指船舶按照事先公布的船期表(sailing schedule)，在特定的航线和固定的港口之间，定期为非特定的众多货主提供货物运输服务，并按照事先公布的费率收取运费的一种船舶经营方式。班轮运输又称定期船运输。

班轮运输的特点可以概括为“四固定一负责”，是指航线、停靠港口、船期和运费率固定，由承运人负责装卸。具体表现如下。

(1) “四固定”是班轮运输的最基本特征，即固定航线、固定停靠港口、固定船期和相对固定的费率。

(2) “一负责”是指货物由承运人负责配载装卸，承运人的责任区间为“船舷至船舷”(rail to rail)或“钩至钩”(tackle to tackle)，即从货物装上船起，到货物卸下船止。

(3) 班轮运价中已包括所有装卸、理舱、配载在内的作业及相关费用，不计算滞期费与速遣费，也不规定装卸时间。

(4) 承运人与托运人之间处理纠纷所依据的是班轮提单，并受统一的国际公约的制约。

(5) 班轮运输面向大量的货主，单个货主所托运的货物数量不多，但通过班轮运输的货物，在海上运输中往往价值较高。

(二) 班轮运输的作用

(1) 有利于一般杂货和不足整船的小额贸易货物的运输。班轮只要有舱位，不论数量大小、挂港多少、直运或转运都可接受承运。

(2) 由于“四固定”的特点，时间有保证，运价固定，为贸易双方洽谈价格和装运条件提供了方便，有利于开展国际贸易。

(3) 班轮运输长期在固定航线上航行，有固定设备和人员，能够提供专门的、优质的服务。

(4) 由于事先公布船期、运价费率，有利于贸易双方达成交易，减少磋商内容。

(5) 手续简单，货主方便。由于承运人负责装卸和理舱，托运人只要把货物交给承运人即可，省心省力。

(三) 班轮运费和班轮运价的定义

班轮运费(liner freight)是班轮公司运输货物而向货主收取的费用。它包括货物的装卸费和货物从装运港至目的港的运输费用、附加费用。计算运费的单价或费率被称为班轮运价(freight rate)。班轮运价是按照班轮运价表(freight tariff)的规定计算的，是垄断性价格。

（四）班轮运价表

1. 班轮运价表的基本内容

（1）说明及有关规定。说明运价表的适用范围、计价货币、计价单位及其他的有关规定。

（2）港口规定及条款。其主要是将一些国家或地区的港口的规定习惯做法列入运价表内。

（3）货物分级表。列明各种货物所属的运价等级和计费标准。

（4）航线等级费率表。列明不同等级货物的基本运费率。

（5）附加费率表。列明各种附加费按基本运费的一定百分比（相对数）或按每运费吨若干元（绝对数）计收，如货币附加费、直航附加费、燃油附加费等。

（6）冷藏货费率表及活牲畜费率表。

2. 班轮运价的计算标准

（1）按货物的毛重计收。在运价表内用"W"字母表示。一般以 1 公吨（1 000 千克）、1 长吨（1 016 千克）或 1 短吨（907.2 千克）为一个计算单位，也称重量吨。

（2）按货物的体积（或尺码吨）计收。在运价表内用"M"表示。一般以 1 立方米（约合 35.314 7 立方英尺）或 40 立方英尺为一个计量单位，也称尺码吨或容积吨。

（3）按商品的价格计收，即按从价运费收取。在运价表内用"A. V."表示。一般按 FOB 货价的一定百分率收费。

（4）按货物的毛重或体积，由船公司选择其中收费较高的一种计收运费，在运价表内用"W/M"表示。

（5）按货物的重量、体积或价值，在三者中选较高的一种计收运费，在运价表内用"W/M or A. V."表示。

（6）按货物的件数计收。如活牲畜和活动物，按"每头"（per head）计收；车辆按"每辆"（per unit）计收；起码运费按"每提单"（per B/L）计收。

（7）对于大宗低值货物，按议价（open rate）计收运费，如粮食、豆类、煤炭、矿砂等。按承托双方临时议定的价格收取运费，比按等级运价计算运费要低。

（8）按起码费率（minimum rate）计收运费。起码运费是指按每一提单上所列明的重量或体积计算的运费。如果未达到运价表中规定的最低运费金额，按最低运费计收。

此外，班轮公司对于同一包装、同一票货物或同一提单内出现混装的情况，计收运费的原则是就高不就低，具体收取办法如下。

① 不同商品混装在同一包装内，全部运费一般按其中收费较高者收取。

② 同一票货物，如包装不同，其计费标准和等级也不同，如托运人未按不同包装分别列明毛重和体积，则全票货物均按收费较高者计收运费。

③ 同一提单内有两种以上的货名，如托运人未分别列明不同货物的毛重和体积，则全部货物均按收费较高者计收运费。

（五）班轮运费的计算

班轮运费包括基本运费(basic freight)和附加费(surcharges)两种。

基本运费是指班轮航线内基本港之间对每种货物规定的必须收取的费用，是班轮运价与运量的乘积。班轮运价是承运每单位货物而收取的价格。班轮运价的收取包括货物从起运港到目的港的运输费用以及货物在起运港和目的港的装卸费用。

附加费是对一些需要特殊出口的货物或由于客观情况的变化使运费大幅度增加，为弥补损失而额外加收的费用。附加费的种类很多，并且随着客观情况的变化而变动，各种附加费是对基本运价的调节和补充，可以比较灵活地对各种外部不测因素的变化作出反应，所以班轮附加费是班轮运价的重要组成部分。以下是几种常见的附加费。

(1) 燃油附加费(bunker surcharge,BS)。在燃油价格突然上涨时加收，按每一运费吨加收一绝对款或按基本运价的一定百分比加收。

(2) 货币贬值附加费(currency adjustment factor,CAF)，是指在货币贬值时，船方为保持实际收入，按基本运价的一定百分比加收的附加费。

(3) 转船附加费(transshipment surcharge)，是指凡运往基本港的货物，需转船运往目的港时，船方收取的附加费，包括转船费和二程运费。但有的船公司不收此项附加费，而是分别收转船费和二程运费。这种收取一、二程运费加转船费的做法，即通常所称的“三道价”。

(4) 直航附加费(direct additional)，是指当运往基本港的货物达到一定的货量(500～1 000 运费吨)时，船公司可安排直航该港而不转船时所加收的附加费。一般直航附加费较转船附加费低。

(5) 超重附加费(over weight)。由于超重货物在装卸时需要支付额外的支出，因此当一件货物的毛重超过规定重量时，需要加收一定的超重附加费。超重附加费通常以每吨加收若干元的办法来计算，一般随货物重量加重而增加。而且一旦要加收超重附加费，是按货物的整个重量加收，而不是只对超重部分加收。货物如需转船，每转一次加收一次。

(6) 超长附加费(length surcharge)。由于超长货物在装卸时会增加额外的困难和费用，因此当一件货物的长度超过规定长度时，需要加收一定的超长附加费。通常，超长附加费的起收点规定为 9 米，费率按长度分级递增。货物如需转船，每转一次加收一次。

(7) 港口附加费(port surcharge)。有些港口由于设备条件差或装卸交叉率低及其他原因，船公司加收的附加费一般按基本运价的一定百分比收取。

(8) 港口拥挤附加费(port congestion surcharge)，是指有些港口由于拥挤导致船舶停泊时间增加而加收的附加费。这种附加费随港口条件的改善或恶化而变化，一般按基本运价的一定百分比计收。

(9) 选港附加费(optional surcharge)，是指货物托运时不能确定具体卸货港，要求在两个或两个以上港口中选择一港卸货，船方加收的附加费。所选港口限定为该船次规定的转港，并以所选港中收费最高者计收运费及各种附加费。货主必须在船舶到达第一卸港前的规定时间内(一般规定为 24 小时或 48 小时)通知船方最后选定的卸货港。

（10）绕航附加费（deviation surcharge）。苏伊士运河 1967 年因战争关闭，欧亚间往来船舶均需绕道好望角，当时班轮运价规定加收 10%的绕航附加费。1975 年 6 月 5 日运河重新开放时，该附加费取消。由于正常航道受阻不能通行，船舶必须绕道才能将货物运至目的港时，加收绕航附加费。

除以上 10 种附加费外，还有一些船货双方临时议定的附加费，如变更卸货港费（additional for alteration of destination）、洗船费（cleaning charge）、熏蒸费（fumigation charge）、破冰费（ice additional）等。

知识链接 2-7

班轮运费的计算

班轮运费通常由基本运费和附加费两部分构成，其计算公式为

$$F = F_b + \sum S$$

式中：F 为运费总额；F_b 为基本运费；S 为某一项附加费，$\sum S$ 为各种附加费总额。

基本运费为基本运价与运量的乘积，即

$$F_b = f \cdot Q$$

式中：f 为基本运价；Q 为计费运量。

（1）当附加运费按照基本运费的一定百分比计收时：

$$\begin{aligned}\sum S &= (S_1 + S_2 + \cdots + S_n) \cdot F_b \\ &= (S_1 + S_2 + \cdots + S_n) \cdot f \cdot Q\end{aligned}$$

式中：S_1、$S_2 \cdots S_n$ 为各项附加费率。

因此，班轮运费的计算公式为

$$F = (1 + S_1 + S_2 + \cdots + S_n) \cdot f \cdot Q$$

（2）当附加运费按照固定额收取时：

$$\sum S = (S_1 + S_2 + \cdots + S_n) \cdot Q$$

因此，班轮运费的计算公式为

$$F = (f + S_1 + S_2 + \cdots + S_n) \cdot Q$$

如果基本运费是从价运费，则是以货物的 FOB 价格为基础来计算。若是以 CFR（成本加运费）价格和 CIF 价格成交的，应换算为 FOB 价格。通常，由于保险费的资料难以获取，CFR 价格按照 CIF 价格的 99%计算。因此：

$$\text{CFR} = \text{FOB} + \text{运费} = (1 + \text{从价费率}) \cdot \text{FOB}$$

$$\text{FOB} = \text{CFR}/(1 + \text{从价费率}) = 0.99 \cdot \text{CIF}/(1 + \text{从价费率})$$

班轮运费的计算步骤如下。

（1）从货物分级表中查出货物的等级以及计费标准。

（2）从航线费率表中查出该航线相应等级货物的基本运费。

（3）查出该航线的附加费有哪些。

（4）代入公式计算。

• 实操训练

1 000 箱门锁由天津新港运往莫桑比克首都马普托，每箱体积为 $0.025m^3$，毛重为 40kg。请问该批门锁的运费为多少？（假设去马普托每运费吨的运费为 450 港元，另加收燃油附加费 20%，港口附加费 10%。）

（1）从运价表中查得门锁属 10 级货，计收标准为 W/M。

（2）去东非航线马普托的每运费吨为 450 港元。

（3）燃油附加费 20%，港口附加费 10%。

（4）计算得出该货物的积载系数为：$0.025\div0.04=0.625<1$，从而得知该货物为重货，该批门锁的总重量为 $(40\times1\,000)\div1\,000=40$（公吨）。

总运费 $F=450\times40\times(1+20\%+10\%)=450\times40\times1.3=23\,400$（港元）。

（六）班轮运输的业务流程

班轮运输所承运的货物具有种类繁多、批量小、货价高、货主多、挂靠港口多、装卸作业烦琐等特点。在实际业务中，为了使货物能安全、顺利地装卸和交接，逐渐形成了一套相适应的业务流程。

班轮运输的业务流程包括货运安排、装船出运和卸船交货三个方面。

1. 货运安排

货运安排包括揽货（canvassion）和订舱（booking）。

1）揽货

揽货是指从事班轮运输运营的船公司为了让自己经营的班轮运输船舶在载重量和舱容上做到“满舱满载”，并获得最好的经营效益，进而从货主处争取货源的行为。

船公司通常的做法包括：在所经营的班轮航线的各挂靠港口及货源腹地通过自己的营业机构或代理机构与货主建立长期的业务关系；通过相关报纸、杂志（如我国的《中国远洋航务》等）刊登船期表，以吸引货主前来托运货物，办理订舱手续；通过与货主、货运代理人或无船承运人等签订货物运输服务合同或揽货协议，来争取货源。

2）订舱

订舱是指托运人或其代理人向承运人（班轮公司及其营业所或代理机构）申请货物运输，承运人对这种申请给予承诺的行为。

在班轮运输中，承运人和托运人之间不需要签订运输合同，托运人提出订舱申请就可以视为“要约”，即托运人希望和承运人订立运输合同的意愿的表示。承运人一旦对托运人的订舱给予确认，在舱位登记簿上记录，则表明二者的运输合同关系成立了，并开始着手货物承运装船的一系列准备工作。

2. 装船出运

装船出运包括直接装船（direct loading）和集中装船（centralized loading）。

1）直接装船

直接装船是指托运人将其托运的货物直接运至码头承运船舶的船边，并进行交接，然后将货物装到船上。如果船舶在锚地或浮筒作业，托运人还应负责使用自己的或租用的驳船将货物驳运至船边，办理交接后装船。

对于特殊货物，如危险品货物、冷藏货物、活的动植物等，一般采用直接装船的形式。

2）集中装船

集中装船是指由船公司在各装货港指定装船代理人，在指定地点（通常是码头仓库）接受托运人送来的货物，办理交接手续后，将货物集中，并按货物的卸港次序进行适当分类后再装船，即采用“仓库收货，集中装船”的形式。

为了提高装船效率，减少船舶在港停泊时间，不致延误船期，大多数货物都采用集中装船的方式。需注意的是：在这种装船形式下，托运人将货物交付给船公司指定的装船代理人（通常是港口装卸公司）后，责任并没有转移到承运人，承运人的责任仍然是从装船开始。

3. 卸船交货

卸船交货包括卸货（discharging）和交付货物（delivery）。

1）卸货

卸货是指将船舶所承运的货物在卸货港从船上卸下，并在船边交给收货人或其代理人，办理货物的交接手续。

卸货包括直接卸货和集中卸货。

（1）直接卸货是指承运人将船舶承运的货物在卸货港从船上卸下，并在船边交给收货人或其代理人，办理货物的交接手续。

（2）集中卸货是指由船公司指定的港口装卸公司作为卸货代理人，先将货卸至指定地点（通常是码头仓库），进行分类后再向收货人交付，办理交接手续，即采用“集中卸船，仓库交货”的形式。

2）交付货物

交付货物是班轮运输中不可缺少的业务流程。在班轮运输中，货物装船后，船公司或其代理人向托运人签发提单。因此，船公司在交付货物给收货人时，必须收回提单。

在实际业务中，收货人将正本提单交给船公司或其代理人，经审核无误后，后者签发提货单给收货人，收货人再凭提货单到码头仓库办理交接手续，提取货物。

知识链接 2-8

2019 年世界班轮运输连通概况

2019 年，用 LSCI（班轮连通指数）衡量的与全球班轮运输网络连通最好的经济体依次是：中国、新加坡、韩国、马来西亚和美国。次区域领先者包括：欧洲的比利时、荷兰；美洲的墨西哥、哥伦比亚和巴拿马；非洲的埃及、摩洛哥和南非以及南亚的斯里兰卡。俄罗斯联邦和乌克兰是联系最紧密的转型经济体。双边连通性排名前 20 位的都是区域内部的经济体，即欧洲内部和东亚及东南亚内部。在过去 10 年中，中国和韩国的班轮连通水平发展最为迅猛，一直保持第一和第二的领先地位。

资料来源：UNCTAD Handbook of Statistics 2019 - Maritime transport.（有改动）

二、租船运输

18 世纪末至 19 世纪初，由于欧洲实现了工业革命，商品生产得到了极大的发展，贸易不断扩大。同时，船舶技术设备和航海技术也达到了一个新的水平，于是海上运输逐渐从航海贸易中分离出来，成为独立的经济部门，这时的海上运输以租船运输(shipping by chartering)为主。

(一) 租船运输的概念与特点

租船运输又称不定期船运输，是指包租整船而言，大宗货物一般都采用租船运输，租船方式主要包括定程租船(voyage charter)和定期租船(time charter)两种。前者是指按航程租赁船舶，后者是指按期限租赁船舶。不论是按航程或按期限租船，船、租双方都要签订租船合同，以明确双方的权利和义务，在这一过程中船舶的所有权没有发生转移。

租船运输的特点如下。

(1) 租船运输没有固定的航线、装卸港、船期，而是根据租船人的需要和租船合同来安排船舶航行计划，并组织货物运输。

(2) 租船运输没有固定的运价。租船的运价受市场供求关系制约，当船舶供大于求，价格低；反之则高。可见，租船运价随租船市场行情的变化而经常变化。

(3) 租船运输中的提单不是一个独立的文件。租船运输中船方出具的提单，一般为只有正面内容的简式提单，并注明"All Terms and Conditions as Per Charter Party, or Freight Payable as Per Charter Party"。这种提单一般要受租船合同的约束，银行一般不愿接受这种提单，除非信用证另有规定。当承租人将提单转让给第三人时，提单起着物权凭证的作用。

(4) 租船运输中的船舶港口使用费、装卸费以及船期延误都按租船合同规定划分和计算。

(5) 租船运输适合于批量大、价值低、无包装的大宗货物，如工业原料、矿石、石油、硫黄、谷物、化肥、水泥等。

(二) 租船运输的作用

(1) 租船一般都通过租船市场，如船东、租船人和船舶经纪人聚集在一起，互通情报，提供船舶和货源，订立租船合同。

(2) 租船一般都是整船，国家之间的大宗货物主要是以租船运输方式为主。由于租船运量大，运输成本较低。

(3) 租船运价是竞争价格，一般比班轮运价低，有利于低值大宗货物的运输。

(4) 只要是船舶能安全出入的港口，船舶都可以进行直达运输。

(5) 一方面，一旦贸易增加，船位不足，而造船、买船又赶不上需要时，租船运输就可以起到弥补需要的作用。另一方面，如果舱位有余，为了避免停船损失，还可以租船揽货或转租。

（三）租船市场

租船业务通常在租船市场进行。但是由于租船是国际性的业务活动，船东和租船人分布在世界各地，因此，现代租船市场并不一定要有固定的场所，只要是有船集中供租的地方，都可成为租船市场，现在大量的租船业务是通过电信完成的。

在租船市场上，大宗交易常常是通过经纪人进行的。船舶经纪人拥有广泛的业务联系渠道，能向船方提供寻租消息和向租船人提供船源情况，为双方提供适当的洽租对象供选择。若交易成功，经纪人可取得报酬。船舶经纪人除促进船舶租赁业务以外，还代办船舶买卖、船舶代理业务。船舶经纪人的主要作用是为委托人提供最适合、最有利的生意，提供市场行情，向当事人答复委托人的询问，为当事人双方发挥调节作用并解决困难。

（四）租船运输的方式

国际上使用较为广泛的租船方式主要有定程租船和定期租船两种。

1. 定程租船

定程租船是指在按航程租船方式下，船方必须按租船合同规定的航程完成货物运输任务，并负责船舶的经营管理及其在航行中的各项费用开支；租船人则应支付双方约定的运费，定程租船的运费一般按装运货物的数量计算，也有按航次包租总金额计算的，至于货物在港口的装卸费用，究竟由船方抑或是租方负担，应在租船合同中作出明确规定。由于方便易行，使用最多，定程租船方式在租船市场上占统治地位。

2. 定期租船

定期租船是指按期限租船时，船租双方的权利与义务应在期限船合同中订明，船方应提供适航的船舶，关于船员薪金、伙食等费用以及保持船舶具有适航价值而产生的有关费用，均由船方负担。在船舶的出租期间，租船人可根据租船合同规定的航行区域自由使用和调动船舶，但船舶经营过程中产生的燃料费、港口费、装卸费和垫舱物料费等项开支，均应由租船人负担。关于定期租船的租金，一般是按租期每月每吨若干金额计算。

（五）租船合同

1. 定程租船合同的主要条款

1）合同当事人

通常船东和租船人双方为合同当事人（contract parties），也就是根据合同有权提出索赔或被索赔的对象，或有权起诉和作为被起诉的人。

2）船舶说明

船舶说明（description of ship）是合同的重要条款之一，直接关系到船舶的安全和经营效益。特别是在战争时期，该条款显得更重要。这部分内容包括船名、船籍、船旗、船级、吨位、容积以及签约时的位置等。

3）装运港和目的港

装运港（port of lading）是指开始装货的港口，目的港（port of discharge）是指最终卸货的港口,在海运进出口合同中,一般都订明装运港和目的港。

装运港和目的港的规定方法如下。

(1) 指明港。在通常情况下,只规定一个装运港和一个目的港,并列明港口名称。

(2) 未指明港。在大宗商品交易条件下,可酌情规定两个或两个以上的装运港和目的港,并分别列明港口名称。

(3) 选择港。在商订合同时,如明确规定一个或几个装运港和目的港有困难,可以采用按"选择港口"的规定办法。规定选择港有两种方式:一是从两个或两个以上列明的港口选一个,如"CIF 伦敦或汉堡或鹿特丹";二是从某一航区的港口中任选一个,如"地中海主要港口"。上述规定方法究竟采用哪一种,应视具体情况而定。但无论是哪一种,必须均为安全港。

规定装运港和目的港的注意事项如下。

(1) 规定国外装运港和目的港的注意事项:①必须考虑港口具体的装卸条件。②对港口的规定应明确具体,不宜过于笼统。③不能接受内陆城市作为装运港或目的港的条件。④应注意国外港有无重名的问题。

(2) 规定国内装运港和目的港的注意事项:①应考虑货物的来去向并贯彻就近装卸的原则。②应考虑港口的设施、装卸条件等实际情况。

4) 船舶受载期和解约日

船舶受载期(laydays and cancelling date)是指租船人可以接受的最早装货日期,解约日是指租船人可以接受的最晚装货日期。若船舶发生了脱期,即早于受载期到达和晚于解约日到达,在前者情况下,租船人可以拒绝交货,一直等到最早受载日才装货。若货已备好,租船人可与船东商量在互利的情况下提前装货,此时装货时间一般只算一半。在后者情况下,租船人有解除租船合同的选择权,既可以解约,也可以保留。

5) 货物

承租船一般在合同中定明承运货物(cargo)的种类、名称、数量、包装、特性等项,租船人不得随意变更。在船舶到达装货港受载时,由船长向租船人发送"宣载通知书"。宣布具体装载数量,但应在合同规定限额之内。在装运大宗货物时,装货数量一般订有5%~10%的伸缩量,即由船东决定的伸缩条款(more or less clause)或最多最少条款(maximum/minimum clause)。

租船人不能按租约提供货物可以免责的情况如下。

(1) 签约时不可预见的原因使供货不能。

(2) 合同货物在装货港有效期内遭受水灾或其他自然灾害全部灭失。

(3) 出现合同中规定的免责事项。

6) 运费

运费(freight)是指船东提供船舶运输服务应得的报酬。租船合同中有的规定运费率按货物每单位重量或体积的若干金额计算,有的规定整船包价(lump-sum freight)。费率的高低主要取决于租船市场的供求关系,但也与运输距离、货物种类、装卸率、港口使用费、装卸费用划分和佣金的高低有关。

合同中对运费的计算依据是装船重量(intaken quantity)或卸船重量(delivered

quantity)。运费为预付(freight prepaid)还是到付(freight to collect),均须订明。特别要注意的是,应付运费时间是指船东收到运费的日期,而不是租船人付出的日期。

7) 装卸责任和费用负担

装卸责任和费用负担的规定如下。

(1) 船方负担装卸费用,又称班轮条件(liner terms),只适用于装卸包装货或木材,不适用于散货。

(2) 船方不负担装卸费用(free in and out,FIO)。采用这一条件还要明确理舱费和平舱费由谁负担。一般都规定由租船人负担,即船方不负担装卸、理舱和平舱费用(free in and out stowed,F. I. O. S. T)。

(3) 船方只负责装货费用,不负责卸货费用(free out,FO)。

(4) 船方只负责卸货费用,不负责装货费用(free in,FI)。

上述四个条款仅是划分船方、租船方装卸费用的支付,而不是责任。即使船方不负担装卸费用,但对货物的安全运载仍然负有责任。

8) 许可装卸时间条款

为节省船期,在承租合同中,船东一般规定租船人在一定时间内完成装卸作业的条款,这个规定的时间就是许可装卸时间(lay time allowed)。有的合同则将装货与卸货的许可时间分开规定。至于如何计算,需在合同中明确规定。常见的有下列 6 种方法。

(1) 连续日(running days)。连续日即按自然日计算,其中没有任何扣除。其一般用于运输矿石、石油等少数几种不受天气影响的货物的租船合同中,对船方有利。

(2) 工作日(working days)。星期日及节假日不算,各港口工作日时间不同,易产生争议。

(3) 累计 8 小时工作日(working days of 8 hours)。累计 8 小时工作日是指不管港口习惯正常工作的时间如何规定,都以累计达 8 个小时作为一个工作日计算。

(4) 累计 24 小时工作日(working days of 24 hours)。累计 24 小时工作日是指不管港口习惯正常工作的时间如何规定,都以累计达 24 个小时作为一个工作日计算。

(5) 晴天工作日(weather working days)。晴天工作日既是工作日,又是好天气。天气好坏不是绝对的,必须根据承运货物能否装卸而定。

(6) 连续 24 小时晴天工作日(weather working days of 24 consecutive hours)。这种规定比较合理,双方都愿接受。中国租船公司的租船合同基本上也采用此条款。

上述工作日的计算,还要订明星期日和节假日除外。但是,如果星期日和节假日仍在进行作业,则有两种不同的规定:一种是“星期日和节假日除外,即使已使用星期日、节假日也不计时间”(Sundays and holidays excepted even if used);另一种是“星期日和节假日除外,使用才算时间”(Sundays and holidays excepted unless used)。至于星期六午后或节假日前一天午后、星期五午后、星期一时或节假日后工作日 8 时前是否计算,也应明确规定。

对于许可装卸时间的起始点,合同中也要明确规定。一般是由船长递交“装卸准备就绪通知书”(notice of readiness)后下一个工作日上午 8 时起算,也有的规定递交后 24 个小时起算,直到最后一件货物装上或卸下船舶。

9）滞期费和速遣费

在许可装卸时间内如未能装卸完毕，则自许可装卸时间终止时起至全部货物装卸完毕后的滞期时间，租船人应按合同规定向船东支付滞期费(demurrage)。通常滞期费按船舶滞期时间乘以合同规定的滞期费率计算。

滞期时间等于实际使用的装卸时间与合同规定的装卸时间之差。滞期时间的具体计算主要有两种方法：①"滞期时间连续计算"(demurrage runs continuously)或"一旦滞期，始终滞期"(once on demurrage，always on demurrage)，即超过合同规定的装卸时间后的装卸时间，该扣除的星期日、节假日及坏天气因素就不再扣除，而按自然日有一天算一天，均作为滞期的时间计算。②"按同样的日期"(per like day)计算，即滞期时间与装卸时间一样计算，该扣除的时间同样扣除。如果在允许装卸时间届满前，提前完成了货物的装卸工作，则对于节省的时间，船东要付给租船人一定的金额作为奖励，这就是速遣费(dispatch money)。滞期费和速遣费均按每天若干金额计算，不是一天按比例计算，通常速遣费为滞期费的一半(dispatch half demurrage，DHD)。

除了上述主要条款以外，租船合同中还规定有佣金条款(commission clause)、签署权条款(right of signature clause)、共同海损条款(general average)、罢工条款(strike clause)、冰冻条款(ice clause)等。使用时，可选用合适的规范合同，根据具体需要增加内容。

2. 定期租船合同的主要条款

1）船舶说明

期租船租赁时间长，且船舶在租期之内，由承租方经营管理。因此，要认真选择、审查期租船合同中的船舶说明(description of ship)主要项目。

2）租期

租期(charter period)的长短主要根据租方的需要来定。在洽租长期租船时，要考虑在这段时间内，有无稳定的基本货源。最好不要在高运价时租进，若在租期内情况变化，货源不足，可以及时转租。期租船的租期之所以重要，是因为租船市场的租金波动不仅频繁，而且幅度很大。在租金上涨时，船方总想早些收回船舶，租方的态度则相反。因此关于租期条文的解释常常会发生争执。租期的订法通常有三种：暗含伸缩性、明确规定伸缩时间和规定没有或暗含没有伸缩。前面提及的航次期租业务使用的是期租合同的格式。但是租期大多是以完成一个特定的航次为限。

3）交船

交船(delivery of vessel)是指船东依据合同，将船舶和船员交给租船人使用，此时是租期和租金开始计算之时。关于交船的地点订法很多，如在租方指定的港口交船，船到达租方指定的港口引水站交船，船过某一位置交船等。交船地点选择的关键在于，承租双方都希望将船舶空放的经济损失降到最低。

通常在交船时，船舶应当满足的条件有：装货已准备就绪；货舱已清扫干净，适于装载约定的货物；船上存油量和船上设备、灭火设备、护货板等完备无缺，符合租约规定；船舶文件齐备且有记录；船舶必须适航。交船时，如船舶不符合租约规定，租方有权拒绝接船，若租方没有提出弃权，则意味着放弃了拒绝接船的权利。

4）租金

租金(hire)是指租船人为取得船舶使用权向船东支付的费用。习惯上租金按每30天，或每日历月、每夏季载重吨计算，也可以按整条船每天若干金额计算，两者之间可以换算。一般夏季载重吨为25 000吨的船，每30天每吨的租金为8美元，则这条船每天的租金为25 000×8÷30=6 667(美元)，但租金的高低与船舶所载的货物无关。

租金通常需要预付半个月或一个月。租船人按时按规定的金额支付租金的责任是绝对的。习惯上，租船人把租金在应付之日日汇付到合同中船东指定的收款银行的账户上，船东可立即无条件地动用，否则船东有权撤回船舶。在租船市场价格上涨时，租方特别要注意这一点，否则很可能成为船东撤船的借口。

5）停租与复租

停租(termination)是指在租期之内，因约定的原因或因物料不足，机器故障，检验船舶、修理等船方责任事故，造成租方租期损失时，租方有中断支付停止使用船舶期间租金的权利。所有期租合同中都订有这一条款。在引用这一条款时，租方已说明时间损失原因的责任，已付租金可按比例扣除。停租和复租(release)双方必须办理记录手续。

6）还船

租期满时，租船人有义务按照租约规定的地点和条件将船还给船东，还船(redelivery of vessel)之时就是租金停付之日。关于还船地点和时间的订法中，对租方有利的条款是"船在何时何处备要，就在何时何处还船"(when where the vessel ready，W. W. R)，对船东较有利的条款是"出港引水员下船时作为还船"(dropping outward pilot，D. O. P)。在这个条件下，船东可少付一笔出港费。因为牵涉到费用问题，所以，这一条款的内容应尽可能订得具体、明确。

还船时，船舶需具备下列条件：与交船时相同的良好状态和条件，即货舱清洁，船上各部位都处于完好的状态；船上存油符合租船合同的规定。

7）转租

转租(sublease)条款明确了租船人在租期内，有权依据合同将所租来的船舶转租给他人，但是，在转租时，租船人仍有义务履行原租船合同。长期租船的条件下，租船人有时会因货源或经营决策等原因，将租船转租给第三者。在这种情况下，租船人就成了二船东。在洽订转租合同时，要严格根据原租船合同的条款，以保证第三者的行为在受转租合同约束的同时，不违背原租船合同，以防止二船东与真正的船东之间发生不必要的纠纷。转租合同中的航行地区、共同海损理赔条款、仲裁条款都必须和原租船合同中的规定一致。

以上介绍的只是期租合同中的部分常用条款，期租合同条文很多，还有一些条款也是常见的。例如，对货物种类及航行区域的限制，船东的责任及免责条款、首要条款、战争条款等。在具体租船时，要根据货运需要及自身利益，力争制定对我方有利的条款。

第四节 海运提单

一、提单的定义

《海商法》第71条给提单(bill of lading，B/L)的定义为：提单是指用以证明海上货物运输合同和货物已经由承运人接收或者装船，以及承运人保证据以交付货物的单证。

提单是国际海洋货物运输，特别是国际班轮运输中使用的一种非常重要的业务单据，也是一份非常重要的法律文件。提单是收到货物或货物装船后，应托运人的要求，由承运人或船长或承运人的代理签发的、证明承运人已经收到提单上列明的货物，并负责将该货物运至指定目的港和完好地交付给收货人的货运单证。

另外，在国际贸易中，提单也起到了贸易单证的作用，是一种有价证券，在市场上如同其他商品一样，可以自由买卖，或到银行抵押贷款，具有广泛的流通性。

二、提单的性质和作用

（一）提单是证明承运人已经接管货物或货物已经装船的货物收据

提单通常是在货物装船之后，由承运人或其代理人根据货物的原始收据——大副收据或场站收据签发的。提单作为货物收据，不仅证明收到货物的种类、数量、标志、外表状况等内容，而且证明卖方完成交货义务的时间，即证明货物装船的时间。用提单来证明货物的装船时间是非常必要的，作为履行贸易合同的必要条件，如果卖方未将货物按时装船，银行就不会接受该提单。

（二）提单是承运人保证凭以交付货物的物权凭证

承运人或其代理人在目的港交付货物时，必须向提单持有人交货。对于合法取得提单的持有人，提单具有物权凭证(document of title)的功能，除非提单另有规定，提单可以不经承运人的同意转让给第三者，即提单所代表的物权可以随着提单的转移而转移，提单所规定的权利和义务也随着提单的转移而转移。

（三）提单是承运人与托运人之间所订海上货物运输合同的证明

在班轮运输中，提单只是运输合同存在的证明(evidence of the contract of carriage)，而不是运输合同。按照严格的法律概念，提单并不具备经济合同应具有的基本条件。首先，它不是双方意思表示一致的产物，提单条款是承运人单方面制定的，而且提单也是承运人单方面签发的。其次，合同履行在前，而提单签发在后，早在签发提单之前，承运人就开始了接收托运人托运货物和将货物装船的各项工作，双方的合同关系在承运人接受订舱时成立。因此，将提单称为“海上货物运输合同的证明”更为合理。

三、提单的分类

按照不同的分类标准，提单可以分为以下类别。

（一）按照提单表面有无不良批注，提单可分为清洁提单和不清洁提单

1. 清洁提单

清洁提单(clean B/L)是指托运货物的外表状况良好，承运人未加有关货损或包装不良之类批语的提单。通常买方为了收到完好的货物，以维护自身的利益，都要求卖方提供

清洁提单。

2. 不清洁提单

不清洁提单(unclean B/L 或 foul B/L)是指承运人加注了托运货物外表状况不良或存在缺陷等批语的提单。此种提单买方通常都不接受,银行也拒绝接收。

(二) 按照货物是否已装船,提单可以分为已装船提单和备运提单

1. 已装船提单

已装船提单(on board B/L 或 shipped B/L)是指货物装船后,由承运人签发给托运人的提单,它必须载明船名和装船日期,由于这种提单对收货人按时收货有保障,故买方订买卖合同时,一般都规定卖方必须提供已装船提单。

2. 备运提单

备运提单(received for shipment B/L)是指承运人收到托运货物,尚未装船而向托运人签发的提单,由于这种提单没有载明装货日期,也没有注明船名,即使注明也只是拟装船名,将来货物能否装运和何时装运,都难以预料,故买方一般不愿接受此类提单。

(三) 按照提单收货人抬头的不同,提单可分为记名提单、不记名提单和指示提单

1. 记名提单

记名提单(straight B/L)是指在“提单收货人”栏内具体指定收货人名称的提单。由于记名提单只能由指定的收货人提货,它不能转让流通。

2. 不记名提单

不记名提单(bearer B/L)是指在“提单收货人”栏内不填写收货人名称而留空,故又称空名提单。不记名提单仅凭单交货,风险较大。

3. 指示提单

指示提单(order B/L)是指在“提单收货人”栏内填写“凭指定”或“凭×××指定”字样的提单。此种提单可通过背书转让,背书的方法有二:①由背书人签字盖章的称作空白背书;②除背书人签字盖章外,还列明被背书人名称的,称作记名背书。提单经背书后,可转让给其他第三者,因而又称为可转让的提单。由于指示提单可以背书转让,故其在国际贸易中被广为使用。在我国贸易中,通常采用凭指定空白背书提单,习惯上称为“空白抬头、空白背书提单”。

(四) 按照提单签发人的不同,提单可分为船东提单、租船人提单和货运代理人提单

1. 船东提单

船东提单(ship owner's B/L)是指由作为承运人的船东向托运人签发的提单,这是最传统的提单。在租船运输中,作为承运人的船东可以向托运人签发提单。但随着班轮运输的发展,船东签发提单的情况越来越不多见了。

2. 租船人提单

租船人提单(charterer's B/L)是指由船东以外的租船人作为承运人向托运人签发的提单。签发该种提单的主体通常就是与托运人订立运输合同,并以定期租船或光船租船

方式取得船舶经营权利的租船人。对托运人而言,他们承担承运人的责任,因此可以向托运人签发提单。

3. 货运代理人提单

货运代理人提单(freight forwarder's B/L)。货运代理人(freight forwarder)简称货代,又称运输代理行,是指经营货物运输领域内一项或数项业务并取得报酬的营利性组织或实体。货代本身通常没有运输工具,一般为货主或承运人代办托运、报关、提货或其他运输业务。随着集装箱运输的不断发展,货运代理人签发提单的情况越来越多。

(五)按照提单签发时间的不同,提单可分为倒签提单、预借提单和顺签提单

1. 倒签提单

倒签提单(anti-dated B/L)是指承运人或其代理人应托运人的要求,在货物装船完毕后,以早于该票货物实际装船完毕的日期作为提单签发日期的提单。承运人签发倒签提单的做法,掩盖了提单签发时的真实情况,将面临承担由此而引起的风险责任。

2. 预借提单

预借提单(advanced B/L)是指货物在装船前或装船完毕前,托运人为了能及时结汇,而要求承运人提前签发的已装船清洁提单。当承运人签发这种提单时,不仅同样掩盖了提单签发时的真实情况,而且将面临承担比倒签提单更大的风险责任。

3. 顺签提单

顺签提单(post-date B/L)是指在货物装船完毕后,承运人或其代理人应托运人的要求,以晚于该票货物实际装船完毕的日期作为提单签发日期的提单。承运人签发顺签提单的做法,同样掩盖了提单签发时的真实情况,也将面临要承担由此而引起的风险责任。

(六)按照运费支付时间的不同,提单可分为运费预付提单和运费到付提单

1. 运费预付提单

若贸易合同采用CIF、CIP(运费和保险费付至)或CFR等条件,按规定货物托运时,则必须预付运费。在运费预付情况下出具的提单称为运费预付提单(freight prepaid B/L)。这种提单正面载明"运费预付"(freight prepaid)字样。付费后,若货物灭失,运费不退。因此,这种提单对货主存在一定的风险。

2. 运费到付提单

以FOB条件成交的货物,无论是买方订舱还是买方委托卖方订舱,运费均为到付,并在提单上载明"运费到付"(freight to collect)字样,这种提单称为运费到付提单(freight to collect B/L)。货物运到目的港后,只有付清运费,收货人才能提货。

(七)按照提单使用有效性的不同,提单可分为正本提单和副本提单

1. 正本提单

正本提单(original B/L)是指提单上有承运人正式签字并注明船名和签发日期。这种提单在法律上和商业上是公认的有效的单据。正本提单的份数若干,若无明文规定,一

般是一套 2～3 份并且必须在提单上注明签发的份数。此外，提单上必须要标明“正本”(original，duplicate 或 triplicate 等)字样，以区别于副本提单(copy B/L)。

2. 副本提单

副本提单是指与正本提单相对的提单，即提单上没有承运人签字盖章，只供工作上参考使用。副本提单上一般都标有“copy”或“non-negotiable”字样，以区别于正本提单。

(八) 按照提单内容繁简的不同，提单可分为全式提单和简式提单

1. 全式提单

全式提单(long form B/L)既有正面记载的事项，背面又详细列有承运人、托运人权利义务的条款。

2. 简式提单

简式提单(short form B/L)只有正面必要的记载事项而没有背面条款。在法律上二者具有相同的效力，按惯例银行都可以接受。

(九) 按照运输方式的不同，提单可分为直达提单、转运提单、联运提单和多式联运提单

1. 直达提单

直达提单(direct B/L)是指承运人对自装运港起运到目的港的货物所签发给托运人的提单。在直达提单中，不得有中途转船的批注。

2. 转运提单

转运提单(transshipment B/L)是指当装运港装货的船舶不直接驶往目的港，而需中途转船后再驶往目的港，由第一承运人在装运港签发运往最后目的港的提单。在转运提单中，则应注“在××港转船”的字样。

3. 联运提单

联运提单(though B/L)在由海运和其他运输方式所组成的联合运输时使用。它是由承运人或其代理人在货物起运地签发运往货物最终目的地的提单，并收取全程运费。由于联运提单包括全程运输，故第一程承运人或其代理人应将货物转交给下一程承运人，有关货物中途转换运输工具和交接工作，均不需托运人办理。

4. 多式联运提单

多式联运提单(multimodal transport B/L)是指承运人或多式联运经营人对采用多式联运方式的货物出具的提单。其主要用于集装箱运输，全程可涉及多种运输方式。

(十) 按照船舶经营的性质不同，提单可分为班轮提单和租船提单

1. 班轮提单

班轮提单(liner B/L)是指经营班轮运输的船公司出具的提单。这种提单通常有固定的印就格式，其背面条款不会因不同航次或面对不同的发货人而轻易改变。另外，除了一般条款外，班轮提单通常印有“光船条款”(demise clause)和“承运人身份条款”(identity of carrier clause)。

2. 租船提单

租船提单(charter party B/L)是根据租船合同签发的一种提单。提单上一般批注有“根据××租船合同出立”字样。因此,这种提单要受租船合同条款的约束。在租船合同下签发的提单,船东或租船人都有可能成为向收货人或提单持有人承担货物责任的承运人。

知识链接 2-9

过 期 提 单

过期提单(stale B/L),又称滞期提单,是指卖方向当地银行交单结汇的日期与装船开航的日期相距太久,即使银行按正常邮程寄单,收货人也不能在船到达目的港前收到的提单。

在信用证支付方式下,根据《跟单信用证统一惯例》第四十三条的规定,如果信用证没有规定交单的特定期限,则要求出口商在货物装船日起21天内到银行交单议付,也不得晚于信用证的有效期限。超过这一期限,银行将不予接受。过期提单是商业习惯的一种提单,但它在运输合同下并不是无效提单,提单持有人仍可凭其提单要求承运人交付货物。

知识链接 2-10

“电放”货物与海运单

一、“电放”货物

1.“电放”货物的含义

“电放”货物(telex release cargo)实际上是使用提单的一种特殊情形,其本质属于一种无单放货行为。这种做法使得提单本来可以通过背书或交付转让而实现物权转移的性质完全消失。

2.“电放”货物的操作程序

“电放”货物的操作程序是,由托运人或出口商首先向承运人提出申请并提交电放保函,表示因“电放”而产生的一切责任及后果由托运人承担。一旦承运人接受申请及保函,则向卸货港承运人的代理人发送电放通知单。电放通知单是承运人或其代理签发的载有“surrendered”或“release”的提单副本或传真,该单据又称“电放提单”。待货物在装运港装船后,托运人将全套正本提单交还给承运人,承运人或其代理再向托运人签发电放通知,由托运人再向收货人传真电放通知单,收货人收到该电放通知单并加盖公司章,向卸货港的承运人的代理换取小提单凭以提货。

尽管这种做法在一定程度上方便了贸易商或承运人,但目前并没有相关的国际公约或国家法律对“电放”予以规范,因此,它对贸易商、银行甚至承运人都存在着不同程度上的风险。例如,出口商可能丧失货权和货款控制权;出口商失去信用证付款的保障;收货人可能丧失货物、失去货物保险索赔权;收货人可能丧失对承运人的诉讼权;承运人可能无法享受提单的保护;等等。为了规避“电放”货物可能遇到的风险,在贸易实务中可适当使用海运单(sea waybill, SWB)并在海运单中采取适当的措施保护各方的正当权益，如载明“NO DISP”条款、以银行为海运单的收货人、保护收货人利益条款、加列首要条款等。

二、海运单

1. 海运单的含义

海运单，又称运单(waybill，W/B)，是证明海上货物运输合同和货物已经由承运人接管或装船，以及承运人保证将货物交给指定收货人的一种不可转让的单证。

2. 海运单和提单的区别

海运单虽然在形式上与提单非常相似，但其本质上与提单是两种不同的运输单据。两者的区别表现为以下几点。

(1) 两者性质不同。海运单仅具有货物收据和运输合同或其证明的性质，是非物权凭证；而提单除具有货物收据、运输合同证明的性质外，它通常是物权凭证，可凭以提货。

(2) 两者的流通性不同。海运单是一种非流通性单据，且记载了特定收货人，因而不能流通转让；而提单多为流通性单据，可以采用背书或背书加交付的方式流通转让。

(3) 两者记载收货人方式不同。海运单“收货人”栏内只能记载特定的收货人，不能记载“凭指示”(to order)；而提单“收货人”栏内通常记载“凭指示”(to order)等。

(4) 两者交货方式不同。海运单载明的收货人提货时可以无须提示海运单，承运人仅凭收货人提示的身份证明交付货物；而提单的合法持有人和承运人只凭正本提单提货与交货。

(5) 海运单与记名提单不同。尽管海运单与记名提单两者均记载特定的收货人，且不能背书转让，但其本质是不同的。记名提单是物权凭证，持有记名提单，收货人可凭以提货；而海运单因其为非物权凭证，其收货人无法仅凭海运单提货。

3. 海运单的使用

(1) 海运单使用时应注意以下几个问题。

① 签发运单的要求。在使用海运单而不使用提单时，海运单仍是根据双方一致同意的条件来签发的。

② 签发海运单的份数。通常只签发一份正本海运单。但是，如经请求，也可签发两份或两份以上的正本海运单。

(2) 海运单的流转程序。

① 承运人签发海运单给托运人。

② 承运人在船舶抵达卸货港前向海运单上记名的收货人发出到货通知书。到货通知书表明这批货物的运输是根据海运单进行的。

③ 收货人在目的地出示有效身份证件证明他确系海运单上记载的收货人，并将其签署完的到货通知书交给承运人的办事机构或当地代理人，同时出示海运单副本。

④ 承运人或其代理签发提货单给收货人。

⑤ 一旦这批货物的运费和其他费用结清，同时办好海关等所有按规定应办理的手续，收货人就可以提货。

知识链接 2-11

电子提单

电子提单(electronic bill of lading),是通过 EDI(电子数据交换)技术将纸面提单的全部内容与条款以电子数据交换系统进行传达的有关海上货物运输合同证明的电子数据,即是显示在计算机屏幕上的一系列结构化的电子数据。有关各方,包括卖方、发货人或托运人、银行、商品检验检疫机构、保险公司、港口、买方和收货人,都以承运人为中心,通过专用计算机密码完成在货物运输过程中的货物交付和所有权的转让。采用电子收货人提货不需要出示任何书面文件,只要出示身份证明,由船舶代理验明即可。

使用电子提单可以加速单证流转,防止在流转过程中的欺诈行为的发生。为了进一步完善电子提单的使用规则,国际海事委员会于 1990 年 6 月 24 日至 29 日在巴黎召开了国际海事委员会第 34 届大会,通过了《国际海事委员会电子提单规则》(*CMI Rules for Electronic Bill of Lading*),该规则是当前指导电子提单使用的法律依据。

电子提单的流转是通过 EDI 系统,将有关各方的计算机联成网络而实现的。电子计算机将货物运输合同中的数字、文字、条款等,按特定的规则转化为电子信息(electronic message),借助电子通信设备,从一台计算机转达到另一台计算机上。其完整的流转过程如下。

(1) 托运人向承运人发出订舱电子信息(booking message),承运人确认托运人提出的各项条款。

(2) 承运人接受订舱,则电子信息系统自动产生并向托运人发送接受订舱及有关运输合同条件的 EDI 信息,由托运人的 EDI 系统加以确认并通知运输调度,将货物交给承运人或其代理人接管。

(3) 托运人的 EDI 系统向海关和商品检验检疫机构的 EDI 系统发送申请报关、商检出口的 EDI 证书,经确认后传达给承运人或其代理人的 EDI 系统批准放行。

(4) 承运人或其代理人收到货物后,由 EDI 系统自动向托运人发送收货信息(receipt message),托运人确认后,托运人即成为电子提单的持有人。

(5) 货物装船后,大副签发 EDI 收据并由承运人的 EDI 系统发送电子提单给托运人和银行的 EDI 系统,同时给托运人一个更新的电子签名的电信密码,经托运人确认后即对货物具有了支配权,电子提单签发完结。

(6) 托运人的 EDI 系统向银行的 EDI 系统发送电子发票、电子保险单和电子提单等电子单据,经银行确认后即完成结汇。

(7) 托运人的 EDI 系统发送信息通知承运人,货物已转移给银行,随后承运人的 EDI 系统销毁与托运人的通信密码,并向银行提供一个新的通信密码。

(8) 收货人向银行支付货款后,取得对货物的所有权。银行的 EDI 系统向承运人发出电信通知货物所有权已经转移给收货人。

(9) 承运人的 EDI 系统向收货人的 EDI 系统发送 EDI 信息确认其控制着货物,并传送电子提单及一个新的通信密码。

(10) 承运人的EDI系统向目的港代理人发送EDI信息,将货物的说明、船舶情况及收货人的名称通知代理人,由代理人在船到港时,向收货人发出到货通知的EDI信息。收货人得到到货通知后通知运输调度,凭其身份证明在指定地点提货。

在电子提单的形成和流转过程中,电子提单安全问题是一个非常重要的事情。电子提单的安全关键在于密码的保密性和在传递过程中防止被人偷换,必须严加防范,同时国家有关部门还要加强和完善对电子提单的立法工作。

四、提单的制作、签发与流转

(一) 提单的制作

1. 托运人

托运人(shipper)是指委托运输货物的人,一般为进出口贸易中的出口人。本栏目填写出口人的名称和地址,通常为信用证的受益人、合同的卖方,也可以是第三方。

2. 收货人

收货人(consignee)是指提单的抬头人。此栏必须严格按照贸易合同或信用证规定填写,具体制作方法如下。

(1) 若为记名抬头,应当直接填写收货人的地址和名称,如"TO ABC Co."。

(2) 若为不记名抬头,应当直接填"To Bearer"。

(3) 若为指示抬头,应当按信用证规定填写,如"To order"或"To order of ×××"。如果填写"To order of ×××",则称为记名指示提单,记名指示人可以是银行,也可以是贸易商。

3. 被通知人

被通知人(notify party)是指货物到达目的港后,船方发送到货通知的对象。本栏目的具体制作方法如下。

(1) 若为记名提单,"收货人"栏已有详细地址,此栏可不填或填"SAME AS CONSIGNEE"。

(2) 若为空白指示或托运人指示提单,则必须填写被通知人名称和详细地址,否则船方无法与收货人联系。

(3) 信用证项下的提单,当信用证对提单"被通知人"有具体规定时,必须严格按信用证规定填写,如要求填写信用证申请人或其指定的被通知人。若信用证中未规定"被通知人",为保持单证一致,正本提单"被通知人"栏留空不填,可将信用证中的开证申请人的名称和详细地址填入副本提单的此栏中。

(4) 托收支付方式下,此栏一般填写托收的付款人(卖方)的名称。

4. 收货地点

收货地点(place of receipt)是指实际接收货物的地点。在一般海运提单中没有此栏,但在多式联运提单中有此栏目。

5. 装运港

装运港(port of loading)是指启运港，应当按信用证规定填写。根据《UPC600》的规定，如果提单没有表明信用证规定的装货港为装货港，则须以已装船批注表明信用证规定的装运港、发运日期以及实际船名。

6. 海运船名和航次

海运船名(ocean vessel)应当填写实际载货船舶的名称。航次(voyage No.)应当填写每次航行的航次，没有航次的可以不填航次。如果提单载有"预期船只"或类似的关于船名的限定语，则须以已装船批注明确发运日期以及实际船名。

7. 转运港

发生装运时，填写转运港(port of transshipment)名称，必要时加注所在国家的名称。

8. 卸货港

卸货港(port of discharge)即目的港，应按信用证规定填写。除FOB价格条件外，卸货港不能填写笼统的名称，如"European main port"，必须列出具体的港口名称。如国际上有重名港口的，还应加注国别名称。

在转船情况下可以在卸货港名称之后加注转船港名称，如"Rotterdam W/T at HongKong"，或在货名栏下方的空白处加注转船的说明；如有印就的"转船港"栏目，则直接填入转船港名称即可。

9. 交货地点

交货地点(place of delivery)填写最终目的地名称。如货物的目的地就是目的港的话，该栏可以留白，也可以填写目的港名称。

10. 提单号码

提单上必须注明承运人及其代理人规定的提单号码(B/L No.)，以便核查，否则提单无效。

11. 签发的提单份数

收货人凭正本提单提货。正本提单的份数应按信用证的要求，在该栏目内用大写注明。每份正本提单的效力相同，凭其中一份提货后，其余各份失效。根据信用证规定填写，用英文大写注明，如"TWO"或"THREE"等。

信用证规定的每一种单据须至少提交一份正本。如果信用证要求提交单据的副本，提交正本或副本均可。提单为唯一的正本提单，如果以多份正本出具，提单中须表明全套正本的份数。一般从货代处会得到三正三副的提单，根据信用证的要求交给银行。

12. 标记与号码，箱号码与封号

提单上的标记、号码(Marks & Nos)应与信用证和其他单据中的唛头一致。若没有唛头，用"N/M"，不能空白。

填写集装箱号码(Container No.)。铅封号(Seal No.)是海关查验货物后作为封箱的铅制关封号，应如实注明。

13. 箱数与件数

按货物实际装运情况填写外包装的件数(numbers of units)，如"100 bales""250 drums"，在栏目下面空白处或大写栏内加注大写件数，如"SAY ON HUNDRD BALES

ONLY"。

散装货可注明"in bulk"字样，无须列明大写件数。

如有多种货物采用多种包装，则应分别列明各种货物的件数和包装种类并加列合计总件数。

14. 货物描述

货物描述(description of goods)按信用证和发票货名填写，如果发票名称过多或过细，提单可打印货物的总称，但不能和发票货名相矛盾。

15. 毛重

毛重(gross weight)以千克(kg)为单位填写装运货物的毛重，1千克以下按四舍五入处理。

16. 尺码

尺码(measurement)以立方米(m^3)为单位填写货物的尺码，立方米以下保留小数点后三位数。

17. 总包装件数

总包装件数(total packages)由大写英文数字、包装单位和"ONLY"组成，如"ONE HUNDRED CARTONS ONLY"。

18. 运费和费用

除非有特别规定，该栏只填列运费的付费情况如"freight prepaid"或"freight to collect"，不填具体金额。

19. 运费支付地

运费支付地(freight payable at)填写实际支付运费的地点。

20. 签单地点及日期

签单地点(place of issue)通常为装运地点。签发日期(date of issue)即为装运日期。

21. 签章

签章(signature)的几种常见的签署形式如下。

(1) 承运人或其具名代理或代表签署。

(2) 船长或其具名代理或代表签署。

(3) 承运人、船长或代理人的任何签字或证书，必须表明"承运人"或"船长"的身份。

(4) 代理人的任何签字，必须标明其是代理承运人还是船长。

22. 已装船批注、装船日期、装运日期

提单要显示装船日期，且此日期不能迟于信用证规定的最迟装运日。

(1) 提单上预先印有"已装船"文字或相同意思，这种提单通常被称为已装船提单，不必另行加注"已装船"批注，提单的签发日期就是装船日期和装运日期。

(2) 如果提单载有"预期船只"或类似的有关船名的限定语，则须以"已装船"批注明确发运日期以及实际船名。通常这种提单被称为收妥备运提单。对于收妥备运提单，这时须在提单上加注"已装船"的批注，并在旁边显示装船日期，该装船日期即为装运日期，而提单的签发日期不能视作装船日期和装运日期。

海运提单如图 2-1 所示。

海 运 提 单

Shipper	B/L NO.
	COSCO **中国远洋运输公司** **CHINA OCEAN SHIPPING COMPANY**
Consignee	Cable: COSCO BEIJING GUANGZHOU Telex: 22264 CRCPK CN 44330 COSCA CN Combined Transport BILL OF LADING
Notify Party	RECEIVED in apparent good order and condition except as otherwise noted the total number of containers or other packages or units enumerated below for transportation from the place of receipt to the place of delivery subject to the terms and conditions hereof. One of the Bill of Lading must be surrendered duly endorsed in the exchange for the goods or delivery order. On presentation of this document duly endorsed to the Carrier by or on behalf of the Holder of the Bill of Lading, the rights and liabilities arising in accordance with the terms, and conditions hereof shall, without prejudice to any rule of common law or statute rendering them binding on the Merchant, become binding in all respects between the Carrier and the Holder of the Bill of Lading as though the contract evidenced hereby had been made between them. IN WITNESS whereof the number of original Bill of Lading stated under have been signed, all of this tenor and date, one of which being accomplished, the other(s) to be void.

Pre-carriage	Place of Receipt
Ocean Vessel Voy. No.	Place of Delivery
Port of Discharge	Place of Delivery

Container No.	Seal No. Marks & Nos.	No. of containers or p'kgs	Kind of Packages: Description of Goods	Gross Weight	Measurement

TOTAL NUMBER OF CONTAINERS OR PACKAGES (IN WORDS)

FREIGHT& CHARGES	Revenue Tons	Rate	Per	Prepaid	Collect

Ex. Rate	Prepaid at	Payable at	Place and date of Issue
	Total Prepaid	No. of Originals B(s)/L	Signed for the Carrier

LADEN ON BOARD THE VESSEL

Date

By..............................

图 2-1 海 运 提 单

（二）提单的签发

提单的签发包括：提单的签发日期、地点和份数，承运人、船长或其代理人的签字。

1. 提单的签发日期、地点和份数

提单的签发日期应该是提单上所列货物实际装船完毕的日期，也应该与收货单(mate's receipt)上大副所签的日期是一致的。

提单签发地点原则上应该是装货地点，一般是在装运港签发。

提单的签发份数，按航运惯例通常是正本提单一式两份或三份。每份具有同等法律效力，收货人凭其中一份提取货物后，其他各份自动失效。但副本的份数可视需要而定。不过，副本提单不能作为物权凭证进行背书转让，只能供有关作业环节参考之用。

2. 承运人、船长或其代理人的签字

提单必须经过签署才能产生法律效力。有权签署提单的有承运人、载货船船长以及由他们授权的代理人。

（三）提单的转让

提单的转让是受到时间制约的，即在办理提货手续前转让才有效，并须办理背书手续。提单可以连续背书，连续转让，一旦办理了提货手续，该提单就不能转让了。

1. 提单的背书

提单的背书是仅对于指示提单来说的，因为记名提单不得转让，而不记名提单无须背书即可转让。指示提单在转让时需要进行背书。背书是指提单持有人在提单背面写明或不写明受让人并签名的手续。在实践中，背书分为记名背书、指示背书和不记名背书。

1）记名背书

记名背书也称完全背书，是指背书人在提单背面写明被背书人（受让人）的名称，并由背书人签名的背书形式。经过记名背书的指示提单将成为记名提单性质的指示提单。

2）指示背书

指示背书是指背书人在提单背面写明“凭×××指定”的字样，同时由背书人签名的背书形式。经过指示背书的指示提单还可以继续进行背书，但背书必须连续。

3）不记名背书

不记名背书也称空白背书，是指背书人在提单背面由自己签名，但不记载任何受让人的背书形式。经过不记名背书的指示提单将成为不记名提单性质的指示提单。

2. 提单的交付

交付提单是指转移提单的占有。指示提单通过背书并交付给受让人而转让；不记名提单无须背书只需交付即可转让。指示提单经空白背书后，就可以像不记名提单那样仅凭交付即可转让。所以，指示提单经空白背书之后，谁持有提单，一般认为谁就是提单持有人。

3. 提单转让的时间

提单的转让应有一定时间的限制。通常情况下，货物运抵卸货港，承运人开始交付货物，提单就不应再转让。

货物由承运人接管或装船后签发提单，提单即可开始转让。货物在运输途中，只要尚未到达卸货港，提单就可无限制地转让。换言之，只要货物为运送的目的，由货运代理人或承运人占有，且尚未交付给有权在目的港取得货物的人，提单的转让就可继续。货物卸到岸上后，只要没有完成交付，占有权还没有移交给有权取得货物的人，提单仍具有转让效力；若货物存放于目的港码头仓库，但货物是根据承运人而非收货人指示存放于仓库，提单仍可以转让；即使承运人因运费等费用未付清而行使留置权，提单的转让也不应该被停止。

4. 提单转让的效力

提单转让不仅是一纸单据本身可以实现从持有人到受让人的转移，而且是该单据本身的转让可以使它所代表的权利从持有人转移到受让人。但提单持有人权利上的缺陷是否会影响受让人获得的权利？票据流通中的“后手优于前手”的原则，一般不适用于提单的转让。因此，提单受让人取得的权利不能优于其转让人，即提单的转让并不能给持有人（包括收货人）比转让人更多的权利。

（四）提单的缴回

依据国际公约、惯例及各国法律，签发了可流通或可转让提单的承运人，只有在向提单持有人交付货物后，才视为已完成了运输合同的义务，提单的债权债务关系也因此解除。换言之，承运人在交付货物后，只有在收回提单时才可解除自身的运输责任。对持有可流通或可转让提单的收货人而言，提货时必须将提单交回给承运人，否则视为侵占他人财产。因此，承运人没有收回提单而将货物交给收货人（无单放货），以及收货人没有交回提单而提货（无单提货）都是违法行为，需对此承担相应的责任。记名提单是否可以无单放货或无单提货视不同国家法律的不同规定而有所区别。依据中国法律，记名提单需要凭单放货或凭单提货。

五、有关提单的国际公约

（一）统一提单的若干法律规则的国际公约

1924 年 8 月 25 日，在布鲁塞尔召开的由 26 国代表出席的外交会议上签订了第一部有关 B/L 的国际公约——《统一提单的若干法律规则的国际公约》（*International Convention for the Unification of Certain Rules of Law Relating to Bill of Lading*），又称《海牙规则》（*The Hague Rules*）。《海牙规则》于 1931 年 6 月 2 日起生效。包括欧美许多国家在内的 50 多个国家都先后加入了这个公约。我国于 1981 年承认该公约。《海牙规则》使得海上货物运输中有关提单的法律得以统一，在促进海运事业发展、推动国际贸易发展方面发挥了积极作用。

《海牙规则》共十六条，其中，第一条至第十条为实质性条款，第十一条至第十六条是程序性条款，主要是有关公约的批准、加入、退出和修改等程序条款，实质性条款主要包括以下内容。

1. 承运人最低限度的义务

承运人最低限度义务就是承运人必须履行的基本义务。《海牙规则》第三条第一款规定：“承运人必须在开航前和开航当时，谨慎处理，使航船处于适航状态，妥善配备合格船员，装备船舶和配备供应品；使货舱、冷藏舱和该船其他载货处所能适当而安全地接受、载运和保管货物。”该条第二款规定：“承运人应妥善和谨慎地装载、操作、积载、运送、保管、照料与卸载。”这两款对承运人的义务作出了规定，即提供适航船舶和妥善管理货物，否则将承担赔偿责任。

2. 承运人运输货物的责任期间

承运人运输货物的责任期间是指承运人对货物运送负责的期限。按照《海牙规则》第一条“货物运输”的定义，货物运输的期间为从货物装上船起至卸完船止的期间。所谓“装上船起至卸完船止”可分为两种情况：一是在使用船上吊杆装卸货物时，装货时货物挂上船舶吊杆的吊钩时起至卸货时货物脱离吊钩时止，即“钩至钩”期间承运人应对货物负责；二是使用岸上起重机装卸，则以货物越过船舷为界，即“舷至舷”期间承运人应对货物负责。至于货物装船以前，即承运人在码头仓库接管货物至装上船这一段时间，以及货物卸船后到向收货人交付货物这一段时间，按《海牙规则》第七条规定，可由承运人与托运人在上述两段时间发生的货物灭失或损坏所应承担的责任和义务订立任何协议、规定、条件、保留或免责条款。

3. 承运人的赔偿责任限额

承运人的赔偿责任限额是指对承运人不能免责的原因造成的货物灭失或损坏，通过规定单位最高赔偿额的方式，将其赔偿责任限制在一定的范围内。这一制度实际上是对承运人造成货物灭失或损害的赔偿责任的部分免除，充分体现了对承运人利益的维护。《海牙规则》第四条第五款规定：“不论承运人或船舶，在任何情况下，对货物或与货物有关的灭失或损坏，每件或每单位超过100英镑或与其等值的其他货币时，任何情况下都不负责；但托运人于装货前已就该项货物的性质和价值提出声明，并已在提单中注明的，不在此限。”

4. 承运人的免责条款

《海牙规则》第四条第二款对承运人的免责作出了十七项具体规定，分为两类：一类是过失免责，另一类是无过失免责。《海牙规则》第四条第一项规定：“由于船长、船员、引航员或承运人的雇用人在航行或管理船舶中的行为、疏忽或过失所引起的货物灭失或损坏，承运人可以免除赔偿责任。”这种过失免责条款是其他运输方式责任制度所没有的。很明显，《海牙规则》偏袒于船方的利益。承运人无过失免责主要有以下几种情况。

(1) 不可抗力或承运人无法控制的免责有八项：海上或其他通航水域的灾难、危险或意外事故；天灾；战争行为；公敌行为；君主、当权者或人民的扣留或拘禁，或依法扣押；检疫限制；不论任何原因所引起的局部或全面罢工、关厂、停工或劳动力受到限制；暴力和骚乱。

(2) 托运人或货方的行为或过失免责有四项：货物托运人或货主、其代理人或代表的行为；货物的固有缺点、质量或缺陷所造成的容积或重量的损失，或任何其他灭失或损害；包装不固；标志不清或不当。

(3) 特殊免责条款有三项：一是火灾，即使是承运人和雇用人的过失，承运人也不负责，只有承运人本人的实际过失或私谋所造成者才不能免责；二是在海上救助人命或财产，这一点是对船舶的特殊要求；三是谨慎处理，恪尽职责所不能发现的潜在缺陷。

(4) 总的无过失免责条款：属于不列明的承运人无过失免责条款。《海牙规则》规定承运人要援引这一项的免责权利时，必须举证证明有关货物的灭失或损坏既非承运人的实际过失所致，又非承运人的代理人或雇用人的过失或疏忽所造成。

5. 索赔与诉讼时效

索赔通知是收货人在接收货物时，就货物的短少或残损状况向承运人提出的通知，它是索赔的程序之一。收货人向承运人提交索赔通知，意味着收货人有可能就货物短损向承运人索赔。《海牙规则》第三条第六款规定:承运人将货物交付给收货人时,如果收货人未将索赔通知用书面形式提交承运人或其代理人,则这种交付应视为承运人已按提单规定交付货物的初步证据。如果货物的灭失和损坏不明显,则收货人应在收到货物之日起3日内将索赔通知提交承运人。《海牙规则》有关诉讼时效的规定是:除非从货物交付之日或应交付之日起1年内提出诉讼,承运人和船舶在任何情况下,都应免除对灭失或损坏所负的一切责任。

6. 托运人的义务和责任

(1) 保证货物说明正确的义务。《海牙规则》第三条第五款规定:托运人应向承运人保证他在货物装船时所提供的标志、号码、数量和重量的正确性,并对由于这种资料不正确所引起或造成的一切灭失、损害和费用,给予承运人赔偿。

(2) 不得擅自装运危险品的义务。《海牙规则》第四条第六款规定:如托运人未经承运人同意而托运属于易燃、易爆或其他危险性货物,应对因此直接或间接地引起的一切损害和费用负责。

(3) 损害赔偿责任。根据《海牙规则》第四条第三款规定:托运人对他本人或其代理人或受雇人因过错给承运人或船舶造成的损害,承担赔偿责任。

总体来看,《海牙规则》也存在很多问题,如较多地维护了承运人的利益;在风险分担上很不均衡;不适应集装箱运输的发展;对有些条款的解释至今仍未统一;赔偿限额过低;诉讼时效太短;等等。

(二)《关于修订统一提单若干法律规则的国际公约的议定书》

针对《海牙规则》出现的问题,特别是海运现代技术的发展带来的问题,国际海事委员会(CMI)于1959年召集会议考虑对《海牙规则》的修改,之后鉴于集装箱运输发展带来的问题,CMI于1963年在斯德哥尔摩召开的第二次会议讨论了修改草案后,1967—1968年在布鲁塞尔又召开了外交会议。经会议审议通过,1968年2月23日出席会议的有53个国家或地区的代表,制定了《关于修订统一提单若干法律规则的国际公约的议定书》(*Protocol to Amend the International Convention for the Unification of Certain Rules of Law Relating to Bill of Lading*),简称《1968年布鲁塞尔议定书》。由于在会议期间代表们到中古时期著名的维斯比的发源地进行了访问,因此就以《维斯比规则》(*Visby Rules*)来命名这一议定书。《维斯比规则》于1977年6月23日起生效。该规则共十七条,对《海牙规则》的第三条、第四条、第九条、第十条进行了修改,其主要修改内容如下。

1. 明确善意提单受让人的法律地位

《维斯比规则》对《海牙规则》第三条第四款提单作为收到该提单所载货物的初步证据之后增加以下文字:“但是,当该提单已被转与善意行事的第三方时,便不能接受与此相反的证据。”也就是说,对于善意提单受让人来说,承运人不得提出与提单所载不同的反证,亦即提单所载是最终证据,以进一步保护提单的转让、流通和提单受让人或收货人的合法权益。

2. 关于诉讼时效的延长

《维斯比规则》对《海牙规则》第六条做了两项修改。

(1) 在第三条第六款有关诉讼时效的规定之后，增加“但在诉讼时效发生之后，得经当事方同意，将这一期限加以延长”。明确了可经双方当事人协议延长诉讼期限的规定。

(2) 关于追偿期限问题，于第三条第六款之后加列：“即使在前款规定的 1 年期满后，只要在受诉讼法院准许期间之内，便可向第三方提出索赔诉讼。但是，准许的时间自提起此种诉讼的人已经解决赔偿案件，或向其本人送达起诉传票之日起算，不得少于 3 个月。”

3. 关于提高赔偿限额及制定双重限额

《维斯比规则》对《海牙规则》第四条第五款做了如下重要修改。

(1) 将每单位的赔偿责任限额提高为 10 000 金法郎或按灭失或受损货物毛重每公斤 30 金法郎，以两者中较高者为准。这一修改不但提高了《海牙规则》每件 100 英镑的限额，而且创造一项新的双重限额，解决了裸装货和轻泡货的限额问题，进一步维护货主的合法权益。按照这一双重限额计算办法，凡每件货物的重量不足 333.33 公斤时以按每件 10 000 金法郎为准，凡超过 333.33 公斤时，以按每公斤 30 金法郎计算。这样，轻泡价高货物的赔偿限额将不比其他运输方式的限额低。1979 年，通过了将金法郎改为特别提款权的决定，以 15 个金法郎等于 1 个特别提款权为标准，从而使承运人的赔偿限额变为 666.67 个特别提款权或者每公斤 2 个特别提款权，以高者为准。该决议从 1984 年 4 月起生效，凡不能使用特别提款权的国家仍然可以使用金法郎为计算单位。

(2) 以集装箱、货盘集装的货物，以提单所载该集装箱或货盘内所载货物件数为计算赔偿限额的件数，如果不在提单上注明件数，则以集装箱或货盘为一件计算。

(3) 规定了丧失赔偿责任限制权利的条件是：“如经证明，损害是由承运人故意造成的，或知道有可能会造成这一损害而毫不在意的行为或不作为所引起，则承运人就没有享受责任限制的权利。”

4. 承运人的雇用人在侵权行为之诉讼时的法律地位

《维斯比规则》规定的抗辩和赔偿责任限制，不论该项诉讼是以合同为依据或以侵权为依据，均适用于就运输合同所载运货物的灭失或损害对承运人提起的任何诉讼。也就是说，侵权行为之诉也要适用运输合同提起的诉讼，以避免货方以侵权行为起诉而达到绕过运输合同约束的目的。如果诉讼是对承运人的雇用人或代理人(他们不是独立的订约人)提起，他们就有权适用承运人按《维斯比规则》所可援引的各项抗辩或责任限制。

《维斯比规则》对《海牙规则》做了一些有益的修改，使之在一定程度上有利于承运双方走向利益的均衡，并对有利于集装箱运输的发展提出要求。但是，在承运人的运输责任方面仍保持《海牙规则》体系，对船长、船员的航海和管理船舶过失免责的规定丝毫没有触动，因此发展中国家仍迫切要求对《海牙规则》进行根本性的修改。

(三)《1978 年联合国海上货物运输合同公约》

《1978 年联合国海上货物运输合同公约》(*United Nations Convention of the Carriage of Goods by Sea*，1978)简称《汉堡规则》(*Hamburg Rules*)，1976 年由联合国贸易法律委员会草拟，1978 年经联合国在汉堡主持召开有 71 个国家参加的全权代表会议上审核通过。《汉堡规则》可以说是在第三世界国家的反复斗争下，经过各国代表多次磋商，并在某些方面作出妥协后通过的。《汉堡规则》全面修改了《海牙规则》，其内容很大程度上加重了承运人的责任，保护了货方的利益，代表了第三世界发展中国家意愿，这个公约已于 1992 年生效。但因签字国为埃及、尼日利亚等非主要航运货运国，因此目前《汉堡规则》对国际海运业的影响不是很大。

《汉堡规则》对《海牙规则》做了根本性的修改，扩大了承运人责任，具体内容如下。

1. 进一步提高赔偿责任限额

《汉堡规则》第六条规定了承运人的赔偿责任限额，对于货物灭失损坏的限额为每件或每单位 835 特别提款权或者以毛重每公斤 2.5 特别提款权，两者中以高者为准。对于延迟交货的赔偿责任，为该延迟交付货物应付运费的 2.5 倍，但不得超过合同规定应付运费的总额。对于货物灭失、损坏及延迟交付均有的情形，以每件或每单位 835 特别提款权或毛重每公斤 2.5 特别提款权为准。对于集装箱货物，原则等同于《维斯比规则》，只是数额采用了《汉堡规则》的上述数额。对于承运人及其受雇人或代理人丧失赔偿责任限制的，同《维斯比规则》。

2. 管辖权和仲裁规定

《汉堡规则》规定了《海牙规则》以及《维斯比规则》所没有规定的管辖权和仲裁条款。对于管辖权，原告可以选择下列法院起诉：被告主营业所，无主营业所时为通常住所；合同订立地，而合同是通过被告在该地的营业所、分支或代理机构订立；装货港或卸货港；海上货物运输合同为此目的而指定的任何地点。如果船舶在缔约国港口被扣，原告亦可向该港口所在地法院起诉。但此种情形下，原告须将诉讼转移到前述有管辖权的法院之一进行，且转移前，被告必须提供足够的担保。对于仲裁，索赔方可选择下列地点仲裁：被诉人有营业所或通常住所的一国某一地点；装货港、卸货港；合同订立地，且合同是通过被诉人在该地的营业所、分支代理机构订立的，或仲裁条款协议中为此目的而指定的地点。

3. 货损索赔书面通知和诉讼时效

《汉堡规则》相对于《海牙规则》，延长了货损索赔书面通知和诉讼时效时间限制。对于提出书面货损索赔通知，《海牙规则》确定了收货前或当时，《汉堡规则》为收货后的次日；货损不明显，《海牙规则》为收货后 3 日内，《汉堡规则》则为货物交付后连续 15 日；对于延迟交付，《海牙规则》未规定，《汉堡规则》规定为货物交付之日后连续 60 日，否则，承运人不负赔偿责任。对于诉讼时效，《海牙规则》规定了货物交付或应交付之日起 1 年的时间，而《汉堡规则》规定了 2 年的诉讼时效，并规定负有赔偿责任的人向他人提起追偿之诉的时间为 90 日，自提起诉讼一方已处理其索赔案件或已接到向其本人送交的起诉传票之日起算。《汉堡规则》作为平衡船货双方利益的一项国际公约，应当说其制度是相对完备的，也体现了公正合理的主旨。但作为既得利益者的海运大国却不愿采纳此公约，而是继续采用《维斯比规则》，以维护其既得利益，因而，海运大国加入此公约的几乎还没有。因此，《汉堡规则》的普及还有很长的路要走。

经典案例

绍兴县金斯顿针纺织有限公司诉商船三井株式会社（MitsuiO. S. K. Lines，Ltd.）海上货物运输合同纠纷案

【基本案情】

2013 年 6 月，金斯顿公司委托三井株式会社将一批货物自宁波出运至沙特。三井株式会社作为承运人签发提单。6 月 17 日，承运船舶“MOLCOMFORT”轮航行至印度洋海域时，船体中部横向断裂成两截沉没。船上货物全部灭失。金斯顿公司持正本提单起诉要求承运人三井株式会社承担货损赔偿责任。

【裁判结果】

本案经宁波海事法院一审，浙江省高级人民法院二审。两级法院均认为，承运船舶存在经谨慎处理仍未发现的潜在缺陷，且该缺陷引起船舶断裂导致船舶沉没、货物灭失。根据《海商法》第五十一条第十一项的规定，承运人依法不负赔偿责任。遂判决驳回金斯顿公司的诉讼请求。

【典型意义】

“MOLCOMFORT”号事故系迄今以来人民法院审理海事案件所涉最大的集装箱船事故，受到了国际国内航运界广泛关注。本案的主要争议焦点在于承运人能否免除赔偿责任。承运人的免责制度是基于国际海上航运业的特殊风险而给予船舶所有人等航运从业者的特殊保护。我国《海商法》坚持与通行国际公约对接的立法精神，借鉴吸收《海牙规则》《汉堡规则》等国际公约的规定，形成了具有中国特色的海上货物运输合同规范。该法第五十一条规定了十二项承运人免责事由，其中包括“经谨慎处理仍未发现的船舶潜在缺陷”。因涉案船舶沉没无法打捞，船上数据已随船舶一起沉没，本案一、二审法院根据日本船级社等机构对事故船姊妹船的调查报告和专家证人意见，结合船舶按时检验和保养、未发现设计缺陷、船舶处于适航状态等事实，认定涉案船舶沉没原因系设计上的潜在缺陷所致，承运人三井株式会社可以依据法律规定不负赔偿责任。至于托运人金斯顿公司的权利，则可以通过保险等途径予以保障。本判决系我国首次适用《海商法》第五十一条第十一项的规定判决承运人免责的案件，引起了国际航运和海事司法界的关注，对于今后同类案件的审判实践具有一定的指导意义。

资料来源：http://www.coscoshipping.com/art/2017/11/17/art_10781_68833.html.（有改动）

本章小结与关键术语

小结2

练习思考题

1. 国际贸易海洋运输货物的分类有哪些？
2. 国际贸易海洋运输商船的规范和分类有哪些？
3. 什么叫班轮运输和租船运输？其各有什么特点？
4. 提单有什么作用？提单的分类有哪些？

即测即练

习题2

第三章

国际铁路货物运输

【本章结构图】

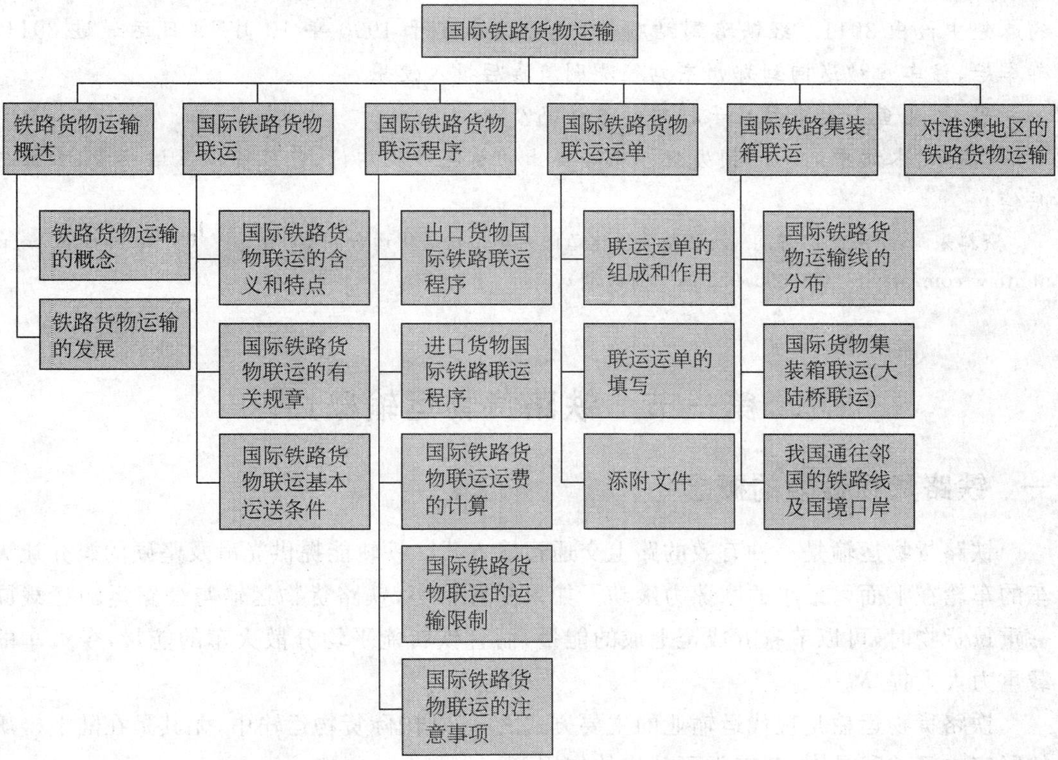

【本章学习目标】

1. 掌握国际铁路货物联运的含义和特点
2. 了解国际铁路货物运输的有关规章及基本运送条件
3. 了解进出口货物国际铁路联运程序
4. 了解对香港澳门地区铁路运输的一般程序
5. 掌握国际铁路货物联运运单的制作
6. 了解国际铁路货物运输线的分布

引导案例

运输过程中发生损失该如何判定

内蒙古自治区呼和浩特市新城诚信经销部以每千克1.76元收购葵花子34 650千克,共770件,委托呼和浩特火车站客运服务公司运输到南京铁路分局化鱼山火车站所属的芜湖西站,交安徽省芜湖市果品杂食公司收货。到站卸货时,收货人发现车厢内有严重异味,拒收货物。新城诚信经销部遭受经济损失,要求化鱼山火车站赔偿全部损失,按货价、包装费以及运杂费共计68 179.50元。该批货物取样送卫生部食品卫生监督检验所检验。检验结论是,在装载货物车厢内的残存物中检出3911(剧毒农药);在包装葵花子的麻袋中检出3911。经铁路到站顺查,发现该车皮于1990年10月18日运送过3911。卸车后,该车皮被送回到郑州东站经洗刷消毒后投入使用。

思考:化鱼山火车站应承担赔偿责任吗?

(提示:本案中的实际损失应按原告支出的葵花子收购价、包装费以及运杂费,由被告赔偿)

资料来源:宁波法律咨询. 新城诚信诉化鱼山火车站铁道货运合同案. http://www.maxlaw.cn/p-nbhtlaw-com/artview/751395705889.(有改动)

第一节 铁路货物运输概述

一、铁路货物运输的概念

铁路货物运输是一种有效的路上交通运输方式。铁轨能提供光滑及坚硬的媒介让火车的车轮在上面以最小的摩擦力滚动。如果配置得当,铁路货物运输与公路运输运载同一重量货物时,可以节省五成至七成的能量,而且铁轨能平均分散火车的能量,令火车的载重力大大提高。

铁路货物运输是现代运输业的主要方式之一,在国际货物运输中,尤其是在陆上接壤的国家之间的贸易中,起着无可替代的作用。

(一)铁路货物运输的种类

铁路货物运输种类即铁路货物运输方式。按照我国铁路技术条件,现行的铁路货物运输分为整车、零担和集装箱三种。整车适于运输大宗货物,零担适于运输小量的零星货物,集装箱适于运输精密、贵重、易损的货物。

(二)铁路货物运输的特点

铁路货物运输既有以下显著的优点,也有缺点。

优点主要表现为:①巨大的运输能力,在运输的经常性和低成本性上占据了优势;

②适合运送廉价的大宗货物，铁路运输成本低，但是运输速度远远高于海上运输速度；③铁路运输几乎不受天气、自然条件的影响，能够保证运输的规律性和持续性；④计划性强、安全、准时，风险比海上运输要小。加上有多种类型的车辆，它几乎能承运任何商品，几乎可以不受重量和容积的限制，而这些都是公路和航空运输方式所不能比拟的。

缺点主要表现为：①初期投资大，建设时间长。②受轨道限制，灵活性差，路基、轨道、桥梁和隧道工程投资大。铁路运输由运输、机务、车辆、工务、电务等业务部门组成，要具备较强的准确性和连贯性，各业务部门之间必须协调一致，这就对运输指挥方面提出了更高的要求。

（三）铁路货物运输的地位和作用

我国进出口货物的铁路运输由国内铁路货物运输和国际铁路货物运输两部分组成。

(1) 在我国的国际铁路货物联运业务中，铁路运输以利用西伯利亚大陆桥和新欧亚大陆桥开展的集装箱国际铁路联运最为显著。铁路运输不但加快了货运速度，而且节约了运杂费，能够有效地促进我国对外贸易的发展。我国通过铁路和中东、中亚以及欧洲各国开展贸易，通过铁路运输将欧亚大陆连成一片，为贸易提供了有利条件。

(2) 2003 年，内地与香港、澳门特区政府分别签署了内地与香港、澳门关于建立更紧密经贸关系的安排(以下简称“CEPA”)，内地与香港、澳门的经贸往来更加密切，铁路运输更有利于开展同香港、澳门地区的贸易，并通过香港进行转口贸易。内地可以通过铁路运输向香港、澳门地区提供所需的生活物资用品。

(3) 我国国土面积大，铁路运输四通八达，海运和空运货物抵达后，可以通过铁路运输对港口的进出口货物集散，对于各省、市之间的商品流通起着重要的作用。同时，国内各省市和地区之间调运的外贸商品、原材料、半成品和包装物料，主要也是通过铁路运输完成的。

二、铁路货物运输的发展

（一）世界铁路货物运输发展概况

铁路货物运输只有近 200 年的历史。希腊是第一个拥有路轨运输的国家，200 年前已有马拉的车沿着轨道运行。19 世纪 20 年代，英格兰的史托顿至达灵顿铁路成为第一条成功的蒸汽火车铁路。后来的利物浦至曼彻斯特铁路更显示了铁路的巨大发展潜力。很快，铁路便在英国乃至全世界通行起来，发展非常迅速，成为世界交通近一个世纪的领导者，直至飞机和汽车的发明才令铁路的发展缓慢地衰落下来。

第一次世界大战前夕，世界铁路总里程已增加至 110 万千米，20 世纪 20 年代，增加到 127 万千米。第二次世界大战中后期，以柴油和电力驱动的火车逐渐取代蒸汽火车。20 世纪 60 年代起，多个国家均建设高速铁路。货运铁路也连接至港口，并与货运合作，以货柜运送大量货物以降低成本。现在全球 200 多个国家和地区之中，有 144 个设有铁路运输，其中约 90 个国家提供客运铁路服务。截至 2018 年，全球铁路总里程数达 133 万千米[①]。其中，

---

① 重磅！全球 148 个国家铁路信息汇总. https://www.sohu.com/a/299340491_120074632.

美洲铁路约占世界铁路总里程的1/3，欧洲约占1/3，其他地区之和占1/3。列车最快时速高达600余千米，货运列车时速达到160千米。

如今，铁路货物运输向运输设备现代化、运输管理自动化方向发展。这个趋势突出表现为，以电力机车和内燃机车逐渐代替蒸汽机车，实现了牵引动力的电气化和内燃化。其中，作为铁路现代化标志之一的电气化铁路，总里程已达18万千米；与此同时，各国加快了复线、无缝铁路和重型钢轨的铺设，并采用了现代化通信设备，特别是电子计算机的应用使铁路运营管理工作逐步走上自动化道路。

（二）我国铁路货物运输发展概况

中国第一条铁路吴淞铁路（上海—吴淞）全长15千米，由英国人兴建于上海，后被清朝地方官员买回并拆毁。正式使用的第一条铁路和蒸汽机车则是由李鸿章兴办的开滦公司煤矿所建。中国自建的铁路是于1881年修建的唐胥铁路（唐山—胥各庄），全长10千米，后延至天津，总长130千米，1888年通车。中国工程师詹天佑自行设计建造的京张铁路（北京—张家口），全长201.2千米，4年内完工，工程艰巨，其中一段在22千米长度内开通了4条隧道，仅八达岭隧道就长达1 091米。青龙桥段附近坡度已达33°。

中华人民共和国成立后，铁路建设迅速发展。20世纪90年代，中国已有铁路52 000千米，仅次于美国、苏联、加拿大和印度，居世界第五位。改革开放后的40多年，我国铁路的发展进入"快车道"，特别是2006年中国铁路"登上新高度，迈向新里程"。2006年，世界最高的高原铁路——青藏铁路全线通车。这一年，中国铁路共完成投资1 500多亿元；发送旅客12.6亿人次和货物28.7亿吨；投产运营新线1 605千米。2013—2017年，全国铁路完成固定资产投资3.9万亿元，新增铁路营业里程2.94万千米，其中高铁1.57万千米，是历史上铁路投资最集中、强度最大的时期。到2017年年底，全国铁路营业里程达到12.7万千米，其中高铁2.5万千米，占世界高铁总量的66.3%，铁路电气化率、复线率分别居世界第一位和第二位。到2018年底，全国铁路营业里程达到13.1万千米以上，其中高铁2.9万千米以上。

第二节　国际铁路货物联运

一、国际铁路货物联运的含义和特点

（一）国际铁路货物联运的含义

国际铁路货物联运，简称国际联运，它是使用一份统一的国际联运票据，无须发、收货人参加，而由铁路部门负责办理两个或两个以上国家铁路全程运送的货物运输方式。

从概念中可以看出国际联运的三个要点：首先是票据统一，在整个联运的过程中使用的是一份统一的票据；其次是由铁路部门负责从接货到交货的全过程运输，即便是在由一国铁路向另一国铁路移交货物时也无须发、收货人的参与；最后是两个或两个以上国家的铁路运输。

（二）国际铁路货物联运的特点

1. 参加国多

凡是办理国家联运，都要涉及两个或两个以上的国家，有时还要通过与《国际铁路货物联合运输协定》有关的国家，向与《国际货协》无关的西北欧国家办理发送，才能完成全程的运送工作，最后送达目的地。

2. 要求高

由于国际联运参加国多，涉及多个国家的铁路、车站和过境站，有时还要收转，这就要求每批货物的流程必须高标准、严要求，符合有关规章和协议的规定，否则将造成货损、货差、延迟交货等运输事故。

3. 运距远

国际联运货物至少有两个国家参与，因此运距较长，有时还要过境其他国家，特别是通过俄罗斯铁路运送，运距长达 8 000 多千米。

4. 运输时间短，成本低

由于国际铁路联运的始发站和最终目的地的站大多是内陆车站，或发、收货人的铁路专用线，总的来说，货物直接从发货人的专用线或就近车站出发，直接到达收货人的专用线或就近的车站，从而使运输时间比海运短，运输成本比海运低。这在从中国内陆发往伊朗、阿富汗、东欧、芬兰以及相反方向的货物运输上，表现得特别明显。

5. 涉及面广，手续复杂

国家联运不仅涉及几个国家的铁路、车站和国境站，而且涉及外贸、海关、商检、发货人、收货人等各个方面，同时各国的规章制度又比较多，所以办理起来手续复杂。

二、国际铁路货物联运的有关规章

各铁路局和国境站以及发、收货人在办理国际铁路货物联运业务时，必须遵循国际铁路货物运输的有关规章。

1.《国际货协》

《国际货协》是参加该协定的各国铁路和发、收货人办理货物联运时必须遵守的基本条件，它规定了货物运输条件、运送组织、运送费用计算核收办法以及收、发货人之间的权利和义务问题。

2.《统一过境运价规程》

《统一过境运价规程》(以下简称《统一货价》)规定了过境参加国统一货价的铁路办理货物运送手续、过境运送费用和杂费的计算、过境铁路里程表和货物运费计算表等。

3.《过境铁路协定》

《过境铁路协定》由两个相邻国家的铁路部门签订，规定办理联运货物交接的国境站、车站以及货物交接的条件和办法，交接列车和机车运行办法，服务办法等具体问题。

根据《过境铁路协定》的规定，两个相邻国家的铁路部门需定期召开国境铁路会议，对执行协定中的有关问题进行协商，签订《过境铁路会议议定书》。我国与俄罗斯、蒙古国、朝鲜、越南各国均分别签订《过境铁路协定》和《过境铁路会议议定书》。

4.《国际铁路货物联运协定办事细则》

为了避免产生歧义，我国铁路主管部门结合我国办理铁路货物联运的实际情况，将上述联运规章进行了简化和补充规定，作为我国铁路各发、到站和有关单位办理国际铁路货物联运的执行文件。

接到国际铁路合作组织（以下简称“铁组”）2018 年 4 月 13 日第 II-1/19HH 号通报，铁组委员会根据 1997—2017 年铁组运输法专门委员会例会决议，编制形成 2018 年 7 月 1 日版《国际铁路货物联运协定办事细则》。

三、国际铁路货物联运基本运送条件

（一）国际铁路货物联运的范围

1. 同参加铁路合作组织的国家铁路部门之间的货物运送

1956 年 6 月在保加利亚召开的国际客、货协参加国第一届部长会议上，决定在原签订的《国际货协》和《国际客协》的基础上，成立铁路合作组织。目前，“铁组”成员国有 26 个：阿塞拜疆、阿尔及利亚、白俄罗斯、保加利亚、匈牙利、越南、格鲁吉亚、哈萨克斯坦、中国、朝鲜、吉尔吉斯斯坦、拉脱维亚、立陶宛、摩尔多瓦、蒙古国、波兰、俄罗斯、罗马尼亚、斯洛伐克、塔吉克斯坦、土库曼斯坦、乌兹别克斯坦、乌克兰、捷克、爱沙尼亚、伊朗。各国铁路部门办理联运的车站，凡开办国内货运营业的，都可办理国际铁路货物联运。铁路间的货物运输使用一份运单在发货站发运，由铁路在最终到达站将货物交付收货人。在同一铁路轨距国家间，用发送国原列车直接过轨；在不同轨距国家间，则在换装站或国境站进行换装或更换另一轨距的货车轮对或使用变距轮对。阿尔巴尼亚、朝鲜较为特殊。朝鲜铁路仅部分车站开办国际铁路货物联运，其货物运送按照朝鲜铁路货物联运站的规定办理。由于阿尔巴尼亚铁路与其他的铁路不连接，必须通过布达佩斯车站由发、收货人委托的收转人领取后，用其运输工具转运到阿尔巴尼亚。

2. 同未参加《国际货协》国家铁路间的货物运送

发货人在发送站用《国际货协》票据办理至参加《国际货协》的最后一个过境铁路的出口国境站的运送，由国境站站长委托的收转人办理转送至最终车站。

3. 通过港口的货物运送

发货站和港口间用国际货协票据办理的，由发货人或发货人委托在港口站的收转人办理转发送。

（二）国境站的联检机构

由于国际铁路联运货物的车、货交接和换装作业都是在国境站办理的，因此在国境站设有联检机构：国际铁路货物联运交接所、海关、国境站商检、动植物检疫站、边防检查站、卫生和食品卫生检疫所以及中国外运集团口岸分公司。

各个联检机构职责如表 3-1 所示。

表 3-1 联检机构职责

联检机构	职责任务
国际铁路货物联运交接所	(1) 办理铁路货物联运进出口货物、车辆的交接、换装、发运。 (2) 办理交接运送单据的审核、翻译,过境运费的审核、计算。 (3) 会同邻国铁路交付人员,共同处理货物交接中发生的问题
海关	征收关税和查禁走私,进行实际的、明确的监督管理
国境站商检	办理商品检查验放工作,接受收、发货人的委托,办理各项公证、鉴定业务
动植物检疫站	对动植物、动植物产品及其运输工具实施监督检疫和处理工作
边防检查站	对过境人员及其护照、行李物品、交通运输工具和所运输的物品实施边防检查
卫生和食品卫生检疫所	对运载工具的食品、食品添加剂以及食品容器等进行卫生监督管理
中国外运集团口岸分公司	主要承担对货物进行发送、转运、联运、口岸交接、分拨、报关、报检,以及集装箱的中转、拆箱等业务

第三节 国际铁路货物联运程序

一、出口货物国际铁路联运程序

出口货物国际铁路联运的组织工作主要包括运输计划的编制、货物托运和承运与货物的交接。

(一) 出口货物国际铁路联运计划的编制

每年年初,国际货协组织都要召开中国、朝鲜、蒙古国、俄罗斯、越南五国铁路和外贸代表参加运量计划例会,商定本年度国别、口岸、品类、季度的外贸进出口运量,编制出口货物国际铁路联运计划。

国际铁路联运月度要车计划需要经过商务部和铁路总公司平衡核定,并经有关国家铁路部门确定以后,由商务部通知各地商务厅和各进出口总公司。各地商务厅和各进出口总公司再分别转告所属发货单位。各铁路局将铁路总公司批准的国际铁路联运月度要车计划分别通知各发货单位。

国际铁路联运月度要车计划批准后,各发货单位应按照铁路总公司的规定,向各发货站提出旬度计划,发货站于每旬度开始前,将确定的旬度计划通知各发货单位执行。其具体业务流程如图 3-1 所示。

(二) 出口货物运输代理业务流程

通常,出口货物运输代理业务流程主要包括以下环节,如图 3-2 所示。

1. 运输合同的签订

托运人与承运人需签订运输合同。大宗整车的运输合同可按季度、半年度、年度或更长期限签订,并提出月度铁路运输计划。其他整车货物可用铁路货物运输服务订单作为

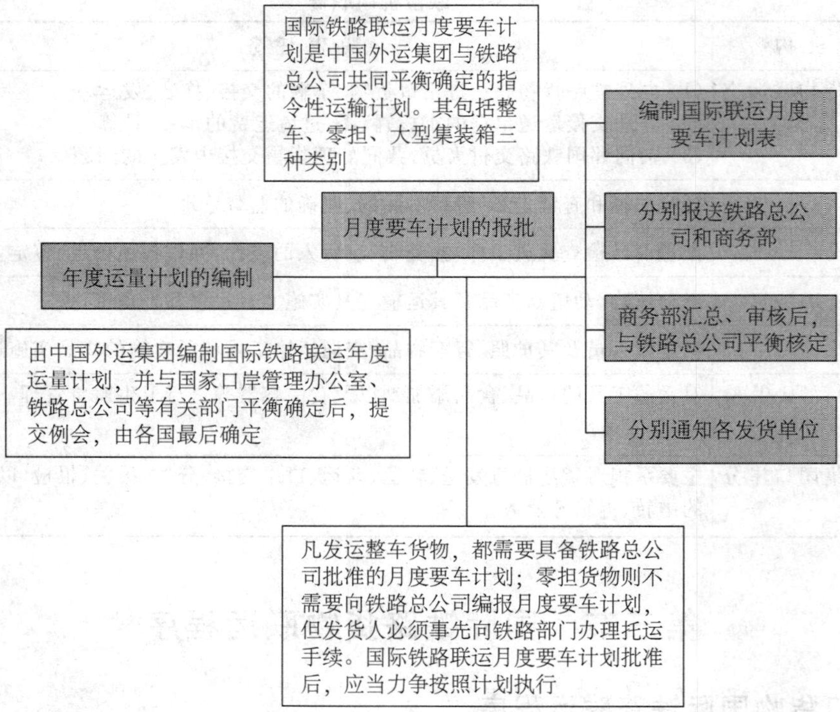

图 3-1 国际铁路联运业务流程

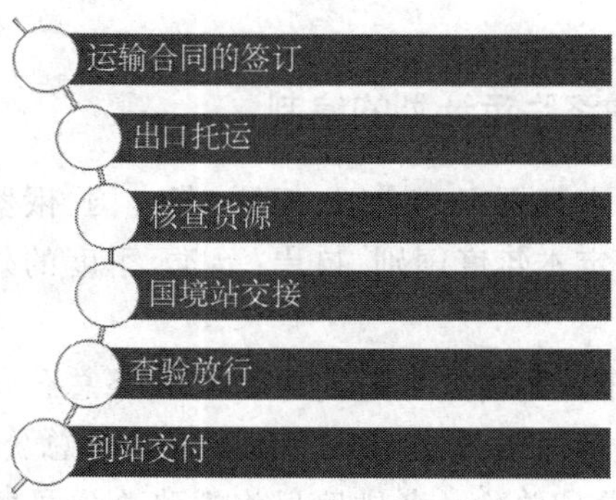

图 3-2 出口货物运输代理业务流程

运输合同。整车货物在交运时，还需向承运人提交货物运单；零担货物和集装箱货物，以货物运单作为运输合同。

2. 出口托运

双方签订运输合同后，由发货人或其代理人向铁路车站填报运单。始发站对运单进行审核，同时查看是否有批准的用车计划，如无问题便在运单上签署装车日期或货物进展日期。

3. 核查货源

发货人按照指定日期将货物运到车站或指定货位，车站比照营运单进行核查，查验无误后过磅，交铁路部门进行报管。始发站在运单上加盖承运日期章。发运前，由发货人或铁路部门对棚车保温车、罐车等特殊车辆施封。铅封内容有站名、封志号、年、月、日。

4. 国境站交接

国境站接到国内前方站的列车到达预报后，将立即通知国际联运交接所办理货物、车辆和运送用具的交接与换装工作；办理各种交接手续，检查运送票据和编制商务记录；处理交接中的各种问题；计算有关费用；联系和组织与邻国货车衔接的相关事宜。

5. 查验放行

列车进站后，铁路、外运和海关共同接车，铁路负责整理、翻译运送票据，编制货物和车辆交接单；外运对货物单证进行审核，纠正错发、错运以及单据上的错误，办理报关、报验手续；海关根据相关政策进行查验、放行。相邻两国的铁路双方办理具体货物和车辆的交接手续，签署交接文件。

6. 到站交付

货物到达终到站，在收货人付清一切应付的费用后，铁路将第一联和第五联运单交给收货人清点货物，收货人在领取货物时在第二联上填写领取日期并加盖收货戳记。如果货物损坏，腐烂变质，全部或部分丧失原有用途，收货人可以拒收。

二、进口货物国际铁路联运程序

进口货物国际铁路联运程序主要包括以下环节，如图 3-3 所示。

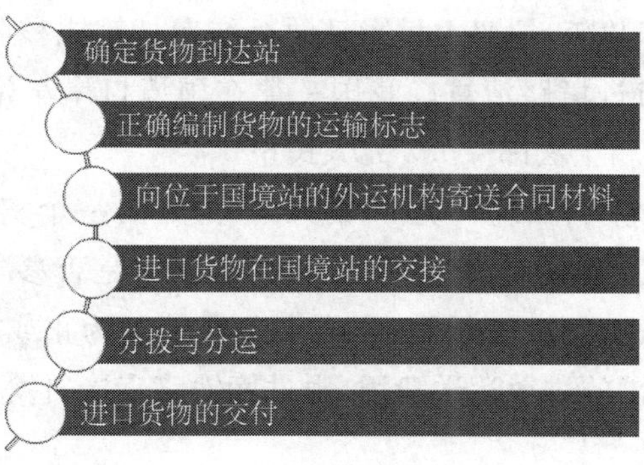

图 3-3　进口货物国际铁路联运程序

在实际操作过程中，我们需要注意以下事项。

(1) 国内订货部门应提供确切的到达站的车站名称和到达铁路局的名称，不得以我国国境站或换装站为到达站，也不得以对方国境站为达到站。个别在国境站设有机构单位的除外。

(2) 我国商务部统一规定编制了运输标志，各部分对外签订条约时，需使用正确的运输标志，不得颠倒顺序和增加内容。

(3) 进口单位对外签订合同，应及时将合同的中文副本、附件、补充协议、变更申请书、确认函电、交货清单等寄送国境站外运机构。事后如有某种变更事项，也应及时将变更材料抄送外运机构。

(4) 进口货物列车到达国境站后，由铁路部门会同海关接车，双方铁路部门根据列车长提供的货物交接清单办理交接,海关对货物执行监管。

(5) 分拨与分运。对于国外发货人集中托运、以我国国境站为到达站、外运机构为收货人的小额订货,以及国外铁路部门将零担货物合装整车发运至我国国境站的,外运在国境站接货后按照货物的流向换装车辆,换装后的车辆再按流向重新编组向内地运输。在分拨、分运中发现有货损、货差情况,如果属于铁路部门的责任,应找铁路部门出具商务记录;如果属于发货人责任,应及时通知有关进口单位向发货人索赔。

(6) 铁路到站后向收货人发出到货通知;收货人接到通知,向铁路付清运送费用后,铁路部门将联运运单和货物交给收货人;收货人在取货时应在"运行报单"上加盖收货戳记。

三、国际铁路货物联运运费的计算

国际铁路货物联运运费包括货物运费、押运人乘车费、杂费和其他费用。

(一) 运送费用核收的规定

(1) 发送铁路的运送费用,按承运人当日发送铁路国内规章规定计费,在发货站向发货人核收,用发送国货币计算。

(2) 过境铁路的运送费用。对于参加《统一货价》的铁路,按承运当日《统一货价》规定计费,以瑞士法郎计算款额,按照支付当日的兑换率折算成核收运送费用国家的货币,由收、发货人或代理人与过境路清算。我国一律在国境口岸车站和海运港口车站核收。计算汇率为固定汇率:1 瑞士法郎=5.2 元人民币。

从参加《国际货协》并实行《统一货价》的国家,通过另一个实行《统一货价》的过境港口站,向其他国家和相反方向运送货物时,无论这些国家是否参与《统一货价》,都可用国际货协票据办理货物运送,但只能办理至过境铁路港口站为止或从这个站起开始办理。

对未参加《统一货价》的过境运送费用,由过境铁路直接向发货人或收货人,或其代理人核收。

(3) 到达铁路的运送费用,在到达站向收货人或根据到达铁路局国内现行规定核收。

(二) 国际铁路货物联运国内段运费的计算

1. 过境运费的计算

过境运费按《统一货价》规定计算,其计算方法如下。

(1) 根据《货物运价里程表》以及运单上载明的运输路线,确定从发货站至到达站所通过的运价里程。

(2) 根据货运单上填写的货物品名对应《货物品名检查表》,查出适用的运价等级和计费重量标准。

(3) 根据运价里程和运价等级,在《货物运价率表》中查出适用的运价率。

其计算公式为

$$基本运费额=货物运费率×计费重量$$

$$运费总额=基本运费额×(1+加成率)$$

2. 国内运费的计算

根据《国际货协》的规定，我国通过国际铁路联运的进出口货物，其国内段运费的核算应按照我国《铁路货物运价规定》进行计算。

(1) 根据《货物运价里程表》确定发运站与到达站之间的运价里程。一般根据最短里程进行计算，并需要计算国境站至国境线的里程。

(2) 根据货运单上填写的货物名称对应《货物品名检查表》，查找货物运价分号，确定使用的运价号。

(3) 根据运价里程和运价号，在《货物运价率表》中查找适用的运价率。

其计算公式为

$$运费=运价率×计费重量$$

四、国际铁路货物联运的运输限制

在国际铁路直通货物联运中，下列货物不准运送。

(1) 应当参加运送的铁路的任一国家禁止运送的物品。

(2) 属于应当参加运送的铁路的任一国家邮政专运物品。

(3) 炸弹、弹药和军火(但狩猎和体育用的除外)。

(4) 爆炸品、压缩气体、液化气体或在压力下溶解的气体、自燃品和放射性物质(指《国际货协》附件第 2 号之附件 1 中 1、3、4、10 表中没有列载的)。

(5) 一件重量不足 10 公斤、体积不超过 0.1 立方米的零担货物。

(6) 在换装联运中使用不能揭盖的棚车运送一件重量超过 1.5 吨的货物。

(7) 在换装联运中使用敞车类货车运送的一件重量不足 100 公斤的零担货物，但此项规定不适用《国际货协》附件第 2 号《危险货物运送规则》中规定的一件最大重量不足 100 公斤的货物。

下列货物只有在参加运送的各铁路间预先商定后才准运送：①一件重量超过 60 吨的；而在换装运送中，对越南重量超过 20 吨的。②长度超过 18 米的，而运往越南长度超过 12 米的。③超限的。④在换装运送中用特种平车装运的。⑤在换装运送中用专用罐车装运的化学货物。⑥用罐车运往越南的一切罐装货物。

五、国际铁路货物联运的注意事项

(1) 货物运输须经两个或两个以上国家的铁路进行运送，使用一份运送票据完成全程运输的货物运送称为国际铁路货物联运。国际铁路货物联运，是我国对外经济联系的渠道之一，是我国铁路涉外工作的一个部分。它是为发展与巩固我国和其他国家间的政治、经济和文化交流事业服务的，对我国和其他国家经济建设具有重要作用。因此它既是一项经济工作又是一项政治工作，既是一项业务工作又是一项涉外工作。

(2) 面向通道进行保管。为使物品出入库方便，容易在仓库内移动，基本条件是将物品面向通道保管。

(3) 尽可能地向高处码放,提高保管效率。为有效利用库内容积应尽量向高处码放,为防止破损,保证安全,应当尽可能使用棚架等保管设备。

(4) 根据出库频率选定位置。出货和进货频率高的物品应放在靠近出入口,易于作业的地方;流动性差的物品放在距离出入口稍远的地方;季节性物品则依其季节特性来选定放置的场所。

(5) 同一品种在同一地方保管。为提高作业效率和保管效率,同一物品或类似物品应放在同一地方保管,员工对库内物品放置位置的熟悉程度直接影响着出入库的时间,将类似的物品放在邻近的地方也是提高效率的重要方法。

(6) 根据物品重量安排保管的位置。安排放置场所时,当然要把重的物品放在下边,把轻的物品放在货架的上边。需要人工搬运的大型物品则以腰部的高度为基准。这对于提高效率、保证安全是一项重要的原则。

(7) 依据形状安排保管方法。依据物品形状来保管也是很重要的,如标准化的商品应放在托盘或货架上来保管。

(8) 依据先进先出的原则。保管的一条重要要求是对于易变质、易破损、易腐败的物品,对于机能易退化、老化的物品,应尽可能按先入先出的原则,加快周转。由于商品的多样化、个性化、使用寿命普遍缩短,这一原则是十分重要的。

第四节 国际铁路货物联运运单

国际铁路货物联运运单(international through rail waybill)是发货人与铁路之间缔结的运输契约,它规定了铁路与发、收货人在货物运送中的权利、义务和责任,对铁路和发、收货人都具有法律效力。

一、联运运单的组成和作用

联运运单共五张:①运单正本;②运行报单;③运单副本;④货物交付单;⑤货物到达通知单。

运单正本是货物的运送契约,它与货物交付单、货物到达通知单,随同货物至到达站;货物交付单留存在到达站,运单正本和货物到达通知单则一起交给收货人。运行报单,是参加联运的各国铁路办理货物交接、划分运送责任以及清算运送费用、统计运量和运输收入的原始依据。运单副本不具有运单的效力,仅证明货物已由铁路承运,发货人可凭此副本向收货人结算货款。行使变更运输要求以及在联运运单全部灭失时,凭运单副本向铁路提出赔偿要求。

二、联运运单的填写

联运运单包含的主要内容及填写注意事项如表 3-2 所示。

表 3-2 联运运单包含的主要内容及填写注意事项

栏号	填写内容	填写注意事项
1	发货人及其通信地址	发货人只能是一个自然人或法人；由中国、朝鲜、越南发货时，准许填写代号
2	合同号码	填写出口单位和进口单位签订的供货合同号码
3	发货站	填写运价规程中所载发货站全称
4	发货人的特别声明	例如，关于对联运运单的修改及易腐烂变质货物的运送条件等
5	收货人及其通信地址	收货人只能是一个自然人或法人
6	对铁路无约束效力的记载	发货人可以对该批货物作出记载，作为对收货人的通知，铁路不承担任何义务和责任
7	通过的国境站	注明货物应通过的发送铁路和过境铁路的出口国国境站
8	到达铁路/到达站	在斜线之前，注明到达铁路的简称；在斜线之后，注明运价规程上到达站的全称
9	记号、标记和号码	填写每件货物上的记号、标记和号码。货物如装载在集装箱内，则还要填写集装箱的号码
10	包装种类	填写包装的具体种类，如纸箱、木桶等。如用集装箱运输，则记载集装箱
11	货物名称	须注明货物的状态和特征
12	件数	注明一批货物的件数
13	发货人确定的重量（千克）	注明货物的总重量
14	共计件数（大写）	用大写填写第 12 栏中所记载的件数
15	共计重量（大写）	用大写填写第 13 栏中所记载的总重量
16	发货人签字	发货人应签字证明列入运单中的所有事项正确无误
17	互换托盘	注明互换托盘办法，并分别注明平式托盘和箱式托盘的数量
18	种类、类型	在发送集装箱货物时，应注明集装箱的种类和类型。使用运送用具时，应注明该用具的种类
19	所属者及号码	运送集装箱时，应注明集装箱所属标记
20	发货人负担下列国境铁路的费用	填写所负担国境铁路名称的简称
21	办理种别	整车、零担、大吨位集装箱，并将不需要者画掉
22	由何方装车	应在运单该栏内注明由谁装车，并将不需要者画掉
23	发货人添附的文件	注明发货人在联运运单上添附的所有文件的名称和份数
24	货物的声明价格	用大写注明以瑞士法郎表示的货物价格
27～30	一般说明	用于记载使用车辆的事项，只有在运送整车货物时填写。至于各栏是由发货人填写还是由铁路车站填写，则视由何方装车而定
45	封印个数和记号	填写车辆或集装箱上添加的封印个数和所有记号。至于封印的个数和记号，视由何方施封而由发货人或铁路填写
48	确定重量的方法	注明确定重量的方法

三、添附文件

添附文件包括必须添附文件和根据合同要求的添附文件。在我国，必须添附文件包括出口货物明细单和出口货物报关单、出口外汇核销单。另外，根据合同和规定要求，还要添附出口许可证、品质说明书、商检证、卫生检疫证、动植物检查证明以及集装箱磅码单、化验单、产地证、发运清单。

联运运单第23栏为“发货人添附的文件”，要求将添附文件名称和份数记入栏内。这些文件只限于与联运运单所记载的货物有关的文件，与联运运单一起至国境站。这些文件不能邮寄，货物在国境站的报关手续由中国外运集团口岸分公司代为办理。

如果由于没有添附文件或文件不全、不正确，发货人应承担货物及车辆滞留可能产生的一切费用。铁路不会检查发货人在联运运单上所附的文件是否正确和齐全，只有当铁路存在过失而导致发货人在运单上已做记载的添附文件丢失时，铁路才对其负责。

第五节　国际铁路集装箱联运

一、国际铁路货物运输线的分布

目前，世界铁路运力充足，拥有营业铁路4万千米以上的国家有7个，其中美国33万千米，居世界第一位；俄罗斯16万千米；加拿大9万余千米；印度6万余千米；中国5万余千米；澳大利亚和阿根廷4万余千米。目前，具有国际货物运输意义的国际铁路干线主要有以下几种。

1. 西伯利亚铁路

西伯利亚大铁路东起海参崴，途经伯力、赤塔、伊尔库茨克、新西伯利亚、鄂木斯克、车里雅宾斯克、古比雪夫，止于莫斯科。全长9 300多千米。以后又向远东延伸至纳霍德卡——东方港。该线东连朝鲜和中国；西接北欧、中欧、西欧各国；南由莫斯科往南可接伊朗。我国与俄罗斯、东欧国家及伊朗之间的贸易，主要用此干线。

2. 欧洲铁路网

欧洲铁路网极其发达，密度高，纵横交错。既连接欧洲各国，又连通世界。与亚洲铁路相连的线路主要有：伦敦—巴黎—慕尼黑—维也纳—布达佩斯—贝尔格莱德—索菲亚—伊斯坦布尔，与俄罗斯的西伯利亚铁路相连的线路：伦敦—巴黎—科隆—柏林—华沙—莫斯科，以及可达斯堪的纳维亚半岛各国的线路：里斯本—马德里—巴黎—接龙—柏林—华沙—圣彼得堡—赫尔辛基。

3. 北美横贯东西铁路

加拿大境内有两条连接东西两大洋的铁路：①鲁珀特港—埃德蒙顿—温尼伯—魁北克（加拿大国家铁路）；②温哥华—卡尔加里—温尼伯—散德贝—蒙特利尔—圣约翰—哈利法克斯（加拿大太平洋大铁路）。

美国境内有三条连接东西两大洋的铁路：①西雅图—斯波坎—俾斯麦—圣保罗—芝加哥—底特律（北太平洋铁路）；②洛杉矶—阿尔布开克—堪萨斯城—圣路易斯—辛辛那

提—华盛顿—巴尔的摩（圣菲铁路）—洛杉矶—图森—帕索—休斯敦—新奥尔良（南太平洋铁路）；③旧金山—奥格登—奥马哈—芝加哥—匹兹堡—费城—纽约（联合太平洋铁路）。

4. 西亚—欧洲铁路线、中东—欧洲铁路线

从伊拉克的巴士拉，向西经巴格达、摩苏尔、叙利亚的穆斯林米亚、土耳其的阿达纳、科尼亚、厄斯基色希尔至博斯普鲁斯海峡东岸的于斯屈达尔。

此外，在印度半岛、东南非、南美洲等地也有较为重要的国际铁路路线。

二、国际货物集装箱联运（大陆桥联运）

大陆桥（land bridge），是指利用横贯大陆上的铁路和公路运输系统，把大陆两端的海洋连接起来的中间桥梁。因为大陆桥运输主要采取集装箱运输的方式，所以又叫作“大陆桥集装箱运输”。

（一）西伯利亚大陆桥运输

西伯利亚大陆桥（Siberian land bridge transport）地跨欧洲和亚洲，又被称为欧亚大陆桥路线（Europe-Asia land transport line）：独联体西伯利亚铁路把太平洋远东地区与波罗的海和黑海沿岸，以及西欧大西洋口岸连接起来，是世界上最长的运输路桥。

西伯利亚大陆桥有铁/铁、铁/卡和铁/海三种运输方式。

铁/铁运输方式：日本、中国香港、菲律宾等地—东方港—布列斯特—欧洲、伊朗或相反方向。

铁/卡运输方式：日本、中国香港、菲律宾等地—东方港—布列斯特—德国、瑞士、奥地利等国。

铁/海运输方式：日本、中国香港、菲律宾等地—东方港—波罗的海、黑海—北欧、西欧、巴尔干地区。

（二）美国大陆桥运输

美国大陆桥运输主要包括从太平洋口岸的东部到大西洋口岸横贯美国大陆的铁路（公路）运输系统，但由于西伯利亚大陆桥比美国大陆桥更便捷、省时、省运费，所以美国大陆桥运输基本上处于停滞的状态。而由其派生出来的小陆桥和微型路桥却发挥了更重要的作用。

知识链接 3-1

小陆桥运输（mini-land bridge）：比大陆桥运输的海/陆/海运输减少一段海上运输距离，成为海/陆或陆/海形式的运输。小陆桥运输地区大体由美国东海岸和墨西哥湾组成。将远东货物先经过海运抵达美国西部太平洋口岸，然后转铁路运抵东部大西洋口岸或者南部的墨西哥口岸，再用卡车将货物运抵市内。全程使用一张海运提单，由海运承运人支付铁路运费。

微型陆桥运输（micro-land bridge）：顾名思义，就是比小陆桥运输更短，只利用部分陆桥，又叫作半陆桥运输（semi-land transport），先将货物海运至太平洋口岸，然后换装铁路集装箱专用列车运至美国内陆城市。既省时又省费用。

（三）新欧亚大陆桥运输

新欧亚大陆桥成为世界上第三座大陆桥，东起中国连云港的陇海、兰新、北疆铁路向西延伸，经俄罗斯、波兰、德国直达荷兰鹿特丹港口。

三、我国通往邻国的铁路线及国境口岸

我国陆上邻国有 14 个。目前，与我国铁路相连的国家有俄罗斯、朝鲜、蒙古国、越南等。哈萨克斯坦、吉尔吉斯斯坦、塔吉克斯坦、朝鲜、蒙古国、越南，以及东欧的部分国家原来都是国际铁路货物联运组织《国际货协》的成员。

我国铁路办理国际集装箱运输业务发展很快，全铁路系统有 40 多个国际集装箱办理站，近 30 多条可以办理国际集装箱的专用线。中国外运集团从 1980 年开始办理中国经蒙古国或俄罗斯到伊朗和往返西欧、北欧各国的“大陆桥”集装箱运输业务。

目前，我国主要的国际货物运输的铁路干线及国境口岸如下。

（1）滨洲线。自哈尔滨起向西北至满洲里，全长 935 千米。改线经满洲里出境后，可接俄罗斯贝加尔国境站，与西伯利亚铁路相连接。如图 3-4 所示。

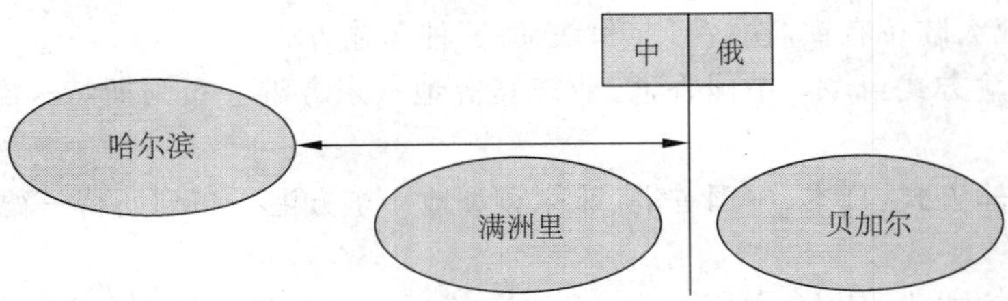

图 3-4 滨洲线

（2）滨绥线。自哈尔滨起，与俄罗斯远东地区相连接，全长 548 千米。该线终点站是绥芬河东站。目前，该线及车站在全国铁路年进出口货运总量的比重名列前茅。如图 3-5 所示。

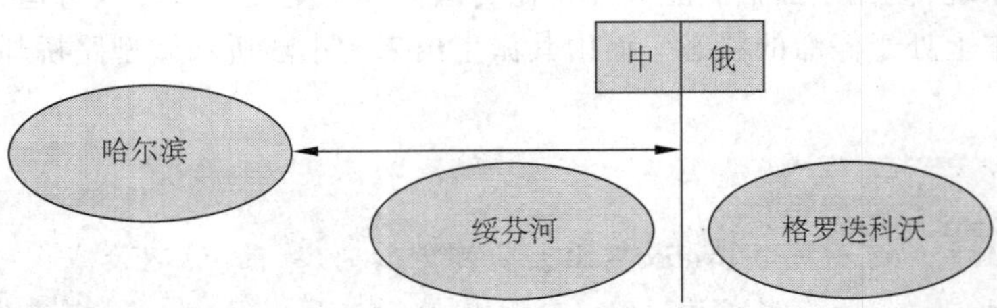

图 3-5 滨绥线

（3）图珲线。图珲线即图珲铁路，西起吉林省图们市，东到吉林省珲春市。线路自长图线的终点图们站向东引出，沿图们江北岸东行，抵达珲春站。全长 66 千米，共有车站 7 个，为国际 I 级单线铁路。如图 3-6 所示。

（4）集二线。从京包线的集宁站，向西北至二连浩特，全长 364 千米。二连浩特站为该线的终点站。该口岸承担的铁路进出口货运总量居全国第二位。如图 3-7 所示。

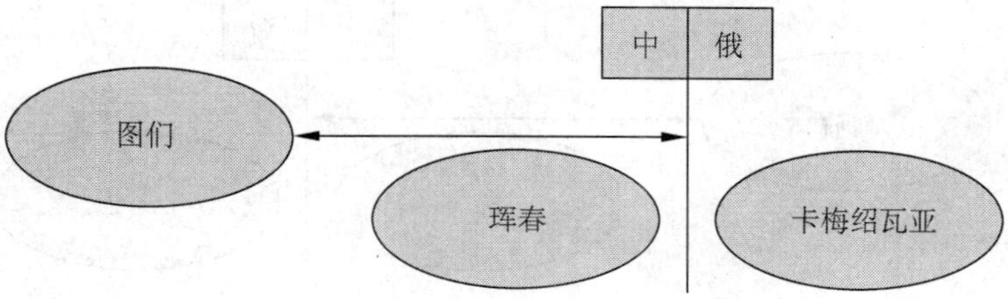

图 3-6　图珲线

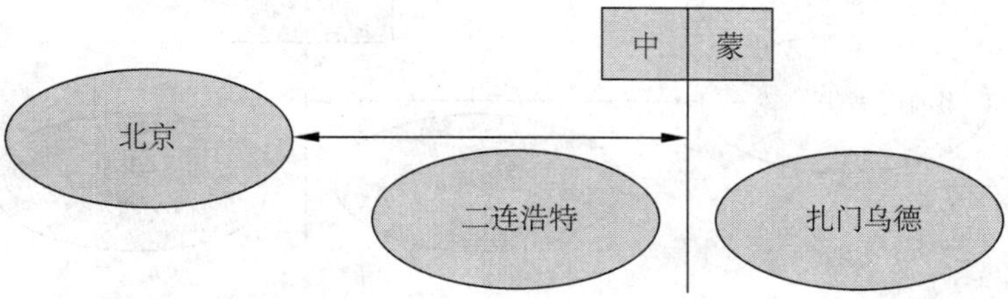

图 3-7　集二线

(5) 沈丹线。从沈阳到丹东，越过鸭绿江与朝鲜铁路相连接，全长 274 千米。丹东是我国对朝鲜进出口货物的主要国境口岸。如图 3-8 所示。

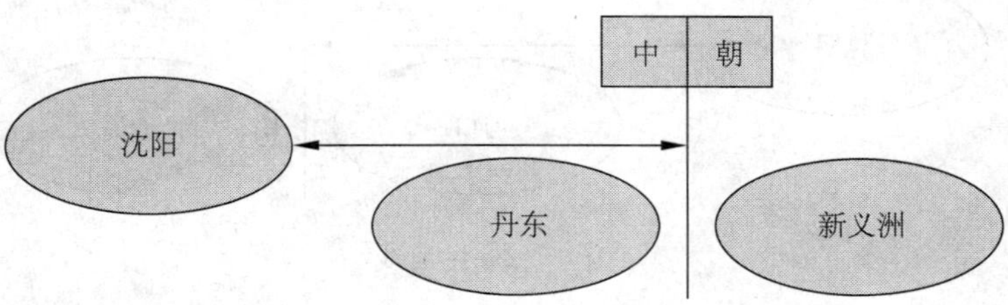

图 3-8　沈丹线

(6) 长图线。西起吉林长春，东至图们，横过图们江与朝鲜铁路相连接，全长 527 千米。如图 3-9 所示。

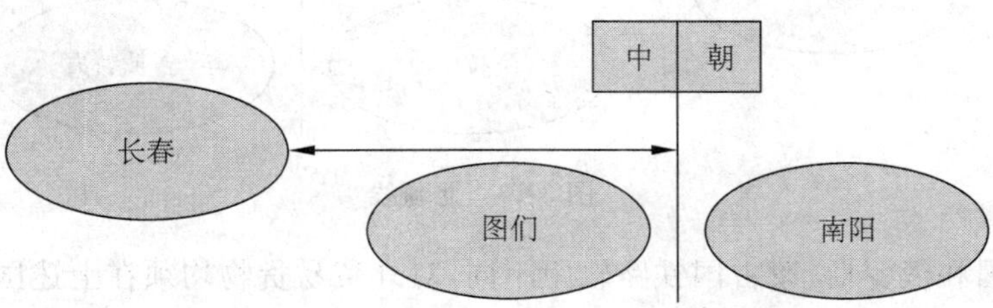

图 3-9　长图线

(7) 梅集线。自梅河口至集安，全长 177 千米。如图 3-10 所示。

(8) 湘桂线。从湖南衡阳起，经广西柳州、南宁到达终点站凭祥，全长 1 013 千米。如图 3-11 所示。

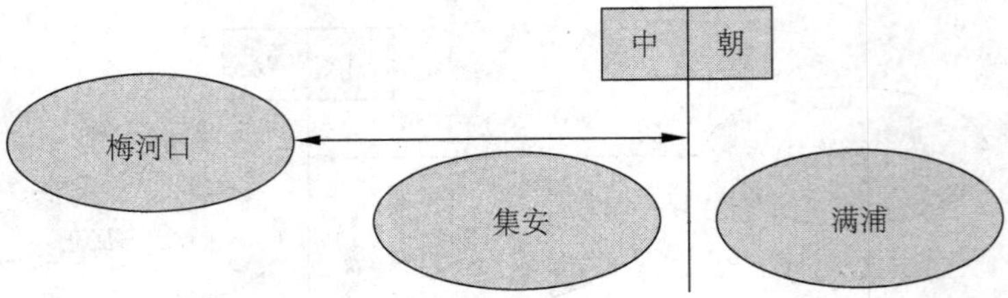

图 3-10 梅集线

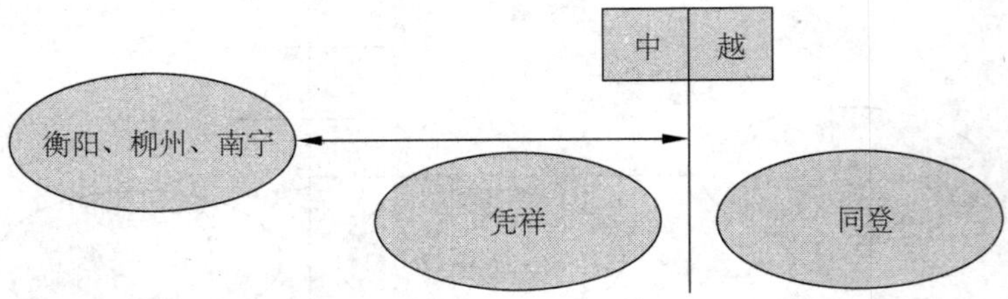

图 3-11 湘桂线

(9) 昆河线。从云南昆明经碧色寨到河口,全长 177 千米。如图 3-12 所示。

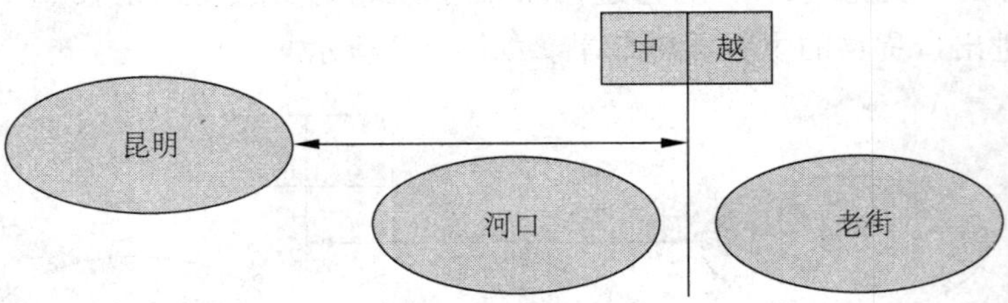

图 3-12 昆河线

(10) 北疆线。从新疆乌鲁木齐向西到达阿拉山口。如图 3-13 所示。

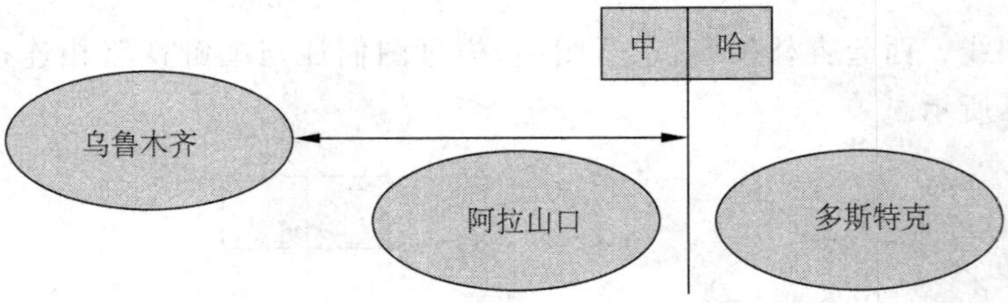

图 3-13 北疆线

由于我国和俄罗斯、蒙古国铁路轨距不同,对外贸易货物均须在上述国境站口岸换装或换轮后才能运行。

第六节 对港澳地区的铁路货物运输

港澳地区是我国同世界各国、各地区经贸往来的重要通道之一,做好对港澳地区的运输工作是我国内地外贸运输的重点之一。

（一）内地对港澳地区铁路货运的方式

1. 内地与香港之间的铁路货运方式

(1) 内地进港铁路货物运输。

(2) 九龙回空车辆装运进口货物。

(3) 集装箱直达运输。

2. 内地与澳门之间的铁路货运方式

(1) 内地与澳门之间目前无铁路直接相通，内地运往澳门的货物需先从出发站办理国内段的铁路运输运输至广州，再中转至澳门。

(2) 零担和整车货物先运送至广州南站，危险品运送至吉山站，集装箱和快件运送至广州车站，收货人为发货人在广州的货运代理人，然后再由货运代理人办理广州至澳门的公路或水路运输。

（二）相关运输组织机构

1. 香港中旅货运有限公司

香港中旅货运有限公司（以下简称“香港中货”）成立于1985年，前身是香港中国旅行社货运部，从20世纪50年代起一直是内地与香港之间的铁路货运总代理或主要代理，办理所有内地与香港间的铁路运输。

香港中货一直独家办理有关“三趟快车”在港接运交货工作，保障香港市民的食物及日用品物资的供应。除了主营业务铁路运输之外，还经营海运、空运、粤港汽车和多式联运等货代业务。

2. 广深铁路股份有限公司

公司主要经营深圳—广州—坪石段铁路客货运输业务及长途旅客列车运输业务，并与香港铁路有限公司合作经营直通车旅客列车运输业务。货运业务是该公司的一项重点业务，公司经营的铁路线路与周边港口、物流基地、建材市场及大型厂矿连接紧密并建立业务合作。公司拥有完善配套的货运设施，能有效地进行整车、零担、集装箱、笨重货物、危险货物、鲜活货物、超限货物的运输，在中国内陆中长远距离运输方面具有竞争优势。

3. 国际货运代理公司

其主要由中国外运深圳公司、中国外运广东公司深圳分公司、中国铁路对外服务公司深圳公司等几十家货代公司组成。

知识链接 3-2

1. 对香港地区铁路运输的特点

对香港地区铁路运输不同于国际铁路运输，也不同于一般的国内运输，而是一种特定的运输方式。

(1) 租车方式两票运输。

(2) 运输工作计划多变。

(3) 运输计划主要是编制月度计划。

2. 运输的结算方法

各经深圳口岸转运香港地区的铁路货物运输经过了两段运输，因此，运费也是分段计算的，境内按人民币计算，香港按港币计算，一切费用均由发货人支付。

深圳口岸的中转费用，整车货物按实际支出，零担货物按定额费用每吨 10 元。货物中转后，由深圳外运分公司向有关单位结算，劳务费按中国外运集团制定的劳务费率收取。

港段运杂费用先由香港中旅货运有限公司垫付，待货物在香港交付完毕后，由香港中旅货运有限公司开列费用清单并向发货人结算。有关发货人收到香港中旅货运有限公司的费用清单，经审核无误后，5 天之内向当地结汇银行申请外汇，汇还香港中旅货运有限公司。

本章小结与关键术语

小结3

练习思考题

1. 简述铁路运输的基本特点以及在我国对外贸易货物运输中的作用。
2. 什么是国际铁路货物联运？
3. 简述国际铁路货物联运出口货物交接的一般程序。
4. 铁路货物联运运单的性质、作用是什么？联运运单副本有何重要作用？
5. 我国内地对香港地区的铁路运输有什么特点？
6. 我国通往邻国的铁路有哪几条？列出我国和邻国的国境站站名及相互的轨距。

即测即练

习题3

第四章

国际航空货物运输

【本章结构图】

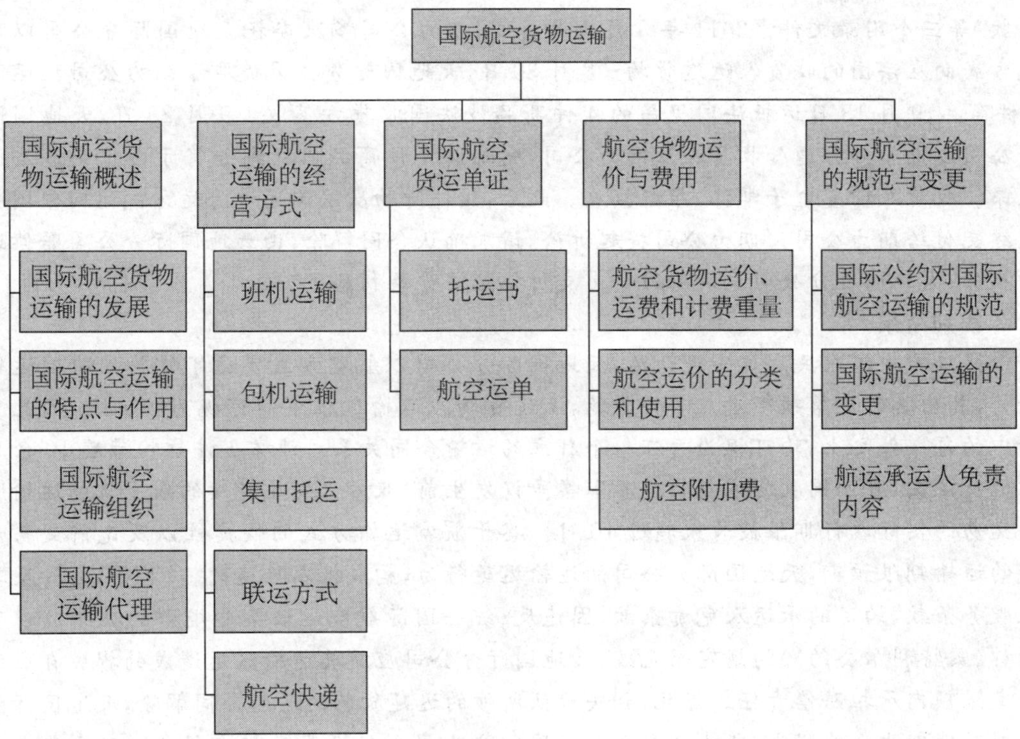

【本章学习目标】

1. 了解国际航空货物运输特点和作用
2. 了解主要的国际航空运输组织
3. 掌握国际航空运输的主要当事人
4. 掌握主要的航空运输方式
5. 掌握航空运单的作用和分类，会填制航空运单
6. 掌握航空运费计算方式

引导案例

准确理解公约条款 明晰国际航空运输纠纷裁判规则
——朗力(武汉)注塑系统有限公司与天地国际运输代理(中国)有限公司武汉分公司航空货物运输合同纠纷案

基本案情

2010年11月22日,朗力(武汉)注塑系统有限公司(以下简称“朗力公司”)就委托办理国际航空快件运输事宜,与天地国际运输代理(中国)有限公司武汉分公司(以下简称“天地国际分公司”)签订《国际航空快件运输协议》,协议同时包括《TNT运输及其他服务条款》等三个附录文件。2011年3月至8月间,朗力公司多次委托天地国际分公司以快递方式向在法国的收货人运送货物。8月30日,天地国际分公司提取了朗力公司托运的5件商品,9月13日运抵法国里昂的4件商品被法国收货方签收。9月23日,天地国际分公司以电子邮件通知收货人及朗力公司,失踪的1件商品已找到并将于当日到达法国里昂。收货人回复电子邮件,拒绝接收。此后,该件货物从法国通过海运方式运回中国并最终交付给朗力公司。朗力公司提起诉讼,请求确认合同解除,由天地国际分公司赔偿违约损失;天地国际分公司反诉朗力公司支付拖欠运费及利息。

裁判结果

武汉市中级人民法院审理认为,天地国际分公司以航空方式实施了货物的跨国运输行为,其出具的运单项下对应多件货物,上述货物在运输过程中均可视为独立物,因此货物中的每一件之上,均可视为存在一个独立的运输合同关系。涉案1件货物滞后10余日方运抵法国,且法国收货方拒收。而本案争议发生前,双方已发生持续的航空货物运输服务交易的实际履行期限最长未超过10日。鉴于航空运输方式的快捷性以及先前交易形成的运输期限预期,天地国际分公司的运输迟延行为,构成根本性违约。《TNT运输及其他服务条款》约定的承运人免责条款,因违反《统一国际航空运输某些规则的公约》(以下简称《蒙特利尔公约》)的规定而无效,天地国际分公司应就其运输迟延造成的损失在公约法定限额内承担赔偿责任。据此,判决确认所涉的迟延货物的运输合同解除,天地国际分公司赔偿朗力公司损失,朗力公司向天地国际分公司支付运费及相应利息。双方均未上诉,该判决于2014年7月22日生效。

典型意义

该案对明晰国际航空运输合同纠纷的裁判规则、规范国际航空物流权责关系具有示范意义。一是明确了以航空方式实施的跨国货物运输中,运输迟延导致收货人拒绝接受交付可构成承运人的根本性违约,托运人可行使部分解除权,有权解除相关运输合同。二是明确了航空货物运输合同旨在免除公约规定的承运人责任或者降低责任限额的约定,因违反《蒙特利尔公约》的规定而无效,承运人应当在公约限额内向托运人承担赔偿责任。

资料来源:中华人民共和国最高人民法院为“一带一路”建设提供司法服务和保障的典型案例. http://www.court.gov.cn/zixun-xiangqing-14897.html.(有改动)

第一节 国际航空货物运输概述

一、国际航空货物运输的发展

采用商业飞机运输货物的商业活动称为航空货物运输。国际航空货物运输(international air cargo transportation)简称国际航空运输,是超越国界的现代化的航空货物运输。它是目前国际上最安全、迅速的一种运输方式。

(一)世界航空货物运输的发展

国际航空运输始于1871年。普法战争中的法国人用气球把政府官员和物资、邮件等运出被普军围困的巴黎。1918年5月5日,飞机运输首次出现,仅用于运输邮件,航线为纽约—华盛顿—芝加哥。同年6月8日,伦敦与巴黎之间开始定期邮政航班飞行。20世纪30年代有了民用运输机,各种技术性能不断改进,航空工业的发展促进航空运输的发展。

第二次世界大战结束后,在战争中发展起来的航空技术转入民用,定期航线网在全世界逐步开展,以各国主要城市为起讫点的世界航线网络遍及各大洲,航空运输开始作为一种国际贸易的货物运输方式出现。20世纪50年代初,大型民用运输机陆续问世。20世纪60年代,航空运输进入现代化的国际航空运输时代。

在经历2008年全球金融危机以来的多年停滞之后,航空货运市场终于在2017年出现了明显的反弹,货运量的增长速度超过了货机和客机腹舱运力的增长速度。伴随着电子商务的迅猛发展,快时尚商品、电子产品、消费品等都在推动航空货运需求增长。2012—2017年全球航空货物运输量变化趋势如图4-1所示。

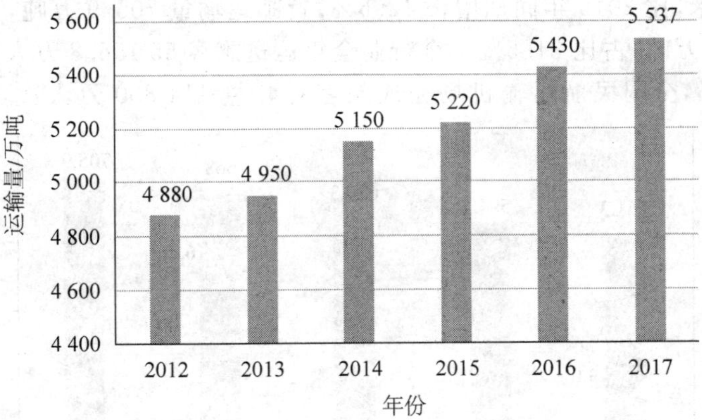

图4-1 2011—2017年全球航空货物运输量变化趋势

数据来源:根据国际货币基金组织(IMF)统计数据整理

亚太、北美、中东三大地区占据全球大部分的航空货运市场份额,2017年三者合计市场份额达到71.2%。作为行业主力,其经济和贸易的增长都将对全球航空货运的增长产生较大影响。2017年全球航空货运市场份额分地区情况如图4-2所示。

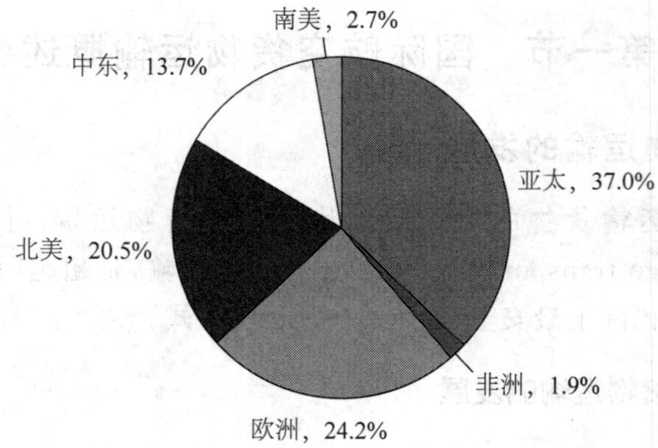

图 4-2　2017 年全球航空货运市场份额分地区情况
数据来源：根据民航数据分析系统(CADAS)整理

（二）我国航空运输的发展

截至 2017 年年底，我国共有定期航班航线 4 418 条，按不重复距离计算的航线里程为 748.3 万千米。定期航班国内通航城市 224 个（不含香港、澳门、台湾）。我国航空公司国际定期航班通航 60 个国家的 158 个城市，国内航空公司定期航班从 30 个内地城市通航香港，从 12 个内地城市通航澳门，大陆航空公司从 46 个大陆城市通航台湾地区。

近年来，随着全球经济逐渐复苏及我国经济结构调整和产业转移的稳步推进，尤其是"一带一路"建设持续推进，对外贸易态势回稳向好，居民消费升级，跨境电商等物流市场井喷式发展，我国航空货邮运输量增速呈现缓慢复苏态势，运营主体、航线、地区结构都发生了变化。2017 年，中国民航运输业继续保持高速增长。全年完成运输总周转量 1 083.1 亿吨千米，比 2016 年同期增长 12.5%；货邮运输量 705.9 万吨，其中国际航线货邮运输量 222.1 万吨，占比 31.5%。全行业全年运送旅客 55 156.8 万人次，比 2016 年同比增长约 13.0%，全国民航运输机场完成旅客吞吐量 114 800 万人次，比 2016 年增长

图 4-3　2013—2017 年中国民航货邮运输量及增长趋势
数据来源：根据中国民用航空局(CAAC)统计数据整理

12.9%(图 4-3)。我国航空运输规模连续 12 年稳居世界第二位,仅次于美国,正在从民航大国向民航强国迈进。

知识链接 4-1

世界上最繁忙的航空线路

国际航空货运已形成一个全球性的运输网络和若干运输枢纽。法国的戴高乐机场、德国的法兰克福机场、荷兰的阿姆斯特丹希普霍尔机场、英国的希思罗机场、美国的芝加哥机场、日本的成田机场等,都是现代化、专业化程度较高的大型国际货运空中枢纽,每年货运量都在数十万吨以上。世界上最繁忙的航空线主要有以下几条。

(1) 西欧—北美的北大西洋航空线。该航线主要连接巴黎、伦敦、法兰克福、纽约、芝加哥、蒙特利尔等航空枢纽。

(2) 西欧—中东—远东航空线。该航线连接西欧各主要机场至香港、北京、东京等机场,并途经雅典、开罗、德黑兰、卡拉奇、新德里、曼谷、新加坡等重要航空站。

(3) 远东—北美的北太平洋航线。这是北京、香港、东京等机场经北太平洋上空至北美西海岸的温哥华、西雅图、旧金山、洛杉矶的航空线,并可延伸至北美东海岸的基础。太平洋中部的檀香山(火奴鲁鲁)是该航线的主要中继站。

此外,还有北美—南美,西欧—南美,西欧—非洲,西欧—东南亚—澳大利亚、新西兰,远东—澳大利亚、新西兰,北美—澳大利亚、新西兰等重要国际航空线。

二、国际航空货物运输的特点与作用

(一) 国际航空货物运输的特点

国际航空货物运输虽然起步较晚,但发展极为迅速,这与它所具备的许多特点有关。与其他运输方式相比,其具有以下特点。

1. 运送速度快

现代喷气运输机一般时速都在 900 英里左右,协和式飞机时速可达 1 350 英里。航空线路不受地面条件限制,一般可在两点间直线飞行,航程比地面短得多,而且运程越远,快速的特点就越显著。

2. 不受地面条件影响,可以深入内陆地区

航空运输利用天空这一自然通道,不受地理条件的限制。对于地面条件恶劣、交通不便的内陆地区非常适合,有利于当地资源的出口,促进当地经济的发展。

3. 破损率低、安全性好

航空运输管理制度比较完善,货物的破损率低,可保证运输质量,如使用空运集装箱,则更为安全。飞机航行有一定的班期,可保证按时到达。

4. 手续简便

航空运输为了体现其快捷、便利的特点,为托运人提供了简便的托运手续,也可以由货运代理人上门取货并为其办理一切运输手续。

5. 节省费用

由于航空运输速度快,商品在途时间短、周期快,存货可相对减少,资金可迅速收回。

6. 航空运输的运量小、运价较高

飞机舱容积和载重量都比较小,运载成本和运价比地面运输高。

7. 易受天气影响

航空货物运输受天气的影响非常大,如遇大雨、大风、大雾等恶劣天气,航班就不能按时发出,影响货物按时到达。特别是对于鲜活货物,超出一定时间货物就会降低价值甚至失去价值。

(二) 国际航空货物运输的作用

(1) 当今国际贸易有相当数量的洲际市场,商品竞争激烈,市场行情瞬息万变,时间就是效益。航空货物运输具有比其他运输方式速度更快的特点,可以使进出口货物抢行就市,卖出好价钱,增强商品的竞争能力,对国际贸易的发展起到了很大的推动作用。

(2) 航空货物运输适合于鲜活、易腐和季节性强的商品运输。这些商品对时间的要求极为敏感,如果运输时间过长,则可能使商品变为废品,无法供应市场;季节性强的商品和应急物品的运送必须抢行就市,争取时间,否则会变为滞销商品,滞存仓库,积压资金,同时还要负担仓储费。采用了航空运输,可保鲜成活,又有利于开辟远距离的市场,这是其他运输方式无法相比的。

(3) 航空运输诸如计算机、精密仪器、电子产品、成套设备中的精密部分、贵稀金属、手表、照相器材、纺织品、服装、丝绸、皮革制品、中西药材、工艺品等价值高的商品,速度快、商品在途时间短,可以使存货降低、资金迅速回收,以节省储存和利息费用,提高空运效率。

(4) 航空运输是国际多式联运的重要组成部分。为了充分发挥航空运输的优点,在航空运输不能直达的地方,也可以采用联合运输的方式。例如常用陆/空联运、海/空联运、陆/空/陆联运,甚至陆/海/空联运等。与其他运输方式配合,使各种运输方式各显其长,相得益彰,已构成当今物流经济时代的一个潮流。

三、国际航空运输组织

(一) 国际民用航空组织

国际民用航空组织(International Civil Aviation Organization,ICAO),简称国际民航组织,成立于1947年4月4日,是联合国下属的专门机构之一,也是政府间的国际航空机构。其总部设在加拿大的蒙特利尔。现有成员国190多个,成员国大会是最高权力机关,常设机构是理事会,由大会选出的成员国组成。该组织还在墨西哥、开罗等地设有6个现场办事处,作为国际民航组织和成员国之间的联络机关。

1. 国际民航组织的任务

(1) 根据国际民用航空运输中航行的原则和技术,促进国际航空运输的规划和发展。

(2) 保证国际民用航空的安全和有秩序地发展。

(3) 鼓励发展用于和平目的的飞机设计和飞机操作技术。

(4) 鼓励发展国际民航的航路、航空站和航空设施;满足世界各国人民对于安全、按期、有效和经济的航空运输的需要。

(5) 防止因不正当竞争而造成的经济上的浪费。

(6) 保证缔约国的权利得到充分尊重，并保证每一缔约国均有经营国际航空的充分机会。

2. 国际民航组织的具体工作

(1) 构建各国和平交换的空中通过权。

(2) 简化飞机进出海关、移民局和检疫机构的手续。

(3) 规定各机场的导航、通信、气象、情报等设备以及空中交通管制系统。

(4) 编印 15 种国际民航语汇。

(5) 鼓励各国改进飞机的性能。

(6) 在联运、票价、表格和单据统一等方面做一些工作。

(二) 国际航空运输协会

1. 国际航空运输协会的概念

国际航空运输协会(International Air Transport Association, IATA)，简称国际航协，是一个由世界各国航空公司所组成的大型国际民间组织，总部设在加拿大蒙特利尔，执行机构设在日内瓦。截至 2016 年 11 月，国际航空运输协会共有 265 个会员。其最高权力机构是年会。2008 年 10 月 2 日，在第 35 届大会上，中国以高票首次当选该组织一类理事国。

国际航协的主要任务是，促进航空运输企业的发展、国际航空运输企业间的合作、与国际民航组织以及其他国际组织的合作。

2. 国际航协的性质

国际航协在组织形式上是一个航空企业的行业联盟，属非官方性质组织。但是由于世界上的大多数国家的航空公司是国家所有，即使是非国有的航空公司也受到所属国政府的强力参与或控制，因此航协实际上是一个半官方组织。它制定运价的活动，也必须在各国政府授权下进行，它的清算所对全世界联运票价的结算是一项有助于世界空运发展的公益事业，因而国际航协发挥着通过航空运输企业来协调和沟通政府间政策，解决实际运作困难的重要作用。

3. 国际航协的宗旨

国际航协的宗旨是“为了世界人民的利益，促进安全、正常和经济的航空运输，扶植航空交通，并研究与此有关的问题”“对于直接或间接从事国际航空运输工作的各空运企业提供合作的途径”“与国际民航组织及其他国际组织协力合作”。凡国际民航组织成员国的任何空运企业，经其政府许可都可成为国际航协会员。从事国际飞行的空运企业为正式会员，只经营国内航班业务的为准会员。

4. 国际航协的主要活动

国际航协的主要活动包括统一国际航空运输规章制度、开展代理业务、在技术上进行合作、协调航空运价、开展调研、制定法律等。

国际航协每年定期举行以下几种由其成员或其非成员共同参加的会议。

(1) 国际航空运输协会运价会议，主要讨论与制定计算运费办法及有关政策。

(2) 国际航空运输协会货运会议，主要研究航空货物运输的程序和手续，包括空运单据的标准化。

(3) 货运代理会议，讨论有关航运货运代理的业务，凡货运代理符合 IATA 对代理的要求，都可以吸收成为该协会或其成员公司的货运代理。

中国多家民用航空企业成为该协会的会员或准会员，其各种做法及规定基本都是按该协会的规定制定的。例如，日常工作中使用的《航空货物运价手册》(*The Air Cargo Tariff*，TACT)、《航空货运指南》(*ABC Air Cargo Guide*)都是该协会制定的。

(三) 国际货运代理协会联合会

国际货运代理协会联合会(FIATA)是一个非营利性的国际货运代理行业组织。其会员不仅限于货运代理企业，还包括海关、船务代理和空运代理、仓库、卡车集中托运等部门，因为这些部门都是国际航空运输的一部分。

FIATA 于 1926 年成立于维也纳。其目的是解决由于日益发展的国际货运代理业务所产生的问题。在 FIATA 的指导下，许多国家筹建本国的发运人协会，成为该组织的正式会员；而在没有发运人协会的国家里，各有关企业可参加该组织成为联系会员。

(四) 国际机场理事会

国际机场理事会(Airports Council International，ACI)，原名为国际机场联合协会(Airports Association Council International)，于 1991 年 1 月成立，1993 年 1 月 1 日改称国际机场理事会。国际机场理事会是全世界所有机场的行业协会，是一个非营利性的组织，其宗旨是加强各成员与全世界民航业各个组织和机构的合作，包括政府部门、航空公司和飞机制造商等，并通过这种合作促进建立一个安全、有效、与环境和谐的航空运输体系。北京首都国际机场于 1996 年 11 月 17 日被正式批准成为该组织的会员。

知识链接 4-2

有关国际航空货运的国际公约

较有影响力的国际航空运输公约有以下几个。

(1)《华沙公约》(1929 年)

(2)《海牙议定书》(1955 年)

(3)《瓜达拉哈拉公约》(1961 年)

(4)《危地马拉议定书》(1971 年)

(5)《蒙特利尔第一号附加议定书》(1975 年)

(6)《蒙特利尔第二号附加议定书》(1975 年)

(7)《蒙特利尔第三号附加议定书》(1975 年)

(8)《蒙特利尔第四号附加议定书》(1975 年)

这些文件中《华沙公约》是最基本的，随后的各项议定书都是对《华沙公约》的补充或修改。所以这 8 份文件又被合称为“华沙体系”。

四、国际航空运输代理

国际航空运输的当事人主要有发货人、收货人、航空公司(承运人)和航空货运代理公司(代理人)。

（一）航空公司

航空公司必须拥有飞机，无论是简单的载人飞机，还是现代化大型喷气式飞机，只有拥有飞行器，并以此航空运输活动的，才能称为航空公司。航空公司接受与其能力相适应的航空运输业务，包括旅客运输和货物运输业务。多数航空公司有定期航班，像在我国开航的法航、日航、德航、瑞航、联航等。有些则无定期航班，只提供包机服务，如卢森堡货运航空公司、马丁航空公司等。这些航空公司拥有货机，对于运输大批量货物、超限货物、活种畜等十分方便。

（二）航空货运代理公司

航空货运代理公司从事航空货物在始发站交给航空公司之前的揽货、接货、报关、订舱，以及在目的地从航空公司手中接货、报关、交付或送货上门等业务。航空货运代理公司可以是货主的代理，也可以是航空公司的代理，或者二者兼是。

1. 航空货运代理公司经营出口货运所提供的服务

（1）提供交通工具把货物从发货人那里接收和收集起来，向海关报关，按时将货物交到机场。

（2）按空运委托书要求，缮制航空运单，并计算好运单上列明的各项费用，保证商业发票及其他单证符合航空运输及目的地海关的要求。

（3）代发货人办理保险、结汇等有关业务以及查询服务。

2. 航空货运代理公司经营进口货运所提供的服务

（1）从航空公司接收到单证及货物，并缮制进口报关单，代收货人报关。

（2）垫付到付运费及其他有关费用，办理进口货物转运业务。

（3）提供送货上门服务和信息查询服务。

从事航空货运代理业务必须具有广泛的商品知识，了解有关的法律和规章、各项费用及所需单证，还必须充分了解货物在进行集中托运时的尺码、货物的比重、飞机机舱的可装容积和有关重量限制，以及中转站点的转运手续要求等。一旦处理不当，就会造成经济损失和不良后果。空运货物一般价值高、时间紧，因此，航空货运代理公司的工作必须谨慎、认真。

知识链接 4-3

卢森堡货航打造定制化动物运输业务

卢森堡货航 2019 年 2 月发布的信息显示，2018 年一年间，其动物运输业务创下历史新高，同比增长了 15.7%。卢森堡货航同时表示，正在着力打造定制化的动物运输业务，做好动物福利保障，为动物旅客们提升搭乘航班的体验。

在 2018 年卢森堡货航的动物运输类别中，马匹运输增势最为显著，全年共运输 2 600 匹，占其 2018 年全年动物运输总量的一半，较 2017 年的 2 000 匹大幅增加了 30%。在马匹运输旅途中，卢森堡货航已经启用了更舒适的新型 HMC 马厩集装箱，这种集装箱的双层托盘底座，能为飞机上的马匹提供更高的稳定性，降低它们的晃动感，相较于传统单层托盘，这一新设施能显著改善动物在旅途中的不适感。

卢森堡货航是欧洲最大的航空货运企业之一，是国际宠物和动物运输协会(IPATA)、国际航空运输协会活体动物及易腐货物委员会(IATA LAPB)成员，也是野生动物国际联合特遣队(United for Wildlife International Taskforce)打击非法野生动物产品运输项目的缔约方。

资料来源：中国民航网. https://i.carnoc.com/detail/483837，2019-02-24.（有改动）

第二节　国际航空运输的经营方式

一、班机运输

班机运输是指在固定航线上定期航行的航班。一般航空公司都使用客、货混合型飞机，一方面搭载旅客，另一方面又运送少量货物。一些较大的航空公司在某些航线上开展定期的货运航班，使用全货机运输。

班机运输一般具有以下特点。

(1) 班机由于固定航线、固定停靠港和定期开飞航，因此，国家之间的空运货物，多使用班机运输方式，以便安全迅速地到达世界上各通航地点。

(2) 便利收、发货人，可确切掌握货物起运和到达的时间，这对市场上急需的商品、鲜活易腐货物以及贵重商品的运送是非常有利的。

(3) 班机运输一般是客货混载，因此，舱位有限，不能使大批量的货物及时出运，往往需要分期分批运输。这是班机运输不足之处。

二、包机运输

包机运输是指航空公司按照约定的条件和费率，将整架飞机租给一个或若干个包机人，从一个或几个航空站装运货物至指定目的地。包机运输适合大宗货物的运输，费率低于班机，但由于各国政府出于安全的需要，也为了维护本国航空公司的利益，对他国航空公司的飞机通过本国领空或降落本国领土往往大加限制，复杂烦琐的审批手续大大增加了包机运输的营运成本和运输时长。包机运输方式可分为整包机和部分包机两类。

包机运输有以下优点。

(1) 解决班机舱位不足的矛盾。

(2) 货物全部由包机运出，省去多次发货的手续。

(3) 弥补没有直达航班的不足，且不用中转。

(4) 减少货损、货差或丢失等现象的发生。

(5) 在空运旺季缓解航班紧张的状况，解决鲜活动物的运输问题。

(一) 整包机

整包机，即包租整架飞机，是指航空公司按照与租机人事先约定的条件及费用，将整架飞机租给包机人，从一个或几个航空港装运货物至目的地。

1. 包机人

包机人一般要在货物装运前一个月与航空公司联系，以便航空公司安排运力，并向起降机场以及有关政府部门申请、办理过境或入境的有关手续。

2. 包机的费用

包机的费用是一次一议，随国际市场供求行情的变化而变化。原则上，包机运费按一飞行公里的固定费率来核收，并按每一飞行公里费用的80%收取空运费。因此，大批量货物使用包机时，均要争取来回程都有货载，这样费用比较低。如果只使用单程，运费则比较高。

（二）部分包机

1. 部分包机的含义

由几家航空货运公司或发货人联合包租一架飞机，或者由航空公司，把一架飞机的舱位分别卖给几家航空货运公司装载货物的运货方式，就是部分包机。其适用于托运不足一整架飞机，但是货量又比较大且贵重的货物运输。

2. 部分包机与班机的比较

(1) 部分包机时间比班机长。尽管部分包机有固定时间表，但往往因其他原因不能按时起飞。

(2) 各国政府为了保护本国航空公司的利益，常常对从事包机业务的外国航空公司实行各种限制。如把包机的活动范围限制在一个比较狭窄的区域；降落地点也受到限制，必须降落在非指定地点以外的其他地点时，一定要向当地政府有关部门申请，同意后才能降落；需要办理申请入境、通过领空和降落地点等一系列手续。

三、集中托运

（一）集中托运的概念

集中托运，是指航空货运代理公司将若干票单独发运的、发往同一方向的货物，集中成一票货物向航空公司办理托运，填写一份总运单送至同一目的地，然后由其委托当地的代理人，负责分发给各个实际收货人。这种托运方式可以降低运费，是航空货运代理的主要业务之一。

航空公司有按不同重量标准公布的多种运费，这就使航空货运代理公司可以把从不同发货人那里收集的小件货物集中起来后，使用航空公司最便宜的运价。一般来说，每笔货物越多越重，按每千克或每磅收取的运费就越低。例如，有10批货物，每批40千克，每批单独发送，按航空公司的运价，每千克为50欧元，这10批货物的运费为20 000欧元；如果将这10批货物集中起来，按400千克作为一笔货物发出，使用一个运单则每千克运价为30欧元，运费总额为12 000欧元，可节省8 000欧元。这种集中托运业务在国际航空运输界中开展得比较普遍，也是航空货运代理的主要业务之一。等级运价的货物（普通货物）和危险品不能办理集中托运。航空货运集中托运示意图如图4-4所示。

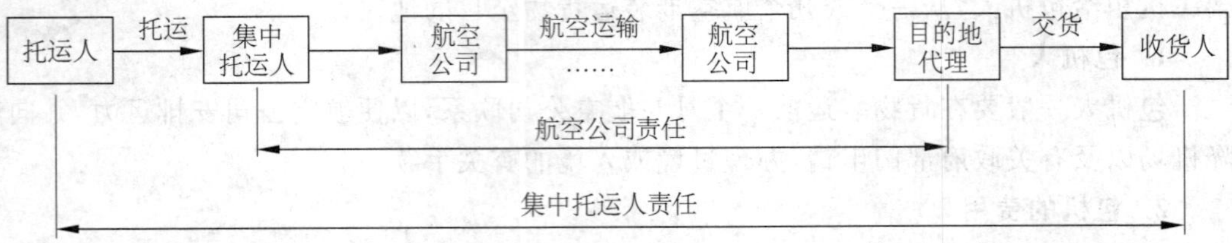

图 4-4 航空货运集中托运示意图

(二) 集中托运的优点

1. 节省运费

航空货运公司的集中托运运价一般都低于国际航协的运价。发货人可得到低于其他航空公司的运价,从而节省费用。

2. 提供方便

将货物集中托运,可使货物到达航空公司目的站以外的地方,从而延伸了航空公司的服务,方便了货主。

3. 提早结汇

发货人将货物交与航空货运代理公司以后,即可取得分运单。这时,发货人就可以持分运单到银行办理结汇了。

集中托运已在世界范围内普遍开展。目前,已形成了一个完善的、有效的服务系统。集中托运为促进国际贸易发展和国家之间的科技文化交流,发挥了重要的作用。集中托运已成为我国进出口货物的主要运输方式之一。

(三) 集中托运的限制

(1) 集中托运只适合办理普通货物,对于等级运价的货物,如贵重物品、危险品、活动物以及文物等,不能办理集中托运。

(2) 目的地相同或临近的可以办理,如某一国家或地区,其他则不宜办理。例如,不能把日本的货发到欧洲。

(四) 集中托运的具体做法

第一步,将每一票货物,分别制定航空运输分运单,即出具货运代理的运单(house airway bill,HAWB)。

第二步,将所有货物区分方向,按照其目的地相同的同一国家、同一城市来集中,制定出航空公司的总运单(master airway bill,MAWB)。总运单的发货人和收货人均为航空货运代理公司。

第三步,打出该总运单项下的货运清单(manifest),即这一总运单有几个分运单,号码各是什么,其件数、重量各为多少等。

第四步,把该总运单和货运清单作为一整票货物交给航空公司。一个总运单可视货物的具体情况附分运单(可以是一个分运单,也可以是多个分运单)。例如,一个总运单内有 10 个分运单,说明这一总运单内有 10 票货,发给 10 个不同的收货人。

第五步，货物到达目的地站机场后，当地的货运代理公司作为总运单的收货人负责接货、分拨。按不同的分运单制定各自的报关单据并代理报关，为实际收货人办理有关接货和送货事宜。

第六步，实际收货人在分运单上签收以后，目的站货运代理公司以此向发货站货运代理公司反馈到货信息。

四、联运方式

陆/空联运，是火车、飞机和卡车的联合运输方式，简称 TAT(train-air-truck)；或者是火车、飞机的联合运输方式，简称 TA(train-air)。

我国空运的出口货物通常采用陆/空联运方式。这是因为我国国际航空港口岸主要有北京、上海、广州等地。虽然省会城市和一些主要城市每天都有班机飞往上海、北京、广州，但班机所带的货量有限，费用比较高。如果采用国内包机，费用更高。因此，在货量较大的情况下，往往采用陆运至航空口岸，再与国际航班衔接。由于汽车具有机动灵活的特点，在运送时间上更可掌握主动，因此一般都采用 TAT 方式组织出运。

我国长江以南的外运分公司目前办理陆/空联运的具体做法是，用火车、卡车或船将货物运至香港，然后利用香港航班多、到欧美国家运价低的条件(普遍货物)，把货物从香港运到目的地，或运到中转地。然后，再通过当地代理，用卡车送到目的地。长江以北地区的公司多采用火车或卡车将货物送至北京、上海航空口岸出运。

陆/空联运货物在香港的收转人为华厦航空有限公司。发运前，要事先与其联系，满足华夏航空有限公司对单证的要求，以便提前订舱。各地发货时，可使用外运公司的航空分运单，也可以使用承运货物收据。有关单据上要注明是转口货，并加盖“陆/空联运”字样的标记，以加速周转和避免香港特区政府征税。

五、航空快递

(一) 航空快递的含义

航空快递(air express)是指具有独立法人资格的企业将进出境货物从发件人所在地通过自身或代理网络运达收件人的一种快速运输方式。航空快递又称快件、速递，是目前国际航空运输中最快捷的运输方式。它不同于航空邮寄和航空货运，是由专门经营该项业务的航空货运代理公司和航空公司合作，派专人以最快的速度在货主、机场、客户之间运输和交接货物。

我国的航空快递由中国外运集团首开先河，随后邮电、民航等部门也纷纷开办。1984年1月，经国家工商行政管理局批准，中国外运集团的子公司“中国航空货运代理公司”成立。1985年，由经贸部批准，邮电部成立了速递局，并在国家工商行政管理局注册登记，并明文规定，此类速递公司均属货运代理业，与邮政局具有完全不同的业务范畴，它们的业务范畴与外运公司相同。在我国，开办速递公司需经商务部审批。

(二) 国际航空快递的主要形式

1. “门到门”服务或“桌到桌”服务

这是航空快递中最主要的业务种类。快递公司在接到发件人的电话通知后，立即派专人到发件人所在地取货，然后将所有收到的快件集中在一起，根据目的地分拣、整理、制单、报关后，利用最近的航班，通过航空公司或快递公司自己的班机将快件送到世界各地。到达目的地后，再由其在当地的分公司办理清关、提货手续，并及时分送到收件人手中。

2. 门到机场

门到机场(door to airport)是指快递公司从发件人处提取快件发运，在快件到达目的地机场后由快递公司通知收件人自行办理清关、提货等手续。此种方式适合急件、价值较高或海关部门有特殊规定的物品。

3. 专人派送

发件地快递公司指派专人携带快件在最短时间内，采用最便捷的交通方式将快件送到收件人手中。这种方式一般在保证货物安全的情况下采用。由于费用高，除贵重物品或保密文件等，一般很少采用。

另外，随着国际商务交流的扩大，国际快递业务还派生出送交业务和代收货款两项附加业务。

（三）航空快递的特点

航空快递与传统的航空货运业务、邮政运送业务基本相同，但它作为一项专门的业务又有其自身的特点，主要表现在以下几方面。

1. 快递公司有完善的快递网络

快递公司之所以可以快速把客户所托运的货物送到目的地，取决于其完善的服务网络、快速高效的资源整合。从服务层次上看，航空快递因设有专人负责，减少了内部交接环节，缩短了衔接时间，因此其运送速度快于普通航空货物运输和邮递业务。

2. 以收运文件和小包裹为主

从运送范围来看，航空快递以收运文件和小包裹为主。快递公司对收件有最大重量和最大体积的限制。普通航空货运则以收运进出口贸易货物为主，并且规定每件货物的最小体积和最小重量。国际邮政业务则以运送私人信函为主要业务，要求货物的体积、重量比航空快件要小。航空快递、普通航空货运、国际邮政业务三者业务范围之间有一定交叉，但各自又有自己的主导业务。

3. 特殊的运输单据

POD(poof of delivery)是航空快递业务中重要的单据，它由多联组成(各快递公司的POD有所不同)，但一般都包括发货人联、随货同行联、收货人应收联等，其上印有编号及条形码。POD类似于航空货运中的分运单，但比航空分运单的用途更广泛。

4. 高度的信息化控制

航空快递在整个运输过程中都处于计算机监控之下，其在运输过程中的中转、收货等信息都可以通过计算机网络及时反馈到发货人，让发货人、收货人都放心。

5. 服务质量较高，费用也较高

航空快递自诞生之日起就强调快速的服务。一般洲际快件运送在1～5天完成，地区内部只要1～3天，这是其他运输服务方式难以比拟的。此外，航空快件运送自始至终是在同一公司内部完成，各分公司操作规程相同，服务标准也基本相同，而且同一公司内部信息交流方便，对客户的高价值、易破损货物的保护更加妥帖，所以运输的安全性、可靠性也更好，相应的运费也更高。

（四）航空快递业务与邮政业务的区别

（1）航空快递业务是以商业文件、资料、小件样品为主，办理国际航空快递业务是由国际货运或快递公司与航空公司配合完成的。

邮政业务是以私人信函、小包裹为主，办理国际邮政业务是由两个以上国家（地区）邮局之间的连续作业完成的。

航空快递公司大多是跨国公司，只有极少数采用代理制，因此，它的整个过程多在公司内部进行。

（2）航空快递业务提供的是“桌到桌”（desk to desk）的服务，上桌取件，送件到桌，整个过程计算机控制，可随时查询。

邮政业务都是由邮局来办理手续的。因此，运送过程受不同国家邮政业务效率的影响，并且货物一旦丢失，难以查询。挂号信函是被动查询，一个部门一个部门地按顺序查找，速度慢。

在国际上，邮政业务和快递业务是隶属不同国际组织管理的。世界各国的邮政都参加万国邮政联盟，而从事国际航空快递业务的快递公司则隶属货运代理业，参加国际航协。

知识链接 4-4

全球知名航空快递公司

（一）美国联合包裹服务公司

1907 年 8 月 28 日，美国联合包裹服务公司（UPS）作为一家信使公司，成立于美国华盛顿州西雅图市。现在的全球总部位于美国佐治亚州亚特兰大市。UPS 自身拥有 200 多架货运飞机，同时还租用了 300 多架货运飞机，在全世界建立了 1 700 多个货运枢纽和配送中心，在 220 多个国家和地区建立了几万个快递中心。迅速是 UPS 的主要特点，它承诺国际快件 3 日到达，国内快件 1 小时取件和 24 小时内到达。UPS 提供网上文件跟踪查询、电话文件跟踪查询，同时建立了电子数据交换系统，服务质量非常高。

1988 年，UPS 与拥有 40 多年业务经验的中国外运集团签署了服务协议。1996 年 5 月，UPS 同中国外运集团在北京建立了中国的合资企业。

（二）美国联邦快递公司

美国联邦快递公司（FedEx）成立于 1971 年，总部位于美国田纳西州孟菲斯市。其在全球有 1 162 个服务中心，能为 211 个国家和地区提供快速、可靠、及时的快递运输服务。FedEx 每个工作日运送的包裹超过 330 万个，其在全球拥有超过 143 000 名员工、43 000 个快递点、671 架飞机和 4 万多辆专用货车。美国本土业务占其总收入的 76%左右，空运业务占 83%。

1984 年，FedEx 与中国外运集团签订了国际货代合同，开始进入中国国际快递市场。合同到期后，其先与大通国际快递合作，后与中国大田集团合作。

（三）DHL

DHL（敦豪）于 1969 年在美国加利福尼亚成立，总部设在比利时布鲁塞尔。现由德国邮政全球网络（DPWN）拥有 100%的股权。2003 年德国邮政全球网络在整合敦豪环球快递、德国邮政欧洲快递(Euro Express)、丹沙(Danzas)的基础上,形成了一个统一的品牌——DHL。2005 年 9 月,德国邮政全球网络收购了英国最大的物流企业——英运物流(Exel),一跃成为全球第一大航空、海运和合约物流公司。

DHL 于 1986 年 12 月 1 日在北京与中国外运集团建立了合资公司——中外运敦豪国际航空快件有限公司。中外运敦豪已在中国建立了最大的快递服务网络,在全国各主要城市设有 25 家分公司和 135 间快递中心。

(四) TNT

TNT 诞生于澳大利亚悉尼,1998 年荷兰邮政并购了 TNT 之后,改名为 TPG 集团,TNT 是它的子公司。但是,荷兰邮政从 2006 年起,在全球范围内以 TNT 作为统一品牌开展各种业务。截至 2018 年,TNT 在中国拥有 25 直属运营分支机构,3 个全功能国际口岸和近 3 000 名员工,服务范围覆盖中国 500 多个城市。

第三节 国际航空货运单证

一、托运书

(一) 基本概念

根据《华沙公约》第 5 条第 1 款和第 5 款规定,航空运单应由托运人填写,也可由承运人或其代理人代为填写。实践中,航空运单是由承运人或其代理人代为填制的,因此,作为填开航空运单的依据——托运书,应由托运人自己填写,而且托运人必须在上面签字或盖章。

托运书(shipper's letter of instruction,SLI)是托运人用于委托承运人或其代理人填开航空运单的一种单证,其上列有填制航空运单所需各项内容,并应印有授权于承运人或其代理人代其在航空运单上签字的文字说明。

托运书的内容与航空运单基本相似,但它的缮制要求却不如航空运单严格,如图 4-5 所示。

(二) 托运书的内容

1. 托运人

本栏填列托运人的全称、详细地址(shipper's name and address,特别是在不同国家有相同城市名称时,要列明国家名)以及便于联系的电话、电传或传真号码。

2. 收货人

本栏填列收货人的全称、详细地址(consignee's name and address,特别是在不同国家有相同城市名称时,要列明国家名)以及便于联系的电话、电传或传真号,本栏内不得填写"To Order"或"To Order of the Shipper"等字样,因为航空货运单不能转让。

3. 始发站机场

本栏填写始发站机场(airport of departure)的全称。

SHIPPER'S LETTER OF INSTRUCTION

<table>
<tr><td colspan="2" rowspan="3">SHIPPER's NAME AND ADDRESS</td><td rowspan="2">SHIPPER ACCOUT NUMBER</td><td colspan="3">FOR CARRIER ONLY</td></tr>
<tr><td colspan="3">FLIGHT/DAY</td></tr>
<tr><td></td><td colspan="3"></td></tr>
<tr><td colspan="2" rowspan="2">CONSIGNEEE'S NAME AND ADDRESS</td><td>CONSIGNEE ACCOUT NUMBER</td><td colspan="3">BOOKED</td></tr>
<tr><td></td><td colspan="3">CHARGES</td></tr>
<tr><td colspan="3">ISSUING CARRIERS AGENT NAME AND CITY</td><td colspan="3" rowspan="3">ALSO NITIFY</td></tr>
<tr><td colspan="3">AIRPORT OF DEPARTURE</td></tr>
<tr><td colspan="3">AIRPORT OF DESTINATION</td></tr>
<tr><td colspan="2">SHIPPER DRCLARED VALUE</td><td rowspan="2">AMOUNT OF INSURANCE</td><td colspan="3" rowspan="2">DOCUMENTS TO ACCOMPANY AIR WAYBILL</td></tr>
<tr><td>FOR CARRIAGE</td><td>FOR CUSTOMS</td></tr>
<tr><td colspan="6">HANDLING INFORMATION (INCLU. METHOD OF PACKING IDENTIFYING MARKS AND NUMBERS)</td></tr>
<tr><td>NO. OF PACKAGES</td><td>ACTUAL GROSS WEIGHT(KG.)</td><td>RATE CLASS</td><td>CHARGEABLE WEIGHT</td><td>RATE/ CHARGE</td><td>NATURE AND QUANTITY OF GOODS (INCL. DIMENSIONS OR VOLUME)</td></tr>
<tr><td></td><td></td><td></td><td></td><td></td><td></td></tr>
</table>

图 4-5 托 运 书

4. 目的地机场

本栏填写目的地机场(airport of destination,机场名称不明确时,可填写城市名称),如果某一城市名称用于一个以上国家时,应加上国名。

5. 要求的路线/申请订舱

本栏用于航空公司安排运输路线时,但如果托运人有特别要求,也可填入本栏。

6. 供运输用的声明价值

本栏填列供运输用的声明价值(declared value for carriage)金额,该价值即为承运人赔偿责任的限额。承运人按有关规定向托运人收取声明价值费。但如果所交运的货物毛重每千克不超过 20 美元(或等值货币),无须填写声明价值金额,可在本栏内填入"NVD" (no value declared,未声明价值),如本栏空着未填写,承运人或其代理人可视为货物未声明价值。

7. 供海关用的声明价值

国际货物通常要受到目的站海关的检查,海关依据本栏所填数额征税。

8. 保险金额

中国民航各空运企业暂未开通开展国际航空运输代理保险业务,本栏可不填。

9. 处理事项

本栏填列附加的处理要求(handling information)。例如,另请通知(also notify),除填收货人姓名外,如托运人还希望在货物达到的同时通知他人,应另填写通知人的全名和地址。还有外包装上的标记、操作要求,如易碎、向上等。

10. 货运单所附文件

本栏填列随附在货运单上运往目的地的文件,应填上所附文件的名称。例如,托运人所托运的动物证明书(shipper's certification for live animals)。

11. 件数和包装方式

本栏填列该批货物的总件数(number),并注明其包装方法(kind of packages)。如果货物没有包装,就注明为散装。

12. 实际毛重

本栏内的重量应由承运人或其代理人在将货物称重后填入。如托运人已填上重量,承运人或其代理人必须进行复核。

13. 运价类别

它是指所适用的运价、协议价、杂费、服务费。

14. 计费重量

本栏内的计费重量(chargeable weight)应由承运人或其代理人在量过货物的尺寸(以厘米为单位)后,由承运人或其代理人算出计费重量后填入。如托运人已填上,承运人或其代理人必须进行复核。

15. 费率

本栏可不填。

16. 货物的品名及数量(包括尺寸和体积)

本栏填列货物的品名和数量(包括尺寸或体积)[nature and quantity of goods(incl. dimensions or volume)]。若一票货物包括多种物品时,托运人应分别申报货物的品名,填写品名时不能使用"样品""部件"等这类比较笼统的名称。货物中的每一项均须分开填写,并尽量填写详细,如"9 筒 35 毫米的曝光动画胶片""新闻短片(美国制)"等,本栏所填写内容应与出口报关发票、进出口许可证上列明的货物相符。危险品应填写使用的准确名称及标贴的级别。

17. 托运人签字

托运人必须在本栏签字。

18. 日期

本栏填托运人或其代理人交货的日期(date)。

（三）托运书的审核

在接受托运人委托后、单证操作前，由货运代理公司的指定人员对托运书进行审核，或称之为合同评审。审核的主要内容有价格和航班日期等。

目前航空公司大部分采取自由销售方式。每家航空公司、每条航线、每个航班，甚至每个目的港均有优惠运价，这种运价会因货源、淡旺季经常调整，而且各航空公司之间的优惠运价也不尽相同，有时更换航班，运价也随之更换。

航空运单上显示的运价虽然与托运书上的运价有联系，但相互之间有很大区别。航空运单上显示的是 TACT 上公布的适用运价和费率，托运书上显示的是航空公司优惠运价加上杂费和服务费或使用协议价格。对托运书的价格审核可以判断其价格是否能被接受、预订航班是否可行。审核人员必须在托运书上签名和写上日期以示确认。

二、航空运单

航空运单(air way bill，A. W. B)，是承运人与托运人之间缔结航空运输合同的文件，也是由承运人或其代理人出具的货物收据。但它不具有物权凭证的性质，既不能转让，也不能凭此提取货物。收货人提货必须凭航空公司发出的提货通知单。航空运单与海运提单有很大的不同，但与国际铁路联运运单相似。

（一）航空运单的作用

1. 承运合同

航空运单一旦签发，即成为签署承运合同的书面证据，该承运合同必须由发货人或其代理人与承运人或其代理人签署后方能生效。如果该代理人既是承运人的代理，又是发货人的代理，就要在运单上签署两次。

2. 接收货物的证明

当发货人将货物交给承运人后，承运人或其代理人将签发三份正本航空运单。其中，第一份航空运单正本(criginal-for the issuing carrier)由承运人自己留存，作为与托运人订立运输合同的证明。第三份航空运单正本(original-for the shipper)交给发货人(即托运人)，作为承运人接收其货物的证明。

3. 运费账单

航空运单可作为运费账单和发票，因为它分别记载着属于收货人(或发货人)应负担的费用以及属于代理的费用。

4. 收货人核收货物的依据

第二份航空运单正本注明“original-for the consignee”，由航空公司随即交收货人，收货人据此核收货物。

5. 报关单据

航空货物到达目的地后，在报关时，航空运输单据是海关放行查验的基本单证。

6. 保险证书

如果承运人承办保险，而发货人又要求承运人代办保险，那么航空运单即为保险证书。

7. 承运人内部业务的依据

航空运单是承运人在办理该运单项下货物的发货、转运、交付的依据，承运人根据运单上所记载的有关内容办理这些事项。

目前，经营国际货物运输的航空公司及其航空货运代理公司使用的都是统一的一式12份的空运单，其中3份正本，9份副本。航空运单上的号码，前三位数字是航空公司代码。例如，中国国际航空公司的代码为999，后面为运单顺序号。

知识链接 4-5

航空运单各联的分发对象

序　号	名称及分发对象	颜　　色
1	original 3(正本 3，给托运人)	浅蓝色
2	copy 9(副本 9，给代理人)	白色
3	original 1(正本 1，交出票航空公司)	浅绿色
4	original 2(正本 2，给收货人)	粉红色
5	copy 4(副本 4，提取货物收据)	浅黄色
6	copy 5(副本 5，给目的地机场)	白色
7	copy 6(副本 6，给第三承运人)	白色
8	copy 7(副本 7，给第二承运人)	白色
9	copy 8(副本 8，给第一承运人)	白色
10	extra copy(额外副本，供承运人使用)	白色
11	extra copy(额外副本，供承运人使用)	白色
12	extra copy(额外副本，供承运人使用)	白色

（二）航空运单的分类

1. 航空主运单

凡由航空运输公司签发的航空运单，称为航空主运单(master airway bill，MAWB)，它是航空运输公司据以办理货物运输和交付的依据，是航空公司和托运人订立的运输合同，每一批航空运输的货物都有自己相对应的航空主运单。

2. 航空分运单

集中托运人在办理集中托运业务时，签发的航空运单称作航空分运单(house airway bill，HAWB)。航空分运单是作为集中托运人与托运人之间的货物运输合同。合同的双方是货主和集中托运人，货主与航空公司没有直接契约关系，也没有直接的货物交接关系。

航空主运单和航空分运单的关系如图 4-6 所示。

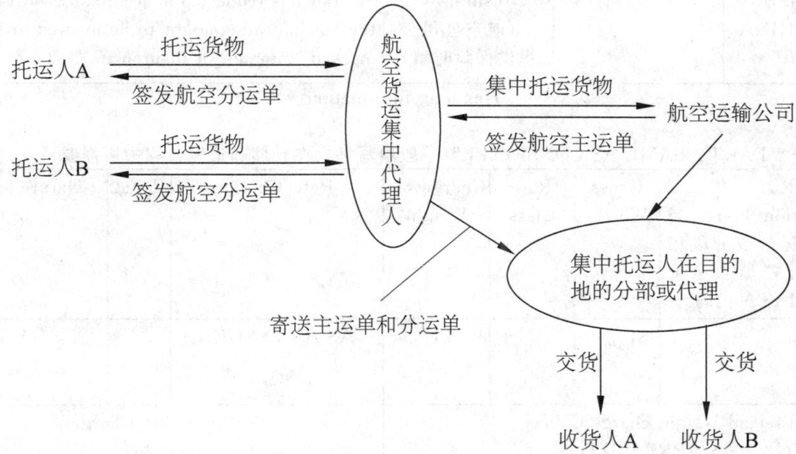

图 4-6　航空主运单与航空分运单的关系

(三) 航空运单的内容及填制

各航空公司所使用的航空运单大多借鉴国际航协所推荐的标准格式,差别不大。所以,这里介绍这种标准格式(中性运单)的填写,如图 4-7 所示。

<table>
<tr><td colspan="6">Shipper's name and address
MATSUDA TELEVISION SYSTEMS CO.
LOT5,PRESIAN TENKU APUAN
SITE 400 SHA ALAM
SELANG DE MALAYSIA</td><td colspan="3">NOT NEGOTIABLE
Air Waybill
Issued by
beijing kinte world express co. ,ltd.</td></tr>
<tr><td colspan="6">Consignee's name and address
MATSUDA QINGDAO CO. ,LTD.
NO. 128 WUHAN ROAD
QINGDAO
CHINA</td><td colspan="3" rowspan="3">It is agreed that the goods described herein are accepted in apparent good order and condition (except as noted) for carriage SUBJECT TO THE CONDITIONS OF CONTRACT ON THE REVERSE HEREOF, ALL GOODS MAY BE CARRIED BY ANY OTHER MEANS. INCLUDING ROAD OR ANY OTHER CARRIER UNLESS SPECIFIC CONTRARY INSTRUCTIONS ARE GIVEN HEREON BY THE SHIPPER. THE SHIPPER'S ATTENTION IS DRAWN TO THE NOTICE CONCERNING CARIER'S LIMITATION OF LIABILITY.
Shipper may increase such limitation of liability by declaring a higher value of carriage and paying a supplemental charge if required.</td></tr>
<tr><td colspan="6">Issuing Carrier's Agent Name and City
beijing kinte world express co. ,ltd.</td></tr>
<tr><td colspan="3">Agents IATA Code
(航空公司与货代结算时用,如 34—41234/5671)</td><td colspan="3">Account No.
(收货人账号,非必填)</td></tr>
<tr><td colspan="6">Airport of Departure(Add. of First Carrier)
and Requested Routing
K. LUMPUR,MALAYSIA</td><td colspan="3">Accounting Information
FREIGHT COLLECT</td></tr>
<tr><td>to
QAO</td><td>By first carrier
KE</td><td>to</td><td>by</td><td>to</td><td>by</td><td>Currency
USD</td><td>Declared Value for Carriage
NVD (No Value Declaration)</td><td>Declared Value for Customs NCV
(No customs Declaration)</td></tr>
</table>

图 4-7　航 空 运 单

<table>
<tr><td>Airport of Destination
QINGDAO,CHINA</td><td>Flight/Date
KE855/17JUN</td><td colspan="2">Amount of Insurance
(航空公司提供保险时填)</td><td colspan="3">INSURANCE-If carrier offers insurance and such insurance is requested in accordance with the conditions thereof indicate amount to be insured in figures in box marked "Amount of Insurance"</td></tr>
<tr><td colspan="7">Handling Information

"NOTIFY PARTY-SAME AS CONSIGNEE"(一般填写货物在仓储和运输过程中所需要注意的事项)</td></tr>
<tr><td>No. of Pieces(RCP)
Rate Combination Point，当需要组成比例运价或分段相加运价时，在此栏填入运价组成点机场的 IATA 代码</td><td>Gross Weight</td><td>Rate Class</td><td>Chargeable Weight</td><td>Rate/Charge</td><td>Total</td><td>Nature and Quantity of Goods</td></tr>
<tr><td>52</td><td>510.00</td><td></td><td>211</td><td>AS ARRANGED</td><td></td><td>TV-PARTS

12.638m^3</td></tr>
<tr><td colspan="4">Prepaid Weight charge Collect
AS ARRANGED</td><td colspan="3" rowspan="3">Other Charges</td></tr>
<tr><td colspan="4">Valuation Charge (声明价值附加费)</td></tr>
<tr><td colspan="4">Tax</td></tr>
<tr><td colspan="4">Total Other Charges Due Agent</td><td colspan="3" rowspan="3">Shipper certifies that the particulars on the face hereof are correct and that insofar as any part of the consignment contains dangerous goods, such part is properly described by name and is in proper condition for carriage by air according to the applicable Dangerous Goods Regulations.

____
Signature of Shipper or his agent</td></tr>
<tr><td colspan="4">Total Other Charges Due Carrier</td></tr>
<tr><td colspan="4"></td></tr>
<tr><td>Total Prepaid</td><td colspan="3">Total Collect
AS ARRANGED</td><td colspan="3" rowspan="2">JUN. 10,1999QINGDAOKEWQAO

Executed on____ at_____ Signature of issuing Carrier or as Agent</td></tr>
<tr><td>Currency Conversion Rates (汇率)</td><td colspan="3">CC Charges in des. Currency
(到付货物运费)</td></tr>
<tr><td>For Carrier's Use Only at Destination</td><td colspan="3">Charges at Destination</td><td colspan="2">Total Collect Charges</td><td>AIR WAYBILL NUMBER
KEW-51000788</td></tr>
</table>

图 4-7 (续)

第 1 栏，始发站机场：需填写 IATA 统一制定的始发站机场或城市的三字代码，这一栏应该和第 11 栏相一致。

1A：国际航协统一编制的航空公司代码，如中国国际航空公司的代码就是 999。

1B：运单号。

第 2 栏，发货人姓名、住址(shipper's name and address)：填写发货人姓名、地址、所在国家及联络方法。

第 3 栏，发货人账号：只在必要时填写。

第 4 栏，收货人姓名、住址(consignee's name and address)：应填写收货人姓名、地

址、所在国家及联络方法。与海运提单不同，因为空运单不可转让，所以“凭指示”之类的字样不得出现。

第5栏，收货人账号：同第3栏一样只在必要时填写。

第6栏，承运人代理的名称和所在城市(issuing carrier's agent name and city)。

第7栏，代理人的IATA代码。

第8栏，代理人账号。

第9栏，始发站机场及所要求的航线(airport of departure and requested routing)：这里的始发站应与第1栏填写的内容一致。

第10栏，支付信息(accounting information)：此栏只有在采用特殊付款方式时才填写。

第11栏，11A(C、E)：去往(to)：分别填入第一(二、三)中转站机场的国际航协代码。11B(D、F)，承运人(by)：分别填入第一(二、三)段运输的承运人。

第12栏，货币(currency)：填入ISO(国际标准化组织)货币代码。

第13栏，收费代号：表明支付方式。

第14栏，运费及声明价值费(weight charge/valuation charge，WT/VAL)。

此时可以有两种情况：预付(prepaid，PPD)或到付(collect，COLL)。如预付在14A中填入“*”，否则填在14B中。需要注意的是，航空货物运输中运费与声明价值费支付的方式必须一致，不能分别支付。

第15栏，其他费用(other)：也有预付和到付两种支付方式。

第16栏，运输声明价值(declared value for carriage)：在此栏填入发货人要求的用于运输的声明价值。如果发货人不要求声明价值，则填入“NVD”(no value declaration)。

第17栏，海关声明价值(declared value for customs)：发货人在此填入对海关的声明价值，或者填入“NCV”(no customs valuation)，表明没有声明价值。

第18栏，目的地机场(airport of destination)：填写最终目的地机场的全称。

第19栏，航班及日期(flight/date)：填入货物所搭乘航班及日期。

第20栏，保险金额(amount of insurance)：只有在航空公司提供代保险业务而客户也有此需要时才填写。

第21栏，操作信息(handling information)：一般填入承运人对货物处理的有关注意事项，如“Shipper's certification for live animals”(托运人提供活动物证明)等。

第22栏，22A～22L项：货物运价和运费细节。

22A：货物件数和运价组成点[No. of pieces(RCP)，rate combination point]，填入货物包装件数。如10包即填“10”。当需要组成比例运价或分段相加运价时，在此栏填入运价组成点机场的IATA代码。

22B：毛重(gross weight)，填入货物总毛重。

22C：重量单位，可选择公斤(kg)或磅(lb)。

22D：运价等级(rate class)，针对不同的航空运价共有6种代码，它们是M(minimum，起码运费)、C(specific commodity rates，特种运价)、S(surcharge，高于普通货物运价的等级货物运价)、R(reduced，低于普通货物运价的等级货物运价)、N(normal，45千克以下货物适用的普通货物运价)、Q(quantity，45千克以上货物适用的普通货物运价)。

22E：商品代码(commodity item No.)，在使用特种运价时需要在此栏填写商品代码。

22F：计费重量(chargeable weight)，此栏填入航空公司据以计算运费的计费重量，该重量可以与货物毛重相同也可以不同。

22G：运价(rate/charge)，填入该货物适用的费率。

22H：运费总额(total)，此栏数值应为起码运费值或者是运价与计费重量两栏数值的乘积。

22I：货物的品名、数量，含尺码或体积(nature and quantity of goods incl. dimensions or volume)，货物的尺码应以厘米或英寸为单位，尺寸分别以货物最长、最宽、最高边为基础。体积则是上述三边的乘积，单位为立方厘米或立方英寸。

22J：该运单项下货物总件数。

22K：该运单项下货物总毛重。

22L：该运单项下货物总运费。

第23栏，其他费用(other charges)：指除运费和声明价值附加费(valuation charges)以外的其他费用。根据IATA规则各项费用分别用三个英文字母表示。其中前两个字母是某项费用的代码，如运单费就表示为AW(air waybill fee)。第三个字母是C或A，分别表示费用应支付给承运人或货运代理人。

第24～26栏分别记录运费、声明价值费和税款金额，有预付与到付两种方式。

第27～28栏分别记录需要付给货运代理人(due agent)和承运人(due carrier)的其他费用合计金额。

第29栏，需预付或到付的各种费用。

第30栏，预付、到付的总金额。

第31栏，发货人的签字。

第32栏，签单时间(日期)、地点、承运人或其代理人的签字。

第33栏，货币换算及目的地机场收费记录。

以上所有内容不一定要全部填入航空运单，国际航协也并未反对在航空运单中写入其他所需内容。但这种标准化的单证对航空货运经营人提高工作效率，促进航空货运业向电子商务的方向迈进有着积极的意义。

知识链接 4-6

航空运单 ABC

(1) 航空运单不是物权凭证。航空运单属于运单类，不属于提单类，系运输合同及货物收据，不是物权凭证，收货人提取货物并不以提交该单据为条件，而是凭航空公司或货运代理人的“提货通知书”。只要证明提货者是航空运单上的收货人即可，即“认人不认单”，国际商会也认定了这一说法(ICC 500)。从保护出口商利益出发，在开证行允许条件下最好将航空运单上的收货人栏直接填写成开证行，以便规避风险。

(2) 航空运单不能做成指示性抬头。航空运单仅是运输合同和货物收据的证明，无物权性，不能背书转让，所以航空运单的收货人应该是记名式的，即Consigned(委托)栏必须填写具体收货人名称。

(3) 航空运单必须注明承运人名称。航空运单不论其名称如何，都必须注明承运人名称。

(4) 航空运单的签单者必须表明身份。与海运提单一样，航空运单的签单者必须表明是承运人或代理人的身份。

(5) 航空运单不可转让。持有航空运单并不说明可以对货物要求所有权。

第四节　航空货物运价与费用

一、航空货物运价、运费和计费重量

(一) 航空货物运价和费用的概念

1. 航空运价

航空承运人为运输货物，对规定的重量单位(或体积)收取的费用称为航空运价。其仅指机场与机场间的空中费用，不包括承运人、代理人或机场收取的其他费用。货物的航空运价一般以始发地的本国货币公布，有的国家以美元计价。

2. 航空运费

航空运费是指航空公司将一票货物自始发地机场运至目的地机场所收取的航空运输费用。这一费用根据每票货物所使用的运价和货物的计费重量计算而得。航空货物运费的组成如图 4-8 所示。

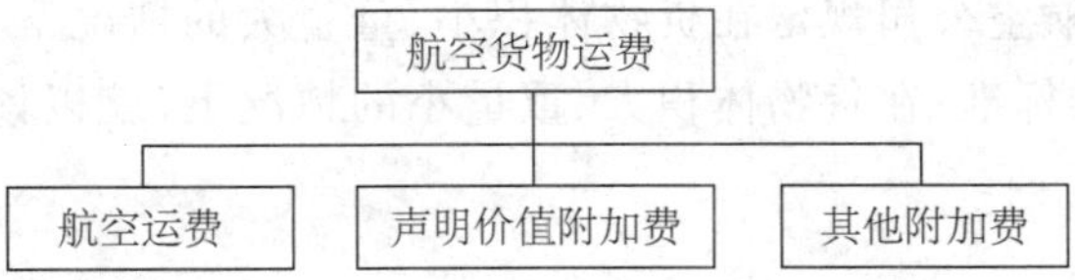

图 4-8　航空货物运费的组成

知识链接 4-7

航空运输区的划分

各航空公司按国际航协所制定的三个区划费率收取国际航空运费。

一区(TC1)包括北美、中美、南美、格陵兰、百慕大和夏威夷群岛。

二区(TC2)由整个欧洲大陆(包括俄罗斯的欧洲部分)及毗邻岛屿，冰岛，亚速尔群岛，非洲大陆和毗邻岛屿，亚洲的伊朗及伊朗以西地区组成。

(1) 非洲区：包括非洲大多数国家及地区，但北部非洲的摩洛哥、阿尔及利亚、突尼斯、埃及和苏丹不包括在内。

(2) 欧洲区：包括欧洲国家和摩洛哥、阿尔及利亚、突尼斯三个非洲国家和土耳其(既包括欧洲部分，也包括亚洲部分)，以及白俄罗斯、乌克兰、俄罗斯的欧洲部分。

(3) 中东区：包括巴林、塞浦路斯、埃及、伊朗、伊拉克、以色列、约旦、科威特、黎巴嫩、阿曼、卡塔尔、沙特阿拉伯、苏丹、叙利亚、阿拉伯联合酋长国、也门等。

三区(TC3)由整个亚洲大陆及毗邻岛屿(已包括在二区的部分除外)，澳大利亚、新西兰及毗邻岛屿，太平洋岛屿(已包括在一区的部分除外)组成。

(1) 南亚次大陆区：包括阿富汗、印度、巴基斯坦、斯里兰卡等南亚国家。

(2) 东南亚区：包括中国(含香港、澳门、台湾)、东南亚诸国、蒙古国、哈萨克斯坦、乌兹别克斯坦、吉尔吉斯斯坦、土库曼斯坦、塔尔吉斯坦以及密克罗尼西亚等群岛地区。

(3) 西南太平洋地区：包括澳大利亚、新西兰、所罗门群岛等。

(4) 日本、朝鲜区：仅包括日本、朝鲜和韩国。

(二) 计费重量

在计算一笔航空货物运费时，要考虑：计费重量、有关的运价和费用与货物的声明价值三个因素。

一架飞机所能装载的货物是受飞机的载重量和仓容限制的。重量大、体积小的货物，往往受飞机的载重量限制，而舱容可能装不满，结果就是可能有多余的容积未被利用，而这时航空公司已无法再装货。而轻泡货和体积大的货物，往往会有载重量未达额定限度，而舱容已满的情况，结果会产生多余的载重量(航空公司已无法再装货了)未能利用。

根据上述情况，航空公司规定在货物体积小、重量大的情况下，就将该批货物的实际重量作为计费重量的标准；在货物体积大、重量小的情况下，就以该批货物的体积重量作为计费重量标准。

1. 实际重量

实际重量(actual weight)，指一批货物，包括包装在内的实际总重量。即货物毛重，用实际重量作为计量单位的是那些重量大而体积小的货物，如机械、金属零件等，这些货物称为实重货物。

当实际重量用千克表示时，计费重量的最小单位为 0.5 千克，超过 0.5 千克按 1 千克计算，计费重量要根据每批货物的实际毛重与体积重量的比较来确定，1 千克相当于 6 000 立方厘米或 366 立方英寸。

2. 体积重量

体积大、重量相对小的货物，称为轻泡货。凡重量 1 千克、体积超过 6 000 立方厘米的货物，均为轻泡货物。轻泡货物以体积重量(measurement weight)作为计费重量。体积重量的计算方法如下：

(1) 分别测出货物的最长、最宽、最高的部分，尾数采用四舍五入法。二者相乘算出其体积。

(2) 将体积折算成千克。

3. 体积与重量的确定

确定计费重量的原则是，计费重量选择实际重量和体积重量中较高的一个。因此，首先应计算出实际重量和体积重量。例如，一批货物的实际重量是 250 千克，体积是 1 908 900 立方厘米，则可计算计费重量≈318.2 千克(1 908 900/6 000)。

4. 集中托运货物的计费重量

在进行集中托运时，一批货物由几件不同的货物组成，有轻泡货物，也有实重货物，其计费重量则采用整批货物的总毛重或总的体积重量，按两者中较高的一个计算。

二、航空运价的分类和使用

目前航空货物运价按制定人不同分为协议运价和国际航协运价。协议运价是航空公司与货主协商的运价。

(一) 国际航协公布的直达运价的种类

国际航协公布的直达运价是指航空公司在运价本上直接注明货物由始发地机场运至目的地机场的航空运输的价格。

1. 普通货物运价

1) 普通货物运价的定义及分类

普通货物运价(general cargo rates，GCR)，是使用最为广泛的一种运价。当一批货物不能使用特种货物运价，也不属于等级货物时，就应该使用普通货物运价。

通常，各航空公司公布的普通货物运价，针对所承运货物数量的不同，运价的分类如下。

(1) 45 千克(100 磅)以下，运价类别代号为 N(normal rates)。

(2) 45 千克以上(含 45 千克)，运价类别代号为 Q(quantity rate)。

(3) 45 千克以上的可分为 100 千克、200 千克、250 千克、300 千克、500 千克、1 000 千克、2 000 千克等多个计费重量分界点，但运价类代号仍以 Q 表示。

2) 运费计算方法

货物运费一般是以货物的实际毛重或体积重量，乘以相应的重量等级运价得出的。但还要用此计得的运费，与其较高的重量等级分界点所计得的运费相比较，取其中较低者。

例如，表 4-1 是北京到伦敦的航空运价表，运送一件 75 千克的货物，按照 45 千克以上货物的运价计算的运费(9.82×75=736.50)，反而高于一件 100 千克货物所应付的运费(7.14×100=714.00)，显然有些不合理。

表 4-1　北京至伦敦航空运价表

北京	货物名称	重量/千克	运价/英镑
伦敦		N	55.00
		N	13.10
		45	9.82
		100	7.14
	2 199	500	3.13

因此,航空公司又规定对航空运输的货物除了要比较实际重量和体积重量并以其高者为计费重量以外,如果使用较高的计费重量分界点计算出的运费更低,则也可适用较高的计费重量分界点的费率,此时货物的计费重量为那个较高的计费重量分界点的最低运费。

上例中,这件 75 千克的货物也可适用每千克 7.14 英镑的费率,但货物的计费重量是 100 千克,运费额为 714(7.14×100)英镑。

练一练 4-1

1. PEK(北京)到 SXB(斯特拉斯堡)运价分类如下:N:18 元,Q:14.81 元;300kg,13.54 元;500kg,11.95 元。普货一件 38kg 从 PEK 到 SXB,计算运费。

2. 机械设备自 PEK 运至 SXB,毛重 450 千克,计算运费。

2. 特种货物运价

特种货物运价(specific commodity rates,SCR),也称指定商品运价。其通常是承运人根据在某一航线上,经常运输某一种类货物的托运人的请求,或为促进某地区间某一种类货物的运输,经国际航空运输协会同意,所提供的优惠运价。

国际航协在公布特种货物运价时,将货物划分为以下类型。

(1) 0001～0999:食用动物和植物产品。

(2) 1000～1999:活动物和非食用动物及植物产品。

(3) 2000～2999:纺织品、纤维及其制品。

(4) 3000～3999:金属及其制品,但不包括机械、车辆和电器设备。

(5) 4000～4999:机械、车辆和电器设备。

(6) 5000～5999:非金属矿物质及其制品。

(7) 6000～6999:化工品及相关产品。

(8) 7000～7999:纸张、芦苇、橡胶和木材制品。

(9) 8000～8999:科学、精密仪器、器械及配件。

(10) 9000～9999:其他货物。

其中,每一组又细分为 10 个小组,每个小组再细分。这样,几乎所有的商品都有一个对应的组号,公布特种货物运价时,只要指出本运价适用于哪一组货物就可以了。

承运人制定特种货物运价的初衷是使运价更具竞争力,吸引更多客户使用航空货运形式,使航空公司的运力得到更充分的利用,因此特种货物运价比普通货物运价要低。适用特种运价的货物,除了满足航线和货物种类的要求外,还必须达到承运人所规定的起码运量(如 100 千克)。如果货量不足,而托运人又希望适用特种运价,那么货物的计费重量就要以所规定的起码运量(100 千克)为准,该批货物的运费,就是计费重量(在此是起码运量)与所适用的特种货物运价的乘积。

3. 等级货物运价

等级货物运价(class rates or commodity classification rates,CCR),是指适用于指定地区内部或地区之间的指定等级的货物的运价。其通常是在普通货物运价的基础上增加或减少一定的百分比。换言之，等级货物运价实际上就是对某种特定的商品或货物在普通货物运价的基础上进行提价或优惠的价格。

等级货物运价大致分为以下两种。

(1) 等级运价加价(surcharged rates)，用 S 表示，适用商品包括以下几类。

① 活动物、活动物的集装箱和笼子(live animals)。

② 贵重物品(valuable cargo)。

③ 尸体或骨灰(human remains)。

上述物品的运价是在普通货物运价的基础上增加一定的百分比。

(2) 等级运价减价(rebates rates)，用 R 表示，适用商品包括以下几类。

① 报纸、杂志、期刊、书籍、商品目录、盲人和聋哑人专用设备与书籍等出版物(newspaper，magazine，books etc.)。

② 作为货物托运的行李(baggage shipped as cargo)。

上述物品的运价是在普通货物运价的基础上减少一定的百分比。

4. 起码运费

起码运费(minimum charges)，是航空公司办理一批货物所能接受的最低运费，是航空公司在考虑办理即使很小的一批货物也会产生的固定费用后制定的。

如果承运人收取的运费低于起码运费，就不能弥补运送成本。因此，航空公司通常规定，无论所运送的货物适用哪一种航空运价，所计算出来的运费总额都不得低于起码运费。若计算出的数值低于起码运费，则以起码运费计收，另有规定者除外。

练一练 4-2

A 点至 B 点，普通货物 4 千克，M 级运费为 37.5 元，而 45 千克以下的货物运价 N 级为 7.5 元，求应收费用。

(二) 航空运价的选择

选择运价的目的是为发货人提供最低的运价。在三种运价中使用特种货物运价计算出的运费，通常是比较低的。选择运价时，首先使用特种货物运价，其次是等级货物运价和普通货物运价。当然也有例外，当使用等级货物运价或普通货物运价所产生的运费低于特种货物运价时，那么就可以使用等级货物运价或普通货物运价。

练一练 4-3

1. 一批活热带鱼，毛重 120 千克，体积 0.504 立方米，从 A 点到 B 点，计算运费。
2. 一箱编制机毛重 180 千克，体积 1 立方米，从 A 点运至 B 点，计算运费。

三、航空附加费

1. 声明价值附加费

与海洋运输或铁路运输的承运人相似，航空承运人要向货主承担一定程度的责任，也要将自己对货方的责任限制在一定的范围内，以限制经营风险。《华沙公约》规定，对由于航空承运人自身的疏忽或故意而造成的货物的灭失、损坏或延迟等所承担的责任，其最高赔偿金额为每千克货物毛重 20 美元或每镑 9.07 美元，或同等价值的当地货币。

如果货物的价值毛重每千克超过 20 美元，就增加了航空承运人的责任。在这种情况下，如果发货人要求在发生货损货差时全部赔偿，则发货人在交运货物时，就应向承运人或其代理人声明货物的价值，该价值称为“供运输用的声明价值”，该声明价值为承运人应负责赔偿责任的限额，承运人或其代理人根据货物的声明价值向托运人收取一定的费用，该费用就成为声明价值附加费。如果发货人不愿宣布货物的价值，而且进口国的海关也可接受，也可以不办理声明价值，在这种情况下，需在运单的有关栏目中填上“NVD”(no value declaration)字样，即表示无声明价值，此种情况下，即使出现更多的损失，承运人的最高赔偿金额每千克毛重也不超过 20 美元。

货物的声明价值是针对整件货物而言，不允许对货物的某部分声明价值。声明价值附加费的收取依据货物的实际毛重，计算公式为

声明价值附加费=(货物价值－货物毛重×20 美元/千克)×声明价值附加费费率

声明价值费的费率通常为 0.5%，与航空货物运费一同收取。大多数航空公司在规定声明价值附加费费率的同时，还要规定声明价值附加费的最低收费标准。如果根据上述公式计算出来的声明价值附加费低于航空公司的最低标准，则托运人要按照航空公司的最低标准缴纳声明价值附加费。

需要注意的是，即使在发货人声明价值后，承运人的责任增加了，也不能代表货物的保险。因此，发货人最好还是将所承运的货物投保全部运输险。

练一练 4-4

北京至东京银圆一批，毛重 25.0 千克，托运人声明价值是人民币 15 000.00 元。则声明价值附加费是多少？(1 美元按人民币 6.72 元折算)：

2. 运费到付服务费

航空承运人接受发货人的委托，在货物到达目的地后，把货物交收货人的同时，代为收回运单上规定的金额，称为运费到付。

运费到付的金额，由航空承运人或代理人填入航空运单“运费到付”栏内，在金额前填上相应的货品名称。

凡是运费到付的货物，承运人按航空运单上运费和声明价值附加费等费用总额的 2%～5%向收货人收取运费到付服务费。各航空公司和各地区的运费到付服务费不同。中国民航部门每票收取不低于 20 元人民币的运费到付服务费，此规定自 1981 年 10 月在全球范围内实施。

3. 其他费用

其他费用包括地面运费、中转手续费、制单费、货到付款附加费、提货费、送货费等，一般只有在航空公司或航空货运公司提供相应服务时才收取。

知识链接 4-8

国际航空运输协会对航空运费计算中的一些规定

(1) 运价中不包括其他额外费用,如报关费、仓储费、货运单费、声明价值附加费和运费到付服务费等,否则就是"All-in Rate"价(简称"All-in"价)。

(2) 运价是指一个机场到另一个机场,只适用于单一方向。

(3) 计费重量以 0.5 千克为最小单位,不足 0.5 千克的按 0.5 千克计算;0.5 千克~1 千克的,按 1 千克计算。例如,636.3 千克,按 636.5 千克;而 235.501 千克,则按 236.0 千克计算运费。

(4) 航空运单中的运价是以填制航空运单之日的运价为有效运价。

(5) 较高重量较低运价。由于航空运价随着重量增加而降低,因此,当货物重量接近下一个较高重量时,可以采用下一个较高重量和对应的运价,从而省下可观的运费。

(6) 运价通常使用当地货币公布。

第五节 国际航空运输的规范与变更

一、国际公约对国际航空运输的规范

(一) 对运输凭证的规范

在《华沙公约》中航空货物运输的凭证被称为"航空货运单"(air consignment note, ACN)。"航空货运单是订立合同、接受货物和运输条件的初步证据",换句话讲,航空货运单本身就是托运人与承运人订立的航空货物运输合同,这也是航空货运单与海运提单的重要区别之一。

此外,传统的海商法理论中海运提单是货物所有权的证明,提单的背书转让就意味着货物所有权的转移。而航空货运单并不能代表其项下的货物,通常也是不可转让的,虽然《华沙公约》对签发可转让的航空货运单不置可否,《海牙议定书》则明文规定可以签发可转让的航空货运单,但在实际业务中,航空运单一般都印有"不可转让"(not negotiable)字样,所以事实上,航空运单仍不具有可转让性。

(二) 对航空运输期间的规范

航空运输期间也是承运人的责任期间,是指货物交由承运人保管的全部期间,"不论在航空站内、在航空器上或在航空站外降停的任何地点"。但对于在机场外陆运、海运或河运过程中发生的货物的灭失或损坏,只有当这种运输是为了履行航空运输合同,或者是为了装货、交货或转运时,承运人才予以负责。

(三) 对承运人责任的规范

与《海牙规则》相类似,《华沙公约》制定时由于航空运输仍处于发展的初期,技术水平有限,因此也采用了不完全的过失责任制,即在一般问题上采用推定过失原则,一旦出现货物损失，首先假定承运人有过失，但如果承运人能够举证说明自己并无过失，则不必负责。但当承运人的过失是发生在驾驶中、飞机操作中或者在领航时，则承运人虽有过失，也可要求免责。《海牙议定书》保持了过失责任制的基础，并顺应历史的潮流取消了驾驶、飞机操作和领航免责的规定。

与同时代的海运公约所不同的是，《华沙公约》根据航空运输的特点明确规定了承运人对货物运输过程中"因延迟而造成的损失应负责任"。这在当时在极有远见的。

《华沙公约》同样也对承运人的责任限额作出了规定，并明确"企图免除承运人的责任，或定出一个低于本公约所规定的责任限额的任何条款都属无效"，这样避免了承运人在运输合同中随意增加免除或者降低承运人自身赔偿责任的做法。《海牙议定书》只是增加了承运人对旅客的赔偿责任，对货物的责任限额不变。

（四）对发货人、收货人的权利和义务的规范

根据《华沙公约》，发货人的权利主要指在收货人提取货物之前或者收货人拒收货物后或者无法与收货人联系的情况下，对货物处理的权利，包括有权在货物运输的途中将货物提回；对已运至目的地的货物要求回运或改运；对在经停机场的货物要求中止运输；要求将货物交付给航空货运单指定的收货人以外的第三人；等等。但托运人"不得因行使这种权利而使承运人或其他托运人遭受损失，并应偿付由此产生的一切费用"。在收货人行使提货权后，发货人的上述权利丧失。

发货人或收货人的义务包括以下内容。

（1）支付运费。

（2）填写航空货运单、提交必要的单证。同时应对航空货运单中有关货物的各项说明、声明的正确性负责，如因填写不当使承运人或其他任何有关方遭受损失，托运人应予以赔偿。

（3）受领货物。

（五）对索赔和诉讼时效的规范

对于索赔时效，《华沙公约》分成货物损害和货物延迟的情况区别对待。前者索赔时效是 7 天，后者的索赔时效是 14 天。《海牙议定书》对此做了全面的修改。将货物损害时的索赔时效延长至 14 天，将货物延迟时的索赔时效延长至 21 天。

至于诉讼时效，《华沙公约》规定的是两年，自"航空器到达目的地之日起，或应该到达之日起，或运输停止之日起"。《海牙议定书》对此未加修改。

知识链接 4-9

《中华人民共和国民用航空法》的有关规定

《中华人民共和国民用航空法》（以下简称《民航法》）第九章主要针对公共航空运输（包括旅客、行李和货物运输）做了具体的规定。

在对航空货物运输的有关规定中，《民航法》吸收了《华沙公约》的主要精神，同时采纳了《海牙议定书》中的合理内容，删除了承运人的驾驶过失免责，延长了索赔时效。针对承运人对货物灭失或损坏的责任，《民航法》还采取了更为严格的态度。它在第 125

条第 4 款中规定:“因发生在航空运输期间的事件,造成货物毁灭、遗失或者损坏的,承运人应当承担责任;但是,承运人证明货物的毁灭、遗失或者损坏完全是由于下列原因之一造成的,不承担责任:(一)货物本身的自然属性、质量或者缺陷;(二)承运人或者其受雇人、代理人以外的人包装货物的,货物包装不良的;(三)战争或者武装冲突;(四)政府有关部门实施的与货物入境、出境或者过境有关的行为。”

在诉讼时效方面,收货人在收受货物时没提出异议,就被认为货物已完好交付。如果有损坏,收货人应在发现后,立即向承运人提出异议,最迟不超过收到货物后 14 天。如果延迟交货,最迟也应在货物交由收货人支配之日起 21 天内提出异议,以上任何异议应在规定的期限内,写在运输凭证上或另以书面形式提出,否则就不能再向承运人提起诉讼。

诉讼时效为两年,过期即丧失追诉权。向承运人索赔时应填写《中国民航国际旅客、行李、货物索赔单》,一式四份,并附上航空运单等证件。

二、国际航空运输的变更

航空运输货物,在交运后和提取前,由于某种原因,托运人要求变更时,可提出变更申请。

由托运人向航空公司出示航空运单,书面提出变更的目的地、收货人、中途停运或运回始发地的不同变更要求。

对变更目的地的货物,如尚未发运,应按变更后的起讫地点,重新计收运费;如已发运则从已付运费中扣除。已启航的运费和其他费用,另按变更的起讫地点重新计费。如已运达目的地尚未交付的,则应重新计收原目的地至新目的地的运费。对中途停运,则从已付运费中扣除已运航的运费和其他费用。对运回始发地的变更,则应按始发地至变更运输地点之间的往返运费,与已付运费比较,多退少补。

案例分析 4-1

国际航空货运的变更

一票从北京运往伦敦的机器配件,在巴黎中转,货运单号 666-33783442,4 件,每件 25 千克,当在巴黎中转时,由于临时出现问题,发货人向航空公司提出停止运输,且返回北京。

问题:

(1) 发货人的请求是否可以得到航空公司的许可? 为什么?

(2) 返回的机器配件的运费由谁来支付?

分析:发货人的请求可以得到航空公司的许可。

根据《华沙公约》:“托运人在履行运输合同所规定的一切义务的条件下,有权在始发地航空站或目的地航空站将货物退回,或在途中经停时中止运输,或在目的地或运输途中交给非航空货运单上所指定的收货人,或要求将货物退回始发地航空站,但不得因行使这种权利而使承运人或其他托运人遭受损失,并应偿付由此产生的一切费用。”

返回的机器配件的运费由托运人来支付。

资料来源:2017 年全国国际货运代理从业资格考试试题

三、航运承运人免责内容

如出现下列问题，航运人可以免责。

(1) 不可抗力。

(2) 货物本身性质所引起的变质、减量、破损、毁灭。

(3) 包装方法或容器质量不良，从外部无法发现者。

(4) 包装完毕，包装外表无异状，而内件短少者。

(5) 货物在运输途中的合理损耗。

(6) 托运人或收货人的过失所引起或助成者，承运人对所负责任的限额，是货物的价值。如果托运人在交运时，曾特别声明货物运到后的价值，并交付了必要的声明价值附加费，则承运人应按声明价值负全额责任。

经典案例

案例一：马来西亚航空A330飞机货物腐蚀报废案

2000年2月，大连化建要空运80桶“8-羟基喹啉”的化工产品从北京运至印度马德拉斯，并表示，该化工产品为固体粉末。

马来西亚航空承担此次运输，2000年3月15日，马来西亚航空（以下简称“马航”）一架空客A330-300（注册号：9M-MKB）从北京飞往吉隆坡，当晚，飞机抵达吉隆坡机场。装卸工人进入飞机货舱准备卸货中转时，发现货物为液体，且已发生大量泄漏。其中5名装卸工因为吸入有害气体，突发晕厥，后经抢救脱离危险。

事后，马航致函大连化建询问托运货物情况。大连化建回复表示，托运的不是“8-羟基喹啉”，而是80桶草酰氯，并说明草酰氯是无色发烟液体，属酸性腐蚀物品，具有刺鼻气味，并对人体具有侵害力。“草酰氯是种强腐蚀剂，比硫酸的腐蚀性还强，太可怕了。”马航代理人刘律师说，之前大连化建说空运的是无危险物品的固体粉末——“8-羟基喹啉”。如果它说了是草酰氯这样的液体危险物品，马航会加固运送的，当然随之而来的空运费也会比较高。

发生毁机事件后，大连化建致函马航，希望通过海运收回这批草酰氯，但遭到拒绝。之后，马来西亚民航局下令销毁这批“有害物质”草酰氯。

2001年2月28日，法国空中客车工业公司出具了该飞机修理方案及修理成本估算报告，认为飞机修理成本将可能超过8 900万美元，而且即使勉强修理好飞机，也得不到飞行安全保障，因此认定飞机已无修理价值。马航根据上述报告结论和飞机原始保险合同的有关约定，宣告飞机全损。飞机报废后，曼班通用保险公司等保险公司向马航支付了理赔金。

2002年3月13日，马航和曼班通用保险公司等5家保险公司将大连化建诉至北京市高院，要求对方赔偿6 500余万美元及相应利息。它们认为，大连化建瞒报空运物品的危险性是造成飞机损毁的主要原因。其中物流公司等中间环节机构没有尽到检查的义务，因此也应承担相应责任。另外，马航还单独索赔1万余美元因飞机全损所带来的劳务损失。

资料来源：http://www.ccaonline.cn/news/hot/22765.html.（有改动）

案例二：货运代理引发的运费争议案

2013 年初，意大利代理商陈伟明与汇泰公司签订了丝绸服装贸易合同。同年 4 月 23 日，陈伟明与意大利国际货运咨询责任有限公司米兰分公司（以下简称“IFC 公司”）签订了一份委托运输合同。合同签订后，陈伟明于同年 4 月 29 日传真告知汇泰公司的中介中发公司通知汇泰公司，称此次出口货物包括以后的出口货物都交由 IFC 公司承运，运费由其在米兰提货时支付。为便于订舱发运，汇泰公司按照陈伟明的要求改用东方航空公司（以下简称“东航”）的《国际货物托运书》。汇泰公司于同年 5 月至 9 月间先后 7 次按照陈伟明的指示将货物送到上海虹桥机场华迅公司的仓库。该公司签收了货物，随后代填并签发了 6 票东航货运主运单，还委托华力空运有限公司上海分公司签发 1 票中国国际航空公司主运单。7 票货物于同年 5—9 月陆续运到米兰，陈伟明先后向 IFC 公司支付了全程空陆运费、清关费及杂费，提取了货物。2015 年 2 月 10 日，华迅公司致函汇泰公司称：当时汇泰公司委托 IFC 公司，但 IFC 公司与华迅公司有代理协议，现 IFC 公司将收款权移交给华迅公司，要求汇泰公司依照航空分运单支付上海到米兰 7 票货的全程空运费 101 712.824 美元。汇泰公司以运费由外商支付，本公司无支付运费义务为由拒付，双方酿成纠纷。华迅公司向浙江省湖州市中级人民法院起诉，要求汇泰公司支付航空分运单记载的全程空运费及滞纳金共计 126 123.904 美元。

资料来源：董念清．航空法判例与学理研究[M]．北京：群众出版社，2001.（有改动）

案例三：航空公司赔偿案

一票从上海运往泰国的整套流水线机器，货运单号 777-89783442，由于机器比较庞大，用了 6 个箱子，每件重量 60 公斤，整套机器价值 USD 6000，无声明价值，在终点站接货时，发现一个箱子开裂。经检验，这个箱子中的机器已经全部毁坏，其他 5 个箱子完好。

问：航空公司应该如何进行赔偿。

解析：由于此批货物属于航空运输，根据《华沙条约》第二十二条第二款(B)：“如交运货物或行李的一部分或者货物中的任何物件发生遗失、损坏或者延误，以致影响同一份货运单所列的另一包装或者其他包装件的价值时，在确定责任限额时，另一包装件的总重量也应当考虑在内。”

因此，6 个箱子中的货物都受到影响，无法使用，必须按照整票货物赔偿。总重为 360 公斤，按照每公斤 20 美元，则应赔偿 USD 7200。但是，由于大于实际价值，因此航空公司应赔偿 USD 6000。

资料来源：2017 年全国国际货运代理从业资格考试试题.

本章小结与关键术语

练习思考题

一、单项选择题

1. 表示航空货物特殊商品运价的类别代码是(　　)。

A. M　　B. C　　C. N　　D. Q

2. 货物的计费重量一般来说,采用(　　)。

A. 货物的实际重量

B. 货物的实际体积

C. 货物的实际重量与货物的体积重量两者比较取高者

D. 货物的实际重量与货物的体积重量两者比较取低者

3. 将货物体积按一定比例折合成重量,此重量称为(　　)。

A. 实际重量　　B. 体积重量　　C. 计费重量　　D. 轻泡货物

4. 上海运往日本大阪一件洗发香波样品 5.3 千克,运价资料为:M(￥230.00);N(￥30.22);45:(￥22.71),则运费为(　　)元。

A. 166.21　　B. 160.17　　C. 230.00　　D. 124.91

5. 航空运单中,运费方式支付栏(PPD/COLL)的填列内容规定为:如果 COLL 内填入一个"*",则表示(　　)。

A. 航空运费到付　　B. 航空运费预付

C. 其他费用到付　　D. 其他费用预付

6. 等级货物运价适用于贵重货物、动物、尸体、骨灰、(　　)等。

A. 危险物品　　B. 外交信袋　　C. 作为货物运输的行李　　D. 鲜活易腐货物

7. 航空货代具有(　　)身份。

A. 货主代理　　B. 航空公司代理

C. 货主代理和航空公司代理　　D. 国内外收发货人代理

8. 航空公司运价以"Q"表示(　　)。

A. 最低运价　　B. 指定商品运价

C. 45 千克以上普货运价　　D. 45 千克以下普货运价

9. 国际空运货物的计费重量以(　　)为最小单位。

A. 0.3kg　　B. 0.5kg　　C. 0.8kg　　D. 1kg

10. 空运单共一式十二联,其中正本为(　　)。

A. 一联　　B. 二联　　C. 三联　　D. 四联

11. 航空公司的运价类别,以"M"表示(　　)。

A. 最低运价　　B. 指定商品运价　　C. 附加运价　　D. 附减运价

12. 航空公司的运价,以"N"表示(　　)。

A. 最低运价　　B. 指定商品运价

C. 45 千克以上普货运价　　D. 45 千克以下普货运价

二、多项选择题

1. 航空运输的主要经营方式包括(　　)。

A. 班机　　B. 包机　　C. 集中托运　　D. 航空快递

2. 下列说法正确的有(　　)。

A. “N”表示标准普通货物运价

B. “M”表示货物自始发地机场至目的地机场间运输一票货物的最低运价

C. “100”表示100千克以上的普通货物运价

D. “45”表示45千克以上的普通货物运价

3. (　　)属于IATA三区。

A. 中国　　B. 俄罗斯　　C. 新加坡　　D. 澳大利亚

4. 航空货运单是国际航空运输中的主要单据,其与海运提单的区别在于(　　)。

A. 两者适用的运输方式不同

B. 两者的性质不同,前者属于非物权凭证,后者属于物权凭证

C. 前者不可转让,后者可以转让

D. 前者不能作为运输合同的证明,而后者可以

5. 航空快递的主要业务形式有(　　)。

A. 门到门　　B. 门到机场　　C. 机场到机场　　D. 专人派送

三、计算题

1. 某公司空运出口一批商品(普货)共计115箱,每箱重15千克,体积40cm×44cm×60cm。从北京运往美国迈阿密。问该批货物的空运运费为多少?(设M:11.81美元,N:28.65美元;Q:21.62美元;100kg:18.82美元;500kg:15.35美元;1 000kg:15.00美元;2 000kg:14.60美元)。

2. 空运货物4批,重量分别为10千克、20千克、35千克和40千克。如分别托运,问各需付多少运费?(假设起码运费每批65元,45千克以下每千克3元,45千克以上每千克2.5元。)

3. 从北京运往温哥华一只大熊猫,重400.0千克,体积尺寸长、宽、高分别为150cm×130cm×120cm,计算航空运费。公布运价如下:

BEIJING		CN			BJS
Y. RENMINBI		CNY			KGS
VANCOUVER		BC	CA	M	420.00
N	59.61				
45	45.68				
100	41.81				
300	38.79				
500	35.77				

四、案例分析

1. 北京某进出口公司从北京首都机场空运一批实验用小花鼠到日本东京机场。7月15日,发货人就向航空公司订妥了16日的航班,并于16日将货物交给了航空公司,起飞时间是16日上午9点30分,当天上午小花鼠被运到客机坪准备装机。由于飞机发生故障,起飞时间推迟,直至下午2时才开始装货。当天气温高,小花鼠在长时间的高温下日晒太久,装机时就有相当一部分死亡。于是,航空公司决定将该货退关并通知发货人

提回货物。由于受热过度，当发货人将其余的小花鼠提回后，小花鼠全部死亡。发货人遂向航空公司提出索赔。

根据案例，请回答：

(1) 该批货物运输是否属于国际货物运输？

(2) 根据《华沙公约》规定，承运人是否对该批货物承担责任？为什么？

2. 一票航空运输的货物，从新加坡经北京中转到天津，运输的是机器设备，货运单号555-89783442(Airport of departure；Airport of destination：天津)，3 件货物重 178 千克，计费重量共 206 千克，从新加坡运往北京采用的是飞机运输，再从北京转运天津时，使用卡车航班，但在高速公路上，不幸发生车祸，设备全部损坏。

根据案例，请回答：

(1) 航空公司是否应赔偿？理由何在？

(2) 如果赔偿，应赔偿多少？

五、简述题

1. 简述航空运输的有关当事人。
2. 包机运输和班机运输在营运方式上有什么不同？
3. 航空货运价有哪些种类？如何选择使用运价？
4. 什么是体积重量？怎样计算？
5. 航空主运单与分运单的区别是什么？各起什么作用？

即测即练

习题4

第五章

国际集装箱运输

【本章结构图】

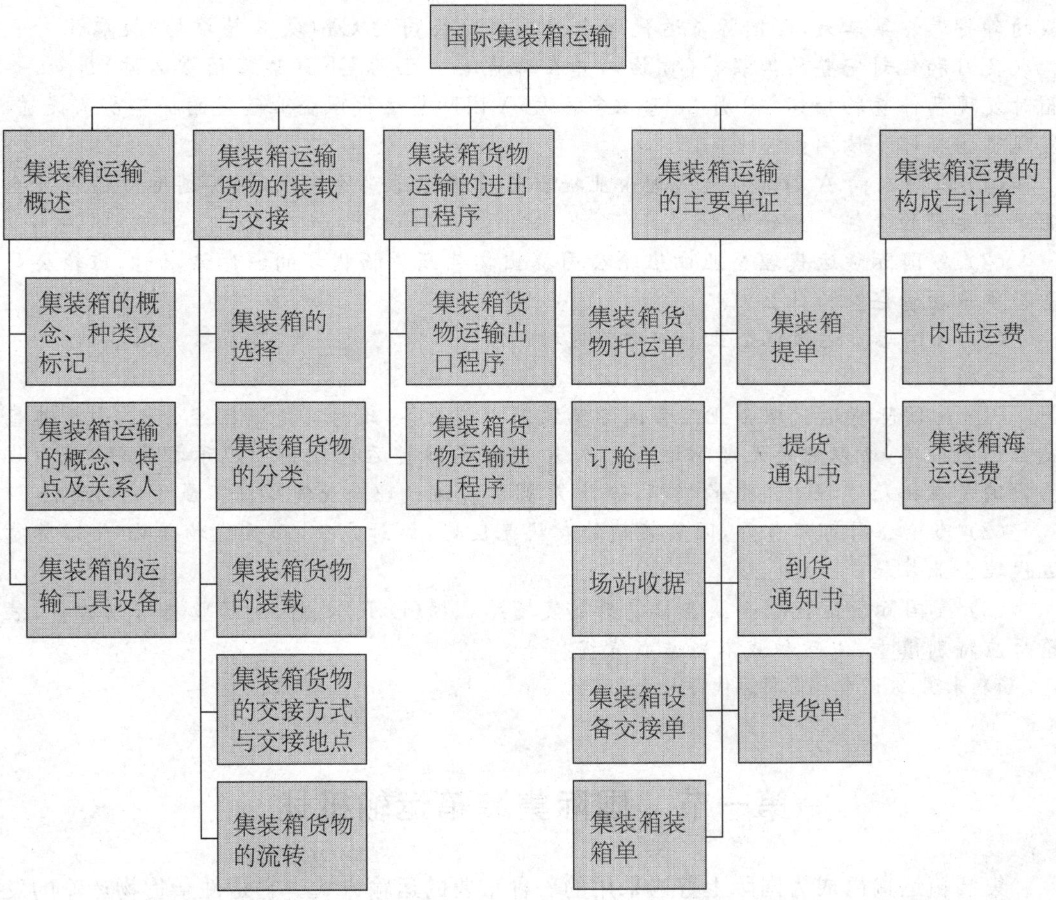

【本章学习目标】

1. 了解集装箱的概念、种类及标记
2. 熟知集装箱运输的关系人
3. 掌握集装箱货运程序和交接方式
4. 熟悉集装箱运输的进出口程序
5. 掌握集装箱提单及进出口货运中相关单证的种类及内容
6. 掌握集装箱运输的运费构成及运费的计算

引导案例

A国际货运代理企业经营国际集装箱拼箱业务。某年9月15日，A国际货运代理企业在神户港自己的货运站(CFS)将分别属于6个不同发货人的拼箱货装入一个20英尺的集装箱，然后向某班轮公司托运。该集装箱于9月18日装船，班轮公司签发给A国际货运代理企业CY/CY(场到场)交接的FCL(整柜)条款下的MASTER B/L一套；然后A国际货运代理企业向不同的发货人分别签发了CFS/CFS(站到站)交接的LCL(拼箱)条款下的House B/L共6套，所有的提单都是清洁提单。9月23日载货船舶抵达提单上记载的卸货港。第二天，A国际货运代理企业从班轮公司的CY(集装箱堆场)提取了外表状况良好和铅封完整的集装箱(货物)，并在卸货港自己的CFS(集装箱货运站)拆箱，拆箱时发现两件货物损坏。9月25日收货人凭A国际货运代理企业签发的提单前来提货，发现货物损坏。请问：

(1) 收货人向A国际货运代理企业提出货物损坏赔偿的请求时，A国际货运代理企业是否要承担责任？为什么？

(2) A国际货运代理企业向班轮公司提出集装箱货物损坏的赔偿请求时，班轮公司是否要承担责任？为什么？

(3) A国际货运代理企业如何防范这种风险？

分析：

(1) A国际货运代理企业经营国际集装箱拼箱业务，此时其是集拼经营人，由于其签发自己的提单，所以它是无船承运人。本案中A国际货运代理企业应承担责任，因为货物肯定是在拼箱过程中造成的损坏，除非A国际货运代理企业能举证不属于它的责任。

(2) 班轮公司可不负责，因集装箱外表状况良好，铅封完整，而且货物是由A国际货运代理企业装箱。

(3) A国际货运代理企业在接货后签发场站收据(D/R)之前，对货物要仔细检查，装箱时应特别慎重，以防积载不当造成货损。

资料来源：2012年国际货运代理人考试试题

第一节　国际集装箱运输概述

集装箱运输已成为国际上普遍采用的一种重要的运输方式。它是件杂货物运输的发展方向，是交通运输现代化的产物和重要标志，是运输领域的重要变革。因此，集装箱运输被称为20世纪的"运输革命"。

一、集装箱的概念、种类及标记

(一) 集装箱的概念

集装箱(container)是具有一定规格和强度的专供周转使用的大型装货容器。使用集装箱转运货物，可直接在发货人的仓库装货，运到收货人的仓库卸货，中途更换车、船时，无须将货物从箱内取出换装。因此，集装箱既是一种包装方式，也是一种成组运输方式。

国际标准化组织 104 技术委员会（International Organization for Standardization Technical Committee 104，ISO/TC104）根据保证集装箱在装卸、堆放和运输中的需要，提出了作为运输设备的货物集装箱，应具备以下条件。

（1）具有耐久性，其坚固强度足以反复使用。

（2）便于商品运送而专门设计的，在一种或多种运输方式中无须中途换装。

（3）设有便于装卸和搬运，特别是便于从一种运输方式转移到另一种运输方式的装置。

（4）设计时应注意便于货物装满或卸空。

（5）内容积为 1 立方米或 1 立方米以上。

目前，日本、美国、法国等国都全面地引用了国际标准化组织有关集装箱的定义。我国国家标准 GB/T 1992—2006《集装箱术语》引用了国际标准化组织有关集装箱的上述定义。

（二）集装箱标准化及种类

1. 集装箱标准化

目前使用的国际集装箱标准规格尺寸主要包括 4 种箱型，即 A 型、B 型、C 型和 D 型，它们的尺寸和总重量见表 5-1。但实际上，国际上最常用的标准集装箱主要有两种：一种是 C 系列中 1C 箱型，长、宽、高为 20 英尺×8 英尺×8 英尺，即 20 英尺集装箱；另一种是 A 系列中的 1A 箱型，长、宽、高为 40 英尺×8 英尺×8 英尺，即 40 英尺集装箱。另外，为了便于计算集装箱的数量，通常以 20 英尺集装箱作为换算标准箱（twenty-foot equivalent unit，TEU），即 20 英尺集装箱＝1 标准箱，并以此作为集装箱船载箱量、港口集装箱吞吐量和集装箱保有量等的计量单位。

表 5-1　标准系列集装箱规格尺寸和总重量

规格/英尺	箱型	长		宽		高		最大总重量	
		公制/毫米	英制/英尺、英寸	公制/毫米	英制/英尺、英寸	公制/毫米	英制/英尺、英寸	千克	磅
40	1AAA	12 192	40′	2 438	8′	2 896-	9′6″	30 480	68 200
	1AA					2 591	8′6″		
	1AX					2 438	8′		
	1AX					<2 438	<8		
30	1BBB	9 125	29′11.25″	2 438	8′	2 896	9′6″	25 400	56 000
	1BB					2 591	8′6″		
	1B					2 438	8′		
	1BX					<2 438	<8		
20	1CC	6 058	19′10.5″	2 438	8′	2 591	8′6″	24 000	52 900
	1C					2 438	8′		
	1CX					<2 438	<8′		
10	1D	2 991	9′9.75″	2 438	8′	2 438	8′	10 160	22 400
	1DX					<2 438	<8′		

知识链接 5-1

常用集装箱的尺寸与容积

20 英尺货柜：内容积为 5.69 米×2.13 米×2.18 米，配货毛重一般为 17.5 吨，有效容积为 24～26 立方米。

40 英尺货柜：内容积为 11.8 米×2.13 米×2.18 米，配货毛重一般为 22 吨，有效容积为 54 立方米。

40 英尺高柜：内容积为 11.8 米×2.13 米×2.72 米，配货毛重一般为 22 吨，有效容积为 68 立方米。

2. 集装箱的种类

随着杂货运输日趋集装箱化，越来越多的货物选择这种先进的运输方式。为适应装载不同种类货物的需要，出现了不同种类的集装箱。这些集装箱不仅外观不同，而且结构、强度、尺寸也不尽相同。

1）按集装箱的不同用途划分

按不同用途，集装箱可分为干货集装箱、散货集装箱、冷藏集装箱、通风集装箱、开顶集装箱、框架式集装箱、罐式集装箱、动物集装箱、汽车集装箱和挂衣集装箱。

（1）干货集装箱。干货集装箱（dry cargo container），又称杂货集装箱、通用集装箱（图 5-1）。这是一种用以装载除液体货物、需要调节温度货物及特种货物以外的一般件杂货的集装箱。这种集装箱使用范围极广，国际标准化组织建议的标准集装箱系列，指的就是这类集装箱，常用的有 20 英尺和 40 英尺两种。

干货集装箱适用于各种件杂货，包括日用百货、食品、机械、仪器、家电用品、医药及各种贵重物品等。其结构特点是常为封闭式，一般在一端或侧门设有箱门。

（2）散货集装箱。散货集装箱（bulk container），是一种用以装载大豆、大米、面粉、饲料以及水泥、化学制品等散装粉末状或颗粒状货物的集装箱（图 5-2）。使用散货集装箱可以节约包装费用，并提高装卸效率。

图 5-1　干货集装箱

图 5-2　散货集装箱

散货集装箱除了有箱门外，在箱顶设置 2～3 个装货口，货物可以用漏斗或传输带经装货口装入集装箱。集装箱的箱底有的做成漏斗形，在卸货时可以使货物从漏斗门自动流出；也有从箱门处卸货，为了防止开门时货物急剧倾出造成危险，一般将箱门分为上、下两半开启，并在箱门上设置许多小开口，卸货时只需打开下半部的门，货物就能自动缓慢地流出。

(3) 冷藏集装箱。冷藏集装箱(reefer container),是一种专为运输需要保持一定温度的冷冻货或低温货而设计的集装箱(图 5-3)。它分为带有制冷机组成的内藏式冷藏集装箱和没有制冷机的外置式机械冷藏集装箱。外置式机械冷藏集装箱只设有冷气吸入口和排气口,由船上或仓库的制冷装置和固定管路供应冷气。

冷藏集装箱适用于装载冷冻食品、新鲜水果或特种化工产品等。冷藏集装箱造价较高,为普通干货集装箱的几倍;运营费用也较高,除应支付修理、洗涤费用外,每次装箱前还应检验冷冻装置,并定期进行维护;集装箱船上装载冷藏集装箱的箱位也有限,再加上冷藏集装箱在航线上往返货源不平衡,所以经营冷藏集装箱运输的经济效益并不是很好。

(4) 通风集装箱。通风集装箱(ventilated container),是一种为装运不需要冷冻,且具有呼吸作用的水果、蔬菜等类货物而设计的集装箱。一般在侧壁或端壁上设有通风孔,如果将通风孔关闭,可作为干货集装箱使用(图 5-4)。

图 5-3 冷藏集装箱

图 5-4 通风集装箱

(5) 开顶集装箱。开顶集装箱(open top container),又称敞顶集装箱,是一种没有箱顶的集装箱(图 5-5),但是有可折式顶梁支撑的帆布、塑料布或涂塑布组成的顶篷,其他构件与干货集装箱类似。开顶集装箱适于装载较高的大型货物,如钢铁、木材,特别是玻璃板等易碎的重货。货物积载时,必须使用起重机将货物从顶部装入箱内或从顶部将货物吊出。为了使货物在运输中不发生移动,箱内底板两侧常相对埋入几个索环,用来穿过绳索,捆绑箱内货物。

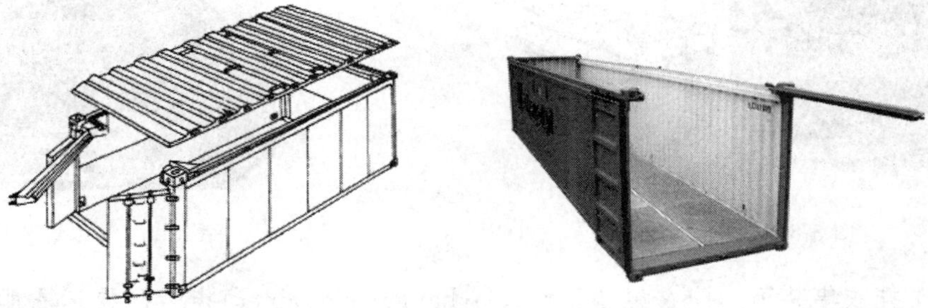

图 5-5 开顶集装箱

(6) 框架式集装箱。框架式集装箱(flat rack container),又称台架式集装箱。这是一种没有箱顶和侧壁,甚至有的端壁也可卸下,只留箱底和四角柱来承受货载的集装箱(图 5-6)。为了保持其纵横强度,箱底较厚,在下侧梁和角柱上设有系环,可把装载的货物捆绑牢固。这种集装箱从前、后、左、右及上方均可进行装卸作业。框架式集装箱主要装载重型机械、钢材、钢管等形状不一定的货物。由于不具有水密性,怕水湿的货物不适合使用此类集装箱。

如果四角柱拆下(仅有底板),也可做平台式集装箱使用。平台式集装箱是由具有较强承载能力的下底板组成的一种特殊结构的集装箱,它装卸作业方便,适于装载长大件、重大件的货物。在集装箱船的舱面上,几个平台式集装箱可以拼成一个大平台,适合于装载更大的货物。

(7) 罐式集装箱。罐式集装箱(tank container, liquid bulk container),是一种专供装运液体货(如酒类、油类及液状化工品等货物)而设置的集装箱。它由罐体和箱体架两部分组成,罐体用于装载液体散货,框架用来支撑和固定罐体(图 5-7)。罐体的外壁采用保湿材料起到隔热的作用,内壁必须要研磨抛光以避免液体残留于壁面。装货时,货物由液罐顶部的装货孔进入;卸货时,货物由排出孔靠重力作用自行流出,或用油泵由顶部装货孔吸出。

图 5-6 框架式集装箱

图 5-7 罐式集装箱

(8) 动物集装箱。动物集装箱(pen container)是一种专供装运牲畜的集装箱(图 5-8)。为了实现良好的通风,箱壁用金属丝网制造,侧壁下方设有清扫口和排水口,并设有喂食装置。

(9) 汽车集装箱。汽车集装箱(car container)是专门为装运小型轿车而设计制造的集装箱(图 5-9)。其结构特点是无侧壁,仅设有框架和箱底,可装载一层或两层小轿车。

图 5-8 动物集装箱

图 5-9 汽车集装箱

(10) 挂衣集装箱。挂衣集装箱(dress hanger container)指专门挂运衣服的集装箱(图 5-10)。箱内设有吊挂衣服的横杆、绳口和衣架,可大大节省包装,熨烫和仓储费用。

2) 按集装箱的制造材料划分

集装箱在装卸、存放和运输过程中,经常受到各种外力的作用和环境的影响,必须符合既能保护箱内货物的安全,又能承受外力的要求。因此,集装箱的制造材料要有足够的强度和刚度,应尽量采用重量轻、强度高、耐用、维修成本低的材料,并且材料既要价格低

图 5-10 挂衣集装箱

廉,又要便于取得。从目前采用的集装箱材料看,一个集装箱往往不是由一种材料制成的,而是以某一种材料为主,在箱子的不同结构处采用不同的材料。

按制造材料,集装箱可分为钢制集装箱、不锈钢制集装箱、铝制集装箱和玻璃钢制集装箱。

(1) 钢制集装箱。钢制集装箱的箱壁板和框架都是用钢材制成的。其最大的优点是结构牢、强度高、水密性和焊接性好,并且不易损坏,价格低。但钢制集装箱的不足之处在于抗腐蚀性较差,而且箱子自重较大。

(2) 不锈钢制集装箱。不锈钢制集装箱主要优点是强度高、不生锈、耐腐蚀性好。其缺点是造价高、投资大。罐式集装箱多采用不锈钢制作。

(3) 铝制集装箱。铝制集装箱又可分为两种:一种是钢架铝板;另一种仅框架两端用钢材,其余采用铝材。这类集装箱最主要的优点是自重轻、弹性好、不易变形、不生锈,并且外表美观。但是铝制集装箱受碰撞时容易损坏,而且造价也比较高。

(4) 玻璃钢制集装箱。玻璃钢制集装箱是在钢制框架上装上玻璃钢复合板构成的。其主要优点是隔热性、防腐性和耐化学性均较好,并且集装箱内容积较大,修理简便、易清扫等。但是这类集装箱自重较大,造价较高。

此外,集装箱还可以按其所有权的不同分为船公司箱(carrier own container,COC)、货主箱(shipper own container,SOC)和出租箱(lender own container,LOC);按集装箱是否装载货物分为空箱(箱内无货载)和重箱(箱内有货载)。

(三) 集装箱的标记

为了在运输过程中便于识别和管理集装箱,编制集装箱运输文件,方便信息的传输和处理,在集装箱的箱体上要标打清晰、易辨而且耐久的标记。国际使用的集装箱按国际标准 ISO 6346—1995 打标记。国际标准化组织规定的集装箱标记有必备标记和自选标记两类,每一类标记中又有识别标记和作业标记。

1. 必备标记

1) 识别标记

(1) 箱主代号。箱主代号是表示集装箱所有人的代号,用 4 个大写拉丁字母表示(国内使用的集装箱用汉语拼音表示),前 3 位由箱主自己规定,第 4 个字母规定为"U"(U 为国际标准中海运集装箱的代号),表 5-2 为世界部分船公司和租箱公司的箱主代号。在使用代号之前,箱主应向国际集装箱局(BIC)登记注册,登记时不得与登记在先的箱主代号重复。国际集装箱局每半年公布一次在册的箱主代号一览表。

表 5-2 世界部分船公司和租箱公司的箱主代号

船公司和租箱公司名称		箱主代号
海陆联运公司	(美国)	SEAU
麦逊航运公司	(美国)	MATU
赫伯格·劳埃德轮船公司	(德国)	LCU
海外集装箱公司	(英国)	CLOU
川崎汽船公司	(日本)	KKLU ESSU
大阪商船三井航运公司	(日本)	MOLU
东方海运集装箱公司	(中国香港)	OCLU
长荣海洋运输公司	(中国台湾)	EMCU EISU
中国远洋运输公司	(中国内地)	COSU
劳埃德航运公司	(意大利)	LILU
阿拉伯联营轮船公司	(科威特)	UASU
韩国海运公司	(韩国)	KSCU
东方海皇轮船公司	(新加坡)	NEPU NOLU
美国总统轮船公司	(新加坡)	APLU
ABC 集装箱班轮公司	(比利时)	ABCU
波兰海运公司	(波兰)	POLU

(2) 顺序号。顺序号又称箱号、集装箱编号。按照中国国家标准(GB 836—85)规定，顺序号由 6 位阿拉伯数字组成。若有效数字不足 6 位，则在有效数字前由“0”补足 6 位，如“002323”即是一种顺序号。各公司可以根据自己的需要，以类型、尺寸、制造批号或其他参数进行编号，以便于识别。

(3) 校对数。它是用于核对箱主代号和顺序号记录是否准确的依据。校对数通常位于顺序号之后，使用阿拉伯数字表示，并置于方框内，如“COSU002323 [2]”的校对号就是 2。

2) 作业标记

(1) 额定重量和自重标记。自重是指空箱时的重量，用“TARE：××××千克或磅”表示。额定重量是集装箱的自重与最大净货载之和，用“MAX GROSS：××××千克或磅”表示，它是一个常数，集装箱载货时不能超过这一重量。

(2) 空陆水联运集装箱标记。国际标准化组织对该集装箱规定了特殊的标志，如图 5-11 所示。该标记为黑色，应置于侧壁和端壁的左上角，并规定标记的最小尺寸为：高 127mm，长 255mm。字母标记的字体高度至少为 76mm。

(3) 登箱顶触电警告标记。该标记为黄色底上做黑色三角形，一般设在罐式集装箱上和位于临近的登箱顶的扶梯处，以警告登箱者有触电危险，该标记如图 5-12 所示。

图 5-11 空陆水联运集装箱标记

注：三角标志内的底色为黄色

图 5-12 登箱顶触电警告标记

2. 自选标记

1）识别标记

它包括国家或地区代号、尺寸代号和类型代号(箱型代码)。

(1) 国家或地区代号，又称国籍代号。该代号使用3位阿拉伯数字表示，说明集装箱的登记国家或地区，如“RCX”为中国的代号。

(2) 尺寸代号和类型代号(箱型代码)。尺寸代号使用两位阿拉伯数字表示，说明集装箱的尺寸大小，如“20”表示20英尺长、8英尺高的集装箱。类型代码也使用两位阿拉伯数字表示，说明集装箱的类型，如30-49为冷藏集装箱，00-09为通用集装箱等。

2）作业标记

这类标记有超高标记和国际铁路联盟标记。

(1) 超高标记。该标记在黄色底上标出黑色数字和边框。此标记贴在集装箱每侧的左下角，距箱底约0.6m处，同时应贴在集装箱主要标记下方。凡高度超过2.6m的集装箱均应贴上此标记，如图5-13所示。

(2) 国际铁路联盟标记。凡符合《国际铁路联盟条例》规定的集装箱，可以获此标记。该标记是在欧洲铁路上运输集装箱的必要通行标记，如图5-14所示。

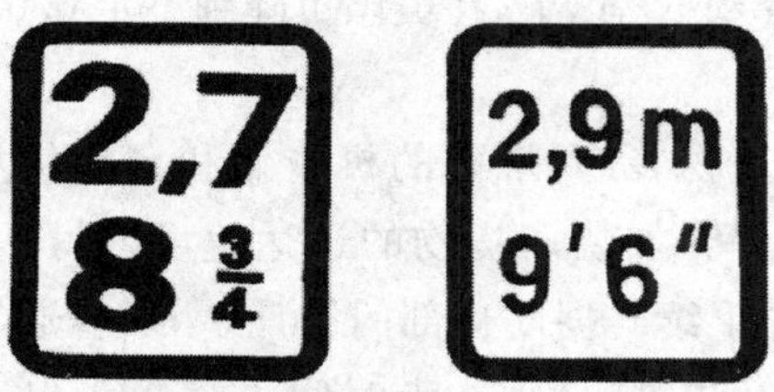

注：框内底色为黄色

图 5-13 超高标记

图 5-14 国际铁路联盟标记

二、集装箱运输的概念、特点及关系人

（一）集装箱运输的概念及发展

集装箱运输是指以集装箱为载体，将货物集合组装成集装单元，以便在现代流通领域运用大型装卸机械和大型载运车辆进行装卸、搬运作业和完成运输任务，从而实现货物“门到门”运输的一种新型、高效率和高效益的运输方式。

集装箱运输自1956年4月开始在美国用于海上运输后，满足了货主快速、安全、准确、直达的运输要求，其应用领域不断扩大。这表现在：一是从海上逐渐扩展到陆地和天空；二是从外贸运输扩展至内贸运输；三是集装箱运输的货物已超越了传统件杂货物的范畴，一些大宗散货如矿石、煤炭的装箱率也在不断提高。

目前，世界海运集装箱干线主要有：远东—北美航线；北美—欧洲、地中海航线；欧洲、地中海—远东航线；远东—澳大利亚航线；澳、新—北美航线；欧洲、地中海—西非、南非航线。

目前，中国内地沿海港口集装箱运输的发展大体形成了三个区域：一是以深圳为龙头的珠江三角洲地区；二是以上海为中心的长江三角洲地区；三是以青岛、天津、大连为代表的环渤海地区。

（二）集装箱运输的特点

1. 集装箱运输的优点

与传统的运输方式相比较，它具有独特的优越性，这也正是集装箱运输能如此迅速发展的原因。

1）提高装卸效率，减轻劳动强度

集装箱运输将单件货物集合成组，从而扩大了运输单元，规范了单元尺寸，便于机械操作，为实现货物的装卸机械化和搬运机械化提供了条件。例如，在港口普通码头装卸件杂货船舶，其装卸效率一般为35吨/小时，并且需要配备装卸工人约17人；而在集装箱专用码头上装卸集装箱，其效率可达400～500吨/小时，且只需配备4名工人。

2）减少货损货差，提高货物运输的安全与质量

由于集装箱结构坚固，强度很大，水密性、气密性较好，对货物具有很好的保护作用。因此，货物在运输、装卸和保管过程中不易受损，即使经过长距离运输或多次换装，货物的完好率也很高。货物在途中丢失的可能性大大降低。例如，采用普通火车装运玻璃器皿的一般破损率达30%，而改用集装箱运输后，破损率下降到5%以下，在美国可降到不足0.01%。

3）缩短货物的在途时间，加快车船的周转

采用集装箱运输后，一方面，港口和场站的货物装卸、堆码的机械化和自动化水平大幅度提高，这就大大缩短了车船在港站停留的时间，加快了货物的送达速度。另一方面，减少了运输中转环节，简化了通关、理货、检验等手续。据航运部门统计，一般普通货船在港停留时间约占整个营运时间的56%，而采用集装箱运输，在港时间可缩短为仅占整个营运时间的22%。运输时间减少的同时也使得买卖双方资金周转效率有所提高。

4）节省货物的运输包装费用，简化理货手续

集装箱作为一种能反复使用的运输设备，本身就是一种很好的运输包装，虽然一次性投资较高，但单位货物运输分摊的包装费用反而降低。此外，由于杂货包装单位较小，形状各异，理货核对较为困难。而采用标准集装箱，理货时按整箱清点，大大缩短了检查时间，同时也节省了理货费用。

5）减少营运费用，降低运输保险成本

集装箱运输提高了船舶的装卸效率，加速了车船的周转，从而减少了营运费用，降低了装卸成本。同时，采用集装箱方式，货物运输的安全性明显提高，使保险费用有所下降。

例如，英国在大西洋航线上开展集装箱运输后，装卸成本减少了 90%，营运费用减少了 75%，运输成本仅为普通杂货船的 1/9。

6）有利于组织多种运输方式的联合运输

随着集装箱这种标准运输单位的出现，各种运输工具的运载尺寸向统一地满足集装箱运输需要的方向发展，使各种运输方式能有机地结合起来，这使得各种运输工具之间的换装衔接变得更加便利。

2. 采用集装箱运输的缺点

1）集装箱运输需要大量的初始投资

集装箱运输需要有集装箱专用船舶、泊位和配套的装卸、堆码、搬运机械设施。这些机械设备与传统的港口设备相比，技术上的要求更高，所投入的资金也明显增多。此外，为适用于大型集装箱专用车辆的通行，内陆运输线路、运载工具和内陆货运站都必须进行改造、兴建、扩建等，这也需要巨额的资金投入。

2）增加了箱务管理业务

集装箱运输是以国际标准的集装箱为媒介。由于集装箱的数量多，而且流向复杂，要及时地掌握集装箱的动态是一项十分复杂的管理业务，通常会由于箱务管理混乱，大量集装箱流失。这不仅会造成重大经济损失，而且会影响运输的正常运行。

3）要求海关、进出口检验检疫等机构的密切配合

按照国家的规定，货物的进出口需要办理各种检疫及海关手续，这就需要耗费大量的时间，这势必影响集装箱运输高速、高效的优势。因此，为适应集装箱运输的要求，各方机构必须改革传统的做法，提高工作效率，紧密配合，以确保集装箱运输的畅通无阻。

4）集装箱船舶的潜在风险

集装箱船舶为便于装卸，一般设置很大的舱口，从而使船舶纵向变形的适应力小了很多，极易在舱口四角因扭力矩产生集中应力而撕裂。

一般而言，集装箱船舶甲板装载集装箱量比较大，占船舱总载箱量的 30%到 50%，这样会造成船舶重心较高，船舶的稳性因重心提高而受到影响；甲板装载以后驾驶室的视线受到限制，加大了视野的死角，增加了货运事故的可能性；另外，甲板装载的集装箱极易受到风浪的袭击，货损的风险性加大了。

虽然存在以上不足，但从整体来看，由于集装箱运输加快了运输速度、减少了货损货差、简化了相关手续、节省了包装费用、增加了通过能力，所以仍是一种经济合理的运输方式。

（三）集装箱运输的关系人

1. 经营集装箱货物运输的实际承运人

这种承运人拥有大量的运输工具和一定数量的集装箱，是直接为货主提供运输服务的机构，包括经营集装箱运输的船公司、联营公司、公路集装箱运输公司、航空集装箱运输公司等，它们是集装箱货物运输中的实际承运人，直接揽货，是运输合同的当事人之一。

2. 无船承运人

在集装箱运输中，经营集装箱货运的揽货、装箱、拆箱、内陆运输及中转站或内陆站业务，但不掌握运载工具的专业机构，称为无船承运人（non-vessel operating common carrier，NVOCC）。它在承运人与托运人之间起着桥梁的作用，是货物运输的设计者和组织者，一方面以承运人的身份向货主揽货，接受货主的托运；另一方面，以托运人名义向实际承运人托运。

无船承运人具有以下特征。

(1) 不是国际贸易合同的当事人。

(2) 在法律上有权订立运输合同。

(3) 本身一般不拥有运输工具。

(4) 有权签发提单，并受提单条款的约束。

(5) 因能订立运输合同，对货物全程运输负责。

(6) 具有双重身份，对货物托运人来说，他是承运人或运输经营人；而对实际运输货物承运人来说，它又是货物托运人。

无船承运人的经营业务主要有以下几项。

(1) 作为承运人签发货运提单，对货物托运人负责。

(2) 根据货物托运人的要求和货物情况，代表货物托运人承办订舱业务。

(3) 根据货物托运人的委托，在指定地点接受货物并转交给实际承运人或者其他人。

(4) 代办库场业务。

3. 集装箱租赁公司

集装箱租赁是随集装箱运输发展而兴起的一种新兴行业，集装箱租赁公司专门经营集装箱的出租业务。集装箱租赁公司根据客户的需求，专门为客户量身定做灵活租赁方案，提供合适的租赁费率，最小化客户的租赁成本，以“双方共同发展”作为服务宗旨。

4. 联运保赔协会

这是一种由船公司互保的保险组织，对集装箱运输中可能遭受的一切损害进行全面统一的保险，是集装箱运输发展后产生的新的保险组织。

5. 集装箱码头(堆场)经营人

集装箱码头(堆场)经营人是具体办理集装箱在码头的装卸、交接、保管的部门，它受托运人或其他代理人以及承运人或其代理人的委托提供各种集装箱运输服务。

6. 集装箱货运站

集装箱货运站是为拼箱货装箱和拆箱的船、货双方办理交接的场所。

7. 货主

在某一地点的出口商和进口商都可以称为货主。

三、集装箱的运输工具设备

集装箱可以借助船舶、火车、汽车和飞机等运输工具来完成主要的运输任务。而在码头、车站、机场、仓库间的短途搬运通常由跨运车(straddle carrier)、铲车(fork lin)、拖斗和拖车(tractor and trailer chassis)、龙门吊(transtainer)及底盘车(chassis)等来完成。

铲车又称叉车，是码头上广泛采用的一种搬运机械，主要用于搬运 20 英尺以下的小型集装箱内的装卸货物。

跨运车是一种有腿的、自身带动力的小型门式起重机。可以跨在集装箱上将其抓住而行走运送，主要用于在码头前沿、堆场、仓库之间往返运送集装箱，也可用于装卸汽车和拖车上的集装箱。

龙门吊又称高架吊车，可滑行于铺设在码头前沿与泊位平行的轨道上，也有装胶轮不在轨道上行驶的。龙门吊适合用于堆高作业，一般可堆箱5层高。

底盘车是一种不带动力的设备。通常，集装箱可直接装在底盘上，用牵引车牵引作业，比较灵活，适合"门到门"的运输。其不足之处是，每一个集装箱带一台底盘车，不宜叠放，占地面积大。

第二节 集装箱运输货物的装载与交接

一、集装箱的选择

（一）集装箱选择原则

（1）根据所运输的货物种类、包装、性质和运输要求，选择合适的集装箱。

（2）根据航线上和运输路线具体的货源条件与港口条件来选择。最好选用国际上广泛使用的20英尺集装箱和40英尺集装箱。

（3）开展集装箱国际多式联运，应以实行"门到门"运输为原则。

在选用集装箱运输时，还必须注意内陆运输的条件。为了适应公路和铁路的运输条件，使货物运量少、运输条件差的国家和地区也能实现"门到门"运输，可采用子母箱运输方法。子母箱运输方法是指子箱的尺寸应与母箱的尺寸紧密配合，在海上运输时可采用大型国际标准箱，而在内陆运输时，则采用小型集装箱运输。

（二）装货前对集装箱的检查

集装箱在装载货物之前，必须经过严格检查。对集装箱的检查是货物安全运输的基本条件之一。

1. 中国相关法律法规对集装箱检查的强制规定

（1）中国《进出境集装箱检验检疫管理办法》对装货前的集装箱作出强制性的规定，即"出境集装箱应在装货前向所在地海关报检，未经海关许可，不准装运"。同时又规定"装载出境货物的集装箱，出境口岸海关凭起运地海关出具的检验检疫证单验证放行。法律、法规另有规定的除外"。

在中国，集装箱装箱前的强制检验已不再区分装箱产品的类别，装载所有出境产品的集装箱在装箱前都须向海关报检，否则将无法获得出境口岸海关的放行。因此，装箱人必须格外重视集装箱的装箱前检查，发现不合格的集装箱应立即向承运人提出并要求调换。否则，按照惯例，装箱人一旦未提出异议而接受集装箱，即集装箱被视为是合格的、适货的。若由于此集装箱的原因发生货损、串味等，装箱人将很难免除自己的责任。

（2）现行《集装箱货物装载管理办法》规定，"供箱人应提供用箱人所需要的，并能适合货物装载、运输的集装箱。如货物灭失系由供箱人所提供的集装箱不适合装载、运输货物所致，该货物的灭失、损害由供箱人负责赔偿"。同时又进一步规定："装箱人如发现箱子不适合装载、运输货物时，则应拒装。但若装箱人继续使用该不适合装载、运输货物的箱子，或未能及时将过失引起的货物灭失和损害通知供箱人、运箱人，该货物的灭失、损害则由装箱人负责。”

2. 集装箱的检查

选定合适的集装箱型号后，在货物装箱前需对集装箱状况进行检查。对集装箱的检查应做到以下几点。

(1) 外部检查。外部检查是指对箱子进行六面察看，检查外部是否有损伤、变形、破口等异样情况，如有则应在修理部位作出标志。

(2) 内部检查。内部检查是对箱子的内侧进行六面察看，检查是否漏水、漏光、有无污点、水迹等。

(3) 箱门检查。检查箱门是否完好、能否 270°开启，门的四周是否水密，门锁是否完整，箱门能否开启。

(4) 清洁检查。检查箱子内有无残留物、污染、锈蚀异味、水湿。若不符合要求，应予以清扫甚至更换。

(5) 附属件的检查。附属件的检查是指附属件的强度、数量是否满足有关规定和运输需要。箱子本身的机械设备(冷冻、通风)是否完好，能否正常使用。

(6) 是否符合国际标准，具有合格的检验证书。

案例分析 5-1

集装箱不适货造成货损索赔案

2004 年 3 月，上海箱包进出口公司(以下简称“A 公司”)与美国一家采购公司(以下简称“B 公司”)按 CIF 条款签订一份出口箱包的合同。根据合同规定，由 A 公司向 C 海运公司办理订舱。C 海运公司接受订舱后进行配载，并运载空集装箱至 A 公司的生产厂家进行装箱。由于 A 公司业务繁忙，业务员没有到生产厂家亲自查看整批货物装箱情况。货物装箱完毕后，C 海运公司直接将已装货的集装箱运至堆场，并及时在平安保险公司为该批货物投保了一切险。装船后，A 公司及时将装船通知以电传方式通知了 B 公司，并将该批货物的保单背书转让，委托银行托收货款。一个月后，B 公司向 A 公司提出索赔，理由是箱包有很大的刺激气味，影响销售。A 公司接到 B 公司的索赔电讯后，立即查找原因。经查，箱包之所以产生刺激气味，是因为集装箱油漆未干透所致，属于保险公司的免责范围。由于 A 公司业务员未能在现场监装，没有发现集装箱油漆未干透，致使货物产生刺激气味，影响销售，应该承担一定的责任，于是同意降价 10%，了结此案。

[案例解析]

此案例中，箱包产生刺激气味是集装箱的油漆未干透所致，属于集装箱不适货，是保险公司的除外责任，保险公司不负责赔偿。虽然投保的是一切险，但一切险的承保责任也是有一定范围的，并不是对任何风险所致的损失都负赔偿责任。

作为承运人，必须使其集装箱适货。按常规和一般的工作程序，发货人作为集装箱的装箱人，应对箱体进行认真检查和感官测试，发现不合格的集装箱应立即向承运人提出并要求调换。否则，按惯例，装箱人一旦未提出异议而接受集装箱，即集装箱被视为是合格的、适货的。若由于此集装箱的原因发生货损、串味等，装箱人将难免除自己的责任。现行的《集装箱货物装载管理办法》规定：供箱人应提供用箱人所需要的，并能适合货物装载、运输的集装箱。如货物灭失、损失系由供箱人所提供的集装箱不适合装载、运输货物所致，该货物的灭失损害则由供箱人负责赔偿。同时又进一步规定：装箱人如发现箱子不适合装载运输货物，应拒绝装货。但如果装箱人继续使用该不适合装载、运输货物的箱子，或未能及时把过失引起的货物灭失和损害通知供箱人、运箱人，则该货物的灭失、损害由装箱人负责。

此案中，承运人应该提供清洁、干燥、无味、无尘的适货集装箱，保证集装箱的油漆干透是供箱人的最基本的责任之一。箱包产生刺激性气味是由于油漆未干透所致，是明显的不适货，对此承运人肯定是有责任的。当然，发货人在装箱前没有对箱子进行检查，也有不可推卸的责任。根据以往的判例，通常双方各自承担对半责任。

资料来源：孙志强. 案例分析：一切险责任方的判断[J]. 集装箱化，2006(5).（有改动）

二、集装箱货物的分类

（一）按适箱化程度

虽然集装箱运输具有显著的优越性，集装箱化的程度也在迅速加深，但并不是所有的货物都适合集装箱运输，按国际贸易的分类品目，运输中的所有货物可分为 56 种品目，最适合集装箱运输的货物有 32 种，占总数的 57.1%，其余为边缘集装箱化或不适合集装箱化的货物。

1. 最适合集装箱化货物

最适合集装箱化货物(prime containerizable cargo)，是指货价高、运费承受能力强并且按其属性可有效地装载集装箱运输的商品。同时，这些货物也比较容易损坏或被盗。最适合集装箱化的货物包括纺织品、食品、药品、塑料及其制品、酒类、各种小型电器、光学仪器、小五金等。

2. 适合集装箱化货物

适合集装箱化货物(suitable containerizable cargo)，是指货价、运费承受能力适当，其属性较适合集装箱装运的商品，通常不易损坏或被盗。此类货物有技术制品、电线、电缆、皮革、纸浆、炭精、罐装植物油、煤焦油等。

3. 边缘集装箱化货物

边缘集装箱化货物(marginal containerizable cargo)，又称临界集装箱化货物，是指可用集装箱装载，但因其货价较低，用集装箱运输不经济；或者就货物的外形、包装而言，进行集装箱化的难度比较大，如钢锭、生铁、原木、砖瓦等。

4. 不适合集装箱化货物

不适合集装箱化货物(unstuitable containerizable cargo)，此类货物从技术上来看是不能装入集装箱的，如桥梁、铁塔、大型发电机等设备，其尺度往往超出了集装箱的最大尺寸;或者货流量太大,如果使用专用运输工具来运输,装卸效率和经济效益更高,如原油、矿砂、原糖等均由专用散货船装运。

(二)按能否装满整个集装箱

1. 整箱货

整箱货是指数量较多,足够装满一个或数个整箱的货物。通常是发货人自行装箱,负责填写装箱单,并由海关加铅封的货物。整箱货涉及一个发货人和一个收货人。

2. 拼箱货

拼箱货是指批量很小,不能装满一个整箱,需要与其他货主的货物拼装在一个集装箱内的货物。通常由集装箱货运站负责装箱,并负责填写装箱单和场站收据。拼箱货往往涉及多个发货人和收货人。

三、集装箱货物的装载

为确保货运质量,做好集装箱箱内货物的积载工作是很重要的,许多货损事故的发生都是装箱不当所致的。货物积载、装箱不当不仅会造成货损事故,还会对运输工具及装卸机械等设备造成损坏。集装箱货物在积载、堆装时应注意以下事项。

1. 货物的性质与混载

不同件杂货混装在同一个集装箱内时,应根据货物的性质、重量、外包装的强度、货物的特性等情况,合理混载,避免因货物的性质和包装相互抵触而发生事故。例如,有水分的货物和干燥货物的混载,强臭货物与具有吸臭性的货物的混载,危险货物的混载等,均会使货物质量发生变化,造成货运事故。

2. 重量的分配

货物在箱子内的重量分布应均衡。

一方面,沿纵向和横向重量分布应均匀。如果箱子某一部位或某一端的负荷过重,在搬运、装卸作业时,容易引起集装箱倾斜、装卸搬运工具损坏等事故;集装箱底部结构也可能因局部负荷过大而发生弯曲或者脱开的危机;此外,在陆上运输时,如存在上述情况,拖车前后轮的负荷差异过大,在行驶中容易发生故障。

另一方面,沿高度方向重量分布应均匀或下重上轻,即将重货装在箱子底部,轻货则装在箱子上部;将包装牢固的货物装在箱子底部,包装不牢的货物装在箱子上部。在进行货物堆码时,则应该根据货物的包装强度,决定货物的堆码层数。对于易碎货物要特别注意其承载能力。

3. 货物的绑扎固定

货物的装载要严密整齐,货物之间不留空隙,这样不仅可充分利用箱内容积,也可防止货物相互碰撞而造成损坏。绑扎固定对于缓冲运输中产生的冲击和震动是十分有效的,因此,在装载重货时都必须加以绑扎,对靠箱门附近的货物要采取系固措施。

实际中,由于对靠箱门附近的货物没有采取系固措施,发生货物倒塌,造成货物损坏和人身伤亡的事故时有发生。因此,在装箱完毕关箱前应采取措施,防止箱口附近货物的倒塌。

4. 缓冲材料的使用

货物与货物之间也可以加隔板或隔垫材料，避免货物相互擦伤、沾湿、污损。另外，为使箱内下层货物不致被压坏，并使负荷均匀分布，应在货物堆码之间垫入缓冲材料，如木垫、缓冲垫、空气垫等。

5. 其他注意事项

(1) 应使用清洁、干燥的垫料(如胶合板、草席、缓冲器材、隔垫板等)。

(2) 应根据货物的不同种类、性质、包装，选用不同规格的集装箱，选用的箱子应符合国际标准，经过严格的检查，并具有检验部门发给的合格证书。

(3) 不要接受包装已损坏的货物。

(4) 按照“不可倒置”“禁止横装”等指示标志进行装载。

(5) 集装箱内货物的总重量不能超过集装箱的额定载重量等。

案例分析 5-2

因集装箱装载不当引发的风险

事件一：2006 年 11 月 22 日，某轮从巴拿马驶往青岛途中，船员在检查加固集装箱绑扎时，发现左舷外档甲板第二层的集装箱被撞坏，货物部分已露出箱体，随时有掉入海中的危险。箱中货物是机器设备，为四根圆形钢柱和三个设备木箱。四根钢柱没有任何固定，在集装箱内滚动相互撞击，并撞击集装箱箱体，造成箱体破损。

事件二：2006 年 12 月 3 日，某轮从日本横滨驶往美国西雅图港途中，在北太平洋上位于 43°N/156°W 附近，因遭遇到 8 级以上的西北大风，船舶横摇幅度大约 26°左右。之后，在对甲板集装箱进行检查时，发现装载在船尾甲板的框架箱中的推土机在大风浪的作用下，因货物在平板箱上的系固钢丝绳太细，经受不了船舶摇摆产生的系固应力而绷断，货物倒塌。所幸该货装在船舶的中间位置而没有坠海，但造成货物损坏和旁边的集装箱损坏。

事件三：2003 年 8 月 3 日 9:50，某巴拿马籍集装箱船在深圳盐田 4 号锚地锚泊时，发现装载在主甲板中前部 BAY 位号为 311482 的集装箱(内装 5.2 类桶装危险品)发生冒烟燃烧。原因是运输过程中货物发生挤压、碰撞、倒塌等情况，导致包装桶破损，桶内货物泄漏，当遇到金属等还原物质时，发生反应不断放热，当热量积聚到燃点，引起火灾。虽经紧急处置，火灾于 8 月 6 日被完全控制，未造成人员伤亡，但造成 10 个 20 英尺集装箱和 35 个 40 英尺集装箱全损，49 个集装箱内货物全损。

资料来源：徐伯民. 集装箱内货损分析和防止货损的建议[J]. 航海技术，2007(4).(有改动)

四、集装箱货物的交接方式与交接地点

(一) 交接方式

根据集装箱的装箱方式不同，集装箱货物交接方式可归纳为以下四种。

1. 整箱交，整箱接

货主在自己的工厂或仓库把托运货物装满整箱(整装)，在装货港的集装箱堆场交给

承运人；承运人将整箱货运至卸货港，在集装箱堆场收货人同样整箱接货；收货人在自己的工厂货仓库等拆箱卸货（整拆）。换而言之，承运人以整箱为单位负责交接，货物的装箱和拆箱均由货方负责。

在这种交接方式下，箱内货物在起运地通常属于同一货主的整箱货物（CY cargo），而在目的地也属于同一收货人的整拆货物（CY cargo）。同时，当承运人将铅封完好的整箱货交付给收货人之后，即解除其责任，至于箱内货物如何，承运人不承担责任。这种交接方式是海运集装箱货物交接的最主要方式，也是班轮运输中最常用的方式，其最能发挥集装箱运输的优越性。如图 5-15 所示。

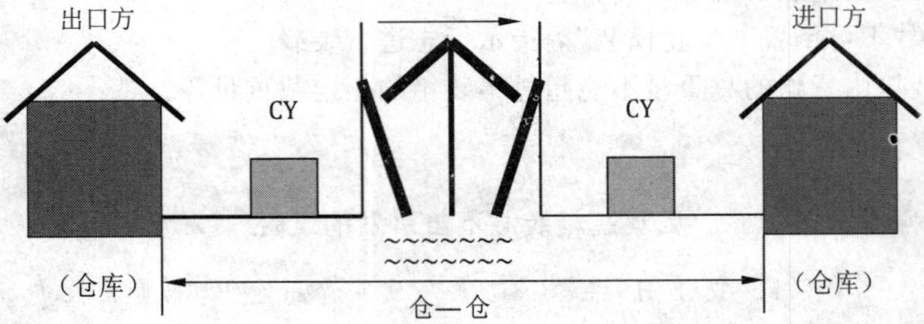

图 5-15　整箱交，整箱接

2. 拼箱交，拆箱接

货主将不足整箱的小票托运货物在集装箱货运站或内陆转运站交给承运人，由承运人负责拼箱和装箱，并运到目的地的集装箱货运站或内陆转运站，由承运人负责拆箱，拆箱后，收货人凭单接货，货物的装箱和拆箱均由承运人或代理人负责。

在这种交接方式下，箱内货物在起运地即属于不同货主的拼箱货物（CFS cargo），在卸货港或目的地也属于不同收货人的拼拆货物（CFS cargo）。同时，在卸货港或目的地卸载时，承运人须对箱内货物承担责任。这种交接方式是拼箱集运公司最常用的交接方式。如图 5-16 所示。

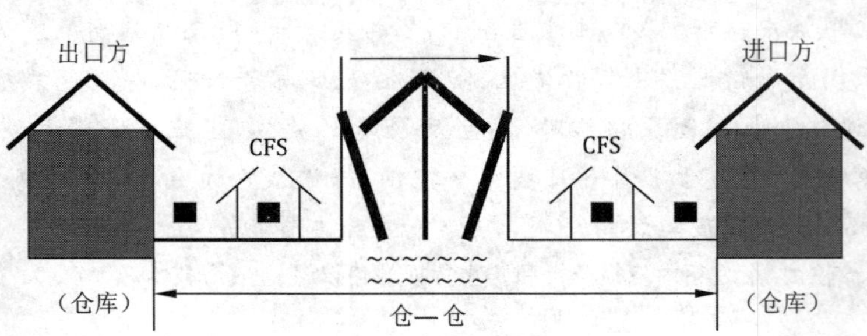

图 5-16　拼箱交，拆箱接

3. 整箱交，拆箱接

货主在自己的工厂或仓库把装满货后的整箱在集装箱堆场交给承运人；承运人将整箱货运至卸货港，在目的地的集装箱货运站或内陆转运站由承运人负责拆箱后，各个收货人凭单接货。

在这种交接方式下，箱内货物在起运地属于同一货主的整箱货物，而在目的地则属于几个收货人的拼拆货物。同时，在目的地卸载时，若承运人能证明卸载时货箱的铅封完好无损，则承运人对箱内货物不承担损害赔偿责任，除非收货人能证明货物的损害是在拆箱卸货之前由承运人造成的。如图 5-17 所示。

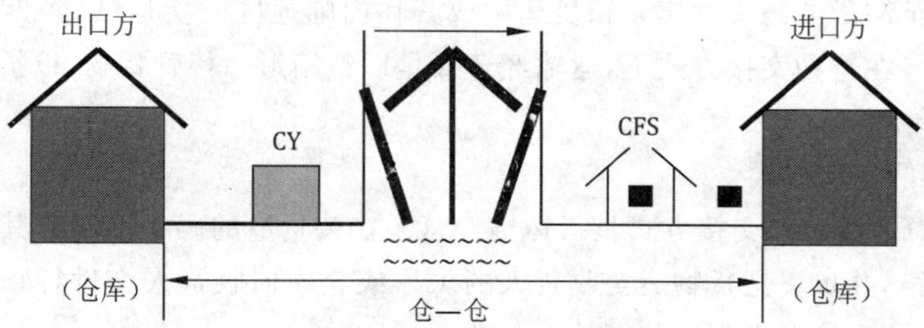

图 5-17 整箱交，拼箱接

4. 拼箱交，整箱接

货主将不足整箱的小票托运货物在集装箱货运站或内陆转运站交给承运人，由承运人分类调整，把同一收货人的货集中拼装成整箱，运到目的地后，承运人在集装箱堆场以整箱交，收货人以整箱接。

在这种交接方式下，箱内货物在起运地通常属于不同货主或托运人的拼装货物，而且在目的地则属于同一收货人的整拆货物。同时，在目的地卸载时承运人应对箱内货物承担责任。如图 5-18 所示。

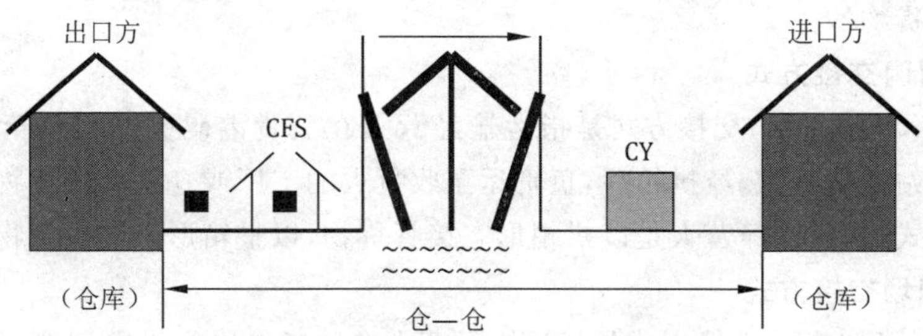

图 5-18 拼箱交，整箱接

上述各种交接方式中，以整箱交，整箱接效果最好，也最能发挥集装箱的优越性。

（二）交接地点

根据货物的实际交接地点不同，集装箱货物的交接方式主要有以下几种。

1. 门到门交接方式

门到门（door/door）交接方式是指运输经营人由发货人的工厂或仓库接管货物，负责将货物运至收货人的工厂或仓库交付。在这种交付方式下。货物的交接形态都是整箱交接的。

2. 门到场交接方式

门到场（door/CY）交接方式是指运输经营人在发货人的工厂或仓库接管货物，并负责将货物运至卸货港码头堆场或其他内陆堆场，在堆场处向收货人交付货物。在这种交接方式下，货物也都是整箱交接的。

3. 门到站交接方式

门到站（door/CFS）交接方式是指运输经营人在发货人的工厂或仓库接管货物，并负责将货物运至卸货港码头的集装箱货运站或其在内陆地区的货运站，经拆箱后向各收货人交付货物。在这种交接方式下，运输经营人是以整箱形态接管货物，以拆箱形态交付货物的。

4. 场到门交接方式

场到门（CY/door）交接方式是指运输经营人在装货港的码头堆场或其内陆堆场接管货物（整箱货），并负责把货物运至收货人的工厂或仓库向收货人交付货物。在这种交付方式下，货物的交接形态都是整箱的。

5. 场到场交接方式

场到场（CY/CY）交接方式是指运输经营人在装货港的码头堆场或其他内陆堆场接管货物（整箱货），并负责运至卸货港码头堆场，在堆场向收货人交付货物（整箱货）。货物的交接形态都是整箱的。

6. 场到站的交接方式

场到站（CY/CFS）交接方式是指运输经营人在装货港的码头堆场或其内陆堆场接管货物（整箱货），并负责运至卸货港码头集装箱货运站或其在内陆地区的集装箱货运站，经拆箱后向收货人交付货物。在这种交接方式下，运输经营人是以整箱形态接管货物，以拆箱形态交付货物的。

7. 站到门交接方式

站到门（CFS/door）交接方式是指运输经营人在装货港码头的集装箱货运站或内陆集装箱货运站接管货物，经拼箱后，负责运至收货人的工厂或仓库交付货物（整箱货）。在这种交接方式下，运输经营人是以拼箱形态接管货物，以整箱形态交付货物的。

8. 站到场交接方式

站到场（CFS/CY）交接方式是指运输经营人在装货港码头或内陆地区的集装箱货运站接管货物，经拼箱后，负责运至卸货港码头或内陆地区的堆场交付货物（整箱货）。在这种方式下，运输经营人是以拼箱形态接管货物，以整箱形态交付货物的。

9. 站到站交接方式

站到站（CFS/CFS）交接方式是指运输经营人在装货港码头或内陆地区的集装箱货运站接管货物，经拼箱后，负责运至卸货港码头或其他内陆地区的集装箱货运站，经拆箱后，向收货人交付货物。在这种方式下，货物的交接形态都是拼箱的。

以上 9 种交接方式是集装箱货物的基本交接方式。除装货港码头堆场（或装货港码头的集装箱货运站）到卸货港码头堆场（或卸货港码头集装箱货运站）交接方式适用于海运单一方式运输（包括海上转运和海海联运）外，其他交接方式都属于集装箱货物多式联运下的交接方式。

综上所述，集装箱的交接方式如表 5-3 所示。

表 5-3　集装箱的交接方式

装箱方式	交货地点
整箱交,整箱接(FCL/FCL)	门到门(door/door) 场到场(CY/CY) 门到场(door/CY) 场到门(CY/door)
整箱交,拆箱接(FCL/LCL)	门到站(door/CFS) 场到站(CY/CFS)
拼箱交,整箱接(LCL/FCL)	站到门(CFS/door) 站到场(CFS/CY)
拼箱交,拆箱接(LCL/LCL)	站到站(CFS/CFS)

五、集装箱货物的流转

1. 整箱货流转过程

(1) 发货人在自己的工厂或仓库装箱地点配置集装箱。

(2) 发货人在自己的工厂或仓库装箱地点配箱、装箱。

(3) 通过内陆运输,将集装箱货物运至集装箱码头或场站。

(4) 根据堆场计划在堆场内暂存集装箱货物,等待装船。

(5) 根据装船计划,将集装箱货物装上船舶。

(6) 通过海上运输,将集装箱货物运抵卸货港。

(7) 根据卸船计划,从船上卸下集装箱货物。

(8) 根据堆场计划,在堆场内暂存集装箱货物,等待收货人前来提货。

(9) 通过内陆运输,将集装箱货物运至收货人的工厂或仓库。

(10) 收货人在自己的工厂或仓库掏箱地点掏箱,集装箱空箱回运。

上述发货人、收货人两方面的内陆运输,一般有三种运输系统。

(1) 货主拖运系统。货主拖运系统系指集装箱空箱的配置、重箱运输均由货主自己负责,在运至集装箱码头后,由海上承运人接管。

(2) 承运人拖运系统。承运人拖运系统系指集装箱空箱的配置、重箱的内陆运输均由海上承运人负责安排并支付费用,海上承运人的责任从发货人工厂、仓库接收集装箱时开始。

(3) 混合拖运系统。混合拖运系统系指海上承运人负责集装箱空箱的监管及配置,重箱运输应由货主负责安排并支付费用。上述拖运系统中,在由承运人负责拖运的情况下,内陆运输费用成为全程运费的一部分。

整箱货物流转过程如图 5-19 所示。

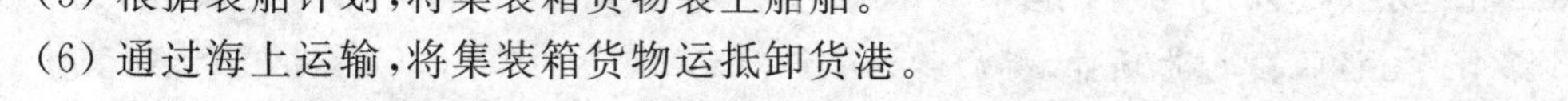

图 5-19　整箱货流转过程

2. 拼箱货流转过程

(1) 发货人自己负责将货物运至集装箱货运站。

(2) 集装箱货运站负责备箱、配箱、装箱。

(3) 集装箱货运站负责将装载的集装箱货物运至集装箱码头。

(4) 根据堆场计划,将集装箱货物暂存堆场,等待装船。

(S5) 根据装船计划,将集装箱货物装上船舶。

(6) 通过海上运输,将集装箱货物运抵卸货港。

(7) 根据卸船计划,从船上卸下集装箱货物。

(8) 根据堆场计划,将集装箱货物暂存堆场,等待集装箱货运站前来提货。

(9) 集装箱货运站掏货、交货。

(10) 集装箱空箱回运。

拼箱货流转过程如图 5-20 所示。

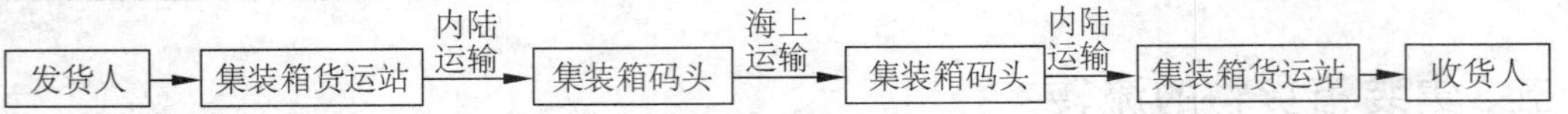

图 5-20 拼箱货流转过程

案例分析 5-3

整装/整拆争议案

原告宁波顶佳进出口有限公司(以下简称"顶佳")诉称:2004 年 9 月 25 日被告地中海航运公司(以下简称"地中海航运")签发了 MSCUFA216941 号提单,由"MSC LINZIE"轮将收货人为顶佳、标的物为铜废碎料、重量为 68 000 千克(包括包装物)、货值 108 240 美元的 3 个 20 英尺集装箱由比利时安特卫普运至中国宁波。同年 10 月 25 日货物到港后,该 3 个集装箱内只有包装铁桶而无铜废碎料,导致原告提货不着。特诉请判令被告地中海航运交付提单下 3 个集装箱铜废碎料,共计 68 000 千克,若无法交付,则赔偿货价 108 240 美元。

被告地中海航运辩称:①涉案 3 个集装箱中的 2 个集装箱铅封号与提单一致,由于货物是整箱交接,作为承运人的被告根本无法核对货物情况,根据提单记载的不知条款(STC)和中国海商法,在铅封号一致的情况下,被告不需对集装箱内任何货物不符承担责任。另一集装箱铅封号与提单记载不符,属于提单记载错误,因为该集装箱从南非德班港到本案的装货港安特卫普再到目的港宁波,铅封号始终未发生变化,在此情况下,被告也无须对其中货物不符承担责任。②假如被告需要承担责任,也享有单位责任限制,即每个集装箱 666.67 特别提款权。

被告地中海航运反诉称:涉案 3 个集装箱于 2004 年 10 月 25 日卸至目的港中国宁波,顶佳于同年 10 月 27 日凭正本提单提取了货物,但未能及时将集装箱返还被告,其间被告向原告书面通知了集装箱超期使用费率,并多次向原告提出支付集装箱超期使用费的请求。涉案 3 个集装箱直至 2006 年 6 月才归还给被告。故诉请判令原告支付集装箱超期使用费 35 100 美元。

原告宁波顶佳辩称：①原告没有提货，没有提取集装箱，本案集装箱是被海关所扣押，滞箱费与原告无关；②即使原告超期使用集装箱，提单也并未记载和约定免费使用期是多少、多少时间后是超期；③如果集装箱存在超期使用，原告与被告也未约定超期使用费是多少，如果是违约，应根据违约规定来计算损失，对于实际损失，希望被告进行举证。

法院认定事实如下：

原告顶佳从比利时进口的价值 108 240 美元的 68 000 千克铜废碎料（包括包装物），由地中海航运所述的“MSC LINZIE”轮承运，装载在 3 个 20 英尺集装箱内，被告为此签发了提单，并在承运人的代理签注栏明确记载“由托运人装箱、装载和铅封，承运人未被允许打开铅封，也未核对货物的质量、数量、状况、内容、唛头和数目，该等信息依据托运人宣称”。

该提单正面还载明自集装箱交付起，承运人将给予 3 天的使用期，包括从码头提取当天，以及根据载明的目的港的价目表所允许的免费使用期，根据当地代理通知，自船上卸下之日起算。集装箱、拖车和其他设备的滞期费将在此后计算。

该提单签发时，被告将其中 MSCU2747120 号集装箱的铅封号 36154 误写为 490202。原告通过付款赎单，取得了包括提单在内的全套进口单证。

该票货物运抵宁波后，于 2004 年 10 月 25 日卸货，原告于同年 10 月 27 日提取了 3 个集装箱，发现 3 个箱中仅有 200 只包装铁桶而无铜废碎料，同时发现 MSCU2747120 号集装箱的铅封号与提单记载不符。该 3 个集装箱被海关移送布控部门后，原告不积极处理其中的包装铁桶，致使集装箱被长期占用，直至 2006 年 6 月 23 日 200 只包装铁桶被北仑海关做滞港超期货物准备拍卖处理后，被告才从北仑海关收回了 3 个集装箱。

根据被告在网上公布的宁波港滞箱费标准，扣除 10 天免费使用期，3 个集装箱共产生滞箱费 34 920 美元。

法院判决：

(1) 驳回原告宁波顶佳进出口有限公司的诉讼请求。

(2) 原告宁波顶佳进出口有限公司支付被告（反诉原告）地中海航运公司 3 个集装箱的超期使用费 34 980 美元，该款于本判决生效后 10 日内付清。

资料来源：中华人民共和国宁波海事法院民事判决书. 2014-12-16. http://www.tradelawchina.com.

第三节 集装箱货物运输的进出口程序

一、集装箱货物运输出口程序

出口货物集装箱运输流程如下。

1. 订舱

发货人根据贸易合同或信用证条款的规定，在货物托运前一定时间内填好集装箱货物托运单（container booking note）。委托其代理或直接向船公司申请订舱。

2. 接受托运申请

船公司或其代理公司根据自己的运力、航线等具体情况考虑发货人的要求,决定接受与否,若接受申请就着手编制订舱清单,然后分送集装箱堆场或集装箱货运站,据以安排空箱及办理货运交接。

3. 发放空箱

通常整箱货货运的空箱由发货人到集装箱码头堆场领取,有的货主有自备箱;拼箱货货运的空箱由集装箱货运站负责领取。

4. 拼箱货装箱

发货人将不足一整箱的货物交至货运站,由货运站根据订舱清单和场站收据负责装箱,然后由装箱人编制集装箱装箱单(container load plan)。

5. 整箱货交接

由发货人自行负责装箱,并将已加海关封志的整箱货运到 CY。CY 根据订舱清单,核对场站收据(dock receipt, D/R)及装箱单验收货物。

6. 集装箱交接签证

CY 或 CFS 在验收货物和箱子后,即在场站收据上签字,并将签署后的 D/R 交还给发货人。

7. 装船

集装箱装卸区根据装货情况,制订装船计划,并将出运的箱子调整到集装箱码头前方堆场,待船靠岸后,即可装船出运。

8. 换取提单

货物装船后,发货人凭 D/R 向集装箱运输经营人或其代理换取提单(combined transport bill of lading),然后去银行办理结汇。

二、集装箱货物运输进口程序

进口货物集装箱运输流程如下。

1. 寄送资料

起运港的船公司或其代理商应在货轮抵港前(近洋 24 小时前,远洋 7 天前)采用传真或电传或邮寄的方式向卸货港提供提单副本、舱单、装箱单、积载图、危险货物集装箱清单、危险货物说明书、冷藏箱清单等有关的必要的卸船资料。

2. 分发单证,通知有关各方做好卸船准备

船公司或其代理应及时地将起运港寄来的有关货运单证分别送给有关的进口货代或收货人、堆场和货运站,以便各有关单位在货轮抵港前做好各项准备工作。

3. 卸船,发到货通知

船公司或其代理应向进口货代或收货人预告货轮抵港日期,并应于船舶到港后发正式到货通知。一般来说,集装箱从船上卸下来后,如果是在堆场的整箱交接,则将集装箱安置在码头后方堆场,向收货人发出到货通知;如果是集装箱拼箱货,则需要先将集装箱运送到指定的集装箱货运站,进行拆箱、分票、整理后,再发出到货通知。

4. 收货人换取提货单

进口货代或收货人接到到货通知后应持正本提单向船公司或其代理换取提货单。船公司或其代理人将各单据进行核查，审核无误后，收回到货通知和正本提单，签发提货单给收货人。如果是运费到付的方式，换单前还要付清运费。

实际业务中，由于种种原因(如提单流转慢)。货已到港，但收货人还未得到提单，急于提取货物的收货人往往出具保证书来换取提货单，等提单收到后再注销保证。

5. 报关、报验

根据国家有关法律、法规的规定，进口货物办理验放手续后，收货人才能提取货物。因此，收货人在换取了提货单后，还必须凭提货单和其他报关单证，及时地办理有关报关、报验手续。

6. 交付货物

经海关验收，并在提货单上加盖海关放行章后，收货人就可以在指定的地点凭提货单提取货物，完成货物的交付。整箱货的交付是在集装箱堆场进行的，拼箱货的交付是在集装箱货运站完成的。堆场或货运站凭海关放行的提货单，与收货人结清有关费用(在货运过程中可能产生的相关费用，如滞期费、保管费、再次搬运费等)后交付货物。

7. 做好记录

收货人或其代理在提箱时应会同集装箱堆场或集装箱货运站的经办人员检查集装箱或货物外表状况，如发现铅封损坏或丢失，或箱子上有孔洞，货物短少、损坏，则应在提货单的"交易记录"联上详细列明并应要求堆场或货运站共同签认，以便事后凭此向船公司索赔。否则，船公司将不承担责任。另外，需填制集装箱设备交接单(出场)，双方在记载了货物状况的交货记录上签字，作为交接证明，各持一份。

第四节　集装箱运输的主要单证

一、集装箱货物托运单

集装箱货物托运单(booking note，B/N)，是由托运人根据贸易合同和信用证的有关内容向承运人或其代理人办理运输的书面凭证。集装箱货物托运单详细记载了有关货物情况、运输要求等内容。

在集装箱运输中，为简化手续，以场站收据联单的第一联作为集装箱货物托运单，该联单由货主或货主委托货运代理缮制，并送交船公司或其代理人订舱。

二、订舱单

订舱单俗称"落货纸"，是承运人或其代理人在接受发货人或货物托运人的订舱时，根据发货人的口头或书面申请货物托运的情况安排集装箱货物运输而制定的单证。该单证一经承运人确认，便作为承、托双方订舱的凭证。

三、场站收据

1. 场站收据的概念

场站收据，又称港站收据或码头收据，是船公司委托集装箱堆场、集装箱货运站在收到整箱货或拼箱货后，签发给托运人以证明收到货物，托运人可凭以换取提单的单据。场所收据是一份综合性单证，它把集装箱货物托运单、发货单、大副收据、理货单、配舱回单、运费通知等单证汇成一份。这对于提高集装箱货物托运效率有很大意义。

场所收据一般是在托运人与船公司或船舶代理人达成货物运输协议后，由船舶代理人交托运人或货代填制，并在承运人委托的码头堆场、集装箱货运站或内陆货运站收到货物后签字生效。货物装船后，托运人或其代理人可凭场站收据向船舶代理人换取已装船提单。

2. 场站收据的作用

场所收据的主要作用有以下几点。

(1) 其是承运人已收到托运货物并开始对货物负责的证明。

(2) 其是出口货物报关的凭证之一。

(3) 其是换取提单的凭证。

(4) 其是船公司、港口组织装卸、理货、配载的资料。

(5) 其是运费结算的依据。

(6) 如信用证中有规定，其可作为向银行结汇的单证。

3. 场站收据的组成与用途

场所收据是集装箱运输专用的出口单证，不同的港、站使用的格式不尽相同，有7联、10联、12联不等。现以10联格式为例说明场站收据的组成情况，如表5-4所示。

表 5-4 场站收据各联的名称与用途

顺序	名　　称	颜色	主要用途
1	集装箱货物托运单	白色	托运人留存
2	集装箱货物托运单——船代留底	白色	据此编制装船清单、积载图、预制提单等
3	运费通知(1)	白色	计算运费
4	运费通知(1)	白色	运费收取通知
5	装货单(shipping order)——场站收据副本	白色	报关并作为装货指示
	装货单附页	白色	缴纳出口货物港务申请书，由港区核算应收之港务费用
6	场站收据副本(2)——大副联	粉红色	报关，船上留存备查
7	场站收据正本(dock receipt)	黄色	报关，船代凭此签发提单
8	货代留底	白色	缮制货物流向单
9	配舱回单(1)	白色	货代缮制提单等
10	配舱回单(2)	白色	根据回单批准修改提单

4. 场站收据的流转程序

在集装箱货物出口托运过程中，场站收据要在多个机构和部门之间流转。在流转过程中涉及的有托运人、货代、船代、海关、堆场、理货公司、船长或大副等。10联格式场站收据流转程序一般如下。

(1) 托运人填制后，留下货方留底联，将2～10联送船代签单编号。

(2) 船代编号后，留下2～4联，并在第5联上加盖确认订舱及报关章后将第5～7联退给货方，货运代理人留下第8联并把第9、10联送给托运人做配舱回单。

(3) 报关员携第5～7联报关。

(4) 海关审核认可后，在第5联装货单上加盖放行章并将这些联退给报办人。

(5) 货运代理人负责将箱号、封志号、件数等填入第5～7联，并将货物与第5～7联在规定时间内一并送堆场。

(6) 场站业务人员在堆场验收货物，在第5～7联上填入实收箱数、进场日期并加盖场站公章。第5联由场站留底，第6联送理货员，理货员在装船时将该联交大副，并将经双方签字的第7联及场站收据正本返还货运代理人。

5. 场站收据使用中的注意事项

在场站收据及相关货物的装箱、托运中，应注意以下事项。

(1) 托运人或货运代理人的出口货物一般要求在装箱前24小时向海关申报，海关在场站收据上加盖放行章后方可装箱。

(2) 场站收据中出口重箱的箱号允许装箱后由货代或装箱单位正确填写，海关验收时允许无箱号。但进场完毕时必须填写所有箱号、封志号和箱数。

(3) 托运人或货运代理人对场站收据内容变更必须及时通知有关各方，并在24小时内出具书面通知，办理变更手续。

(4) 各承运人委托场站签发场站收据必须有书面协议。

(5) 场站业务员只有经海关加盖放行章后才能签发场站收据，否则不得签发和安排集装箱装船；签发时还必须查验箱号、封志号、数量是否填写正确。

(6) 如果采用CY交接方式，由货主对箱内货物准确性负责；如采用CFS交接方式，则由装箱单位对货物准确性负责，拼箱货物以箱为单位签发场站收据。

(7) 外轮理货人员应根据交接方式在承运人指定的场站和船边理箱，并在有关单据上加批注，提供理货报告和理箱单。

(8) 托运人的货运代理人、船舶代理人应正确完整地填写和核对场站收据的各项内容。

四、集装箱设备交接单

集装箱设备交接单(equipment interchange receipt，E/R or EIR)是集装箱进出港口、场站时用箱人或运箱人与管箱人或其代理人之间交接集装箱及设备(底盘车、台车、冷藏装置、电视等)的凭证，兼有凭以发放集装箱的功能。它既是管理人发放、回收集装箱或用箱人提取、归还集装箱的凭证，也是证明双方交接时集装箱状态的凭证和划分双方责任的依据。此单证通常由管箱人(租箱公司或代理人、船公司或其他类型的集装箱经营人等)签发给用箱人，用箱人据此向场站领取或归还集装箱或设备。

设备交接单分进场(in)和出场(out)两种。这两种设备交接单除正面内容的个别项目大致相同外，都各有3联，分别为管箱单位底联、码头或堆场联和用箱人、运箱人联。

设备交接单流转过程如下。

(1) 管箱人或其代理人填制并签发设备交接单(3联，每箱一份)交用箱人。

(2) 由用箱人、运箱人据此单证(3 联)到码头或内陆堆场办理提(还)箱手续。在堆场经办人(作为管箱人的代理人)核单、双方检验箱体签字后提走(或还回)集装箱及设备。堆场经办人留下码头堆场联与管箱单位联,将用箱人联退还经营人。

(3) 码头堆场经办人将管箱单位联退还管箱单位。

(4) 集装箱还回码头堆场时,双方按单上条款检验箱体状况,如无损坏,设备交接单作用结束。

各类管箱人一般都印制自己的设备交接单,其内容大同小异。设备交接单的背面印有划分管箱人和用箱人之间责任的集装箱使用合同条款。条款的主要内容有:使用集装箱期间的费用,损坏或丢失时责任划分和对第三者造成损坏时赔偿责任等。

五、集装箱装箱单

集装箱装货单(container load plan,CLP)详细记载了每一集装箱内所装货物的名称、数量、包装种类、标志等货运资料和积载情况,是集装箱运输中记载箱内货物详细情况的唯一单证。此单以箱为单位制作,由装箱人填制并经装箱人签署后生效。

装箱单的主要作用有以下几个方面。

(1) 其是向承运人、收货人提供箱内货物明细的清单。

(2) 其是集装箱货物向海关申报的主要单证之一。

(3) 其是货方、港方、船方之间货、箱交接的凭证。

(4) 其是船方编制船舶积载计划的依据,是辅助货物舱单。

(5) 其是办理集装箱货物保税运输、安排拆箱作业的资料。

(6) 其是集装箱运输货物索赔的依据。

装箱单的主要内容包括船名、航次、装卸港、收交地点、集装箱号和规格、铅封号、场站收据或提单号、发货人、收货人、通知人及货名、件数、包装种类、标志、号码、重量和尺码等。对危险品还应作出特殊要求说明。

装箱单一式 5 联,其中码头堆场、承运人、船代各 1 联,发货人、装箱人两联。整箱货的装箱单由发货人填制,拼箱货的装箱单由作为装箱人的集装箱货运站填制。

制作装箱单时,装箱人负有装箱单内容与箱内货物一致的责任。如需理货公司对整箱货物理货时,装箱人应会同理货人员共同制作装箱单。

知识链接 5-2

集装箱装箱单的流转

发货人或货运站将货物装箱,缮制装箱单一式 5 联后,连同装箱货物一起送至集装箱堆场。集装箱堆场的业务人员在五联单上签收后,留下码头联、船代联和承运人联,将发货人联、装箱人联退还给送交集装箱的发货人或卸箱港的集装箱货运站,供拆箱时使用。

对于集装箱堆场留下的 3 联装箱单,除集装箱堆场自留码头联,据此编制装船计划外,还须将船代联及承运人联分送船舶代理人和船公司,据此缮制积载计划和处理货运事故。

六、集装箱提单

(一) 集装箱提单的正面条款

目前,尽管各国的集装箱提单在格式上存在一些差异,但是集装箱提单正面记载事项的内容是基本一致的。

1. 正面内容

(1) 联运经营人的姓名、地址。

(2) 发货人的姓名、地址。

(3) 提单的签发日期、地点。

(4) 接收、交付货物的地点。

(5) 识别货物的标志。

(6) 有关货物的详细情况(件数、重量、尺码等)。

(7) 货物外表状况。

(8) 联运提单的签发份数等。

集装箱提单一般都应注明上述各项内容,如缺少其中一项或几项。只要所缺少的内容不影响货物的安全运输和各当事人之间的利益,则仍然有效。

2. 正面条款

集装箱提单除正面内容外,通常还有正面条款,以说明货物在使用集装箱运输下所签发的提单的性质和作用,这也是集装箱货物运输的特点所要求的。

正面条款包括确认条款、承诺条款和签署条款。

(1) 确认条款,表明负责集装箱运输的承运人是在集装箱外表状况良好、铅封完整的情形下接收货物,并保证以同样状况交货,同时说明该提单是一张收货待运提单。

(2) 承诺条款,表明正式签发的正本提单是运输合同成立的证明,对双方有约束力,货物托运人同意并接受提单中的所有条款。

(3) 签署条款,表明提单的签发人、正本提单签发的份数,凭其中一份正本交货后,其余作废。

(二) 集装箱提单的背面条款

集装箱提单的背面条款是表明集装箱运输承运人与托运人、收货人、受货人或提单持有人之间承运货物的权利、义务、责任和免责等的条款,是解决彼此之间争议、纠纷的依据,与杂货班轮提单的某些内容存在明显的不同。集装箱提单的背面条款包括以下几个方面。

1. 承运人责任期限条款

承运人责任期限条款是列明承运人对货物运输承担责任的开始时间和终止时间的条款。在集装箱运输中,负责集装箱运输的承运人接货、交货地点已不再局限于港口,往往是距离港口很远的内陆货运站或货主仓库。因此,普通海运提单中对承运人规定的责任期限不再适用了。集装箱提单将承运人的责任期限规定为“从收到货开始起至交付货物时止”,代替了普通海运提单下的“钩至钩”原则。例如,我国《海商法》第 46 条规定“承运人对集装箱装运的货物的责任期间，是指从装货港接收货物时起至卸货港交付货物时止，货物处于承运人掌管之下的全部期间”。

2. 承运人的赔偿责任限制

承运人的赔偿责任限制是指已明确承运人对货物的灭失或损坏负有赔偿责任应支付赔偿金时，对每件或每单位货物负责赔偿的最高限额。各国的法律和船公司的提单对承运人的赔偿责任限制都有明确规定。

在集装箱运输中，如货物承运人或其代理人负责装箱，即拼箱货运输，承运人的责任与普通货提单规定的责任一样，按件或单位数负责赔偿；但在整箱货运输下，承运人收到的仅是外表状况良好、铅封完整的集装箱，至于箱内所装货物的情况，只能从有关单证上获知。为此，《维斯比规则》在对《海牙规则》做修改时，对集装箱、托盘或类似的运输工具在集装时做了这样的规定：“如在提单中已载明这种工具内的货物件数或单位数，则按所载明的件数或单位数赔偿，如集装箱、托盘或类似的运输工具为货主所有，赔偿时也作为一件。”

3. 舱面货运输选择条款

在杂货班轮运输中，如果承运人将货物装载于甲板上，必须事先征得货主同意，或该种货物按习惯做法可装载于甲板运输，并要在提单上记明“装载甲板运输”的字样。如果承运人擅自将货物装载于甲板运输而导致货运事故，承运人承担由此产生的一切损失，并丧失一切抗辩理由和免责权利。

但在集装箱运输中，由于集装箱船舶构造的特殊性和经济性，要求有相当数量的集装箱装载甲板运输。通常，一艘集装箱船在满载时有30%～50%的货箱装载于甲板运输。在实际业务中，要事先决定将哪些集装箱装载于甲板运输，并征得货主同意是不可能的，因此，集装箱提单中规定了舱面货（甲板货）条款，规定装载舱面运输的集装箱与舱内集装箱享有同样的权益，并且，提单中无须列明“装载甲板运输”字样。例如，中洋集团联运提单规定：“集装箱（平板、托盘或其他类似装运工具除外）中所装的货物，不论是由承运人，还是由货主装载，都视作舱面装运或舱内装运，而无须通知货方。此种货物（牲畜和植物除外），不论装载于舱面或舱内，就本提单所载包括共同海损在内的所有情况，都视作舱内积载。”

4. 制约托运人的责任条款

1）发货人装箱、计数或承运人不知条款

根据相关国际公约规定，如承运人、船长或其代理人有适当依据怀疑货物的任何标志、号码、数量、重量不能确切代表其实际收到的货物，或无适当方法进行检验，就没有必要在提单上将其注明或标明。根据这一规定，承运人可以在提单上拒绝载明箱内货物的详情。但是，如果提单上缺少这些记载，势必会影响提单的流通性。因此，承运人在根据货主提供的内容记载于提单的同时，又保留了“发货人装箱、计数或不知条款”，以最大限度达到免除责任的目的。特别是集装箱运输下的整箱货，承运人收到的仅是外表状况良好、铅封完整的集装箱，对里面所装的货物一无所知。所以，有必要加注这样的条款。

2）铅封完整交货条款

集装箱提单中这一条款的规定仅适用于整箱货交接，即承运人在铅封完整的情况下收货、交货，则表明承运人完成了货物的运输，并解除了所有的责任。因此，从某种程度上说，集装箱运输下的整箱货交接是以铅封完整与否来确定承运人的责任的，如果货物受损人欲提出赔偿要求，不仅需举证说明，还应根据集装箱提单中承运人的责任形式予以确认。

3）货物检查权条款

货物检查权条款是指承运人有权但没有义务在任何时候将集装箱开箱检验，核对其所装载的货物。经过查核，如发现所装载的货物全部或一部分不适合运输，承运人有权对该部分货物放弃运输，或是由托运人支付合理的附加费来完成这部分货物的运输，或存放在岸上或水上具有遮蔽或露天的场所，这种存放已认为按提单交货，即承运人的责任以告终止。

集装箱提单上订有货物检查权条款是为了承运人对箱内货物的实际状况怀疑，或积载不正常时启封检查。承运人在行使这一权利时，无须得到托运人的预先同意。一般来说，对由货主自行装载的集装箱启封检查时，原则上应征得货主同意。其费用由货主负担。

4）海关启封检查条款

根据《国际集装箱海关公约》的规定，海关有权检查集装箱。因此，集装箱提单中均规定："如果集装箱的启封是由海关当局因为检查箱内货物内容打开而重新封印，由此而造成、引起任何货物灭失、损害，以及其他后果，本公司概不负责。"在实际业务中，尽管提单条款做了这样的规定，承运人对这种情况还应做好记录，并保留证据，以示其免除责任。

5）发货人对货物内容正确性负责条款

集装箱提单中所记载的内容，通常由发货人填写，或由负责集装箱运输的承运人或其代表根据发货人所提供的有关托运文件填制。在集装箱运输经营人接收货物时，发货人应视为他已向承运人保证，其所提供的货物种类、标志、件数、重量、数量等均为准确无误，如是危险货物，还应说明其危险特性。

如果货物的损害是由于发货人提供的内容不准确或不当所致，发货人应对承运人负责。即使发货人将提单转让给他人也不例外。集装箱货物在由货主自行负责装箱时，货主对承运人造成的损害负责赔偿。

七、提货通知书

提货通知书(delivery notice)，是在卸货港的船公司或其代理人向收货人或通知人发出的船舶预计到港时间的通知。它是根据船舶的动态以及装货港的船公司或其代理人寄来的单据资料编制的。

卸货港的船公司或其代理人向收货人或通知人发出提货通知书的目的在于要求收货人事先做好提货准备，以便集装箱货物到港后能尽快疏运出港，避免在港口堆场的长期存放，使集装箱堆场能充分地发挥中转、换装的作用。

八、到货通知书

到货通知书(arrival notice)，是船公司在卸货港的代理人在集装箱已经卸入堆场，或拼货箱已移至集装箱货运站，并做好交接准备后，向收货人或通知人发出的要求其及时提取货物的书面通知。收货人可凭到货通知书和正本提单到船公司在卸货港的代理人处换取提货单。

到货通知书通常是提货单联单的第一联。

提货通知书是在船舶到港卸货之前发出的，船公司通知收货人船舶预计到港时间，做好提货准备。它是船公司为使货运程序能顺利完成而发出的单据，该单据的发出是否及时以及收货人是否收到该通知，船公司并不承担责任。而到货通知书是在船舶已经到港卸货，集装箱进入集装箱堆场或集装箱货运站，处于可交付状态后，船公司再向收货人发出的，它是办理进口货运手续的必要单据。

九、提货单

提货单(delivery order，D/O)，又称交货记录，是收货人或其代理人据以向集装箱堆场或集装箱货运站提取货物的凭证。

虽然收货人或货运代理人提取货物是以正本提单为交换条件的，但在实际业务中，通常是收货人或货运代理先凭正本提单向卸货港的船公司或其代理人换取提货单，再持提货单到集装箱堆场或集装箱货运站提取货物。

提货单一式5联。

(1) 第1联，到货通知书。

(2) 第2联，提货单。

(3) 第3联，费用账单(蓝色)。

(4) 第4联，费用账单(红色)。

(5) 第5联，交货记录。

案例分析 5-4

集装箱货物数量争议案

中国A企业与美国B公司签订了一笔以FOB条件进口美国水果的贸易合同。该企业委托美国B公司租用美国某船公司的船舶，采用集装箱运输的方式将该批水果运往中国天津港口。该批水果装入承运人提供的5个集装箱内，每个集装箱内装有678纸箱水果。整批货物由美国B公司装箱加封后交给承运人。承运人接收该批整箱水果后，签发了清洁提单。但提单上仅记载了"Five Containers— Fruits"(5个集装箱，各种水果)，而且承运人按照5个集装箱作为运费计收标准收取了运费。同时承运人还在该提单上注明了"Shipper's Load，Count and Seal"(托运人装箱、计数和加封)，以及"Said Contain Fruits"(据称箱内装有水果)。当载货船舶抵达天津港口，收货人A企业提货后，发现其中一个集装箱内水果大部分已经腐烂。海关出具证明：集装箱内温度过高导致水果腐烂。收货人获得保险公司的赔偿后，与保险人共同向美国船公司提出索赔，要求该船公司赔偿该集装箱共计12 325美元的损失。但船公司坚持只赔偿500美元，其理由是按照美国《海上货物运输法》及该船公司提单条款的规定，承运人对每件或每货运单位货物的赔偿金额为500美元。作为原告的中国收货人A企业和保险人向法院起诉美国承运人，要求该船公司赔偿12 325美元。

法院判决美国承运人胜诉。在集装箱STC条款下，提单若只记载集装箱的数目，且承运人没有在装箱时监装，则该数目视为货物件数。

资料来源：姚新超. 集装箱运输STC条款下贸易商申报货物数量方式的探讨[J]. 对外经贸实务，2006(6).(有改动)

第五节 集装箱运费的构成与计算

一、内陆运费

（一）拖车运费

传统的卡车运输是以车的标准吨位按公里计算并计收运费的，计费单位是箱/公里。在往返线路上，重去空回或空去重回的，收单程运费；往返距离不等的按远者计算；专程运送空箱的按单程计收费用。

集装箱拖车运费通常都定有一个基本运距，超过此运距的，可享受运费减成；达不到此运距的，实行运费加成。

（二）火车运费

目前，我国的铁路集装箱专用车很少，一般都用 50 吨或 60 吨车皮装运两个 20 英尺箱或一个 40 英尺箱，按 40 吨收取 9 号运费。用这种办法运集装箱，铁路局每个车皮要少收 10～20 吨的运费。此前，我国已进行过专用列车实验，结果表明其运费水平高于目前的 9 号运费，低于同区段的卡车运费。

（三）内河运费

我国的内河主要指长沙市下游的主要港口（武汉、九江、芜湖、南京、张家港和南通）。为了尽快建立内河集装箱运输网络，应当制定和完善运费体系。

（四）拼箱服务费

拼箱服务费主要包括集装箱货运站到集装箱堆场之间的空、重箱的运输、理货，集装箱货运站内的搬运、分票、堆存、装拆箱以及签发场站收据、装箱单制作等各项费用。

拼箱服务费一般按运费吨位作为收货单位。

（五）堆场服务费

堆场服务费又称码头管理费，包括在装货港集装箱堆场接收来自货主或集装箱货运站的整箱货，以及堆存和搬运至装卸桥下的费用。同样在卸船港包括在装卸桥下接收进口的整箱货，以及将箱子搬运至堆场和堆存的费用，并包括再装、卸港的单证等费用。堆场服务费可能在装、卸港分别向发货人和收货人收取，也可能在 CY/CY 条款下并入海运运费或在某些国家以附加费形式收取。堆场服务费费用另行支付的（不包含在运费中），都以运费吨为单位。

（六）集装箱机器设备使用费

当货主使用的集装箱及底盘车由承运人提供时，就会发生集装箱机器设备使用费。另外，此项费用还包括集装箱从底盘车上吊上吊下的费用，以及延滞费。

二、集装箱海运运费

（一）拼箱货海运运费

拼箱货海运运费的计收方法基本上与件杂货运费计收方法相同，但拼箱货费率水平是按照集装箱费率水平确定的，计算时拼箱货海运运费的基本原则如下。

1．拼箱货海运运费构成

拼箱货海运运费为基本运费与各项附加费之和，即

拼箱货海运运费＝基本运费＋各项附加费＝基本运价×运费吨＋各项附加费

上式中，基本运价参照各航线不同等级的运费率，运费吨按运价本规定的计费标准确定。附加费以运价本规定为标准计收。

2．拼箱货计费标准

拼箱货计费标准通常采用重量吨（W），尺码吨（M），或重量、尺码择大（W/M），还有从价费率（Ad，Val）等标准。

3．基本费率

集装箱件杂货海运运费参照传统件杂货物运价，以运费吨为计算单位。目前，多数航线采用等级费率。

4．拼箱货附加费

拼箱货由于是散件直接交由集装箱货运站拼装并涉及不同的收货人，因此可能有超重附加费、超长附加费，而承运人不接受货主提出的有关选港或变更卸货港的要求，因而不存在拼箱货的选港附加费与变更卸货港附加费。

此外，拼装货也规定起码运费，并按提单上所记载的货物计收。如中远运价表规定，每一提单不足 1 运费吨时，则按照 1 运费吨计收运费。

（二）整箱货海运运费

集装箱货物包箱费率（box rate）以每个集装箱为计费单位。据中远集团使用的交通部《中国远洋货运运价本》，有以下三种包箱费率。

1．FAK（freight for all kinds）包箱费率

FAK 包箱费率，是指只分箱型而不分箱内货物种类（指普通货物），不计箱内所装货物重量（在本箱型规定的重量限量内），统一收取整箱基本运费。

在采用包箱费率的航线上，通常对一般普通货物不分等级，但对特殊货物分为下列四种。

（1）一般化工品（chemical non-hazardous，即无害化工品），指《国际海运危险货物规则》（以下简称《国际危规》）中未列名的化工品，易燃、易爆危险品除外。这类化工品通常在运价本中有附录列明。

（2）半危险品（semi-hazardous cargo），指列入《国际危规》的，其等级为 3.2、3.3、4.1、4.2、4.3、5.1、6.1、6.2、8、9 的商品。

（3）全危险品（hazardous cargo），指列入《国际危规》的，其等级为 2、3.1、5.2 的商品。

除（2）（3）中的半危险品及全危险品外，《国际危规》中的 Class 1 爆炸品和 Class 7 放射物品，其运价通常采用议价。

（4）冷藏货物（reefer or refrigerated cargo），指需要用温度控制、使用专用冷藏箱运输的货物。

中国—菲律宾航线FAK包箱费率(节选)见表5-5。

表5-5 中国—菲律宾航线FAK包箱费率(节选) 美元

基本港:马尼拉
BASE PORT:MANILA

装货港 PORT OF LOADING	货名 COMMODITY	LCL	CY-CY	
		W/M	20英尺	40英尺
黄埔 HUANG PU	GENERAL CARGO	64.00	850.00	1 550.00
	SEMI-HAZARDOUES	81.00	1 150.00	2 100.00
	HAZARDOUS		1 400.00	2 600.00
	REEFER		1 900.00	3 550.00
上海 SHANG HAI 青岛 QING DAO	GENERAL CARGO	86.00	1 250.00	2 250.00
	SEMI-HAZARDOUES	111.00	1 700.00	3 100.00
	HAZARDOUS		2 100.00	3 850.00
	REEFER		2 400.00	4 500.00

注:表中数据不代表目前的实际运价水平

2. FCS(freight for class)包装箱率

FCS包装箱率是对分箱型货物按一定等级分类制定的包装箱率。在这种费率中,对普通货物进行分级,通常将件杂货1~20级分四档,对传统件杂货等级进行简化,级差要大大小于件杂货费率的级差。通常等级低的集装箱货物费率要高于传统件杂货低等级费率水平;等级高的集装箱货物费率相比而言低于高等级的传统件杂货费率;同等级的货物按重量吨计费的运价高于按体积吨计费的运价。由此可见,船公司鼓励货方以高价货和体积货参与集装箱运输。

使用包装费率时应先根据货名查找货物等级,然后在航线运价表中按包装费率中货物分级的大类、不同的交接方式及集装箱箱型查找相应的每只集装箱的运价。

中国—澳大利亚航线FCS包装箱率见表5-6。

表5-6 中国—澳大利亚航线FCS包装箱率 美元

基本港:墨尔本、悉尼、布里斯班
BASE PORT:MELBOURNE,SYDNEY,BRISBANE

装货港 PORT OF LOADING	货名 COMMODITY	LCL	CY-CY	
		W/M	20英尺	40英尺
上海/青岛/新港/大连/南京/宁波/厦门/福州/张家港/广州/连云港/烟台	1~7	106.00	1 600.00	3 050.00
	8~10	110.00	1 700.00	3 250.00
	11~15	116.00	1 800.00	3 400.00
	16~20	128.00	2 000.00	3 800.00
	GENERAL CARGO	116.00	1 800.00	3 400.00
	SEMI-HAZARDOUS	142.00	2 250.00	4 300.00
	HAZARDOUS		3 600.00	6 850.00
	REEFER		3 100.00	5 900.00

注:表中数据不代表目前实际运价水平

3. FCB 包箱费率

FCB(freight for class basis)包箱费率是指既按不同货物等级或货类，又按计算标准制定的费率。同一级费率因计算标准不同，费率也不同。如 8～10 级、CY/CY 交接方式，20 英尺集装箱货物如按重量计费为 1 500 美元，如按尺码计费则为 1 450 美元。

（三）最低运费

(1) 规定最低运费(minimum freight)等级。如中远集团规定以 7 级货为最低收费等级，低于 7 级货均按 7 级收费。

(2) 规定最低运费吨。如远东航运公司规定，20 英尺箱最低运费吨实重货为 17.5 吨，尺码货为 21.5 立方米，W/M 为 21.5 运费吨。

(3) 规定最低箱载利用率。

不同的船公司对不同类型、不同用途的集装箱分别规定了它们各自的最低运费吨，但差异较小。20 英尺集装箱最低计费吨如表 5-7 所示。

表 5-7　20 英尺集装箱最低运费吨

箱子种类、规格	最低运费吨		
	重量吨/t	尺码吨/m^3	运费吨/(f/t)
20 英尺干散箱	17.5	21.5	21.5
20 英尺开顶箱	17.5	21.5	21.5
20 英尺散装箱	17.5	90%内容积	—
20 英尺板架箱	16.5	21.5	21.5

规定最低计费吨的目的在于，若货物由货主自己装载，箱内所装货物又没有达到所规定的最低运费吨，货主需支付亏箱运费，以确保承运人的利益。显然，最低运费吨乘上费率得出的全部运费中已包括了亏箱运费。

举例说明 5-1

亏箱运费

例如，某箱最低运费吨规定为 21.5，由货主装箱，实际装箱尺码吨为 18，运费计算则仍按 21.5 计收，其得出的全部运费中已包括 3.5 的亏箱运费。亏箱运费也是不足运费吨，即为所规定的最低运费吨和实际装载货物数量之间的差数。

计算亏箱运费的公式是

亏箱运费＝(不足运费吨×实际货运的全部运费)/计费吨

计费吨＝最低运费吨－不足运费吨

当货物以整箱货托运，又按普通杂货班轮运输运费的计算办法计算运费，而箱内所装货物没有达到规定的最低运费吨时，托运人应支付的最低运费由实装货物的全部运费再加上亏箱运费两部分组成，即

最低运费＝实装货物全部运费＋亏箱运费

实装货物全部运费是根据货物等级费率及计费标准算出的基本运费加附加运费。

显然,若一个集装箱内只装载一种货物,而箱内所装货物的运费吨(重量吨和尺码吨)的总量少于所规定的最低运费吨,即集装箱未装满时,应按所规定的最低运费吨计收运费。

举例说明 5-2

最低运费计算

当集装箱内装载的是按尺码吨计费的货物时,按规定的尺码吨作为计费吨。

例一:某 20ft 干货集装箱,内装仪表(电器),尺码吨 19.5m^3,重量吨 15t,费率 USD 18.50M,燃油附加费 USD 5/RT,最低计费吨 21.5m^3,试计算收费。

运费=(18.50+5)×21.5= 505.25 USD

当集装箱内装载的是按重量吨计费的货物时,则按规定的重量吨作为计费吨。

例二:某 20ft 干货集装箱,内装小五金,尺码吨 15m^3,重量吨 16.5t。费率 USD 25.00W,燃油附加费 USD 5/RT,最低计费率吨 17.5t,试计算运费。

运费=(25+5)×17.5=525.00 USD

当一个集装箱内装载一种以上的货物,运费按每种商品规定的费率和实际运费吨计算。若总尺码吨或重量吨均少于规定的最低计费吨,则加收亏箱运费。

例三:某 20ft 干货集装箱内装载两种货物,电器尺码吨 10m^3,重量吨 4t,费率 USD 27.25M;小五金尺码吨 7m^3,重量吨 8t,费率 USD 30.00W,试计算运费。

电器运费=27.25×10=272.50USD

小五金运费=30.00×8=240.00USD

亏箱费=30.00×4.5=135.00USD

具体见表 5-8。

表 5-8 集装箱内装两种货物的运费计算

货物种类	尺码吨	重量吨	运费率	计费吨
电器	10m^3	4t	USD27.25M	10m^3
小五金	7m^3	8t	USD30.00W	8t
共计	17m^3	12t		
最低计费吨	21.5m^3	17.5t		
亏箱额	4.5m^3	5.5t		

(四) 最高运费

最高运费(maximum freight)只是集装箱运输中整箱货运费计收的一种方法。最高运费是指即使托运人实际装箱的货物尺码超出对集装箱规定的计费吨,承运人仍按对集装箱规定的计费吨收取运费,超出部分免收运费。

1. 规定最高计费吨

在货物体积超过集装箱通常载货容积时,仍按标准体积收费。若按等级包箱费率计费,而箱内等级不同,则可免较低货物等级的运费。

2. 规定最高计费等级

不高于该货物等级的货物,均以规定的最高计费等级收费。

使用最高运费计费的目的在于鼓励托运人采用集装箱装运货物,并能最大限度地利用集装箱的内容积。为此,在海上集装箱运输的运费计算中,航运公会或班轮公司多为各种类型和规格的集装箱制定一个按集装箱内容积折算的最高运费吨,最高运费吨通常是按集装箱的内容积的85%计算。因为对装入集装箱内的货物尺码允许超出所规定的最高运费吨,但却不允许对装入集装箱内的货物重量超出最大限重,所以最高运费的计算仅适用于按尺码吨计算运费的容积货物,而不适用于按重量计算运费的重量货物。若集装箱内所装货物分属不同的运费等级,则免收运费的货物应从运价等级最低的货物开始计算。

当整箱货的托运人没有提供正确的衡量单位或计算运费的资料时,承运人按最高运费吨和集装箱运价等级最高的费率计收运费。当整箱货的托运人仅提供了部分货物的计算运费的资料时,除已有资料的货物按实际吨码和该类货物的等级费率计算运费外,对缺乏必要资料的货物,则以最高运费吨减去已提供资料的货物尺码吨作为未提供或提供资料不足的货物的计费吨,并以这个计费吨乘以这些未提供资料或提供资料不足的货物中运价等级最高的费率,求得未提供资料和提供资料不足的那部分货物的运费,承运人按实际尺码吨计算出的运费和这些未提供资料或提供资料不足的货物的运费之和收取运费。承运人按上述方法计收的运费即为整箱货应收的最高运费。

此外近几年来,在远东至美国、加拿大的航线使用一种按商品规定的最高计费吨的集装箱特种运价,即对某一特定的商品按集装箱种类规定公布一个特种运价和最高计费吨,适用于堆场至堆场间一个发货人、一个收货人的集装箱货物运输。在计算运费时,根据公布的特种运价加上费率表中规定的各种附加费计收运费。但收费不超过适用于该特种运价的最高运费吨。

举例说明 5-3

最高运费计算

例一:20ft 干货集装箱最高计费吨 21.5 m^3,而箱内实载 10 级货物 28 m^3,超出部分为 6.5 m^3。

运费=21.5×10 级货物运费率

例二:40ft 干货集装箱最高计费吨为 43 m^3,而箱内实际装载货物 51 m^3,其中:

15 级货物 25 m^3

12 级货物 6 m^3

9 级货物 3 m^3

7 级货物 4 m^3

5 级货物 13 m^3

运费=25×15 级货物运费率+6×12 级货物运费率+3×9 级货物运费率+4×7 级货物运费率+5×5 级货物运费率

总运费为上五种运费之和,免收运费部分为 13－5=8 m^3。

例三:20ft 干货集装箱最高运费为 21.5 m^3,其中装载 10 级货物 16 m^3,其余货物

没有申报级别，则以 10 级费率计收，运费计收

$$21.5-16=5.5(m^3)$$

未申报级别货物的运费＝5.5×10 级货物费率

例四：20ft 干货集装箱最高运费为 21.5m^3，其中装载 10 级货物 10m^3，其余未衡量货物率分别为 8 级、10 级、12 级，尽管未衡量的货物中有 8 级、10 级、12 级三个不同级别的费率，但承运人在计收运费时则仍然按三者之间最高费率 12 级计收，即

$$21.5-10=11.5(m^3)$$

未衡量货物的运费＝11.5×12 级货物运费率

例五：自行车（拆散，尺码大于重量）装于一个 8ft×8ft×40ft 的集装箱内，实装尺码为 50m^3，该箱此种的最高计费吨规定为 43m^3，虽然超出了规定的计费吨，但仍按规定的计费吨收取运费，该商品的基本费率为 USD 86W/M，燃油附加费为 USD 10/RT，货币贬值率为 8%，特价费率为 USD 62W/M。按上述规定，该商品可适用特价费率计收运费。

运费特价费率：USD 62/m^3

燃油附加费：USD 10/RT

货币贬值率：USD 62×8%＝ USD 4.96

合计费率：USD 76.96

最高运费：USD 76.96×43＝3 309.28 USD

假如按实载尺码和基本费率计收，则

运费＝(86＋10＋86×8%)×50＝5 144 USD

两者相差＝5 144—3 309.28＝1 834.72 USD

例六：自行车（拆散，尺码大于重量）装入一个 8ft×8.5ft×40ft 的集装箱内，实载尺码为 53m^3，该箱装箱运费吨要求在 50m^3 或 50m^3 以上，最高运费吨为 50m^3，该箱实载货物超出装箱要求，但仍按最高计费吨计收运费，该商品的基本费率为 USD 69W/M，燃油附加费为 USD 10/RT，货币贬值费率为 8%，特价费率为 USD 51W/M，按上述规定，该商品可适用特价费率计收运费。

运费特价费率：USD 51/m^3

燃油附加费：USD 10/RT

货币贬值费：USD 51×8%＝ USD 4.08

合计费率：USD 65.08

最高运费：USD 65.08×50＝ USD 3 254

假如按实际装载尺码和基本费用率收，则

运费＝(69＋10＋69×8%)×53＝4 479.56 USD

两者相差 4 479.56－3 254＝1 225.56 USD

应注意：上述按最高计费吨计收运费的方法，仅适用于运价本中指定的特价商品。

（五）整箱货余额运费

有些船公司规定，当同一票货物装载一定数量的集装箱时，其最后一箱的计费标准可

略低一点。如 20ft 箱可减去尺码吨 $6m^3$，重量吨 4.5t。但也有的船公司对最后一箱按实际装箱的重量吨或尺码吨计收运费。

例如，电器装载 20ft 干货集装箱，最后一箱实载电器，重量吨 11t，尺码吨 $16m^3$，而该箱所规定的计费吨为 $21.5m^3$，但实际运费按 $16m^3$ 计。

再如，小五金装载 20ft 干货集装箱，最后一箱实际装载重量吨 15t，尺码吨 $12m^3$，而该箱规定的计费吨为 17.5t，但实际运费按 15t 计。

（六）集装箱附加费

不论按上述哪种费率收费，集装箱运输都要加收附加费。例如，变更目的港附加费、变更交货方式附加费、重件附加费、港口附加费、选卸附加费等。这些附加费可视为海洋运费的组成部分。

练一练 5-1

集装箱海运费的估算

商品 A 从加拿大蒙特利尔港装船，卸货港是大连新港。商品 A 的体积是每纸箱 0.164 立方米，每箱装 60 只。试分别计算进口数量为 5 000 只和 9 120 只的海运费。

案例分析 5-5

集装箱运费争议案

案情简介

原告：湛江市启航货运代理有限公司（以下简称"启航公司"）

被告：湛江市百事佳电器有限公司（以下简称"百事佳"）

被告：南宁鑫金航物资有限公司（以下简称"鑫金航"）

广州海事法院经审理查明：2007 年 8 月 15 日，百事佳（卖方）与大众联合（香港）（以下简称"大众"）签订一份销售合同。约定：百事佳向大众销售"山"牌电饭煲共计 2 376 包装箱，装入一个 40 英尺集装箱。贸易条件 FOB 湛江。总价款 18 688 美元；起运港中国湛江，卸货地印度新德里。允许转运，不允许分装；装运时间 2007 年 9 月 30 日；电汇付款。8 月 20 日，百事佳向大众开出商业发票一份。

8 月 27 日，原告启航公司（货代）作为托运人，向鑫金航（承运人）办理货物的托运手续，托运单上记载：发货人芒特（香港）公司（以下简称"芒特公司"），收货人为凭指示，装货港湛江，货名电饭煲，运费预付（freight proeaid）。服务种类堆场至堆场，一个集装箱的海运费 3 100 美元，文件费 17 美元。启航公司以托运人的名义在该托运单上盖章；鑫金航以承运人名义签字盖章，并注明"确认订舱"。9 月 17 日，启航公司向鑫金航支付上述海运运费和文件费共计 3 117 美元。提单上记载：托运人芒特公司，收货人 M/S G. K 国际，装运港香港，承运船舶"万海"轮，卸货港纽哈瓦，卸货地点 Taghlakabad 堆场，一个 40 英尺集装箱，货名电饭煲，从湛江经香港转船至新德里，运费预付到 Faghlakabad，装船日期 2007 年 9 月 7 日，提单于 9 月 8 日在香港签发。

2007 年 9 月 10 日，启航公司开出"国际货物运输代理业专用发票"一份，记载付款单位百事佳，运费 3 366 美元，请以美元付款。该发票已由百事佳的纪金菲领走，但未向启航公司付款。

在目的港，涉案货物被要求交纳12%的服务费。为此，目的港的收货人交纳了1 327美元，并在付给百事佳的货款中扣除了该1 327美元。

百事佳于2007年11月13日致函里集诺集装箱航运公司（Regional Container Lines），指出：你公司向我司的目的港客户多收取1 327美元是不合理的；由于我司的目的港客户急需提货，已向贵司目的港代理支付了此费用。我司客户已在给我司的货款中扣除该1 327美元，此费用不合理，尽快退还我司。

原告启航公司诉称：原告与被告百事佳签订运输合同，约定运费3 366美元。之后，原告又与被告鑫金航签订运输合同，约定预付运费，从起运地至目的地的运费与附加费为3 117美元。原告已向鑫金航支付了3 117美元，货物已运抵目的地，但百事佳以目的地收货人少付款1 327美元为由，拒不向原告支付3 366美元运费，为此起诉，请求判令两被告连带返还运费3 366美元，并由两被告承担诉讼费用。

被告百事佳辩称：我方作为货物电饭煲的卖方，与买方大众公司订立国际货物买卖合同，约定的贸易条件是FOB湛江，由买方订舱。我方并没有以托运人的身份向原告托运货物，委托原告办理运输手续的是货物的最终买家芒特公司，原告应向芒特公司追偿欠的运费。我方仅是货物的销售人，没有承担运输合同的义务，也没有承诺为运费承担保证责任。请求驳回原告对我方的诉讼请求。

被告鑫金航辩称：我方与原告之间订立的海上货物运输合同合法有效，双方约定的运费为3 117美元，原告已向我方支付该运费，我方已将货物运抵目的地。该合同合法有效，我方收取运费乃合同权利，应受法律保护。鑫金航与百事佳之间不存在任何法律关系，也没有证据证明两者之间相互承担担保责任，因而要求连带返还代付的运费没有事实证据。

法院判决

广州海事法院根据中国《海商法》第69条第1款之规定，作出如下判决：

(1) 被告湛江市百事佳电器有限公司向原告湛江市启航货运代理有限公司清偿运费3 366美元。

(2) 驳回原告的其他诉讼请求。

案件受理费456元，因独任审判减半收取228元，由被告百事佳负担。一审宣判后，双方当事人均未上诉，一审判决已经发生法律效力。

资料来源：根据 http://old.ccmt.org.cn/dxal.php 中国涉外商事海事审判网"集装箱运费争议案"整理。

经典案例

案例一：集装箱运输货损赔偿人的确定

上海一家公司（以下简称"发货人"）出口30万美元的皮鞋，委托集装箱货运站装箱出运，发货人在合同规定的装运期间内将皮鞋送达货运站，并由货运站在卸车记录上签收后出具仓库收据。该批货出口提单记载CY—CY运输条款、SLAC（由货主装载并计数）、FOB价、由国外收货人买保险。国外收货人在提箱时箱子外表状况良好，关封完整，但打开箱门后一双皮鞋也没有。收货人向谁提出赔款要求呢?

[案例解析]

1. 收货人向发货人提出赔款要求

由于出口提单记载"由货主装载并计数",收货人根据提单记载向发货人索赔,但发货人拒赔,其理由:"尽管提单记载由货主装载并计数,但事实上皮鞋并非由货主自行装载,在皮鞋送货运站后,货运站不仅在卸车记录上签收,而且又出具了仓库收据。仓库收据的出具表明货运站已收到皮鞋,对皮鞋的责任已开始,同时也表明货主责任即告终止。因此,提单记载是没有任何意义的,不具有任何法律效力。"此外,提单记载 CY—CY 运输条款并不能说明整箱交接。因为该批皮鞋由货运站装箱。而且,装载皮鞋的集装箱装船后,船公司已出具提单,更为主要的是集装箱货物交接下买卖双方风险以货交第一承运人前后划分,由于集装箱运输下承运人的责任是从"交接货物开始",因而随着货交承运人,其贸易风险也转移给了买方。

2. 收货人向承运人提出赔偿要求

当收货人向承运人提出赔偿时,承运人认为:"提单记载的运输条款是 CY—CY。"即整箱交接,提单的反面条款也规定:"整箱货交接下,承运人在箱子外表状况良好,关封完整下接货、交货。"既然收货人在提箱时没有提出异议,则表明承运人已完整交货。承运人进一步说:"至于提单上记载由货主装载并计数,因为对承运人来说是货运站接收的已装载皮鞋的整箱货,事实上并非知道箱内是否装载皮鞋。"提单正面条款内容对提单签发人、提单持有人具有法律效力。

3. 收货人向保险人提赔

当收货人向保险人提赔时,保险人也拒赔,并提出:"此种赔偿归属于集装箱整箱货运输下的'隐藏损害',即无法确定皮鞋灭失区段和责任方。"如收货人向保险人提赔,收货人应向保险人举证说明皮鞋灭失区段、责任方,这样才可保证在保险人赔付后可行使追赔权,即进行"背对背"赔偿。保险人进一步说:"整箱货隐藏损害同时应具备三个条件:①货物灭失或损害发生在保险人责任期限内;②货物灭失或损害属保险人承保范围的内容;③箱内货物名称、数量、标志等装载必须与保单记载内容一致。"

收货人在向发货人、承运人、保险人提出索赔而又得不到赔偿后,转向货运站进行提赔,其理由是:"是装箱过失所致。"然而,集装箱货运站说:"收货人与发货人之间有买卖合同关系;发货人与承运人之间有运输合同关系;收货人与保险人之间有保险合同关系,而收货人与货运站之间既无合同关系又无提单关系;而装箱过失属货运站管货过失行为,即使赔偿也可享有一定的责任限制,但如按侵权过失,则应按实际损失赔偿。"货运站进一步说:"即使由货运站装箱,但也是货主委托行为,货运站是货主的雇佣人员。"显然,货运站的观点是错误的,因为:①仓库收据的出具表明货运站已收到货主的货物;②仓库收据的出具表明货运站对收到的货开始承担责任;③货运站在卸车记录上签收,表明双方交接责任已明确转移;④装箱单的出具则表明皮鞋已装箱。

根据现行的仓储合同规定:"货物进仓库交由保管方后,则表明保管方责任已开始,如保管方在保管货物过程中造成货物灭失或损害则由保管方承担责任。"同时,根据《中华人民共和国海上国际集装箱运输管理规定》规定:"装箱不当造成货物漏装箱应由装箱人承担责任。”由于涉及本案的当事人均不承担责任，收货人向法院提起诉讼，法院判决：“仓库收据是货运站出具给货主的仓储合同，出具装箱单表明皮鞋已实际装箱。收货人在箱子外表状况良好、关封完整下收货，则表明承运人已完成交货责任，由于箱内并没有装载皮鞋，保险人也没有赔偿事实，因而由货运站承担赔偿责任。”但货运站不服法院判决，提起上诉，但很快撤诉，原来皮鞋在仓库内堆存。

从本案的判定中可看出，集装箱货运经营人的法律地位是非常明显的，他既是货主委托的装箱人，又是与货主订有仓库合同的一方，承担仓储合同责任。同时又是装箱人，承担装箱过失责任。经过货运站与发货人、收货人协商，货运站除承担皮鞋再出运的所有费用外还要给予收货人相应补偿，以此结案。

资料来源：刘聪. 面向承运人的集装箱运输系统协作管理[D]. 上海：上海交通大学，2012.（有改动）

案例二：集装箱装载服装货损案

案由：2004 年 2 月，中国服装进出口公司委托远东贸易运输公司（以下简称“E 公司”）办理 600 只纸箱的男士服装出口手续。E 公司将货装上 MSC（地中海航运有限公司）所属的“红海”轮，并签发了远东贸易运输公司的联运提单，提单上标明货物数量 600 只纸箱，分装 6 只 40 英尺集装箱。2004 年 2 月 27 日，该轮抵达目的港日本神户，同日，集装箱驳卸到岸。2004 年 3 月 4 日，日方收货人 Fast Co.，Ltd. 在港口开箱，由日本诚信公司出具的“拆箱报告”称，箱号为 MSCU3784217 的集装箱中，有 15 只纸箱严重湿损，30 只纸箱轻微湿损。2004 年 3 月 6 日，6 只集装箱由卡车运至东京某仓库，同日由新日本商检协会检验。该协会于同月 11 日出具商检报告称：51 只纸箱有不同程度的湿损，将湿损衣物的残值冲抵后，实际货损约为 32 000 美元，湿损系集装箱里档左侧顶部破损所致。在东京进行货损检验时，商检协会曾邀 MSC 派人共同勘察，但 MSC 以“出港后检验无意义”为由拒绝。

Fast Co. Ltd. 依据商检报告从货物保险公司得到赔偿，随后保险公司取得代位求偿权，先后通过其在香港、北京的代理人与 E 公司联系，而 E 公司未提出赔偿处理意见。2004 年 9 月 25 日，保险公司将 E 公司和实际承运人 MSC 作为被告，向上海海事法院提起诉讼。

保险公司诉称：E 公司是全程承运人，尽管 MSC 因过错造成其承运的集装箱内服装湿损，但发生在承运人的责任期间。根据 E 公司签发的清洁提单，请求判令两被告赔偿损失 32 000 美元及利息，并承担律师费、诉讼费等。

E 公司称：服装是由实际承运人 MSC 承运，货损的原因是集装箱有裂痕，雨水进入箱内造成服装损坏。根据 E 公司与 MSC 的集装箱运输协议规定：“MSC 应提供清洁、干燥、无味、完好无损的集装箱……如铅封脱落或箱体破损，集装箱内货物发生损坏，则由 MSC 承担一切责任。”因此，MSC 应对货损承担全部责任。

MSC 辩称：在正常情况下，MSC 所属船舶，由 MSC 船代公司签发提单，E 公司在没拿到场站收据及在未经授权条件下签发提单，应由 E 公司承担其后果和责任。

两被告在诉讼中均提出：“红海”轮抵神户港卸货，前后共 5 天，日方商检是在东京进行，即使集装箱有裂痕漏水，也不可能在短时间内造成箱内有良好包装的衣服损坏到如此程度。故要求原告进一步举证采取减少货损的合理措施。如果赔付,要求根据 MSC 提单条款,享受提单责任限制。

上海海事法院认为:根据两被告签订的集装箱运输协议"……若造成对货方的损害,先对外赔偿,后再内部分担责任……",两被告对纸箱服装的湿损有责任牵连。但 Fast Co.,Ltd. 与 MSC 在开箱交货时交割不清,聘请的商检又在港口外进行,故原先对货损索赔及所损害的确切数额的请求举证不力。

上海海事法院在查明事实、分清责任的基础上主持调解。2004 年 10 月 28 日,三方达成以下协议。

(1) 被告 E 公司和 MSC 根据损害事实及提单条款规定,赔付原告 32 000 美元(其中 3 000 美元为原告诉讼费补偿)。

(2) 赔偿由契约承运人 E 公司先行给付,再与实际承运人 MSC 自行协商解决。

(3) 本案受理费 3 000 美元由原告保险公司负担。

[案例解析]

(1) 货损货差是对外贸易运输中经常发生的。随着集装箱化的进一步展开,集装箱运输对提高货运质量有明显的保证,但并不能完全消除运输过程中的货损货差事故。

本案中,根据清洁提单及目的港收货人聘请的日本商检协会作出的商检证书结论可知,货损的原因是由于该集装箱前面顶部有裂痕,雨水进入箱内造成纸箱内衣服损坏。此外,还可以从进出神户港场站的集装箱设备交接单上得到佐证,在其 Inspection of Container 栏中,均有集装箱前面左侧顶部"Broken"(破损)的批注。按照索赔、理赔的近因原则,本案货损的近因——集装箱箱体的裂痕。可以推断造成裂痕有两种可能性:①该集装箱在港装货前就存在裂痕,船方未提供适载集装箱;②该集装箱的裂痕是因为船方在海上运输过程中未能克尽职责,由管货过失造成的,因此,船方应对货损承担赔偿责任。

(2) 理赔是一项涉及面广、情况复杂、政策性很强的工作。理赔须细心研究案情,熟悉国际贸易合同条款、国际货运法规、提单条款内容、货物保险合同、商品检验法规、国际航运惯例等,这样才可作出正确处理。

本案中,由于保险公司的索赔是依据日本商检协会作出的残损鉴定,中方律师在诉讼中认真仔细地研究了对该案起关键作用的商检证书。发现日方申请商检验的时间和地点存在缺陷。按商检惯例,日本 Fast Co.,Ltd. 发现有批注集装箱设备交接单和载明货物湿损的拆箱报告后,就应及时在卸货港当地申请神户口岸商检机关鉴定,而不应把货运到东京,再向商检机构申请鉴定。因此,可以得出这样的结论:日方收货人对容易扩大损失的服装没有立即申请鉴定检验,也没有采取有效合理的施救以减少货损。日方收货人对扩大残损应负责任。

(3) 从发生的集装箱货损事故看,由于集装箱本身的原因,如自身不水密、箱体老化等而造成货物污损、污染、泄漏等有上升趋势。特别是在集装箱多式联运过程中,尽管最终承运人交付给收货人的是一个外表状态良好、铅封完整的集装箱,但有时却发现箱内货物已经受损,且难以确定货损区段及货损原因。

我国有关集装箱管理规则规定:"用于海上国际集装箱运输的集装箱,应当符合国际集装箱标准化组织规定的技术标准和有关国际集装箱公约规定。集装箱所有人、经营人应当做好集装箱的管理和维修工作，定期进行检验，以保证提供适宜货物运输的集装箱。”

同时又规定：“托运人或承运人在货物装箱前应当认真检查箱体，不得使用影响货物运输、装卸安全的集装箱。”据此，集装箱运输各有关业务环节应依法行事，把好集装箱交接关，同时有关方在进行集装箱交接手续注意以下几点。

① 重箱：箱体完好，箱号清晰，封志完整无误。

② 空箱：箱体完好，水密，无漏光，清洁、干燥、无味，箱号及装载规范清晰。

③ 凡箱号及装载规范不明、不全、封志破损、脱落、丢失、无法辨认或进出口文件记载不符，箱体结构不符 ISO 标准，擦伤、割伤、破洞、漏光、不水密、箱门无法关启等，均应在《进出场集装箱设备交接单》上注明。

只要业务人员依照规范操作，在一定范围内可减少、避免集装箱货损事故的发生。

(4) 集装箱运输商务中发生事故的原因是多方面的，现将本案结合有关责任方分析如下。

① 装箱、封箱不当。集装箱运输必须做到安全积载、堆装，适当封箱，操作不当会造成货损，如货物在箱内应均匀分布，不同性质货物应避免混装等。如果是 CY 交付或整箱交付的，装、封箱不当应由发货人或其代理负责；如果是 CFS 交付的，装、封箱不当应由集装箱运输经营人或其代理人指定的货运站负责(当然，发货人委托代理人办理 CFS 交付的除外)。

② 装卸、搬运等不当。集装箱的装卸、搬运操作必须谨慎小心，若违章操作、粗暴搬运、使用工具不当等原因造成箱内货物残损的，属“工残”，其货损责任由装卸人员承担。

③ 堆放、保管不当。其是指卸货港的码头、仓库(场、站)对集装箱及拆箱后箱内货物的堆放、保管不善，造成货损，属“港残”，是港方责任范围。

④ 船方积载不当。集装箱船舶的结构要求是将大量的箱子装载甲板运输，风险较大。若承运人没有牢固的装置设备或没有科学地积载，或者在航行中船方未对载运货物谨慎处理，使集装箱被海浪打入大海或打破造成货物灭失、损害的事故，属“船残”，由船方负责赔偿。

⑤ 集装箱不适载货。在箱子交接方面，船方提供给发货人的箱子应完整无损，清洁干燥，并且有合格的检验证书，如果船方提供的自有箱或租箱不适载货，则货损属“船残”，也由船方负责。

除此之外，还有其他原因，如提单上已有注明的残损，属“原残”，由发货人负责。

(5) 结合本案，货损货差事故的处理原则应遵循以下几点。

① 提出索赔的人应有正当提赔权，如持有正本 B/L、商检证明等。

② 责任方应有对货损货差承担赔偿事实。

③ 在相关法规规定的时效内提出，并具有相关的单证、证明或报告。

④ 应明确不同货损货差下的责任方，尽快得到赔偿。

资料来源：周甫宾. 集装箱装载服装货损一案分析[J]. 集装箱化，2005(8).（有改动）

本章小结与关键术语

练习思考题

一、单项选择题

1. 在集装箱班轮运输中,当收货人提取集装箱货物后未能在规定的时间内还空箱时,承运人向收货人收取的费用称为(　　)。

A. 滞箱费　　B. 滞留损失费　　C. 租金　　D. 包干运费

2. 集装箱提单上的批注之依据是(　　)。

A. 托运单　　B. 设备交接单　　C. 提货单　　D. 场站收据

3. TEU 是(　　)。

A. 20 英尺集装箱　B. 30 英尺集装箱　C. 40 英尺集装箱　D. 60 英尺集装箱

4. 凡货量达到每个集装箱容积的(　　)或负荷量的(　　)即为整箱。

A. 75%,90%　B. 85%,95%　C. 70%,85%　D. 75%,95%

5. 下列属于海运集装箱标记的是(　　)。

A. HJCU8747654　B. HJC8747654　C. HJCU874765　D. HJCK8747654

6. 集装箱货物交接方式中,CY to CY 是指(　　)。

A. 门到门的交接　　B. 站到站的交接

C. 场到场的交接　　D. 钩到钩的交接

7. LCL-FCL 货物交接的运输条款包括(　　)。

A. CY-CY　B. CY-DOOR　C. CFS-CY　D. CY-CFS

8. 门到门(door to door)的集装箱运输最适合于(　　)交接方式。

A. 整箱交,整箱接　　B. 整箱交,拆箱接

C. 拼箱交,拆箱接　　D. 拼箱交,整箱接

9. 班轮公司运输的集装箱货物的交接方式通常是(　　)。

A. CY to CY　B. CFS to CFS　C. CFS to CY　D. CY to CFS

10. 集拼经营人对集装箱货物的交接方式通常是(　　)。

A. CY to CY　B. CFS to CFS　C. CFS to CY　D. CY to CFS

二、多项选择题

1. 海运集装箱的标记由以下若干部分组成(　　)。

A. 四个字母的箱主代码　B. 顺序号　C. 校对数　D. 四个字母的承运人代码

2. 货主与委托货代到码头堆场提空箱时,通常与堆场业务人员一起对集装箱进行检

查，检查的主要内容包括(　　)。

A. 集装箱外部是否有损伤、变形、破口等异样　　B. 箱内是否清洁

C. 集装箱箱门能否做到270°开启　　D. 附属件是否齐全

3. 下列何种术语不属于集装箱整箱接收、拆箱交付方式(　　)。

A. door to CY　　B. door to CFS

C. tackle to CFS　　D. CY to tackle

4. 集装箱货物在装卸积载时，应注意的事项有(　　)。

A. 箱内重量分布均衡　　B. 包装牢固者装于底部

C. 货物装载应严密整齐　　D. 使用清洁、干燥的垫料

5. 集装箱运输的优越性包括(　　)。

A. 提高装卸效率，减轻劳动强度

B. 减少货损货差，提高货物运输的安全与质量

C. 缩短货物的在途时间，加快车船的周转

D. 免除包装费用，减少成本

E. 减少货物运输费用

三、判断题

1. 整箱货是指由承运人的集装箱货运站负责装箱和计数，填制装箱单，并加封志的集装箱货物。(　　)

2. 海运集装箱货物的最主要交接方式是CY to CY。(　　)

3. 集装箱装载危险货物托运订舱时，必须随附"危险货物说明书"或"危险货物技术证明书"。(　　)

4. 集装箱装载危险货物时，危险货物外包装表面必须张贴《国际危规》规定的危险物品标志和标记。(　　)

5. 为了达到冷藏效果，冷藏集装箱在装载期间，冷冻装置不能停止运转。(　　)

四、案例分析

1. 东华公司按CFR条件、即期不可撤销信用证以集装箱装运出口成衣350箱，装运条件是CY to CY。货物交运后，东华公司取得"清洁已装船"提单，提单上表明："Shipper's Load and Count."在信用证规定的有效期内，东华公司及时办理了议付结汇手续。20天后，接对方来函称：经有关船方、海关、保险公司、公证行会同对到货开箱检验，发现其中有20箱包装严重破损，每箱均有短少，共缺成衣512件。各有关方均证明集装箱外表完好无损，为此，对方要求东华公司赔偿其货物短缺的损失，并承担全部检验费共2 500美元。问：对方的要求是否合理？为什么？

2. 深圳南通国际货运代理公司(以下简称"南通货代公司")受广州某外贸公司的委托，将一批微波炉从深圳盐田港运至迪拜，南通货代公司与深圳东华海运公司签订协议，向东华海运公司租借20只20英尺干货集装箱。微波炉装箱后，南通货代公司将20只集装箱装载于"东方红"轮，货轮从深圳盐田港起航，开航时船舶无不适航情况。运输途中，"东方红"轮遭遇海难，船货沉入大海，全部灭失。事发后，南通货代公司及时通知了东华海运公司，有关海事调查报告认为，造成本次事故的主要原因是天气、海况恶劣，次要原因

是船员应变能力差、操作不当。一段时间后，东华海运公司提供涉案集装箱价值证明，向南通货代公司索赔涉案集装箱损失共计 40 000 美元，集装箱使用费 10 000 元，超期使用费 5 000 元。请分析东华海运公司的要求是否合理。

五、简述题

1. 根据国际标准化组织 104 技术委员会的规定，国际标准集装箱必须具备哪些条件？

2. 简述集装箱运输的特点。

3. 除货主及其代理人外，集装箱运输的关系人还主要包括哪些？

4. 列举集装箱货物的交接方式。

5. 简述出口货物集装箱运输的流程。

6. 简述集装箱场站收据和装箱单的主要作用。

7. 简述场站收据联单的流转过程。

8. 简述集装箱运输的费用构成。

即测即练

附　录

第六章

国际公路运输和其他运输方式

【本章结构图】

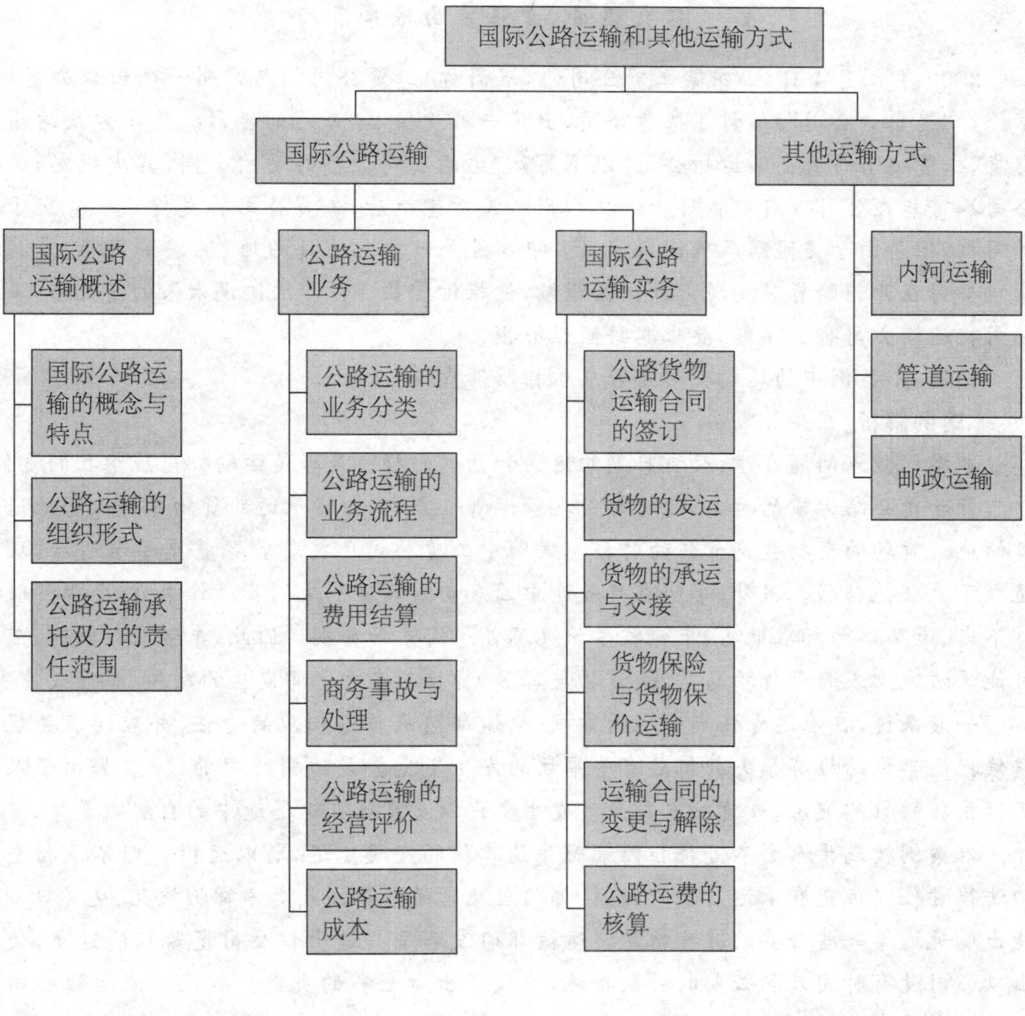

【本章学习目标】

1. 了解国际公路运输的概念、特点及四种组织形式
2. 掌握公路运输中承托双方的责任范围

3. 熟悉公路运输的业务分类及业务流程
4. 了解公路运输的经营评价及成本构成
5. 熟悉国际公路运输合同的签订及履行
6. 掌握公路运输费用的核算
7. 了解内河运输的定义、特点、船舶的类型及我国内河运输的发展
8. 了解管道运输的定义、特点、类别和经营,以及我国管道运输的现状
9. 了解万国邮政联盟组织

引导案例

货物迟交,责任应由谁来负

2009年8月4日,山东某工贸公司(以下简称“工贸公司”)与广州一进出口公司(以下简称“进出口公司”)签订了买卖合同,出售一批价值20万元的瓷器。为了方便运输和交货,工贸公司与青岛某运输公司(以下简称“运输公司”)签订运输合同,其中规定,运输公司尽可能在8月6日前将货物送抵广州。装货完毕后,工贸公司将发货单一并交于运营司机,但是由于突遇暴风骤雨,3天后,即8月7日才到达目的地,延误了装船,并且进出口公司在开箱验货时发现部分瓷器损毁,便拒付货款。在多次协调未果的情况下,工贸公司将运输公司告上法庭,要求其赔偿经济损失。

问题:本案例中的运输公司是否应承担赔偿责任?

[案例解析]

本案的焦点问题在于,交货日期的延误和瓷器的损毁是否是运输公司应承担的责任。

货物是公路运输的对象,运输部门在承运责任期内,应将承运的货物完好无损地送到目的地。货物的交接就是责任的转移。案例中工贸公司已将货物完整交于承运人,从而造成了责任的转移。另外,车辆在行驶途中因震动和颠簸产生的各种作用力,会因驾驶操作不当、道路路面标准低劣、车辆技术状况不佳等因素而加剧。因此,车辆在行驶时,应尽可能设法减少或避免货物与货物、货物与容器、货物与车厢之间发生的碰撞、摩擦或冲击。

一般来说,在承运责任期发生的货损,运输部门应负有相应的责任,并应按有关规定赔偿托运单位的经济损失。但是有些事故的发生不完全是运输公司的过失,如由于人力不可抗拒的自然灾害,或货物本身性质发生变化以及货物在运送途中的自然减量等。

本案例就属于人力不可抗拒因素而导致货物的交接延迟,所以运输部门不承担全部的法律责任。但是在承运货物时,运输部门应及时通知买方或卖方货物状况、交货日期可能出现延迟等一些必要的准确信息。运输部门没有告知进出口公司瓷器可能延交,使进出口公司没有时间采取必要的补救措施,导致了出口业务的失败。就此一点运输公司应承担一定的责任。

资料来源:华律网.货物迟交,责任应由谁来负?[EB/OL]. http://www.66law.cn/laws/590869.aspx.(有改动)

第一节　国际公路运输概述

一、国际公路运输的概念与特点

公路运输是陆上两种基本运输方式之一，虽然国际公路运输在国际货物运输中只占很小的比重，但是公路运输也是一种独立的运输体系，可以独立完成进出口货物运输的全过程，也可以配合船舶、火车、飞机等运输工具完成首尾两端的运输任务，是车站、港口和机场集散货物的重要运输方式。另外，在"门到门"的运输中，各种运输方式都要依赖公路运输完成。

（一）国际公路运输的概念

国际公路运输是指起运地、目的地或经停地位于不同国家或地区的公路货物运输。

（二）公路运输的特点

公路运输相对于其他运输方式，具有以下特点。

（1）机动灵活，适用性强。因为公路运输网一般比铁路网、水路网的密度大，分布面广，能深入其他运输工具到达不了的地方。

（2）可实现"门到门"的运输。

（3）适宜点多、面广、零星、季节性强的货物运输。

（4）在中、短途运输中，运输速度较快。

（5）原始投资少，收效快。

（6）运量小，运输过程中车辆震动较大，易造成货损事故，费用和成本也比海上运输和铁路运输高。

知识链接 6-1

公路运输的两个组成部分——公路和汽车的分类

一、公路

公路主要供汽车行驶。按不同分类标准，可将公路分为不同类型。

1. 按管理系统划分

按管理系统，公路可分为国家公路、省级公路、县级公路、乡级公路和专用公路。

2. 按交通流量、使用任务和性质划分

按交通流量、使用任务和性质，公路可分为高速公路、一级公路、二级公路、三级公路和四级公路。

（1）高速公路，能适应年均昼夜汽车通过量为 25 000 辆以上，专供汽车分道高速行驶，并全部控制非机动车辆和行人出入。

（2）一级公路，能适应年均昼夜汽车通过量为 5 000～25 000 辆，可供汽车分道行驶，并部分控制非机动车辆和行人出入。

(3) 二级公路，能适应各种车辆折算成载货汽车年均昼夜通过量2 000～5 000辆。

(4) 三级公路，能适应各种车辆折算成载货汽车年均昼夜通过量2 000辆以下。

(5) 四级公路，能适应各种车辆折算成载货汽车年均昼夜通过量200辆以下。

二、汽车

汽车是公路运输的主要工具，按不同的分类标准可以分为不同的类型。

1. 按使用的燃料划分

按使用的燃料，汽车可分为汽油车和柴油车。

2. 按设计用途划分

按设计用途，汽车可分为乘坐车和载货汽车。

(1) 乘坐车。如吉普车、小轿车、旅行车(8～12座)、中型客车(15～22座)、大型客车(40座以上)。

(2) 载货汽车。载货汽车又可分为：①轻型车(3吨以下)；②中型车(3～8吨)；③重型车(8吨以上)；④特种车，即变形车，如起重车、消防车、集装箱挂车等；⑤自卸车，有一般自卸车、矿用自卸车和集装箱自装自卸车。

3. 按车辆对道路的适应能力划分

按车辆对道路的适应能力，汽车可分为普通汽车和越野汽车。

(1) 普通汽车。两轮驱动，只适于在路况较好的道路上行驶。

(2) 越野汽车。全驱动，能在坏路甚至是无路时行驶。

在国际货物公路运输中，主要使用重型、中型载货汽车和集装箱牵引车及挂车。

二、公路运输的组织形式

我国公路运输的组织形式有以下四种。

1. 公共运输部门

公共运输部门专门经营汽车货物运输业务，并以整个社会为服务对象，其经营方式如下。

(1) 定期路线。不论货载多少，在固定路线上按时间表行驶。

(2) 定线不定期路线。在固定路线上视货载情况派车行驶。

(3) 定区不定期路线。在固定的区域内根据货载需要派车行驶。

2. 契约运输线

按照双方签订的运输契约运送货物。与公路运输部门签订契约的一般都是大的工矿企业，常年运量较大且稳定。契约期限一般比较长，短的有半年、一年，长的可达数年。按契约规定，托运人保证提供一定的货运量，承运人保证提供所需运力。

3. 自用运输业

工厂、企业、机关利用自备汽车专门运送自己的物资和产品，一般不对外经营。

4. 汽车货运代理

汽车货运代理本身不掌握货源，也不掌握运输工具。它们以中间人的身份，一面向货主提货，一面向运输公司托运，借此收取手续费和佣金。有的汽车货运代理专门从事向货主揽取零星货物，加以归纳集中成为整车货物，然后自己以托运人的名义向公司托运，赚取零担和整车货物运费的差额。

为了提高公路运输效率和降低运输成本，公路运输的组织形式和方法不断有新的发展，已广泛开展汽车集装箱运输、拖挂运输、集中运输等。拖挂运输是以汽车列车取代普通载货汽车运输货物，可以增大车辆的载重量。汽车列车是由牵引车或挂车组成，两者间能摘能挂，既可按需要灵活调配车辆，又可实行甩挂运输。甩挂运输是在一点装货和一点卸货，或一点装货和多点卸货，或多点装货和一点卸货的固定线路上，配备数量多于汽车或牵引车的挂车，以便到达装卸货点时，甩下挂车装卸货，而汽车或牵引车可挂走已装卸货的挂车，进行穿梭式的往复运输。集中运输是由一个汽车运输单位把货物从一个发货点（车站、码头、仓库等）运往多个收货点，或从多个货物点运往一个收货点。这样收、发货人不必派人取送货物，节省了人力；还可以合理调度车辆，减少车辆空驶，提高运输效率；并为使用汽车列车、专用运输汽车和装卸机械创造了有利的条件。

三、公路运输承托双方的责任范围

（一）公路货运承运人的责任

公路货运承运人的责任期限是从接收货物时起至交付货物时止。在此期限内，承运人对货物的灭失损坏负赔偿责任。但不是由于承运人的责任所造成的货物灭失损坏，承运人不予负责。

对货物赔偿价格，按实际损失价值赔偿。如货物部分损坏，按损坏货物所减少的金额或按修理费用赔偿。

要求赔偿有效期限，从货物开票之日起，不得超过 6 个月。从提出赔偿要求之日起，责任方应在 2 个月内作出处理。

（二）公路货运托运人的责任

公路货运托运人应负的责任基本与铁路、海上运输相同，主要包括：提供准确的货物详细说明；按时提供规定数量的货载；包装完整，适于运输；货物唛头标志清楚；按规定支付运费。其责任一般均规定有：如因托运人的责任所造成的车辆滞留、空载，托运人须负延滞费和空载费等。

知识链接 6-2

国际公路货物运输公约和协定

为了统一公路运输所使用的单证和承运人的责任，联合国所属的欧洲经济委员会负责草拟了《国际公路货物运输合同公约》(CMR)，并于 1959 年 5 月 19 日在日内瓦由欧洲 17 个国家参加的会议上一致通过。《国际公路货物运输合同公约》共有 12 章 51 条，在适用范围、承运人责任、合同的签订与履行、索赔和诉讼以及连续承运人履行合同等方面做了较为详细的规定。

此外，为了有利于开展集装箱联合运输，使集装箱能原封不动地通过经由国，联合国所属的欧洲经济委员会成员于1956年缔结了《关于集装箱的关税协定》。参加该协定的签字国有欧洲21个国家和欧洲以外的7个国家。该协定的宗旨是，相互间允许集装箱免税过境。

在《关于集装箱的关税协定》的基础上，根据欧洲经济委员会的倡议，还缔结了《国际公路车辆运输规则》(*Transport International Router*，TIR)。根据该规则规定，集装箱的公路运输承运人，如持有TIR手册，允许由发运地到达目的地，在海关的签封下，中途可不受检查、不支付关税，也可不提供押金。

TIR手册由有关国家政府批准的运输团体发行，这些团体大都是参加国际公路联合会的成员。它们必须保证监督其所属运输企业遵守海关法规和其他规则。协定的正式名称是《根据TIR手册进行国际货物运输的有关关税协定》(*Customs Convention on the International Transport of TIR Carnets*)。该协定有欧洲23个国家参加，并已从1960年开始实施。

《国际公路货物运输合同公约》和相关协定有地区性限制，但它们仍不失为当前开展国家公路运输的重要国际公约和协定，对今后国际公路运输的发展具有一定的影响力。

第二节　公路运输业务

一、公路运输的业务分类

1. 按货物批量大小及不同货物对装运车辆的不同要求划分

按货物批量大小及不同货物对装运车辆的不同要求，公路运输的业务可分为整车货物运输、零担货物运输、特种货物运输、集装箱货物运输和包车运输。

1）整车货物运输

托运人租用一辆或若干辆汽车发运一批货物的运输方式称为整车货物运输。整车货物运输对托运人和承运人组织操作都很便利，因此是一种最常用的运输方式。

采用整车货物运输一般应满足以下条件：货物重量或体积能够装满整车的；不能拼装的特种货物，为防止对其他货物造成不良影响的；货主为自身货物或运输便利考虑而特别提出整车货物运输的。

2）零担货物运输

需要拼装的众多小件货物的运输称为零担货物运输。

零担货物运输一般都使用厢式货车。厢式货车如同集装箱，能够有效保护货物，防止货损货差。其托运手续也较简单，可以一次托运、一次交费、一票到底、全程负责、送货到门。由于灵活和便利，这种运输方式在许多情况下要比铁路、水路等运输方式快捷。

3）特种货物运输

特种货物可分为四大类：①危险货物，指具有易燃、易爆、易污染环境、易腐蚀和具有放射性的特殊货物，这类货物要由罐车或特殊改造加工的车辆运输；②大件(大长笨重)货物，只能用大件车或特种车（如地平板、桥式板拖车）运输；③鲜活货物，如冷冻品、鲜花、鲜活水产品等，一般要由冷藏车、保温车运输；④贵重物品，指稀有矿物品、核心设备等，需由特种车体运载，确保货物安全。

4）集装箱货物运输

集装箱货物运输是指以标准拖车专门运送标准集装箱的一种运输方式。目前集装箱运输已成为公路运输的主导，成为海运集装箱运输、铁路集装箱运输、国际多式联运等运输方式中不可缺少的组成部分。标准拖车与集装箱船、火车、仓储场站的装卸设施相匹配，使货物的管理、运输、仓储、装卸等机械作业和海、铁、路全程联运效率得到空前的提高。

5）包车运输

承运人将车辆包租给托运人使用，由托运人按时间或里程支付运费的方式称为包车运输。在下列情况下一般可以采用包车运输。

（1）承运人无法控制装卸时间，或托运人有自己特定的时间安排，如集装箱包天运输等。

（2）短途多次往返运输，无法以货物重量或运输距离计算运费的，如土建或大宗货物的短途倒运等。

（3）需特殊设计运输过程的货物，如大件运输、某些特种货物运输往往需要配备辅助工具和辅助人员，而运输时间难以准确掌握。

2. 按汽车运输的工作性质划分

按汽车运输的工作性质，公路运输的业务可分为出口物资的集（港）站运输、进口货物的疏港（站）运输、国际多式联运的首末段运输和边境公路过境运输。

1）出口物资的集（港）站运输

出口物资的集（港）站运输是指出口商品由原产地（收购站或加工厂）到外贸中转仓库，再到港口仓库乃至船边（铁路专用线或航空收货点）的运输。

2）进口货物的疏港（站）运输

进口货物的疏港（站）运输是指按进口货物代理人的委托，将进口货物由港（站）运达指定交货地点。

3）国际多式联运的首末段运输

国际多式联运的首末段运输是指国际多式联运国内段的运输，即将出口货物由内陆装箱点装运至出口港（站），将进口货物由港（站）运至最终交货地的运输。

4）边境公路过境运输

边境公路过境运输是在我国与毗邻国家（地区）设有直通公路过境口岸的地区，如广东的深圳、珠海，新疆的吐尔戈特、霍尔果斯，黑龙江的漠河、黑河，吉林的珲春、三河村等，经向海关申请办理指定车辆、驾驶员和过境路线，在海关规定的指定地点停留，接受海关监督和检查，按有关规定办理报验、完税、放行后运达目的地的运输。

二、公路运输的业务程序

（一）一般程序

公路运输业务的一般程序包括接受托运—计划调车—按单监装承运—监卸—按单交

接—签收—结算。

(1) 外运车队设有专职业务员,主动深入各专业公司,上门办理托运手续,并积极做社会调查,广揽货源,充分发挥运输潜力。

(2) 计划调度员根据货物托运计划、运输合同、旬要车计划、车辆技术情况、当月车辆维修计划及货源流向的道路、装卸现场条件等,编制车辆调配最佳方案,下达出车通知书(运输单或路单)。

(3) 认真做好货物的交接。驾驶员在接收货物时,必须点件监装,按规程装车,保证单证齐全。到站交接后,驾驶员必须填写好运输作业单并由收货人签收。签收后的运输作业单交回车队统计,作为收费凭证。

(二) 集装箱运输程序

1. 出口货物集装箱运输

(1) 托运人填报托运单。

(2) 集装箱货运站根据调度计划填装箱通知单。

(3) 接到通知后,由装箱货运站的理货员安排装箱作业,并报海关验关,在海关监督下完成装箱作业并封关。

(4) 在海关放行后,调度员按计划派车,把集装箱托运至指定交货点,支付签收。

2. 进口货物集装箱运输

(1) 托运人填报进口货物托运单,并前往集装箱货运站领取码头收据。

(2) 凭码头收据,填写海关进出口货物报关单,向海关报验。

(3) 海关放行后,由调度员填写派车单,把集装箱运至指定交货点,交接验收。

(三) 边境公路过境汽车货物运输程序

随着我国国际贸易的不断发展,通过边境公路的过境运输业务量也逐渐增加。边境公路过境运输可分为进口运输和出口运输两部分。

1. 出口货物公路过境运输

(1) 托运人填报托运单并提交有关出口许可证。

(2) 车队凭委托书及许可证,填制海关出口货物报关单,向出境口岸报关。

(3) 在海关征税验关后,将货物封关,运送至指定境外交货点交接。

2. 进口货物公路过境运输

(1) 托运人向我国外运机构驻外办事处办理托运手续。

(2) 驻外机构接收后,通知国内驻口岸机构,并安排具备过境承运能力的外运车队派车前往装货,驻口岸办事处向收货人索取进出口许可证,填报海关进出口货物报关单,向口岸海关报验放行。

(3) 在海关验关征税放行后,按托运委托书的要求,将货物运送至指定地点,交收货人签收。

(四) 特种货物运输程序

1. 超限笨重货物运输

超限笨重货物运输需要平板货车、单轴挂车及其他特种车辆装运。在运送超限笨重货物时,必须注意以下事项。

(1) 出具货物出场技术资料,证明物件的体积、质量,说明运送注意事项;对超出正常装载规定的货物,应取得交通监管部门及有关部门的同意后,才能起运。

(2) 派车前,需了解行车有关路况,以及装卸现场的可操作性。

(3) 要明确经过的公路、桥涵、渡口、隧道的可承载性。

(4) 运送时,要悬挂红色标志。必要时,要有专门车辆引路。

2. 鲜活易腐货物运输

鲜活易腐货物运输要注意以下几点。

(1) 加强收发货人之间的协作,使运输环环紧扣,争取以最快的速度将货物运往目的地。

(2) 要快卸快装,严禁乱摔乱扔,保持清洁卫生。

(3) 要检查卫生检疫证件。

3. 危险品货物运输

危险品货物运输,必须遵照交通部颁布的《汽车危险货物运输规则》,并注意以下事项。

(1) 运输只限于该规则内列载的品名。

(2) 要严格执行运输危险品货物防护、防范的规定,认真检查托运单,检验包装。

(3) 应选择政治可靠、技术良好、熟悉道路的驾驶员承运。途中不得搭乘其他人员,必须按规定的线路和时间行驶。在装运过程中,若出现漏散现象,应按防护办法及时采取措施补救。

三、公路运输的费用结算

1. 运杂费的计收程序

(1) 确定货物等级和计收重量。

(2) 查定规定计收的费率。

(3) 计算发站至到站的计费里程。

(4) 核算有关杂费。

2. 运费计算公式

1) 以吨千米计算

以吨千米计算的运费,其计算公式为

运费=货物计费重量×计费里程×运价费+货物计费重量×计费里程×运价费×加成费

2) 以吨计算

以吨计算的运费,其计算公式为

运费=货物计费重量×运价费+货物计费重量×运价费×加成费

3）其他情况

凡车辆无法计算里程，或因货物性质、体积限制，不能按正常速度行驶者，应按计时包车处理。

3. 特定运价

特定运价的具体规定如下。

（1）每件货物重量超过 250 千克为超重货物，货物长度超过 7 米为超长货物，装载高度距地面超过 4 米为超高货物。

（2）托运普通、易碎等货物均按质量计费，超重货物和轻泡货物按整车计费。

（3）同一托运人托运双程运输货物时，按运价率减 15%。

（4）根据国家政策，经省级运价部门规定降低运价的货物。

（5）同一托运人一去程或回程运送所装货物包装的，按运价减成 50%。

（6）超重货物按运价加成 30%。

（7）集装箱按箱千米计算。

（8）边境公路运输采用全程包干计费。

（9）对展品、非贸易运输物资，一般按普通运价加成 100%计费。

（10）特大型特殊货物，采用协商运价计费。

4. 运杂费收款办法

（1）预收运费的，在结算时多退少补。

（2）现金结算的，按实际发生的运杂费总额向托运人收取现金。

（3）财务托收的，由承运人先垫付，定期凭货运单回执汇总所有费用总额，由银行向托运人托收费用。

（4）其他结算办法，如预交转账支票、按协议收取包干费用等。

四、商务事故与处理

公路运输承运的货物由托运人交承运人开始，承运人即对所运货物负全责，直至承运人将货物交收货人为止。这一段时间称为承运责任期。货物在承运责任期内，因装卸、运送、保管、交付过程不妥当而发生的货物损坏或丢失事故，称作商务事故，即货损货差。

（一）承运责任期内可能由承运方造成的商务事故

其大致有以下几种情况应引起注意。

（1）破损，即装卸时操作不当引起货物损坏。

（2）污染，即装卸不当引起货物被他物污染。

（3）湿损，即阴雨雪天使货物受潮损坏。

（4）短少失落，即因被盗窃、丢失、事故等造成货物损坏失落。

（5）因驾驶员违章驾驶，造成交通事故所发生的货损货差。

（二）在货物交接中可能造成的商务事故

如果手续不清，在货物交接中也会造成商务事故。因此，必须注意以下几点。

(1) 驾驶员必须亲自点数、监装、核对货物的票数、唛头、品种、件数及卸货点,发现不符,立即纠正。

(2) 运达目的地时,如发现货物短少等情况,应认真审核,等待处理。

(3) 运送外贸物资有很强的时间性,因此,在接受托运时,要明确交货时间。

(4) 运送贵重、精密及易发生货损的货物时,要与货主协商,及时向保险公司投保。

(三) 责任事故划分

对于下列原因造成的损失,承运方不负责任。

(1) 由不可抗力所致的货损。

(2) 包装完好,但内部损坏、变质、短少者。

(3) 违反国家法令或规定,被有关部门查扣、弃置或其他处理。

(4) 货物抵达到达站,收货人逾期提货或局部提取造成的货损。

(5) 有随车押送人员负责中途保管照料的。

(四) 货损货差赔偿办法

(1) 按实际损失价赔偿。

(2) 由于装卸原因造成的损失,由装卸部门负责赔偿。

(3) 事故查清后,是经济赔偿的,要由托运人或收货人填写事故赔偿书,报有关主管部门审核赔偿。

(4) 商务事故处理完毕,向保险公司办理索赔手续。

(五) 事故大小的划分

(1) 重大事故,即货物染毒或危险品发生事故,造成人身死亡或货物损失在 1 万元以上的。

(2) 大事故,即造成人身严重中毒或货物损失在 5 000 元以上的。

(3) 恶性事故,即发生票货分离,涉及国际多式联运过境物资,极端保密物资发生丢失、损坏,损失金额在 1 000 元以上的。

五、公路运输的经营评价

根据汽车运输经营活动特点,汽车运输的经济技术指标定为下列 8 项。

(一) 产量指标

产量指标以货运量和货物周转量反映。

1. 货运量

货运量是指在一定时间内,实际运送货物的载重量,以"吨"为单位。

2. 货物周转量

货物周转量是指在一定时间内,每次货运量与运输距离之积,以"吨千米"为单位。

（二）质量指标

质量指标以安全行驶间隔里程和货损货差两个指标反映。

1. 安全行驶间隔里程

安全行驶间隔里程是考核车辆运行安全情况的指标，单位为千米。其计算公式为

$$汽车安全行驶间隔里程=\frac{报告期总车千米数}{报告期事故次数}$$

2. 货损货差

货损货差是指汽车在运输过程中的属本企业责任的商务事故。其计算公式为

$$每百元收入货损货差额=\frac{报告期货损货差赔偿额}{报告期运输总收入额}$$

（三）效率指标

效率指标反映车辆运输能力的利用度，包括完好率、工作率、里程利用率和车吨产量。

1. 完好率

完好率是考核汽车技术状况的指标。其计算公式为

$$完好率=\frac{完好车数日数}{总车日}\times 100\%$$

2. 工作率

工作率是考核汽车利用程度的指标。其公式为

$$工作率=\frac{工作车日}{总车日}\times 100\%$$

3. 里程利用率

里程利用率是考核汽车行驶里程有效利用程度的指标。其计算公式为

$$里程利用率=\frac{重车千米数}{总车千米数}\times 100\%$$

4. 车吨产量

车吨产量是指汽车在实际运输过程中行驶的全部过程，单位为吨千米/吨。其计算公式为

$$车吨产量=\frac{车主及挂车完成的周转量}{汽车平均总车吨位}$$

（四）燃料消耗指标

燃料消耗指标是指车辆每行驶百千米所消耗的燃料数量。其中，汽油和柴油消耗量应分别计算。其计算公式为

$$燃油消耗量=\frac{燃油实际消耗量}{行驶总千米数}\times 100\%$$

（五）劳动生产率指标

劳动生产率指标是表明职工劳动效率的指标，按全部职工人数计算，单位为吨千米/

人。其计算公式为

$$全员劳动生产率=\frac{报告期内货物周转量}{报告期内职工总人数}\times 100\%$$

（六）运输成本指标

运输成本是指汽车运输的单位成本，即平均每吨千米成本，单位为元/吨千米。其计算公式为

$$吨千米成本=\frac{报告期内运输总成本}{报告期内货物周转量}$$

（七）流动资金占用指标

流动资金占用指标是指平均每百元收入占用的流动资金额，它反映了企业流动资金的使用率，单位为元/每百元收入。其计算公式为

$$流动资金占用额=\frac{流动资金占用额}{报告期收入总额}\times 100\%$$

（八）利润指标

利润指标是指汽车运输企业的汽车运输利润、其他业务利润及营业外收支净额的总和。

六、公路运输成本

（一）成本构成

汽车运输过程中的物化劳动和活劳动的消耗，就是公路运输成本，由车辆折旧费、车辆购买费用、燃料费、工资组成。

1. 按成本项目不同划分

按成本支出科目不同，汽车运输成本可分为车辆生产成本和企业管理费两类。

1）车辆生产成本

车辆生产成本是指运营车辆从事运输生产所发生的各项费用，包括工资、燃料费、轮胎费、维修费、车辆折旧费、养路费、保险费及其他直接费用。

2）企业管理费

企业管理费是指运输企业为组织和管理运输所发生的各项管理费用和业务费用。其主要包括管理人员的工资及附加费、办公费、水电费、取暖费、通信费、差旅费、低值易耗品费、修理费、大修提存、折旧费、劳保费、交通费、仓库经费、材料盘亏和损失费、利息支出、事故损失等。

2. 按成本与工作量的大小关系划分

按成本与工作量的大小关系，公路运输成本可分为变动费用和相对固定费用。

1）变动费用

变动费用是指在一定时期内，费用总额随着同期车辆完成的工作量成比例增减、变动的各

项费用,如燃料费、轮胎费、维修费、材料费、安全行驶里程提取的车辆折旧费、大修提存等。

2)相对固定费

相对固定费用是指在一定时期内,其费用总额基本不变的那部分费用,如养路费、支付给职工的工资。企业管理费中的绝大部分是相对固定费用。

(二)成本分析

影响公路运输成本变动的因素有很多,一般可以从以下几个方面进行分析。

1. 价格因素对成本的影响

汽车燃料、轮胎、维修等价格的大幅度上涨,养路费、行车杂费率的提高,以及职工调资、增加补贴等,使公路运输成本增加。其中,许多属于客观因素,受市场供求关系、国家经济形势以及经济宏观调控影响,企业经营者难以控制。但是,由于燃料、材料配件、轮胎三项费用消耗在公路运输成本中所占的比重约为50%,如果被动地承受价格上涨所造成的成本压力,会使企业负担越来越重。因此应采取积极措施,如加强消耗定额管理、开展技术革新、增产节支、努力降低三大消耗,以把价格上涨的影响减到最低。在公路运输成本中,工资津贴、养路费、企业管理费、业务开支属于相对固定费用,它们与车辆工作量没有成比例增减的关系,但是对单位成本(百吨千米消耗)则有着直接影响。

2. 车辆工作量对成本的影响

在固定费用总额一定的情况下,车辆的工作量增加,分摊到单位成本中的固定费用比例就少,成本随之降低;反之,单位成本中分摊的固定费用就增加。因此,要降低单位成本,就必须从增加生产、减少费用支出两方面考虑。例如,严格控制各项费用开支,按照国家和上级的规定,正确区分不同性质的费用,不得乱摊、乱挤成本。勤俭节约办企业,以达到降低公路运输成本的目的。

3. 车辆效率对成本的影响

在固定成本一定的条件下,车辆工作效率越高,货物周转量越多,里程利用率就越高,单位成本中固定费用的比例就越低,车辆工作效率与成本成反比关系;反之,则成本上升。由此可见,控制公路运输成本的关键还在于加强车辆合理调度,科学运用,抓好货源组织,充分提高效率。目前,我国公路运输业面临一个既充满商机又竞争激烈的现代物流市场,对公路运输企业来讲,加强车辆效率环节管理在降低公路运输成本中起关键性作用,是运输管理的重要一环。

第三节 国际公路运输实务

一、公路货物运输合同的签订

(一)公路货物运输合同的确认

在公路国际货运业务中,运单即运输合同,运单的签发则是运输合同成立的体现。《国际公路货物运输合同公约》中对运单下的定义是:运单是运输合同,是承运人收到货物的初步证据和交货凭证。

(1) 公路货物运输合同以签发运单来确认，无运单、运单不正规或运单丢失不影响合同的成立及有效性。它对发、收货人和承运人都具有法律效力，也是贸易进出口货物通关、交接的重要凭证。

(2) 发货人根据货物运输的需要与承运人签订定期或一次性运输合同运单均视为运输合同成立的凭证。当待装货物在不同车内或装有不同种类货物或数票货物，发货人或承运人有权要求对使用的每辆车、每种货物或每票货物分别签发运单。

(3) 公路货物运输合同自双方当事人签字或盖章时成立。当事人采用信件、数据电文等形式成立合同的，可以要求签订确认书，签订确认书时合同成立。

（二）国际汽车联运货物运单的组成与内容

1. 组成

国际汽车联运货物运单一式 3 份，都需要发货人和承运人签字或盖章，一份交给发货人；一份随货同行，作为通关以及交接的凭证；一份由承运人留底。

2. 内容

国际汽车联运货物运单共计 22 个栏目，填写时要求用钢笔或圆珠笔清楚填写，或者打印，或者盖戳记。1～12 栏以及 16 栏由发货人填写，18 栏和 20 栏由收货人填写，其他由承运人填写。

运单应至少包括下列 16 项内容。

(1) 运单的签发日期和地点。

(2) 发货人的名称和地址。

(3) 承运人的名称和地址。

(4) 货物接管地点、日期以及指定的交货地点。

(5) 收货人的名称和地址。

(6) 货物品名和包装方法，如属危险货物，应说明其基本性质。

(7) 货物件数、特征标志和号码。

(8) 货物毛重或以其他方式表示的量化指标。

(9) 与运输有关的费用（运费、附加费、关税和从签订合同到交货期间发生的费用）。

(10) 办理海关手续和其他手续所必需的托运人的通知。

(11) 是否允许转运的说明。

(12) 发货人负责支付的费用。

(13) 货物价值。

(14) 发货人关于货物保险给予承运人的指示。

(15) 交付承运人的单据清单。

(16) 运输起止期限等。

二、货物的发运

(1) 发运的货物要与运单记载的内容一致，不得夹带、隐瞒与运单记载不相符的货物。需办理准运或审批、检验手续的货物，发货人应将其交承运人并随货物同行。

(2) 货物的包装要符合运输要求,没有约定或约定不明确的,可以协议补充。对出口货物的包装必须符合出口货物要求,并有中外文对照的标记、唛头。对包装方式不能达成协议的,按通用的方式包装;没有通用方式的,应在足以保证运输、搬运装卸作业安全和货物完好的原则下进行包装。发货人应根据货物性质和运输要求,按国家规定及国际要求正确使用运输标志和包装储运图示标志。

(3) 运输过程中需要饲养照料的动植物、尖端精密产品、稀有珍贵物品、文物等,发货人要派人随车押运。大型特型货物、危险货物、贵重物品是否押运,发货人和承运人要进行协商。除上述货物外,发货人要求押运时,需经承运人同意。

(4) 押运人员的姓名以及其他必要的情况应填写在运单上,不能随意换人顶替,押运人员每车1人,免费乘车。有押运人员时,运输途中发生的货损、货差,承运人不负赔偿责任。

三、货物的承运与交接

(一) 货物的承运

(1) 承运人不得超限超载(重货不得超过车辆的额定载重吨位,轻货不得超过车辆额定的有关长、宽、高的装载规定)。

(2) 运输线路由承运人与发货人共同确定,一旦确认不得随意更改。如果承运人不按约定路线运输,额外费用由承运人自己承担。

(3) 运输期限由承运人和发货人共同约定并在运单上注明,承运人必须在规定时限内运达。

(二) 货物的交接

(1) 承运人在运输约定货物之前要对货物进行核对,如果发现货物与运单不符或者可能会给运输带来危险的,不得办理交接手续。

(2) 货物运达目的地前,承运人要及时通知收货人做好交接准备。如果是运输到国外,则由发货人通知;如果是零担货物,在货到24小时内通知。

(3) 承运人和发货人之间的交接,如果货物单件包装,则按件交接;如果采用集装箱以及其他有封志的运输方式,按封志交接;如果是散装货则按磅交接或双方协商的方式交接。

(4) 货物运达目的地以后,收货人凭借有效单证接收货物,不得无故拒绝接收,否则承担一切损失。涉外运输如发生上述情况,应由发货人解决并赔偿承运人的损失。

(5) 货物在交给收货人时,双方对货物的重量或内容有异议,均可提出查验或者复核,费用由责任方承担。

四、货物保险与货物保价运输

货物运输有两种投保方式:货物保险和货物保价运输。采取自愿投保的原则,由发货人自行确定。货物保险由发货人向保险公司投保,也可委托承运人代办。货物保价运输是指按保价货物办理承运手续,在发生货物赔偿时,按发货人声明价格及货物损坏程度予以赔偿的货物运输。发货人按一张运单发货的货物只能选择保价或不保价。发货人选择货物保价运输时,申报的货物价值不得超过货物本身的实际价值,保价运输为全程保价,按一定比例收取保价费。

五、运输合同的变更与解除

（一）允许变更和解除的情况

(1) 不可抗力因素。

(2) 因合同当事人一方原因，在合同约定的期限内无法履行运输合同的。

(3) 合同当事人一方违约，导致合同不可能或者没有必要履行的。

(4) 合同当事人协商同意解除或变更合同的，可以变更或解除；如果是承运人提出的，承运人要退还已经收取的费用。

（二）发货人提出变更或解除合同

在货物没有交付收货人之前，发货人可以要求终止运输，返还货物，变更目的地或者要求把货物交给其他收货人，但应赔偿承运人因此受到的损失。

（三）不可抗力因素下的变更和解除

如果因为不可抗力因素，导致货物在运输过程中受阻，发生了装卸、接运、保管等费用，则按以下方式处理。

(1) 所有费用由发货人承担，承运人要退回未完成的运输费用。

(2) 回运时，回程运费免收。

(3) 发货人要求绕道运输，额外费用按实际收取。

(4) 货物在受阻地需要存放，保管费用由发货人负担。

（四）逾期提货

货物到达目的地后，承运人知道收货人的，应及时通知收货人；收货人逾期提货的，应当支付承运人保管费用。收货人不明或收货人无正当理由拒绝受领货物的，依照《中华人民共和国合同法》（以下简称《合同法》）规定，承运人可以提存货物。

六、公路运费的核算

公路运费一般有两种计算标准：一是按货物等级规定基本运费费率，二是以路面等级规定基本运价。凡是一条运输路线包含两种或两种以上的等级公路时，则以实际行驶里程分别计算运价。特殊道路，如山岭、河床、原野地段，则由承托双方另议商定。

公路运费费率分为整车和零担两种，后者一般比前者高 30%～50%，按我国公路运输部门的规定，一次托运货物在 2.5 吨以上的为整车运输，适用整车费率；不满 2.5 吨的为零担运输，适用零担费率。凡 1 千克重的货物，体积超过 4 立方分米的为轻泡货物（或尺码货物，measurement cargo）。整车轻泡货物的运费按装载车辆核定吨位计算；零担轻泡货物，按其长、宽、高计算体积，每 4 立方分米折合 1 千克，以千克为计费单位，此外，尚有包车费率（lump sun rate），即按车辆使用时间（小时或天）计算。

知识链接 6-3

中国国际公路运输线路及口岸分布

1. 对独联体公路运输口岸

新疆:吐尔戈特,霍尔果斯,巴克图,吉木乃,艾买力,塔克什肯。

东北地区:长岭子(珲春)/卡拉斯基诺,东宁(岔口)/波尔塔夫卡,绥芬河/波格拉尼奇内,室韦(吉拉林)/奥洛契,黑山头/旧楚鲁海图,满洲里/后贝加尔斯克,漠河/加林达。

2. 对朝鲜公路运输口岸

中朝之间原先仅有中国丹东与朝鲜新义州间偶尔有少量公路出口货物运输。1987年以来,吉林省开办珲春、图们江与朝鲜崴境北道的地方贸易货物的公路运输。外运总公司与朝鲜已于1987年签订了由我国吉林省的三合、沙坨子口岸经朝鲜的清津港转运货物的协议。

3. 对巴基斯坦公路运输口岸

其主要有新疆的红其拉甫和喀什市。

4. 对印度、尼泊尔、不丹的公路运输口岸

其主要有西藏南部的亚东、帕里、樟木等。

5. 对越南地方贸易的主要公路口岸

其主要有云南省红河哈尼族彝族自治州的河口和金水河口岸等。

6. 对缅甸公路运输口岸

云南省德宏傣族景颇族自治州的畹町口岸是我国对缅甸贸易的主要出口陆运口岸,还可通过该口岸和缅甸公路转运部分与印度的进出口贸易货物。

7. 对香港、澳门的公路运输口岸

位于广东省深圳市的文锦渡和香港新界相接,距深圳铁路车站3千米,是全国公路口岸距离铁路进出口通道最近的一个较大公路通道。通往香港的另两个口岸是位于深圳市东部的沙头角及皇岗。对澳门公路运输口岸是位于珠海市南端的拱北。

第四节 内河运输

一、内河运输概述

(一)内河运输的含义与特点

内河运输(inland water transportation),是指船舶在江河航线之间经营客运业务和货运业务。它是水上运输的一个重要组成部分,同时也是连接内陆腹地(inland area)和沿海地区(coastal region)的纽带。它具有运量大、投资少、成本低、耗能小的特点,可以直达河海。内河运输对一个国家的国民经济和生产力布局起着至关重要的作用,所以世界各国无一例外都十分重视内河运力的开发和建设。

（二）国内外内河运输发展现状

自1969年莱茵河上出现第一条内河航线以来，内河运输迅速发展，现已成为公路和铁路之外第三大疏运方式。国外内河运输以欧洲的莱茵河水系、美国的密西西比河水系、俄罗斯的伏尔加河水系为典型，我国内河运输主要集中在长江干线和珠江水系。

西欧的内河运输主要集中于以莱茵河为干线的内河航运网，该地区是全球内河运输发展最快、最好的地区。经过20世纪后期大规模基础设施及航道、船闸、码头等的标准化建设，欧洲内河运输体系迅速发展，目前已成为沿海港口重要的疏运通道。

据统计，鹿特丹港和安特卫普港(2010年两港集装箱吞吐量合计1 962万TEU)约1/3的集装箱集疏运量由莱茵河流域的内河集装箱运输完成。美国开展内河运输的区域主要集中于密西西比河和五大湖流域，内河运输亦已成为纽约港等河口集装箱大港的主要集疏运方式之一。

我国内河运输可以归纳为“一纵三横两网”。一纵指京杭运河主通道，三横指长江水系主通道、珠江水系主通道和黑龙江—松花江水系主通道，两网指长三角航道网和珠三角航道网。主要的河港有重庆、武汉、南京、上海、广州和哈尔滨。以长江水系的内河运输为例，经过20多年的发展，长江内河运输建设取得显著成绩，港口装卸能力大大提高，初步形成上中下游全线开展内河运输业务的格局。2010年长江干线规模以上港口集装箱吞吐量达908万TEU。珠江水系涉及广东、广西、贵州、云南等省区，其内河运输以广东和广西为主，依托西江及珠三角高等级航道网，以内河港口为水陆联运节点，以香港港、深圳港和广州港为沿海集装箱干线港。珠江水系内河运输发展迅猛，2010年珠三角港口内河集装箱吞吐量为545万TEU。香港港约1/3的集装箱吞吐量通过珠三角内河支线运至香港港，然后再通过干线集装箱船舶中转至世界各地。

（三）内河运输成本

内河运输与沿海运输和远洋运输相比，船舶吨位较小。它的成本除计算客、货运换算成本以外，还按照运输的不同种类计算运输分类成本。运输种类主要有以下几种：客运为客轮客运，货运为拖驳货运，油运为油轮油运、拖驳油运，排运为拖轮排运。内河运输费用支出一般分为船舶费用和港埠费用。船舶费用是指运输船舶的各项费用，包括船员工资、提取修理费、事故损失和其他费用。港埠费用是指为分配由运输船舶负担的港埠费用，以及直接支付给外单位的港口费用。内河运输成本以月、季、年为成本计算期。一般来说，船舶费用应按不同船舶类型归集，对于吨位较大的船舶也可单独进行单船归集。在计算运输分类成本时，应将按船舶类型归集的船舶费用在各运输种类之间进行分配。

二、内河运输的船舶

相对于海洋，内河吃水浅、河道狭、弯度多、水位涨落幅度大。因此，内河航船的结构和用途与海轮有所不同。内河使用的船舶主要有以下四种。

1. 内河货船

内河货船是指本身带动力，有货舱可供装货的船舶。这是内河运输的主要工具。内河货船的载重吨位、长度和吃水深浅，视河道条件而异，但一般均比海船小。内河货船具有使用方便、调度灵活的特点，但载重量小、成本高。因此，只用来经营内河定期船。

2. 拖船和推船

拖船(tug boat)和推船(tow boat)都是动力船，本身一般都不装载货物，而是起拖带和推动驳船的作用。前者在驳船前面，拖带驳船前进；后者在驳船后面，顶推驳船前行。以前，内河运输的驳船主要使用拖船带动。因为顶推法较拖带法具有阻力小、推力大、操纵性能力强的优点，目前，推船已逐渐取代拖船，成为内河运输的发展方向。

3. 驳船

驳船(barge lighter)按有无动力可分为机动驳船和非机动驳船，以拖带法和顶推法为划分标准，可以分为拖驳船和推驳船。推驳船是一种有一定尺度的标准型驳船，便于编队分节。驳船上没有舵、锚以及生活设施和救生设备，整个驳船是一个长方形的货舱，以供装货。近年来，驳船的发展具有标准化、系列化和专业化的特点。

4. 河/海型船

河/海型船既可以在内河航行又可在沿海航行，现已发展成为一种独立的船型。在结构上，除了吃水较浅外，其类似于海轮。

三、发展我国内河运输的措施

(1) 政府有关决策部门要改变过分依赖公路、铁路，忽视发展内河航运的倾向，要树立发展大交通、建设综合运输体系的思想。从资源综合利用及可持续发展的战略高度，以建立现代化综合运输体系为目标，充分挖掘各运输方式的潜力，促进各运输方式的协调发展。

(2) 加快航道基础建设。以政府投资资助建设，改善技术经济条件为主，在发展中调整基础设施结构。改变天然航道水深不一、等级不一、通过能力小的自然状况。在长江、珠江水系干线河流上，建设一批能通过 500～5 000 吨级船舶的航道，提高航道等级。

(3) 完善航运网建设，调整船舶运力结构。在内河航道建设中建立较高等级的内河航运网是振兴内河航运的根本，就是要在干流与支流建成干支直达的水上航运网，对支流的渠化开发可以把沿岸的各港口与水系腹地相沟通，形成四通八达的水上交通网。当前，我国内河运输船舶运力过剩。在船舶运力结构的调整中，逐步淘汰小吨位的挂桨机船、水泥船和技术落后的老旧船舶，重点发展自航船、集装箱船舶和滚装船，逐步缩小与内河运输发达国家在经济指数上的差距，提高竞争力。

(4) 加快内河港口建设，重点发展内河多用途泊位和集装箱泊位。提高内河港口机械化水平，要吸引沿江河建厂，改善工业布局，提高内河运输在国内中长距离大宗货物和集装箱的水运比重。鼓励内河发展干支直达运输和江海直达运输。

(5) 发展集装箱运输是我国内河航运的紧迫任务，加快专用集装箱船型、机械、设备技术的开发和集装箱专用码头堆场的建设，将为内河航运发展、开拓内河航运市场带来新的生机。令人可喜的是，上海在这方面走在了全国的前沿。2007 年后，上海浦东赵家沟、大芦线、大浦线将看不到挂桨机船、水泥船，取而代之的将是内河集装箱船。预计到 2020 年，上海内河将为长三角地区输运 5310.27TEU 外贸集装箱和 7809.23TEU 内贸集装箱。

第五节 管道运输

一、管道运输的定义与特点

（一）管道运输的定义与发展

管道运输(pipeline transport)，是利用管道输送气体、液体和粉末状固体的一种特殊的运输方式，它随着石油原油的生产而产生。管道运输与普通货物运输的形态不同。普通货物运输是随着运输工具的移动，被运送到目的地；而管道作为管道运输的运输工具本身是固定不动的，只是货物本身在管道内移动。管道运输是运输通道和运输工具合二为一的专门的运输方式。

管道运输始于19世纪中叶，1859年美国宾夕法尼亚州建成了第一条原油输送管道。20世纪以来，伴随着第二次世界大战后石油工业的发展，管道建设进入一个新的阶段。各产油国竞相兴建大量油气管道。从20世纪60年代开始，输油管道逐渐向大管径、长距离方向发展，并逐渐建成成品油输送的管网系统。同时，各国开始了用管道输送水煤浆的尝试。现代管道不仅可以输送原油、各种石油成品、化学品、天然气等液体和气体，而且可以输送矿砂、水煤浆等。

目前，在全球能源产品(石油原油、成品油、天然气、水煤浆等)的运输中，管道运输占有较大比重。近年来，管道运输也被进一步研究开发用于散装物料、成件货物、集装物料运输，并发展了容器式管道运输系统。管道运输是国民经济综合运输的重要组成部分之一，也是衡量一个国家的能源业与运输业是否发达的一个指标。目前，长距离、大管径的油气管道均由独立的运营管理企业负责经营和管理。

（二）管道运输的特点

管道运输具有以下特点。

1. 运量大

输油管线可以源源不断地完成输送任务。根据其管径的大小不同，每年的运输量可达数百万吨到几千万吨，甚至超过亿吨。

2. 占地少

管道运输建设实践证明，运输管道埋藏在地下的部分占管道总长度的95%以上。因此，管道运输占地少，分别为公路的3%和铁路的10%左右。在交通运输规划系统中，优先考虑管道运输方案，对于节约土地资源意义重大。

3. 管道运输建设周期短、费用低

国内外交通运输系统建设的实践表明，管道运输系统的建设周期与相同运量的铁路建设周期相比，一般要短1/3以上。我国自行铺设的大庆至秦皇岛全长1 152千米的输油管道，用时23个月，而若要建设一条同样运输量的铁路，至少需要3年时间。统计资料表明，管道建设费用比铁路低近60%。

4. 管道运输安全可靠、连续性强

石油、天然气易燃、易爆、易挥发、易泄漏，采用管道运输方式可以避免以上危险。同时，由于石油泄漏导致的大气、水和土壤污染也可大大减少。可见，管道运输符合运输绿色化的要求。此外，管道大都埋藏于地下，恶劣多变的气候对其影响小，可以确保运输长期、安全、稳定地进行。

5. 管道运输耗能小、成本低、效益好

发达国家采用管道运输石油，每吨千米的能耗不足铁路的 1/7，在大量运输时的运输成本与水运接近。因此，在无水的条件下，管道运输是一种最节能的运输方式。

管道运输还是一个连续的工程，运输系统不存在空载行程，因此系统的运输效率高。理论和实践都已经表明，管道口径越大，运输距离越远，运输量越大，运输成本就越低。以石油管道运输为例，管道运输、水路运输、铁路运输的运输成本之比为 1∶1∶1.7。

6. 灵活性差

管道运输除承运的货物比较单一外，也不容许随便扩展管线，难以实现"门到门"的灵活运输服务。一般来说，管道运输常常要与铁路运输、汽车运输、水路运输配合，才能完成全程输送。

管道运输的上述特点决定了它适用于那些单向、定点、量大的流体状货物（如石油、油气、水煤浆、某些化学制品原料等）的运输，而且利用容器包装运送固态的货物（如粮食、沙石、邮件等）也有良好的发展前景。

二、管道运输的类别和经营

1. 按铺设工程划分

管道运输就其铺设工程可分为架空管道、地面管道和地下管道。其中，以地下管道的应用最为普遍。视地形情况，一条管道可能三者兼而有之。

2. 按地理范围划分

管道运输就其地理范围可分为原油管道（crude oil pipeline）、成品油管道（product oil pipeline）和系泊管道（buoy oil pipeline）。从油矿至聚油塔或炼油厂，称为原油管道；从炼油厂至海港或集散中心，称为成品油管道；从海港至海上浮筒，称为系泊管道。

3. 按运输对象划分

管道运输就其运输对象可分为液体管道（fluid pipeline）、气体管道（gas pipeline）和水浆管道（scurvy pipeline）。

此外，管道运输同铁路运输和公路运输一样，也有干线和支线之分。

4. 管道运输的方式

物料的管道运输采取以下两种方式。

(1) 把散状或粉状物料与液体或气体混合后沿管道运输，这种与液体混合的方式叫作浆液运输。它适用于煤、天然沥青、矿砂、木屑、浆料等货种。由于这种方案受物料性质、颗粒大小与重量等因素的限制，运输距离不能太长，同时耗能较多，对管道的磨损也较大。

(2) 用密封容器装散状物料，放在管道的液流中；或用专用载货容器车装散状物料，置于管道气流中，靠压力差的作用运送物料。这种用容器车进行管道运输的方法，能运送大量不同种类的货物。

管道运输由于管道路线和运输是固定的，所以运输费用的计算比较简单，按油类的不同品种规格规定不同的费率标准，其计算标准多数以桶为单位，也有以吨为单位的，且均规定每个批量的最低托运量。

三、管道运输业的前景

管道运输作为综合交通运输体系的重要组成部分，在综合交通运输体系中发挥了越来越重要的作用。特别是“十二五”期间，我国油气管道建设进一步提速，西气东输管道、甬沪宁原油管道、西部原油管道、西部成品油管道等大型管道工程相继建成投产。截至2015年末，全国油气管线里程达到约14万千米。中国已逐渐形成了跨区域的油气管网供应格局。随着能源产业“走出去”战略的实施，中国石油企业在海外的合作区块和油气产量不断增加，海外份额油田或合作区块的外输原油管道也得到了发展。“十二五”期间，完成约1亿吨新增炼油能力建设，基本形成以中俄、中哈、中缅3个能源通道炼化产业带，以及环渤海、长三角、珠三角3个炼油集聚圈为主体的“三带三圈”炼化产业发展新格局。到2015年，全国一次原油加工能力达到6亿吨，成品油年产量达到3.1亿吨。

“十三五”期间，中国加快油气干线管网和配套设施的规划建设，逐步完善全国油气管线网络，完善西油东输、北油南运成品油管道和西气东输管道及陆路进口油气管道。

未来10年是中国管道工业的黄金时代，除得益于中国经济的持续快速发展和能源结构的改变，建设的中俄输气管线、内蒙古苏格里气田开发后将兴建的苏格里气田外输管线、吐库曼和西西伯利亚至中国的输气管线等，不仅为中国，也为世界管道业提供了发展机遇。

第六节　邮 政 运 输

一、国际邮政运输

邮政运输(parcel post transport)，是指通过邮局寄交进出口货物的一种运输方式。世界各国的邮政业务均由国家办理，而且均兼邮包运输业务。国际上，各国邮政之间有协定和公约，通过这些协定和公约，使邮件包裹的传递畅通无阻，四通八达，形成全球性的运输网，从而使国际邮政运输成为国际贸易中普遍采用的运输方式之一。

（一）国际邮政运输的含义

国际邮政运输是一种具有国际多式联运性质的运输方式。一件国际邮件一般要经过两个或两个以上国家或者独立行政区域的邮政局和两种或两种以上不同运输方式的联合作业方可完成。

（二）国际邮政运输的特点和作用

国际邮政运输(international parcel post transport)是国际货物运输不可缺少的渠道。根据它的性质和任务，概括起来有以下几个特点。

1. 具有广泛的国际性

国际邮政运输是在国与国之间进行的，在多数情况下，国际邮件需要经过一个或几个国家经转。各国相互经转对方的国际邮件，是在平等互利、相互协作配合的基础上，遵照国际邮政公约和协定的规定进行的。为确保邮政运输的安全、迅速、准确，在办理邮政运输时，必须熟悉并严格遵守本国和国际的邮政各项规定与制度。

2. 具有国际货物多式联运性质

国际邮政运输过程一般需要经过两个或两个以上国家的邮政局和两种或两种以上不同的运输方式的联合作业才能完成。但从邮政托运人的角度来说，他只要向邮政局照章办理一次托运，一次付清足额邮资，并取得一张包裹收据（parcel post receipt），全部手续即告完备。至于邮件运送、交接、保管、传递等一切事宜皆由各国邮政局负责办理。邮件运抵目的地，收件人即可凭邮政局到件通知和收据向邮政局提取邮件。所以，国际邮政运输就其性质而论，具有一种国际多式联合运输性质。

3. 具有“门到门”运输的性质

各国邮政局如星斗密布于各地，邮件一般可在当地就近向邮政局办理，邮件到达目的地后，收件人也可在当地就近邮政局提取邮件。所以邮政运输基本上可以说是“门到门”运输，它为邮件托运人和收件人提供了极大的方便。

4. 国际邮政运输对邮件重量和体积均有限制

如每件包裹重量不得超过 20 千克，长度不得超过 1 公尺。所以邮政运输只适宜重量轻、体积小的小商品，如精密仪器、机械零件、金银首饰、药品以及各种样品和零星物品等。

二、万国邮政联盟

万国邮政联盟（Universal Postal Union）简称“万国邮联”或“邮联”，成立于 1874 年 10 月 9 日，1948 年 7 月成为联合国负责邮政事务的专门机构，截至 2019 年 10 月，万国邮政联盟有 192 个成员国。我国于 1972 年加入。其宗旨是根据邮联组织法规定，组成一个国际邮政领域，以便相互交换邮件；组织和改善国际邮政业务，以利于国际合作的发展；推广先进经验，给予会员国邮政技术援助。

三、邮包种类

邮包按运输方法分为水陆路邮件和航空邮件。

邮包按内容性质和经营方式分为函件和包裹两大类。按我国邮政规定，包裹分为以下几类。

1. 普通包裹

凡适于邮递的物品，除违反规定禁寄和限寄的以外，都可以作为包裹寄送。

2. 脆弱包裹

容易破碎和需要小心处理的包裹，如玻璃器皿、古玩等。

3. 保价包裹

邮局按寄件人申明价值承担补偿责任的包裹。一般适于邮递贵重物品，如金银首饰、珠宝、工艺品等。

此外，国际上还有快递包裹、代收货价包裹、收件人免付费用包裹等，目前我国邮政暂时不办理这些项目。

以上包裹如以航空方式邮递，即分别称为航空普通包裹、航空脆弱包裹和航空保价包裹。

邮局在收寄包裹时，均给寄件人以执据，故包裹邮件属于给据邮件。给据邮件均可以办理附寄邮件回执。回执是邮件投交收件人作为邮局收到邮件的凭证。回执尚可按普通、挂号或航空寄送。

四、邮资和单证

邮资是邮政局为提供邮递服务而收取的费用。各国对邮资采取不同的政策，有些国家把邮政收入作为国家外汇收入来源之一；有些国家要求邮政自给自足，收支大致相抵；有些国家对邮政实行补贴政策，从而形成不同的邮资水平。

经典案例

空运改陆运，改变运输方式需三思

原告：某海洋馆

被告：某物流公司

某年9月20日，原告与被告签订“门到门”运输服务合同，约定被告须在9月28日前将原告租借的两只海豚从A地运至B地，运输方式为航空运输，原告负责海豚的包装并预付了全部运费。之后，被告向某航空公司预订了9月25日的航班，原告依约支付了全部费用。但在货物装机前，机长认为海豚的包装方式可能影响飞行的安全，故而拒绝配载。

货物被拒后，被告建议预订下一航班，原告考虑到这样会耽误“十一”小长假期间的海豚表演，没有同意。最后原告提出采用汽车陆运方式，在9月28日前到达B地。被告遂同意了原告的意见，委托当地一家运输公司将两只海豚用汽车运往B地，被告与原告各有一名业务人员随同押车，被告支付了本次陆运费用。

9月27日到达B地后，两只海豚因路途颠簸并且长期脱水而严重受伤，原告不得不取消了“十一”期间的演出，并花了近两个月的时间救治受伤的海豚。

当年年底，原告向法院起诉被告违反合同约定，将航空运输方式改变为公路运输方式，致使海豚长期脱水而受伤，要求被告承担损害赔偿责任共计人民币90余万元。

被告辩称，空运改陆运系原告要求，与被告无关；海豚受伤是原告未尽到看护责任所致。

法院最终判决由被告承担海豚的损害赔偿责任，包括海豚治疗费用、原告门票损失费用等共计人民币20万元。

法院经审理认为，原、被告双方签订的“门到门”运输服务合同合法、有效，双方应当按照合同约定全面履行各自义务。被告作为运输服务提供方，有义务按约定时间和方式将被告委托的货物安全、完好地运抵目的地。同时，作为专业的物流公司，被告应当比原告更具备谨慎判断和合理安排运输方式的能力，被告不能提供原告要求变更运输方式以及原告承诺承担因此引起的损害赔偿责任的证据。

资料来源:根据 http://www.jltrans06.com(义乌国际铁路运输金陵货运代理公司网站)"空运改陆运,改变运输方式需三思"整理。

本章小结与关键术语

小结6

练习思考题

一、单项选择题

1. 公路运输中的零担货物运输是指同一货物托运人托运的货物不足(　　)吨。

A. 2.5　　B. 4　　C. 5　　D. 10

2. 公路运输中按件托运的零担货物,单件体积一般不得小于(　　)立方米(单件重量超过10千克的除外);货物长度、宽度、高度分别不超过3.5米、1.5米和1.3米。

A. 0.05　　B. 0.03　　C. 0.01　　D. 无规定

3. 公路运输中的快件零担货运是指从货物受理的当天15时起算,300千米、1 000千米、2 000千米运距内分别在(　　)小时内运达。

A. 24、48、72　　B. 30、48、72　　C. 30、40、72　　D. 24、40、60

4. 公路运输的大型物件,按其外形、尺寸和重量(含包装和支撑架)可分为(　　)。

A. 一级　　B. 二级　　C. 三级　　D. 四级

5. 公路运输零担货物运达目的地后,应在(　　)小时内向收货人发出到货通知或按发货人的指示及时将货物交给收货人。

A. 10　　B. 24　　C. 36　　D. 48

6. 在国际公路联运中,凭封志交接的货物是(　　)。

A. 包装货物　　B. 散装货物　　C. 集装箱货物　　D. 裸装货物

二、多项选择题

1. 公路特种货物运输分为(　　)。

A. 大长笨重货物运输　　B. 贵重货物运输

C. 鲜活易腐货物运输　　D. 危险货物运输

2. 公路汽车运输业务按其工作性质分为(　　)。

A. 进口物资的集港(站)运输　　B. 货物的疏港(站)运输

C. 国际多式联运的首末段运输　　D. 边境公路过境运输

3. 国际公路联运货物运输有(　　)两种投保方式。

A. 货物保险运输　　B. 自愿投保运输　　C. 委托投保运输　　D. 货物保价运输

4. 国际公路联运货物运单为一式 3 份，均应有(　　)的签字或盖章。

A. 收货人　　B. 发货人　　C. 保险公司　　D. 承运人

5. 公路运输中需发货人派人押运的货物有(　　)。

A. 文物　　B. 尖端精密产品　　C. 稀有珍贵物品　　D. 危险品货物

三、判断题

1. 在公路运输中，一个托运人托运整车货物时不能拼装另一托运人托运的货物，即整车货物只能一车一票。(　　)

2. 国际公路货物运输中，发货人一张运单发运的货物可以同时选择保价和不保价。(　　)

3. 国际公路联运的货物保价运输是按保价货物办理承运手续，在发生货物赔偿时，按发货人声明价格及货物损坏程度予以赔偿的货物运输。(　　)

四、简述题

1. 国际公路运输的组织形式有哪些？

2. 简述国际公路运输中承托双方的责任范围。

3. 简述公路运输费用的计算和收款办法。

4. 简述公路运输中事故的处理和责任的划分。

5. 公路运输经营管理的 8 项指标是什么？

6. 简述我国内河运输的现状及特点。

7. 简述管道运输的概念与特点。

8. 邮政运输有哪几种形式？

即测即练

习题6

第七章

国际多式联运

【本章结构图】

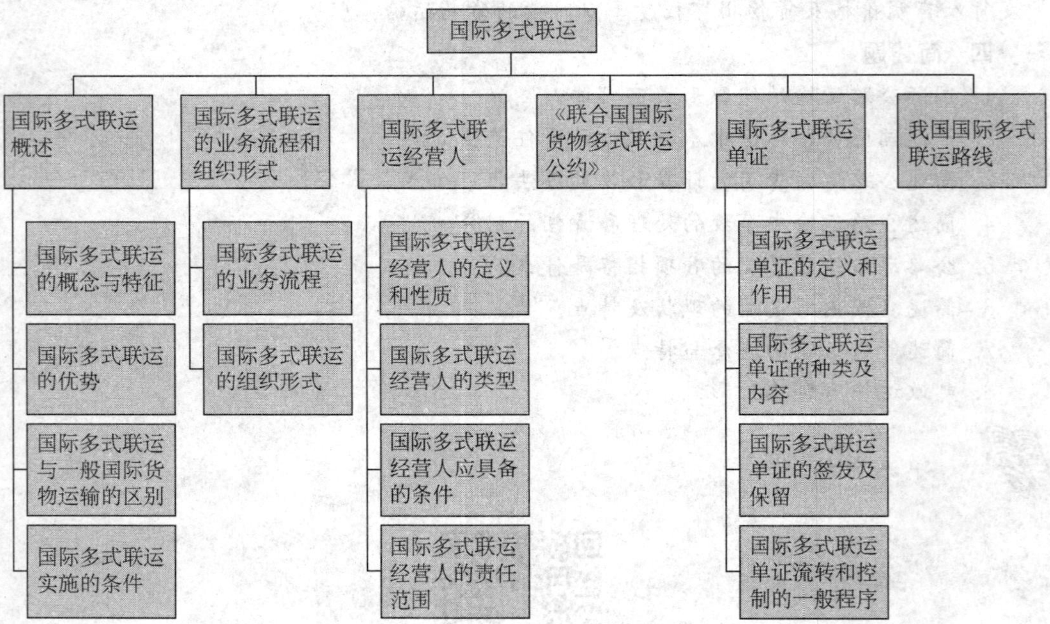

【本章学习目标】

1. 掌握国际多式联运的概念、特征及其优势
2. 理解国际多式联运与一般国际货物运输的区别
3. 了解国际多式联运的业务流程和组织形式
4. 掌握国际多式联运经营人的性质和责任范围
5. 熟知《联合国国际货物多式联运公约》的主要内容
6. 掌握国际多式联运单证的定义和作用
7. 了解我国国际多式联运的路线

引导案例

"陆空联运"助力跨境电子商务

自2014年3月19日,海关总署同意西安开展跨境贸易电子商务服务试点以来,依托西安国家跨境贸易电子商务服务试点和西安综合保税区政策优势,西安国际港务区搭建"洋货码头"电商平台。两年来,国际港务区跨境电商企业快速聚集,极大地提升了西安跨境电商进出口额,跨境电商成为陕西省、西安市对外贸易的重要组成部分和经济增长的新引擎。

为进一步增强"西安港"口岸功能、加快电子商务产业发展,作为"西安港"综合开发运营服务商,陆港集团紧密围绕港口功能,加快发展临港贸易和国际物流,全力打造全方位、多层次、立体化的物流通道。从2015年12月开始,主动出击,经过缜密的市场调研,积极探索"海外仓+陆空联运"的国际货运模式,成功开通欧洲至陕西的"陆空联运"跨境电商货运直飞航线,打造了一条"直通欧洲、联结世界"的"陆空联运"国际走廊。

据计算,此次"海外仓+陆空联运"的国际货运模式将原来的96小时抵达西安的国际物流周期降到30小时,物流成本降低了1/4,进口商品品类增加了3倍。商品通过国际港务区"洋货码头""Ulife"等电商平台及时分送到消费者手中,使广大市民拥有了更方便快捷、物美价廉的购物体验。

思考:国际多式联运在推进跨境电商发展过程中发挥着什么作用?

资料来源:http://www.sxdaily.com.cn/n/2016/0328/c145-5850288-2.html.(有改动)

第一节 国际多式联运概述

一、国际多式联运的概念与特征

(一)国际多式联运的概念

1980年5月在日内瓦通过的《联合国国际货物多式联运公约》规定:国际多式联运是按照多式联运合同,以至少两种不同的运输方式,由国际多式联运经营人将货物从一国境内接管货物的地点运至另一国境内指定交付货物的地点。

2005年我国出版的《货运物流实用手册》将国际多式联运定义为:国际多式联运是一种以实现货物整体运输的最优化效益为目标的联运组织形式。它通常是以集装箱为运输单元,将不同的运输方式有机地组合在一起,构成连续的、综合性的一体化货物运输。

国际多式联运适用于水路、公路、铁路和航空多种运输方式。在国际贸易中,由于85%~90%的货物是通过水路运输完成的,故水路运输在国际多式联运中占据主导地位。

(二)国际多式联运的特征

第一,国际多式联运必须要有一个多式联运合同。明确规定国际多式联运经营人(承运人)和联运人之间的权利、义务、责任、豁免的合同关系和多式联运的性质。多式联运合同是确定多式联运性质的根本依据,也是区别多式联运与一般联运的主要依据。

第二,国际多式联运必须使用一份全程多式联运单据。即证明多式联运合同及证明国际多式联运经营人已接管货物并负责按照合同条款交付货物所签发的单据。

第三,国际多式联运必须是至少两种不同运输方式的连贯运输。这是确定一票货运是否属于国际多式联运的最重要的特征。

第四,国际多式联运必须是国家之间的货物运输。这是区别于国内运输和是否适合国际法规的限制条件。

第五,国际多式联运必须有一个国际多式联运经营人,对全程的运输负总的责任。这是一个重要特征。由国际多式联运经营人去寻找分承运人实现分段运输。

第六,国际多式联运必须对货主实现全程单一运费费率。国际多式联运经营人在对货主负全程运输责任的基础上,制定一个货物发运地至目的地全程单一费率并以包干形式一次向货主收取。

由此可见,国际多式联运的主要特点是,由国际多式联运经营人对托运人签订一个运输合同统一组织全程运输,实行运输全程一次托运、一单到底、一次收费、统一理赔和全程负责。它是一种以方便托运人和货主为目的的先进的货物运输组织形式。

二、国际多式联运的优势

国际多式联运是一种比区段运输更为高级的运输组织形式,是未来国际运输发展的方向。20 世纪 60 年代末,美国率先开办国际多式联运业务,受到货主的热烈欢迎。随后,国际多式联运在北美、欧洲和远东地区开始被采用;20 世纪 80 年代,国际多式联运已逐步在发展中国家实行。目前,国际多式联运已成为一种新型的国际集装箱运输方式,受到国际航运界的普遍重视。开展国际多式联运的优势明显,主要表现在以下几个方面。

(一) 简化手续,节省相关费用

在国际多式联运方式下,无论货物运输距离有多远,由几种运输方式共同完成,且不论运输途中货物经过多少次转换,所有一切运输事项均由国际多式联运经营人负责办理。而托运人只需办理一次托运,订立一份运输合同,支付一次费用,办理一次保险,从而省去托运人办理托运手续的许多不便。同时,由于国际多式联运采用一份货运单证,统一计费,因而也可简化制单和结算手续,节省人力和物力。此外,一旦运输过程中发生货损货差,由国际多式联运经营人对全程运输负责,从而也可简化理赔手续,减少理赔费用。

(二) 缩短时间,提高货运质量

在国际多式联运方式下,各个运输环节和各种运输工具之间配合密切、衔接紧凑,货物所到之处中转迅速及时,大大减少货物的在途停留时间,从根本上保证了货物安全、迅速、准确、及时地运抵目的地,因而也相应地降低了货物的库存量和库存成本。同时,国际多式联运以集装箱为运输单元进行直达运输,尽管货运途中须经多次转换,但由于使用专业机械装卸,且不涉及箱内货物,因而货损货差事故大为减少,从而在很大程度上提高了货物的运输质量。

（三）提早结汇，降低相关支出

由于国际多式联运可实行门到门运输，因此对货主来说，在货物交由第一承运人以后即可取得货运单证，并据以结汇，从而提前了结汇时间。这不仅有于加速货物占用资金的周转，而且可以减少利息的支出。此外，由于货物是在集装箱内进行运输的，因此从某种意义上来看，可相应地节省货物的包装、理货和保险等费用的支出。

（四）提高运输管理水平，实现运输合理化

对于区段运输而言，由于各种运输方式的经营人各自为政，自成体系，因而其经营业务范围受到限制，货运量相应也有限。而一旦由不同的运输经营人共同参与国际多式联运，经营的范围可以大大扩展，同时可以最大限度地发挥其现有设备作用，选择最佳运输线路组织合理化运输。

此外，从政府的角度来看，发展国际多式联运具有以下重要意义：有利于加强政府部门对整个货物运输链的监督与管理；保证本国在整个货物运输过程中获得较大的运费收入分配比例；有助于引进新的先进运输技术；减少外汇支出；改善本国基础设施的利用状况；通过国家的宏观调控与指导职能，保证使用对环境破坏最小的运输方式，达到保护本国生态环境的目的。

三、国际多式联运与一般国际货物运输的区别

（一）货物单证的内容与制作方法不同

国际多式联运大都为“门到门”运输，故货物于装船（或装车、装机）后应同时由实际承运人签发提单或运单，国际多式联运经营人签发多式联运提单。这是国际多式联运与任何一种单一的国际货运方式的根本不同之处。在此情况下，海运提单或运单的发货人，应为国际多式联运经营人，收货人及通知方一般应为国际多式联运经营人的国外分支机构或其代理；多式联运提单上的收货人和发货人，则是真正的、实际的收货人和发货人，通知方则是目的港或最终交货地点的收货人或该收货人的代理人。

（二）国际多式联运提单的适用性与可转让性与一般海运提单不同

一般海运提单只适用于海运，从这个意义上说国际多式联运提单只有在海运与其他运输方式结合时才适用。国际多式联运提单把海运提单的可转让性与其他运输方式下的运单不可转让性合并在一起。因此，国际多式联运经营人根据托运人的要求既可签发可转让的多式联运提单，也可签发不可转让的多式联运提单。如属前者，收货人一栏应采用指示抬头；如属后者，收货人一栏应具体列明收货人名称，并在提单上注明不可转让。

（三）信用证上的条款不同

根据国际多式联运的需要，信用证上的条款应有以下三点变动。

第一，向银行议付时不能使用船公司签发的已装船清洁提单，而应凭国际多式联运经营人签发的国际多式联运提单，同时应注明该提单的抬头如何制作，以明确可否转让。

第二，国际多式联运一般采用集装箱运输（特殊情况除外），因此，应在信用证上增加指定采用集装箱运输条款。

第三，如不由银行转单，以便收货人或代理人能尽早取得货运单证，加快在目的港（地）提货的速度，则应在信用证上加列"装船单据由发货人或由多式联运直接寄收货人或其代理"之条款。如由国际多式联运经营人寄单，发货人出于议付结汇的需要应由国际多式联运经营人出具一份"收到货运单据已寄出"的证明。

（四）海关验放的手续不同

一般国际货物运输交货地点大都在装货港，目的地大多在卸货港，因而办理报关和通关手续都是在货物进出境的港口。而国际多式联运货物的起运地大都在内陆城市。因此，内陆海关只对货物办理转关监管手续，由出境地的海关进行查验放行。进口货物的最终目的地如为内陆城市，进境港口的海关一般不进行查验，只办理转关监管手续，待货物到达最终目的地时由当地海关查验放行。

四、国际多式联运实施的条件

（一）必须签订有国际多式联运合同

国际多式联运合同由发货人及国际多式联运经营人协商订立，以书面形式明确双方的权利、义务。

（二）应有全程的国际多式联运单据

国际多式联运单据由联运人在接管货物时签发给发货人，它是证明国际多式联运合同以及证明国际多式联运经营人已接管货物并负责按照合同条款交付货物的单据。按照发货人的选择，国际多式联运单据可以做成可转让的单据或不可转让的单据。

1. 国际多式联运单据签发的事项

第一，签发可转让的多式联运单据时，应当注意以下事项。

（1）列明是按指示或是向持票人交付。

（2）如列明按指示交付，须经背书后转让。

（3）如列明向持票人支付，无须背书即可转让。

（4）如签发一套一份以上的正本，应注明正本份数。

（5）如签发任何副本，每份副本均应注明"不可转让副本"字样。

（6）收货人只有交出可转让的国际多式联运单据，才能向国际多式联运经营人或其代表提供货物。

第二，签发不可转让的国际多式联运单据时，应指明记名的收货人。

2. 国际多式联运单据的内容

其内容包括以下几项。

（1）货物品类、标志、危险货物的性质、包数或件数、货物的毛重。这些事项由发货人提供。

(2) 货物的外表状况、联运人的名称和地址、发货人和收货人的名称。

(3) 联运人接管货物的地点和日期、联运人或经其授权人的签字。

(4) 每种运输方式的运费,或应由收货人支付的运费,包括用以支付的币种。

(5) 预期经过的路线、运输方式和转运地点。

(6) 在不违背签发国际多式联运单据所在国的法律的情况下,双方同意列入国际多式联运单据的任何其他事项。

(三) 发货人应提供准确信息

发货人必须提供货物,交付运费,在交货地点交付货物。发货人向联运人提供货物,并准确无误地告之货物的品类、标志、件数、重量和数量。如果是危险货物,发货人在交付给国际多联式经营人或其代表时,应告诉其货物的危险特性,必要时告知应采取的预防措施。

(四) 对国际多式联运负责

国际多式联运经营人对国际多式联运负责。国际多式联运的经营人是国际多式联运的组织者和主要承担者,以事主身份从事这一经营,经营人依靠自己的经营网络和信息网络,依靠本身的资信从事这一业务。货主、各运输方式以外的第三方,或者是铁路、公路等运输公司也可以充当经营人。

练一练 7-1

1. 国际多式联运所应具有的特点不包括(　　)。

A. 签订一个运输合同　　B. 采用一种运输的方式

C. 采用一次托运　　D. 一次付费

2. (　　)是国际多式联运的主要特征,是区别国际多式联运与传统单一运输方式的主要依据。

A. 有一个国际多式联运合同　　B. 采用集装箱运输的方式

C. 使用两种以上的运输方式　　D. 是国家之间的货物运输

国际多式联运经营人不是发货人的代理人或代表,也不是参与国际多式联运的承运人的代理人或代表,他对整个联运期间负责。在联运人接管货物后,不论货物在哪一个运输阶段发生丢失或损坏,联运人都要直接承担赔偿责任,而不能借口已把全程的某一个运输阶段委托给其他运输分包人而不负责任。

第二节 国际多式联运的业务流程和组织形式

一、国际多式联运的业务流程

在组织国际多式联运时,其主要业务流程有以下几个环节。

(一)订立国际多式联运合同

国际多式联运经营人以契约承运人的名义与托运人签订国际多式联运合同。托运人应根据货物运输的需要及时托运和备货,并准备各种出口所需的单证。这就是说,托运人要根据合同和信用证的要求进行备货、申请检验和出口,并制作贸易单证和运输单证。

国际多式联运经营人接受了托运后,就要对所托运的货物编制运输计划。运输计划的编制要符合运输线路的稳定性、经济性和合理性的要求。稳定性就是一旦计划确定,不是万不得已,最好不要改变计划。经济性就是要注意节约和优化,使各种费用尽可能少。合理性就是运输线路要短,运输工具安全可靠,运输时间短,中转尽可能快。

(二)空箱的发放、提运和运送

国际多式联运中使用的集装箱一般应由经营人提供。这些集装箱来源可能有三个途径:一是国际多式联运经营人自己购置的集装箱:二是向租箱公司租用的集装箱,这类箱一般在货物的始发地附近提箱,在目的地附近还箱;三是由全程运输中的某一分运人提供,这类箱一般需要在国际多式联运经营人为完成合同运输,与该分运人订立分运合同时获得使用权。如果双方协议由发货人自行装箱,那么国际多式联运经营人应该签发提箱单或者把租箱公司或分运人签发的提箱单交给发货人或其代理人,由他们在规定的时间到指定的堆场提箱并自行将空箱运到装货地点,准备装货。

(三)出口报关

出口报关事宜一般由发货人或其代理人办理,也可委托国际多式联运经营人办理,但需要加收报关服务费和报关手续费。报关时应提供场站收据、装箱单和出口许可证等有关单证与文件。报关地随始发地而定,如果始发地在港口,就在港口报关:如果始发地在内陆地区,则应该在附近的内地海关办理报关。

(四)始发地的货物交接

托运人根据国际多式联运合同的规定将所托运的货物交至指定的地点。国际多式联运经营人对货物的状况进行检验,在确认无误后接收货物。然后,国际多式联运经营人根据具体的运输计划和所采用的运输方式签发国际多式联运单证。

(五)国际多式联运经营人安排货物运输

国际多式联运经营人按托运人的要求安排运输线路、定舱配载、接货、安排内陆运输、仓储和装箱,将装好的集装箱送到实际承运人指定的堆场或港口进行装运。实际承运人向国际多式联运经营人签发国际多式联运提单或运单。货物装上运输工具后,国际多式联运经营人应该随时注意货物的流转并将有关信息和单证及时交目的地。

(六)运输过程中的海关业务

国际多式联运的全程运输均为国际货物运输,因此需要办理货物所经过国家的通关手续和进口国内路段保税运输手续等海关业务。这些涉及海关的业务一般由国际多式联运经营人的派出机构或代理人办理，也可由各区段的实际承运人作为国际多式联运经营人的代表代为办理。由此产生的全部费用应该由发货人或收货人负担。

（七）目的地交接货物

货物运达目的地后，由国际多式联运经营人或其代理人将货物交给收货人。在货物运达目的地时，国际多式联运经营人通常应该通知收货人做好提货准备，并办理货物的进口手续。当收货人出具了国际多式联运单证或其他有效证明，并支付了到付的费用后，就可以办理货物的交接手续，将货物交给收货人。

（八）货运事故处理

如果全程运输中发生了货物灭失、损害和延误运输，无论是否能确定损害发生的区段，发货人均可向国际多式联运经营人提出索赔。国际多式联运经营人根据提单条款或双方协议确定责任并作出赔偿。

二、国际多式联运的组织形式

国际多式联运是采用两种或两种以上不同运输方式进行联运的运输组织形式。这里所指的至少两种运输方式可以是海陆、陆空、海空等。这与一般的海海、陆陆、空空等形式的联运有着本质的区别。后者虽也是联运，但仍是同一种运输工具之间的联运。

众所周知，各种运输方式均有自身的优点与不足。一般来说，水路运输具有运量大、成本低的优点；公路运输则具有机动灵活、便于实现货物门到门运输的特点，铁路运输的主要优点是不受气候影响，可深入内陆和横贯内陆实现货物长距离的准时运输；而航空运输的主要优点是可实现货物的快速运输。由于国际多式联运严格规定必须采用两种和两种以上的运输方式进行联运，因此这种运输组织形式可综合利用各种运输方式的优点，充分体现社会化大生产大交通的特点。

由于国际多式联运具有其他运输组织形式无可比拟的优越，因而这种国际运输新技术已在世界各主要国家和地区得到广泛的推广与应用。目前，有代表的国际多式联运主要有远东/欧洲、远东/北美等海陆空联运，其组织形式包括以下几种。

（一）海陆联运

海陆联运是国际多式联运的主要组织形式，也是远东/欧洲多式联运的主要组织形式之一。目前组织和经营远东/欧洲海陆联运业务的主要有班会的三联集团、北荷、冠航和丹麦的马士基等国际航运公司，以及非班会的中国远洋运输公司、长荣航运公司和德国那亚航运公司等。这种组织形式以航运公司为主体，签发联运提单，与航线两端的内陆运输部门开展联运业务，与大陆桥运输展开竞争。

（二）陆桥运输

在国际多式联运中，陆桥运输(land bridge service)起着非常重要的作用。它是远东/

欧洲国际多式联运的主要形式。陆桥运输是指采用集装箱专用列车或卡车，把横贯大陆的铁路或公路作为中间“桥梁”，使大陆两端的集装箱海运航线与专用列车或卡车连接起来的一种连贯运输方式。严格地讲，陆桥运输也是一种海陆联运形式。只是因为其在国际多式联运中的独特地位，故在此将其单独作为一种运输组织形式。目前，远东/欧洲的陆桥运输线路有西伯利亚大陆桥和北美大陆桥。

1. 西伯利亚大陆桥

西伯利亚大陆桥(Siberian land bridge)是指使用国际标准集装箱，将货物由远东海运到东部港口，再经跨越欧亚大陆的西伯利亚铁路运至波罗的海沿岸，如爱沙尼亚的塔林或拉脱维亚的里加等港口，然后再采用铁路、公路或海运运到欧洲各地的国际多式联运的运输线路。西伯利亚大陆桥于1971年由全苏对外贸易运输公司正式确立。现在全年货运量高达10万标准箱(TEU)，最多时达15万标准箱。使用这条陆桥运输线的经营者主要是日本、中国和欧洲各国的货运代理公司。其中，日本出口欧洲杂货的1/3，欧洲出口亚洲杂货的1/5是经这条陆桥运输的。由此可见，它在沟通亚欧大陆、促进国际贸易中所处的重要地位。

西伯利亚大陆桥是目前世界上最长的一条陆桥运输线。它大大缩短了从远东、东南亚及大洋洲到欧洲的运输距离，并因此而节省了运输时间。从远东经太平洋沿岸港口去欧洲的陆桥运输线全长13 000千米。而相应的全程水路运输距离(经苏伊士运河)约为20 000千米。从横滨到欧洲鹿特丹，采用陆桥运输不仅可使运距缩短1/3，运输时间也可节省1/2。此外，在一般情况下，运输费用还可节省20%～30%，因而对货主有很大的吸引力。

由于西伯利亚大陆桥所具有的优势，因此随着它的声望与日俱增，也吸引了不少远东、东南亚以及大洋洲地区到欧洲的运输，西伯利亚大陆桥也因此在短短的几年时间中就有了迅速发展。但是，西伯利亚大陆桥运输在经营管理上存在的问题，如港口装卸能力不足、铁路集装箱车辆的不足、箱流的严重不平衡以及严寒气候的影响等在一定程度上阻碍了它的发展。尤其是随着我国兰新铁路与中哈边境的土西铁路的接轨，一条新的“欧亚大陆桥”形成，为远东至欧洲的国际集装箱多式联运提供了又一条便捷路线，使西伯利亚大陆桥面临严峻的竞争形势。

2. 北美大陆桥

北美大陆桥(North American land bridge)是指利用北美的大铁路从远东到欧洲的“海陆海”联运。该陆桥运输包括美国大陆桥运输和加拿大大陆桥运输。美国大陆桥有两条运输线路：一条是从西部太平洋沿岸至东部大西洋沿岸的铁路和公路运输线；另一条是从西部太平洋沿岸至东南部墨西哥湾沿岸的铁路和公路运输线。美国大陆桥是于1971年底由经营远东/欧洲航线的船公司和铁路承运人联合开办的“海陆海”多式联运线，后来美国几家班轮公司也投入营运。

目前，主要有4个集团经营远东经美国大陆桥至欧洲的国际多式联运业务。这些集团均以经营人的身份，签发国际多式联运单证，对全程运输负责。加拿大大陆桥与美国大陆桥相似，由船公司把货物海运至温哥华，经铁路运到蒙特利尔或哈利法克斯，再与大西洋海运相接。

北美大陆桥是世界上历史最悠久、影响最大、服务范围最广的陆桥运输线。据统计，从远东到北美东海岸的货物有50%以上是采用双层列车进行运输的，因为采用这种陆桥运输方式比采用全程水运方式通常要快1～2周。例如，集装箱货从日本东京到欧洲鹿特丹港，采用全程水运（经巴拿马运河或苏伊士运河）通常需5～6周时间，而采用北美大陆桥运输仅需3周左右的时间。

随着北美大陆桥和加拿大大陆桥运输的成功营运，北美其他地区也开展了大陆桥运输。墨西哥大陆桥（Mexican land bridge）就是其中之一。该大陆桥横跨特万特佩克地峡（Isthmus tehuantepec），连接太平洋沿岸的萨利纳克鲁斯港和墨西哥湾沿岸的夸察夸尔科斯港，陆上距离182海里。墨西哥大陆桥于1982年开始营运，目前其服务范围还很有限，对其他港口和大陆桥运输的影响还很小。

在北美大陆桥强大的竞争面前，巴拿马运河可以说是最大的输家之一。随着北美西海岸陆桥运输服务的开展，众多承运人开始建造不受巴拿马运河尺寸限制的超巴拿马型船（post-panamax ship），从而放弃使用巴拿马运河。可以预见，随着陆桥运输的效率与经济性的不断提高，巴拿马运河将处于更为不利的地位。

3. 其他陆桥运输形式

北美地区的陆桥运输不仅包括上述大陆桥运输，而且还包括小陆桥运输（mini-land bridge）和微桥运输（micro-land bridge）等运输组织形式。

小陆桥运输从运输组织方式上看与大陆桥运输并无大的区别，只是其运送的货物的目的地为沿海港口。目前，北美小陆桥运送的主要是日本经北美太平洋沿岸到大西洋沿岸和墨西哥湾地区港口的集装箱货物。当然其也承运从欧洲到美西及海湾地区各港的大西洋航线的转运货物。北美小陆桥在缩短运输距离、节省运输时间上效果是显著的。以日本/美东航线为例，从大阪至纽约全程水运（经巴拿马运河）航线距离9 700海里，运输时间21～24天。而采用小陆桥运输，运输距离仅7 400海里，运输时间16天，可节省1周左右的时间。

微桥运输与小陆桥运输基本相似，只是其交货地点在内陆地区。北美微桥运输是指经北美东、西海岸及墨西哥湾沿岸港口到美国、加拿大内陆地区的联运服务。随着北美小陆桥运输的发展，出现了新的矛盾，主要反映在：如货物由靠近东海岸的内地城市运往远东地区（或反向），首先要通过国内运输，以国内提单运至东海岸交船公司，然后由船公司另外签发由东海岸出口的国际货运单证，再通过国内运输运至西海岸港口，然后海运至远东。

货主认为，这种运输不能从内地直接以国际货运单证运至西海岸港口转运，不仅增加费用，而且耽误运输时间。为解决这一问题，微桥运输应运而生。进出美、加内陆城市的货物采用微桥运输既可节省运输时间，也可避免双重港口收费，从而节省费用。例如，往来于日本和美东内陆城市匹兹堡的集装箱货，可从日本海运至美国西海岸港口，如奥克兰，然后通过铁路直接联运至匹兹堡，这样可完全避免进入美东的费城港，从而节省了在该港的港口费支出。

（三）海空联运

海空联运（airbridge service）又称空桥运输。在运输组织方式上，空桥运输与陆桥运输有所不同:陆桥运输在整个货运过程中使用的是同一个集装箱,不用换装;而空桥运输的货物通常要在航空港换入航空集装箱。不过。两者的目标是一致的,即以低费率提供快捷、可靠的运输服务。

20 世纪 60 年代,将远东船运至美国西海岸的货物,再通过航空运至美国内陆地区或美国东海岸,从而出现了海空联运方式,但到 80 年代其才得以较大的发展。采用这种运输方式,运输时间比全程海运少,运输费用比全程空运便宜。当然,这种联运组织形式是以海运为主,只是最终交货运输区段由空运承担。1960 年底,苏联航空公司开辟了经由西伯利亚至欧洲航空线;1968 年,加拿大航空公司参加了国际多式联运;80 年代,出现了经由中国香港、新加坡、泰国等至欧洲航空线。目前,国际海空联运线主要有以下几条。

(1) 远东—欧洲:目前,远东与欧洲间的航线有以温哥华、西雅图、洛杉矶为中转地,也有以香港、曼谷、海参崴为中转地。此外还有以旧金山、新加坡为中转地。

(2) 远东—中南美:近年来,远东至中南美的海空联运发展较快,因为此处港口和内陆运输不稳定,所以对海空运输的需求很大。该联运线以迈阿密、洛杉矶、温哥华为中转地。

(3) 远东—中近东、非洲、澳洲:这是以香港、曼谷为中转地至中近东、非洲的运输服务。在特殊情况下,还有经马赛至非洲、经曼谷至印度、经香港至澳洲等联运线,但这些线路货运量较小。

总的来讲,运输距离越远,采用海空联运的优越性就越大,因为同完全采用海运相比,其运输时间更短;同直接采用空运相比,其费率更低。因此,从远东出发将欧洲、中南美以及非洲作为海空联运的主要市场是合适的。

练一练 7-2

1. 以下不属于国际多式联运组织形式的是(　　)。

A. 海陆联运　　B. 路桥运输　　C. 海海运输　　D. 海空联运

2. (　　)最能体现国际多式联运的优势。

A. 大陆桥运输　　B. 小陆桥运输　　C. 微陆桥运输　　D. 集装箱运输

3. 大陆桥运输是一种以集装箱为媒介的国际多方式联合运输,其基本形式为(　　)。

A. 海—陆—海连续运输　　B. 陆—海—陆连续运输

C. 陆—海—空连续运输　　D. 空—海—空连续运输

第三节　国际多式联运经营人

一、国际多式联运经营人的定义和性质

(一) 国际多式联运经营人的定义

《联合国国际货物多式联运公约》将国际多式联运经营人(multi-modal transport

operator,MTO)定义为:国际多式联运经营人指其本人或通过其代表订立国际多式联运合同的任何人。国际多式联运经营人是事主,而不是发货人的代理人或代表,或参加国际多式联运的承运人的代理人或代表,并且负有履行合同的责任。

根据我国《国际集装箱多式联运管理规则》规定,国际多式联运经营人是指本人或者委托他人以本人名义与托运人订立一项国际多式联运合同并以承运人身份承担完成此项合同责任的人。

国际多式联运经营人在全程运输中的职责是与托运人签订全程运输合同,并对其负责。至于各运输区段的实际运输,则由国际多式联运经营人作为契约承运人分别与各运输区段的实际承运人签订分运输合同来完成,由实际承运人对契约承运人负责。国际多式联运经营人就是依据这种方式对全程运输实行统一组织、统一管理的。

(二) 国际多式联运经营人的性质

从国际多式联运经营人的定义,我们可以看出国际多式联运经营人具有以下性质。

第一,国际多式联运经营人不是发货人的代理人,也不是参加联运的承运人的代理人,而是国际多式联运的当事人,是一个独立的法律实体。

第二,对于货主来说,国际多式联运经营人是货物的承运人,对于分承运人来说;国际多式联运经营人是货物的托运人。其一方面同货主签订国际多式联运合同,另一方面又与分承运人以托运人身份签订各段运输合同,具有双重身份。

第三,在国际多式联运方式下,根据合同规定国际多式联运经营人始终是货物运输的总承运人,对货物负有全程运输责任。

二、国际多式联运经营人的类型

国际多式联运经营人总体上分为承运人型和无船承运人型两种。

(一) 承运人型

承运人型的国际多式联运经营人是指有运输工具,直接承担并完成全程运输中一个或一个以上的货物运输区段的国际多式联运经营人。

(二) 无船承运人型

无船承运人(non-vessel operating common carrier,NVOCC),是指在集装箱运输中,经营集装箱货运的揽货、装箱、拆箱、内陆运输以及集装箱货运站或内陆集装箱货运站,但不经营船舶的无运输工具的承运人。

在集装箱多式联运中,联运经营人可以由参与某一运输区段的实际承运人来担任,如海运承运人、陆运承运人(包括公路、铁路承运人),也可以由不参与实际运输的经营者来充当,这就是通常所说的无船承运人。无船承运人是随着集装箱多式联运的发展而出现的联运经营人。无船承运人若根据本国法律向政府主管部门登记,并在其监督下进行活动,则在法律地位上相当于实际的船舶经营人。

1. 无船承运人的主要特征

(1) 无船承运人是国际贸易合同的当事人,不拥有运输工具,在法律上有权订立运输合同。

(2) 无船承运人有权签发提单,并受提单条款的约束;由于与托运人订立运输合同,所以对货物全程运输负责。

(3) 无船承运人具有双重身份:对货物托运人来说,其是承运人或运输经营人;而对实际运输货物的承运人而言,其又是货物托运人。

2. 无船承运人经营的业务范围

(1) 作为承运人签发货运提单,并因签发提单而对货物托运人负责。

(2) 代表托运人承办订舱业务,根据货物托运人的要求和货物的具体情况,洽订运输工具。

(3) 承办货物交接。无船承运人根据托运人的委托,在指定地点接收货物,并转交承运人或其他人,并在交接过程中为托运人办理理货、检验、报关等手续。

(4) 代办库场业务。无船承运人作为集装箱多式联运的中介,建立起了货主与船公司之间的相互联系和协作,对集装箱国际多式联运的发展发挥了重要的作用。

三、国际多式联运经营人应具备的条件

作为国际多式联运经营人,必须具备如下基本条件。

(一) 获取从事国际多式联运的资质

这是国际多式联运经营人应具备的首要条件。以申请经营国际多式联运业务的企业为例,我国《国际集装箱多式联运管理规则》中对申请经营国际多式联运业务的企业应符合的条件作出了明确的规定。

第一,具有中华人民共和国企业法人资格。

第二,具有与从事国际多式联运业务相适应的组织机构、固定的营业场所、必要的经营设施和相应的专业管理人员。

第三,该企业具有3年以上国际货物运输或代理经历,有相应的国内、外代理。

第四,注册资金不低于人民币1 000万元,并有良好的资信。增设经营性的分支机构时,每增设一个分支机构增加注册资金人民币100万元。

第五,符合国家法律、法规规定的其他条件。

(二) 在国内外建立开展国际多式联运的集装箱货运站,具备必要的运输工具

开展国际多式联运必然会涉及中转环节,货物中转就需要有仓库、货场以及必要的运输工具等。集装箱货运站是为拼箱货装箱和拆箱的船、货双方办理交接的场所。它办理拼箱货的交接、配载积载后,将箱子送往CY,并接收CY交来的进口货箱,进行拆箱、理货、保管,最后拨给各收货人。集装箱货运站具有货物交接、储存、中转功能,在国际多式联运业务中发挥着非常重要的作用。

(三) 具备国际多式联运线路以及相应的经营网络

国际多式联运经营人必须开辟自己的国际多式联运线路,构建国内外联运的经营网络。不仅要在国内外的沿海、沿江港口有自己的分支机构或代理,而且在国内外的内陆大

城市也要有自己的分支机构或代理。只有具备这样的网络才能把两种或两种以上的不同运输方式连成一体以完成一批货物的连贯运输。

（四）与相关实际承运人、场站经营人之间存在长期合作的协议

为了确保国际多式联运业务的稳定开展，经营国际多式联运业务需要建立国内外业务合作网络，作为国际多式联运经营人，必须与有关的实际承运人、场站经营人签订长期合作的协议，以便在开展国际多式联运业务的过程中，从这些实际承运人、场站经营人处获得订舱、仓储优先权和享受运杂费优惠等。

（五）拥有符合规则规定要求的国际多式联运单据

作为国际多式联运经营人必须具有自己的国际多式联运单据或提单。国际多式联运单据是经营人与货主之间运输合同的证明，它具有有价证券的性质，可以进行转让和向银行抵押贷款。

（六）拥有雄厚的资金

国际多式联运具有一定的风险性，对运输全过程中所发生的货物灭失或损害，国际多式联运经营人首先对货物受损人负责，并应具有足够的赔偿能力，这就需要国际多式联运经营人必须拥有雄厚的资金作为保障。

（七）具备自己所经营国际多式联运线路的运价表

国际多式联运的基本特征之一就是采用单一费率，因此，经营国际多式联运业务需要制定一个单一的联运包干费率。由于国际多式联运涉及的环节多，而费率又会直接影响到业务经营的成效，所以在确定单一费率的基础上，制定出自己的线路运价表，就需要综合权衡各种因素，使制定的线路运价表具有竞争性，以利于国际多式联运业务的高效开展。

四、国际多式联运经营人的责任范围

（一）国际多式联运责任制的类型

国际多式联运经营人对于货物的责任期间，自其接管货物之时起至交付货物时止，在此期间对货主负全程运输责任。在目前的国际多式联运中，经营人所负的责任主要有以下三种类型。

1. 统一责任制

1）含义

统一责任制是指国际多式联运经营人对货主赔偿时不考虑各区段运输方式的种类及其所适用的法律，而是对全程运输按一个统一的原则并一律按一个约定的责任限额进行赔偿。由于现阶段各种运输方式采用不同的责任基础和责任限额，因此目前国际多式联运经营人签发的提单均未能采取此种责任形式。

2）特点归纳

这种责任制，在履行合同时一般不涉及其他运输公约或有关国家法律的赔偿规定，运输合同一经签订，托运人就清楚联运人对货损、货差或延期交付承担多大的责任，一旦发生损失，其所获赔不会因地而异。

2. 网状责任制

1）含义

网状责任制是指国际多式联运经营人尽管对全程运输负责，但对货运事故的赔偿原则仍按不同运输区段所适用的法律规定，当无法确定货运事故发生区段时则按海运法规或双方约定原则加以赔偿。目前，几乎所有的国际多式联运单据均采取这种赔偿责任形式。

2）特点归纳

(1) 国际多式联运涉及的赔偿规则较多，差别也很大，事先不能知道依据哪个规则，托运人很难在合同中写明一个赔偿责任。

(2) 国际多式联运经营人对全程负责，发生损失时，托运人只找一个事主，得到单一运输方式的相同赔偿，托运人乐意接受这种方式。

3. 经修订的统一责任制

1）含义

这是介于统一责任制与网状责任制之间的责任制，也称混合责任制。它在责任基础方面与统一责任制相同，在赔偿限额方面则与网状责任制相同，即国际多式联运经营人对全程运输负责，各区段的实际承运人仅对自己完成区段的运输负责。无论货损发生在哪一区段，国际多式联运经营人和实际承运人都按公约规定的统一责任限额承担责任。但如果货物的灭失、损坏发生于国际多式联运的某一特定区域，而对这一区段适用的一项国际公约或强制性国家法律规定的赔偿责任限额高于国际多式联运公约规定的赔偿责任限额，国际多式联运经营人对这种灭失、损坏的赔偿应按照适用的国际公约或强制性国际法律予以确定。目前，《联合国国际货物多式联运公约》基本上采取这种责任形式。

2）特点归纳

(1) 当知道货损发生区段时，若该区段运输公约的赔偿限额高于国际多式联运公约限额（如空运段），则经营人按单一运输公约的限额赔偿。

(2) 当知道货损发生区段时，若该区段运输公约的赔偿限额低于国际多式联运公约限额（如海运段），则经营人按国际多式联运公约的限额赔偿。

(二)《联合国国际货物多式联运公约》采用的责任形式

在《联合国国际货物多式联运公约》起草过程中，分歧最大的问题之一就是选择网状责任制还是统一责任制。

发展中国家主张采用统一责任制。认为统一责任制保证了货主的利益，简化货运事故的处理，也解决了整个运输过程中可能出现的“隐藏损害”（货物发生损害，但又无法确定造成损害的区间和具体的责任人）的处理问题，是一种较为优越的责任制。

发达国家主张采用网状责任制。认为统一责任制有其优越性但并不完善，实际上是行不通的。这是由于各国家及承运人早已接受不同的国际公约，如果再接受统一责任制的多式联运公约，则会出现不能同时履行对每一公约义务的情况，这会给实际运作带来极大问题。并且目前与集装箱运输相关的人（如保险人等）的赔偿责任都是建立在单一运输法规的责任规定之上的，改为统一标准会给这些行业带来混乱。

《联合国国际货物多式联运公约》采用了经修订的统一责任制。分歧双方都做了让步，采用了经修订的统一责任制。这种特殊规定，使国际多式联运中出现了两层赔偿关系。第一层赔偿关系是国际多式联运经营人与货主间的赔偿关系；第二层赔偿关系是国际多式联运经营人与各区段实际承运人之间的赔偿责任。对于这一责任，公约中没作出任何规定，只能按目前各区段适用的法律处理。再者，想要使各种方式的实际承运人接受统一的责任限额也是很困难的。因此，经修订的统一责任制在目前确实难以实行。公约中出现的这种责任制问题在近期内也很难解决，只有当其他单一方式的运输公约、法律作出调整或出台新的规定后才能逐渐解决。

练一练 7-3

1. 国际多式联运的经营人是（　　）。

A. 总承运人　B. 承运人的代表　C. 发货人的代表　D. 收货人的代表

2. 在国际多式联运中处理货损事故时多采用（　　）。

A. 统一责任制　B. 网状责任制　C. 责任限额制　D. 单一责任制

第四节　《联合国国际货物多式联运公约》

《联合国国际货物多式联运公约》是 1980 年 5 月 24 日在日内瓦举行的联合国国际联运会议第二次会议上，经与会的 84 个贸发会议成员国一致通过的。《联合国国际货物多式联运公约》全文共 40 条和 1 个附件。该公约在结构上分为总则、单据、联运人的赔偿责任、发货人的赔偿责任、索赔和诉讼、补充规定、海关事项和最后条款 8 个部分。

《联合国国际货物多式联运公约》的主要内容如下。

一、适用范围

本公约的各项规定适用于两国境内各地之间的所有多式联运合同，只要合同中规定的联运经营人接管或交付货物的地点是在一个缔约国境内。

二、多式联运的管理和控制

第一，本公约不得影响任何国际公约或国家法律中有关运输业务的管理和控制的适用，或与之相抵触。

第二，本公约不得影响各国在国家一级水平上管理和控制多式联运业务与多式联运经营人的权利，包括就下列事项采取措施的权利：多式联运经营人、托运人、托运人组织以及各国有关当局之间就运输条件，特别是在引用新技术、开始新的运输业务之前，进行协商；颁发多式联运经营人的许可证；参加运输；为了本国的经济和商业利益而采取一切其他措施。

第三，多式联运经营人应遵守其营业所在国所适用的法律和本公约的规定。

三、多式联运单据

可依发货人的要求，由接收货物的联运经营人签发可转让的多式联运单据和不可转让的多式联运单据。《联合国国际货物多式联运公约》在第8条中逐项列举了单据的内容，但如果缺少了其中一项或数项，并不影响其法律性质，只要单据能够证明多式联运合同和证明多式联运经营人接管货物，并负责按合同条款交付货物即可。

四、联运经营人的赔偿责任

《联合国国际货物多式联运公约》规定多式联运经营人对货物的责任期间，自其接管货物之时起到交付货物时为止。其规定联运经营人的赔偿责任以过失责任制为基础，这种赔偿责任制度基本上保持了联运经营人的统一责任制，保证《联合国国际货物多式联运公约》对各种运输方式联运的统一适用。

五、诉讼时效

第一，根据本公约有关国际多式联运的任何诉讼，如果在两年内没有提起诉讼或交付仲裁，即失去时效。但是，如果在货物交付之日后6个月内，或者，如果货物未能交付，在本应付之日后6个月内，没有提出说明索赔的性质和主要事项的书面索赔通知，则在此期限届满后即失去诉讼时效。

第二，时效期间自多式联运经营人交付货物或部分货物之日的次日起算，或者如果货物未交付，则自货物本应交付的最后一日次日起算。

第三，接到索赔要求的人可在时效期间的任何时候向索赔人提出延长时效期间的书面声明。此种期间可通过另一次声明或多次声明，再度延长。

第四，如果另一适用的国际公约有相反规定，根据本公约被认定负有赔偿责任的人，即使在上述各款规定的时效期间届满后，仍可在起诉地国家法律所许可的期限内提起追偿诉讼，但所许可的限期，自提起此种追偿诉讼的人已解决对其提出的索赔，或在对其本人的诉讼中接到诉讼传票之日起算，不得少于90日。

六、附件

有关国际货物多式联运的海关事项条款如下。

第Ⅰ条

在本公约中，“海关过境手续”是指在海关管制下将货物从一处海关运到另一处海关的海关手续。“目的地海关”是指结束过境作业地的任何海关。

“进出口关税及其他税”是关税及所有其他税项、费用或对货物的进出口或与其有关而征收的其他款项，但不包括金额大致相当于所提供服务的成本的费用和款项。“海关过境单证”是指载有海关过境作业所需数据和资料记录的表格。

第Ⅱ条

第一，除按本国境内实施的法律、规章和国际公约的规定外，缔约国应给予国际多式联运货物过境自由。

第二，如果海关当局认为用于过境作业的海关过境手续中规定的条件已满足，则国际多式联运的货物：①作为一项基本原则在途中不再受海关检查，除非海关认为有必要保证海关负责实施的规章得到遵守。因此，海关当局在进出口点上一般只应检验海关封印及其他安全措施。②在不影响有关公共和国家安全、公共道德或公共卫生的法律、规章的实施的情况下，不必履行用于过境作业的海关过境制度以外的任何海关手续或规定。

第Ⅲ条

为了便利货物过境，各缔约国：如为启运地国家，应尽量采取一切可行的措施，保证其后过境作业所需资料的完整、准确；如为目的地国家，应采取一切必要措施，作为一项基本原则，保证海关过境货物能在其目的地海关结关，除非其本国的法律、规章另有规定，应设法在尽可能接近货物最后目的地点办理货物的结关手续。

第Ⅳ条

第一，如果海关当局认为海关过境手续中的条件已满足，则国际多式联运货物无须向过境国家支付进出口关税和其他税或交付这种税项的保证金。

第二，前款的规定不排除：根据公共安全或公共卫生方面的要求，按本国规章收取的费用和款项；在平等条件下收取金额大致相当于所提供服务的成本的费用和款项。

第Ⅴ条

第一，如果海关过境作业需要财务担保，此项财务担保之提供，必须使有关过境国家的海关当局感到满意，而且应符合其国家法律、规章和国际公约的规定。

第二，为了便利海关过境，海关担保制度应当简单、有效、取费适中，并包括应付的进出口关税和其他税，并且，在担保需包括罚款的国家中，还包括应付的罚款。

第Ⅵ条

第一，在不影响国际公约和国家法律、规章所要求的任何其他单证的情况下，过境国家的海关当局应当接受多式联运单证作为海关过境手续的说明部分。

第二，为了便利海关过境，海关过境单证应当尽可能与后附单证格式相一致。

第五节　国际多式联运单证

一、国际多式联运单证的定义及作用

（一）国际多式联运单证的定义

《联合国国际货物多式联运公约》将国际多式联运单证定义为：指证明国际多式联运合同以及证明国际多式联运经营人接管货物，并负责按合同条款交付货物的单证。在实践中一般称为国际多式联运提单。

国际多式联运单证是适应国际集装箱运输业务的发展需要而产生的，在办理国际多式联运业务时使用。该单证包括双方确认的取代纸张单证的电子数据交换信息。

知识链接 7-1

1991 年贸发会议/国际商会《多式联运单证规则》对多式联运单证所下的定义是：多式联运单证是指证明多式联运合同的单证，该单证可以在适用法律的允许下，以电子数据交换信息取代，而且可以：①以可转让方式签发；②表明记名收货人，以不可转让方式签发。

1997 年 10 月 1 日，我国实施的《国际集装箱多式联运管理规则》对多式联运单据的定义是：多式联运单据是指证明多式联运合同以及证明多式联运经营人接管货物并负责按合同条款交付货物的单据。

（二）国际多式联运单证的作用

第一，它是国际多式联运经营人与托运人之间订立的国际多式联运合同的证明，是双方在运输合同中确定的权利和责任的准则。在国际多式联运合同订立的过程中，发货人提出托运申请，经营人根据自己的情况表示可以接受后，双方即达成了协议，国际多式联运合同已告成立。签发国际多式联运提单只是经营人履行合同的一个环节，因此，它不是运输合同而只是合同的证明。

第二，它是国际多式联运经营人接管货物的收据。国际多式联运经营人向发货人签发提单，表明其已经从发货人手中接管并占有了该货物，因此，国际多式联运提单是其接收货物的收据，国际多式联运经营人即时起开始对接管的货物负责。

第三，它是收货人提取货物和国际多式联运经营人交货的凭证。无论经营人签发的是哪一类的提单，也不论是否发生了转让，收货人或者受让人在目的地提货时，必须凭借国际多式联运提单才能换取提货单，并据此交付货物。因此，国际多式联运提单是在目的地双方交接货物的凭证。

第四，它是货物所有权的证明。换句话说，谁拥有提单，在法律上就表明拥有提单上记载的货物。提单持有人虽然不直接占有货物，但可以用它来结汇、流通和抵押等。一般来说，提单的转让可产生货物所有权转移的法律效力。

二、国际多式联运单证的种类及内容

（一）国际多式联运单证的种类

按照《联合国国际货物多式联运公约》的规定，同时结合实际操作，国际多式联运单证按照是否可以转让的原则可以分为可转让国际多式联运单据和不可转让国际多式联运单据两大类。

1. 可转让国际多式联运单据

可转让国际多式联运单据分为指示单据和不记名单据。可转让国际多式联运单证类似提单，即可转让国际多式联运单证具有如下功能：国际多式联运合同的证明、货物收据与物权凭证功能。

不记名提单又称空白提单，是指正面收货人栏不写明具体的收货人或由某人指示，通常只注明“持有人”(bearer)或“交持有人”(to bearer)字样的国际多式联运提单。对于不记名提单，经营人或其代表应将货物交给持有提单的人。

2. 不可转让国际多式联运单据

不可转让国际多式联运单据又称记名单据，在单据下面收货人一栏中载明作为收货人的特定人（或公司），一般不能转让流通。不可转让国际多式联运单证具有国际多式联运的合同证明和货物收据功能，不具有物权凭证的功能，如果国际多式联运单证以不可转让的方式签发，国际多式联运经营人在交付货物时，应凭单证上记名的收货人的身份证明向其交付货物。

（二）国际多式联运单证的内容

为了方便货物国际流通、体现单证的作用及具有的法律效力。根据国际货物多式联运公约和我国有关管理规则的规定，国际多式联运单证应当载明下列事项。

（1）货物品类、识别货物所必需的主要标志，如属危险货物，提供危险特性的明确声明、包装形式、件数、货物的毛重、尺寸、外表状况等，若为集装箱货物，箱主、箱型、箱号数量、铅封号等，所有这些事项均由发货人提供。

（2）国际多式联运经营人的名称和主要营业所。

（3）托运人、收货人的名称、地址。

（4）国际多式联运经营人接管货物的地点、日期。

（5）约定交付货物的地点，如经双方明确协议，在交付地点交货的日期或期间。

（6）表示该国际多式联运单据可转让或不可转让的声明。

（7）国际多式联运经营人或其授权人的签字及单据的签发地点、日期。

（8）如签约时已确知，运输方式、预期运输路线、转运地点、约定运达期限及说明。

（9）如经双方明确协议，每种运输方式的运费，或应由收货人支付的运费，用以支付的货币，或关于运费由收货人支付的其他说明。

（10）有关声明。

（11）在不违背签署国际多式联运单据所在国法律、法规的前提下，双方同意列入国际多式联运单证的任何其他事项。

国际多式联运单证由国际多式联运经营人或其授权的人签发。在不违背国际多式联运单证签发国法律规定的前提下，国际多式联运单证可以是手签、盖签单章，或双方确认的电子数据。需要说明的是，以上一项或者多项内容的缺乏，不影响国际多式联运单证的法律性质，不影响货物运输及各当事人之间的利益，这样的国际多式联运单证依然有效。

三、国际多式联运单证的签发及保留

（一）国际多式联运单证的签发

第一，国际多式联运经营人接管货物时，应签发一项国际多式联运单据，该单据应依发货人的选择，或为可转让单据或为不可转让单据。

第二，国际多式联运单据应由国际多式联运经营人或经其授权的人签字。

第三，国际多式联运单据上的签字，如不违背签发国际多式联运单据所在国的法律，可以是手签、手签笔迹的复印、打透花字、盖章、符号，或用任何其他机械或电子仪器打出。

第四，经发货人同意，可以用任何机械或其他保存第8条所规定的国际多式联运单据应列明的事项的方式，签发不可转让的国际多式联运单据。在这种情况下，国际多式联运经营人在接管货物后，应交给发货人一份可以阅读的单据，载有用此种方式记录的所有事项，这份单据应视为国际多式联运单据。

（二）国际多式联运单据中的保留

第一，如果国际多式联运经营人或其代表知道，或有合理的根据怀疑国际多式联运单据所列货物的品类、主要标志、包数或件数、重量或数量等事项没有准确地表明实际接管货物的状况，或无适当方法进行核对，则该国际多式联运经营人或其代表应在国际多式联运单据上作出保留，注明不符之处、怀疑的根据，或无适当核对方法。

第二，如果国际多式联运经营人或其代表未在国际多式联运单据上对货物的外表状况加以批注，则应视为他已在国际多式联运单据上注明货物的外表状况良好。

知识链接 7-2

多式联运单据和联运提单的区别见表7-1。

表 7-1 多式联运单据与联运提单的区别

单据种类	运输方式	签发人	签发时间和地点	承担责任
多式联运单据	两种以上运输方式，但不一定有海运环节	不拥有运输工具，但能控制运输并对全程运输负责的人签发	在内陆货运站、码头堆场、发货人的工厂或仓库收货后即可签发	对货物负有全程运输责任
联运提单	联运方式包括海运在内的两种以上运输方式	由拥有运输工具的海上承运人或代理人签发	在装货港货物装上船舶后签发	仅负有单一责任或网状责任

四、国际多式联运单证流转和控制的一般程序

国际多式联运单据流转和控制的一般程序如下。

第一，国际多式联运经营人或其代理人在合同约定地点接收货物并装运后，应及时缮制和签发多式联运单据给托运人，托运人通过银行或直寄方式转交收货人。

第二，多式联运单据上的收、发货人是实际收、发货人，通知方可以是多式联运经营人在目的地指定的代理人或发货人在合同中指定的人。正本单据签发后，副本单据3份，一份由多式联运经营人留底，另两份连同有关分承运单据即货运单、装箱单等交送最终目的地的代理人办理接货、交货或转运等工作。

第三，多式联运经营人缮制一套货运单据交沿途各区段代理人，作为向该区段承运人或其代理人进行提货的凭据，区段承运人或其代理人一般为多式联运经营人的分合同方，他们根据多式联运经营人指示放货给指定收货人或其代理人。

第四，每一程货运单据中，发货人均是多式联运经营人在该区段的代理人或分合同方，收货人是多式联运经营人在下一程的代理人或作为分合同方的区段承运人或其代理

人。各程代理人在货物出运后均须以最快的通信方式告知多式联运经营人有关运输资料、货名、重量、尺码、签单日期、运载工具及其发运和预计抵达时间等。多式联运经营人接到发运地代理人或分合同方有关货物发运资料后同时通知其把货交给下一程指定收货人或其代理人,依次类推。

第五,货物运至目的地,区段承运人或其代理人按多式联运经营人的接示放货给多式联运经营人在目的地的代理人,多式联运经营人在目的地的代理人凭货运单或提单办理手续提取货物的同时,通知目的地实际收货人凭多式联运正本单据前来其处办理提货手续,在缴纳了各项应交费用和收回多式联运正本单据后放货给实际收货人,并完成交货义务和终止货运责任。一般情况下,目的地区段的承运人或其代理人在放货完毕后应及时通知多式联运经营人,并汇总收回单据送交多式联运经营人,若有待结费用,则应按规定及时进行清算。

案例分析 7-1

假定存在一段包括三种运输方式涉及三程运输的多式联运,其中,第一程采用公路运输,第二程采用水路运输,第三程采用铁路运输,在此情况下,我们来具体分析多式联运经营人签发的多式联运提单及各区段单证的流转程序。流转程序如图 7-1 所示。

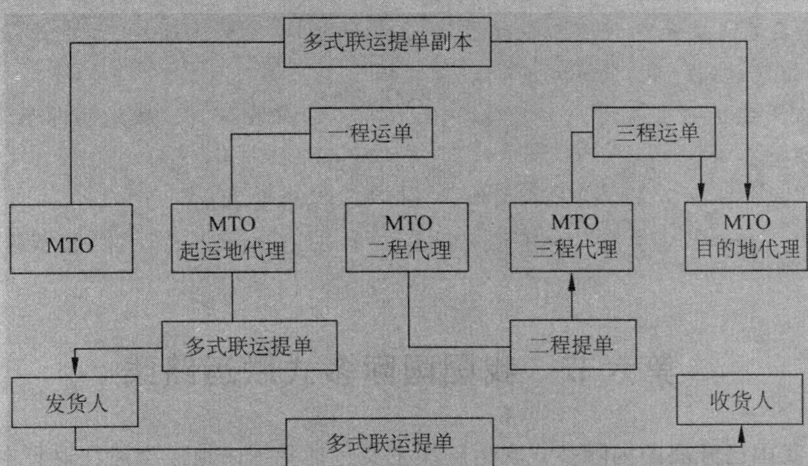

图 7-1 流转程序

(1) 多式联运经营人缮制并签发全程多式联运提单,并将正副本分别交付发货人和各地分支机构或代理。

(2) 一程承运人收到货物后向多式联运经营人或其代理签发公路运单,多式联运经营人起运地分支机构或代理应以最快的通信方式将运单、舱单等寄交多式联运经营人二程分支机构或代理。

(3) 二程承运人收到货物后向多式联运经营人或其代理人签发海运提单,多式联运经营人二程分支机构或代理应以最快的通信方式将正本提单、舱单等寄交多式联运经营人三程分支机构或代理。

(4) 三程承运人收到货物后向多式联运经营人或其代理人签发铁路运单，多式联运经营人三程分支机构或代理应以最快的通信方式将正本提单、舱单等寄交多式联运经营人目的地分支机构或代理。

(5) 多式联运经营人目的地分支机构凭铁路运单从承运人或代理处提取货物，并向收货人发出提货通知。收货人付款赎单后取得多式联运经营人签发的全套正本多式联运提单，凭此全套正本提单可向多式联运经营人目的地分支机构或代理办理提货手续。多式联运经营人目的地分支机构或代理经与多式联运经营人寄交的副本提单核对，并在收取应收取的运杂费后，将货物交付收货人。

练一练 7-4

1. 多式联运中分承运人出具的各种承运单据，“托运人”一栏应填写(　　)的名称和地址。

A. 多式联运经营人　B. 第一程承运人　C. 货主　D. 货运代理人

2. 仅在贵重物品、个人赠送品、展览品等少数货物运输中使用的是(　　)。

A. 指示提单　B. 不记名提单　C. 记名提单　D. 直达提单

3. 如果多式联运全程运输中发生了货物灭失、损害和运输延误，无论是否能确定损害发生的区段，发(收)货人均可向(　　)提出索赔。

A. 多式联运经营人　B. 发生事故区段的实际承运人

C. 保险公司　D. 船公司

4. 在海运提单的收货人栏内有“to order”字样的提单为(　　)。

A. 记名提单　B. 不记名提单　C. 直达提单　D. 指示提单

第六节　我国国际多式联运路线

目前，我国已开展的国际多式联运路线主要包括我国内地经海运往返日本内地、美国内地、非洲内地、西欧内地、澳洲内地等联运线以及经蒙古国或俄罗斯至伊朗和往返西、北欧各国的西伯利亚大陆桥运输线、新亚欧大陆桥运输线等。

以中外运为例，当前中外运开办的国际多式联运路线主要有以下几条。

(1) 中国—日本的国际多式联运路线。

(2) 中国—美国、加拿大的国际多式联运路线。

(3) 中国—西欧的国际多式联运路线。

(4) 中国—澳大利亚的国际多式联运路线。

(5) 中国—肯尼亚的蒙巴萨港—乌干达及卢旺达的国际多式联运路线。

(6) 中国—坦桑尼亚的达累斯萨拉姆港—赞比亚及布隆迪的国际多式联运路线。

(7) 中国—南非的德班港(Durban)—津巴布韦的国际多式联运路线。

(8) 中国—喀麦隆的杜阿拉港(Douala)—中非共和国的国际多式联运路线。

(9) 中国—贝宁的克托努港(Cotonou)—尼日尔的国际多式联运路线。

(10) 中国—多哥的洛美(Lome)—布基纳法索(Burkina Faso)的国际多式联运路线。

(11) 中国—象牙海岸阿比让港(Abidian)—布基纳法索(Burkina Faso)的国际多式联运路线。

(12) 中国—塞内加尔的达喀尔港(Dakar)—马里的国际多式联运路线。

(13) 中国—摩洛哥的国际多式联运路线。

(14) 中国—西伯利亚—中东、欧洲的国际多式联运路线。

(15) 中国—朝鲜清津港—日本的国际多式联运路线。

(16) 中国—约旦的亚喀巴—伊拉克的国际多式联运路线。

(17) 中国—印度的加尔各答—尼泊尔的国际多式联运路线。

以中远国际货运有限公司为例,当前中远国际货运有限公司开办的国际海铁联运路线主要有以下几条。

(1) 天津、青岛、连云港、上海、深圳、广州—中亚五国(哈、塔、吉、土、乌)—欧洲各国的国际多式联运路线。

(2) 北京、天津、上海、武汉、厦门、广州—满洲里—俄罗斯(莫斯科等地)的国际多式联运路线。

(3) 天津—二连浩特—蒙古国(乌兰巴托等地)—俄罗斯(莫斯科等地)的国际多式联运路线。

经典案例

2016年5月20日,来自新西兰利特尔顿港的6个集装箱,满载着当地优质的婴幼儿配方乳基粉,通过铁海联运方式,结束了它18 000余千米的旅程,最终抵达西安港,这标志着"西安港—新西兰利特尔顿港",由青岛港中转,陆海直达国际多式联运新航线正式开通。

随着"一带一路"倡议的推进,陕西一直致力于构建丝绸之路经济带国际交通商贸中心。目前,由西安发车的"长安号"国际货运班列已实现每周2～3趟常态化运行,货物目的地遍及中亚5国的44个城市。

"西安港—新西兰利特尔顿港"陆海直达国际多式联运航线的开通,将实现直接从国外仓库装箱上船、沿海港口(青岛)快速中转、铁路班列运输、西安港快速报关报检、客户仓库卸货返箱的流程。最大限度减少中间环节,保障产品卫生及安全,并降低28%的物流成本。

此次陆海联运国际直达航线的开通,将加快陕西"陆海空"国际综合联运枢纽的构建,促进"一带一路"建设。

资料来源:http://www.sxdaily.com.cn/n/2016/0520/c1211-5884334-3.html.(有改动)

需要说明的是,随着我国交通运输以及跨境电子商务的飞速发展,我国国际多式联运的路线还会不断增加。

案例分析 7-2

2010 年 6 月 20 日，我国甲电力有限公司从欧洲进口一批发电机组及配套设备，委托我国乙货运代理公司负责全程运输。乙货运代理公司以托运人的身份向海运承运人订舱，装卸港口分别为 a 和 b。货物从欧洲港口起运前，甲电力有限公司向我国丙财产保险股份有限公司投保海洋货物运输一切险，保险单上起运港和目的港分别为 a 和 b。

2010 年 7 月 10 日，在发电设备被海运至我国 b 港口后，乙货运代理公司又转委托中国丁运输有限公司将其运至甲电力有限公司在 c 地的工地，并向其支付陆运运费。发电设备在公路运输途中，从丁运输有限公司的车上侧移跌落地面，严重受损，请分析：

（1）甲电力有限公司的货损应向谁索赔，为什么？

（2）丁运输有限公司是否要承担责任，为什么？

（3）保险公司是否承担责任，为什么？

[案例解析]

（1）甲电力有限公司的货损应向乙货运代理公司进行索赔。因为乙货运代理公司是多式联运经营人的身份，应对全程运输负责。

（2）丁运输有限公司应该承担责任。丁运输有限公司是陆运的承运人，发电设备是在其陆运过程中，从车上侧移跌落地面产生的损失，故应由其负责。

（3）保险公司不需承担责任。因为保险单上保险公司承保的范围是：起运港和目的港分别为 a 和 b，并不是货物最终卸货地（c 地的工地）。尽管保险公司承保海洋货物运输一切险是仓至仓条款，但此处的仓是指卸货码头的仓库，即卸货港 b 的仓库，并不是甲电力有限公司在 c 地的工地。

本章小结与关键术语

小结

练习思考题

1. 国际多式联运的概念与特征是什么？
2. 国际多式联运的优势有哪些？
3. 国际多式联运与一般国际货物运输的区别是什么？
4. 简述国际多式联运的业务流程。
5. 国际多式联运经营人的性质和责任范围是什么？

6. 简述《联合国国际货物多式联运公约》的主要内容。

7. 国际多式联运单证的定义和作用是什么？

即测即练

第八章

保险概述

【本章结构图】

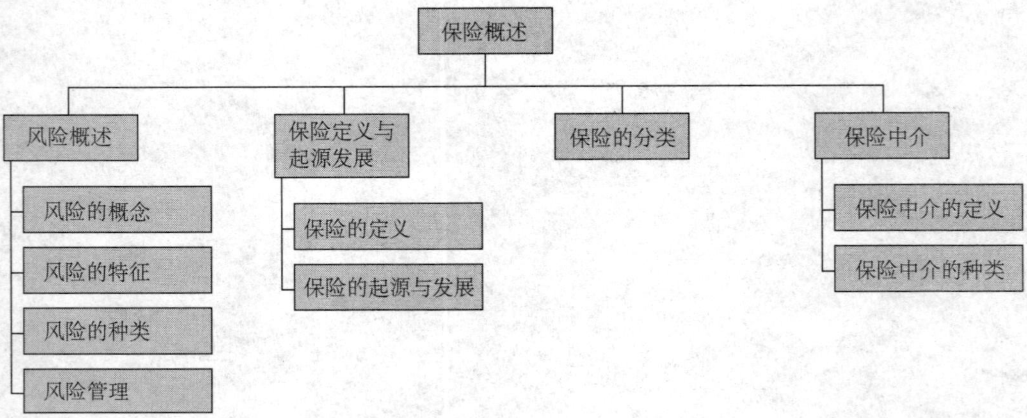

【本章学习目标】

1. 了解风险的含义、特征、种类,以及风险管理
2. 掌握保险的定义
3. 了解海上保险的起源及发展
4. 掌握保险的分类
5. 熟悉保险中介的种类

引导案例

巨灾保险649万元赔付汕头暴雨

2018年8月26日至9月2日,汕头市遭遇高强度、长时间降雨,造成全市部分地区出现严重积水内涝,其中潮阳区、潮南区灾情最为严重,部分区域积水深达两米。强降雨触发了汕头市政府与汕头平安产险签订的巨灾指数保险合同中约定的成灾指数赔付条件。汕头平安产险接到市财政局报案后,一个工作日即完成赔案缮制和审批流程,广东省气象局确认气象数据后即完成649万元赔付。9月6日,广东省汕头市财政局与平安产险汕头中心支公司举行"汕头市巨灾指数保险"赔款交付仪式,平安产险将649万元巨灾

保险赔款交付市财政局，该笔款项将全部用于汕头潮阳区、潮南区的救灾复产和灾后重建工作。

值得关注的是，巨灾指数保险 2016 年落地汕头，围绕台风、强降雨等重点灾害，实现赔付与灾害级别挂钩，达到约定的灾害级别保险公司无须查勘定损即可向政府支付保险赔款，充分发挥商业保险在应对风险管理、辅助灾后重建方面的重要作用。

资料来源：王小波. 巨灾保险 649 万元赔付汕头暴雨[N]. 中国保险报，2018-09-07.（有改动）

第一节　风险概述

一、风险的概念

风险（risk）是指某种事件发生的不确定性。通常是指损失发生的可能性以及人们对损失发生认识上的不确定性。损失发生的可能性，是指不以人们意志为转移的客观存在的损失的发生或者不发生。而人们对损失发生认识上的不确定性，是指人们对客观存在的灾害事故可能发生的时间、地点、原因及造成的后果在主观认识上难以预料。保险中的风险，常被用在保险合同中关于保险人承保范围的条款中。

二、风险的特征

理解风险的特征有助于正确认识和识别风险。总结起来，风险主要有以下四个方面的特征。

（1）风险具有客观性。风险是客观存在的，是不可能排除的，也是不以人的主观意志为转移的。例如，自然灾害、意外事故、战争等。

（2）风险具有普遍性。自从人类出现以后，就面临着各种各样的风险，如自然灾害、意外事故、战争等。随着科学技术的发展、社会的进步、人类的进化，又产生了新的风险，且风险事故造成的后果也越来越大，如环境恶化风险、核污染风险等。

（3）风险具有个体上的偶然性和总体上的必然性。从个体上来看，风险事故的发生具有偶然性和不确定性，即风险事故发生的时间、地点、作用于哪个个体、事后的损失程度是偶然和不确定的。从总体上看，通过对大量风险事故的观察，人们发现风险具有明显的规律性，可以利用概率论和数理统计方法去计算损失发生的概率与损失程度。这一特征是保险制度得以存在和正常运行的基础。

（4）风险具有发展性。人类社会自身进步和发展的同时，也创造和发展了风险，尤其是当代高新科学技术的发展和应用，使风险的发展性尤为突出。风险的发展性主要表现在一些风险消失了，一些风险减少了，新的风险出现了。例如，随着卫生医疗事业的发展，一些传统的疾病致死的风险大大降低，而随着人类活动区域的增加和环境的变化，新的致死因素和疾病种类不断出现。

三、风险的种类

风险可以从不同的角度给予分类，常见的分类主要有以下三种。

(一)按风险产生的原因划分

按风险产生的原因,其可分为自然风险、社会风险、经济风险和技术风险。

1. 自然风险

自然风险(physical risk),是指由于自然原因引起的人身伤亡或者财产损失的风险,是不以人的主观意志为转移的。如地震、火山爆发、泥石流、洪水等都属于自然风险。在各类风险中,自然风险是保险承保最多的风险。

知识链接 8-1

北海道泥石流

2018 年 9 月 6 日,日本北海道发生 6.9 级地震,震源深度达 40 千米。地震致北海道区域几乎全部停电。靠近震中的厚真町受此影响发生大规模泥石流,导致至少 1 人死亡,27 人失踪。

资料来源:刘微.北海道泥石流至少 1 人死 27 人失踪　泥石流是地震引起的吗?[EB/OL].海峡网,2018-09-06.

2. 社会风险

社会风险(social risk),是指由于人为原因引起的人身伤亡或者财产损失的风险,包括政治风险、法律风险等。如盗窃、抢劫、罢工、战争等都属于社会风险。

3. 经济风险

经济风险(economic risk),是指由于经济因素的变化、经营不善、信息不对称、决策失误等影响正常经营状况的风险。如企业生产规模的增减、价格的升降和经营的盈亏等。

4. 技术风险

技术风险(technical risk),是指伴随着科学技术的发展、生产方式的改变而产生的威胁人们生产与生活的风险。如核辐射、空气污染和噪声等。

(二)按风险的性质划分

按风险的性质,其可分为纯粹风险和投机风险。

1. 纯粹风险

纯粹风险(pure risk),又称静态风险,是指只有损失可能而无获利机会的风险,其所致的结果有两个:损失和无损失。自然灾害和意外事故的发生,人的生老病死等现象的发生都属于纯粹风险。

2. 投机风险

投机风险(speculative risk),是指既有损失可能也有获利机会的风险,其可能的结果有三种:损失、无损失和盈利。如股票、期货的买卖等都属于典型的投机风险。

(三)按风险涉及的对象划分

按风险涉及的对象,其可分为财产风险、责任风险、人身风险和信用风险。

1. 财产风险

财产风险(property risk),是指个人、家庭、企业或团体组织所有、使用或保管的财产发生损害、灭失或贬值的风险。如船舶沉没、企业厂房遭受火灾而灭失、机器设备因更新被淘汰贬值等。

2. 责任风险

责任风险(liability risk),又称第三者责任风险,是指根据合同和法律的规定,由于个人或团体的过失造成他人的财产损失或人身伤亡而应承担经济赔偿责任的风险。如产品质量低劣、医疗事故等可能导致损失的风险都属于责任风险。

3. 人身风险

人身风险(personal risk),是指由于疾病、意外伤害造成死亡、残疾的风险。这些风险会造成人们经济收入的减少或支出的增加,影响本人或其所赡养的亲属生活的安定。

4. 信用风险

信用风险(credit risk),是指人们在经济交往中,权利人和义务人之间由于一方违约而导致另一方经济损失的风险。例如,在国际贸易中,进口商没有按照合同规定向出口商支付货款,致使出口商遭受的经济损失就属于信用风险。

四、风险管理

(一) 风险管理的概念

风险管理是指社会组织和个人,通过风险识别和评估,选择最有效的风险处理方法,以最大限度消除或降低风险对人们的负面影响和损失的一个系统过程。其目标是达到以最小的成本获得最大的安全保障。

(二) 风险管理的步骤

1. 风险识别

风险识别是风险管理的首要环节。只有在全面了解各种风险的基础上,才能够预测风险可能造成的危害,从而选择处理风险的有效手段。潜在的风险损失包括财产损失、营业收入损失、责任损失、雇员的不忠诚、员工福利损失等。

2. 风险预测

风险预测实际上就是估算、衡量风险,由风险管理人运用科学的方法,对其掌握的统计资料、风险信息及风险的性质进行系统分析和研究,进而确定各项风险的频度和强度,为选择适当的风险处理方法提供依据。

3. 选择风险管理方法

风险处理常见的方法有以下几种。

(1) 规避风险:消极躲避风险。如货物运输为避免航空事故可改用陆路运输等。但这种方法的实施一方面可能会带来另外的风险,另一方面可能会影响企业经营目标的实现,所以一般不采用。

(2) 控制损失:主要包括事前的风险预防和事后的损失抑制。在事前,采取措施消除或者减少风险发生的因素。如为了防止水灾导致仓库进水，采取增加防洪门、加高防洪堤等，可大大减少因水灾导致的损失。在事后，及时采取施救措施减少风险的致损程度。

(3) 自保风险：企业自己承担风险。小额损失纳入生产经营成本，损失发生时用企业的收益补偿。针对发生的频率和强度都大的风险建立意外损失基金，损失发生时用它补偿。这种方法带来的问题是会挤占企业的资金，降低资金使用的效率。

(4) 转移风险：在危险发生前，通过采取出售、转让、保险等方法，将风险转移出去。

4. 风险管理效果评价

风险管理效果评价是对风险管理技术适应性及其收益情况的分析和评估。评估的标准有效果标准和作业标准。

第二节 保险的定义与起源发展

一、保险的定义

《中华人民共和国保险法》(以下简称《保险法》)第 1 章第 2 条将保险定义为，保险是指投保人根据合同约定，向保险人支付保险费，保险人对于合同约定的可能发生的事故因其发生所造成的财产损失承担赔偿保险金责任，或者当被保险人死亡、伤残、疾病或者达到合同约定的年龄、期限等条件时承担给付保险金责任的商业保险行为。

保险的定义可以从两个方面来理解：一是从法律角度出发，保险是投保人和保险人之间的经济合同行为，彼此通过保险合同明确规定各自享有的权利和承担的义务，其中投保人应按合同规定缴纳保险费，保险人应在合同约定的事故或条件发生时履行损失赔偿或给付保险金责任。在保险制度中，保险费率的高低，以及建立保险基金的大小，是根据风险程度，用概率论和大数法则的原理计算出来的。二是从经济角度出发，保险可被定义为一种经济补偿制度，保险人通过集中众多投保人所缴纳的保险费形成保险基金，并将风险损失资料进行集中管理，用统计方法预测风险带来的损失，通过科学的数理计算，将个别被保险人可能遭受的损失在所有参加保险的被保险人中予以分摊，从而得以进行经济损失补偿，即所谓的“一人损失，大家分摊”，“人人为我，我为人人”。

由此可以看出，保险是一种经济补偿手段，运用多数单位的力量，通过科学的数理计算，对风险损失进行分摊的制度。

知识链接 8-2

用保险为“一带一路”提速

瑞再企商保险有限公司已连续两年就中国“一带一路”计划发布研究报告。2018 年 3 月 5 日，该公司中国区首席执行官郏京炜在接受采访时谈了谈报告的主要发现，他认为，保险可以在“一带一路”建设中起到“资本提供”的作用，但目前“一带一路”项目对利用保险转嫁风险的意识还不足，只有很小比例的数目能够拿到融资。

资料来源：http://www.ftchinese.com/story/001076546? archive.

二、保险的起源与发展

在人类社会的各个历史阶段，人们都会遇到自然灾害和意外事故的侵扰。为了弥补损失，人们就萌生了应对灾害事故的保险思想和原始形态的保险方法，并采取了一些救灾性的措施。

知识链接 8-3

《汉谟拉比法典》：世界上最早一部关于保险的法规

公元前 2500 年前后，古巴比伦王国国王命令僧侣、法官、村长等收取税款，作为救济火灾的资金，而这份税款被公认为全世界最早的保险。

大约公元前 1792 年，是古巴比伦第六代国王汉谟拉比时代。当时商业繁荣，贸易发展，为了援助商业、补偿商队的骡马和货物损失，《汉谟拉比法典》增加了共同分摊补偿损失的条款。

从人类历史上第一张保险单到保险业的兴起、兴旺，其间包含了人类不懈的探索。保险在我们的生活中扮演着重要角色，帮我们抵御风险，可以说是人类历史上一项伟大的发明，是人类智慧的结晶。

资料来源：http://www.sohu.com/a/241013144_100160443.（有改动）

（一）海上保险的起源

在各类保险中，海上保险（marine insurance）的历史最为悠久，近代保险业首先是从海上保险发展而来的。海上保险是指以海上财产，如船舶、货物以及与之有关的利益，如租金、运费等作为保险标的的保险，对自然灾害或其他意外事故造成海上运输损失的一种补偿方法。保险方与被保险方订立保险契约，根据契约被保险方应付一定费用给承保方，发生损失后则可得到承保方的补偿。学术界普遍认为，海上保险的起源与共同海损和船货抵押贷款制度有关。

知识链接 8-4

海上保险的分类

海上保险主要分以下五种。

（1）船舶保险。以船舶为保险标的，当船舶在航行或其他作业中受到损失时，予以赔偿。

（2）运费保险。以运费为保险标的，海损后船舶所有人无法收回的运费由保险人补偿。

（3）保障赔偿责任保险。这是船舶所有人之间相互保障的一种保险形式。主要承保保险单不予承保的责任险，对船舶所有人在营运过程中因各种事故引起的损失、费用、罚款等均予保险。

（4）海洋运输货物保险。以海运货物为保险标的。

（5）石油开发保险。以承保海上石油开发全过程风险为标的。属于专业性的综合保险。此种保险的保险期很长，因开发周期的原因，可达 10 余年。

1. 共同海损分摊原则是海上保险的萌芽

共同海损的分摊原则(general average contribution)是海上保险的萌芽。公元前2000年,处于亚欧要冲的罗德岛一带经济相对较为发达,贸易活动非常活跃,因其特殊的地理位置,海上运输是最为便利的运输方式。当时的生产力水平和技术水平使得航海工具抵御风浪的能力很弱,出海风险很大。当船舶在航行途中遭遇风浪而遇险时,为避免船舶和货物同归于尽,则需要减轻船舶的载重,尽快驶离险境。为达此目的,往往需要抛弃船上的部分货物。由于抛货行为能使船货最终避免沉入大海而受益,为使被抛弃物的货主能从受益方获得补偿,在当地商人中间逐渐形成了共同遵循的"一人为众,众为一人"(one for all,all for one)的原则。这一原则后来被公元前916年制定的《罗地安海商法》所采用,该法明文规定,凡因减轻船舶载重抛弃入海的货物,为全体利益而损失,需由全体分摊归还。这一原则后又被533年制定的《查士丁尼法典》采纳,至今仍贯彻于共同海损的处理原则中。

2. 船货抵押借款制度是海上保险的初级形式

船舶抵押借款是海上保险的低级形式,这一方式最早起源于公元前800—公元前700年的古希腊。当船舶航行在外急需用款时,船长以船舶和船上的货物作为抵押向当地商人借款。借款的方法是:如果船舶安全到达目的地,则需归还本金和利息;如果船舶中途沉没,债券即告消失。后来这一做法逐渐规范化,就形成了船货抵押借款制度。由于债权人承担了航海风险,因此,抵押贷款的利息比一般贷款利息要高,高出一般利息的部分,实质上就是最早形成的海上保险费。此项借款中的借款人、贷款人以及用作抵押的船舶,实质上与海上保险中的被保险人、保险人以及保险标的物相同。可见,船舶抵押借款是海上保险的初级形式。

(二)现代海上保险的发展

1. 意大利是海上保险的发源地

11世纪末,意大利商人控制了东方和西方的中介贸易,到14世纪中期,意大利北部经济非常繁荣,是国际贸易的中心,在比萨、热那亚和威尼斯等城市的商人中间,已经出现了类似现代形式的海上保险,这些商人将其贸易、汇兑票据和保险的习惯做法带到他们的所用之处。起初,人们只是口头上达成海上保险合同,后来出现了书面形式。1347年,由热那亚商人乔·勒克维伦签发的世界上第一张保险单诞生,承保"圣太·克拉拉号"船舶,当地人称之为Polizza,传入英国后成为Policy并沿用至今。1384年,在佛罗伦萨诞生了世界上第一份具有现代意义的保险单。这张保单承保四大包纺织品从法国南部阿尔兹安全运抵意大利的比萨。在这张保单中有明确的保险标的、明确的保险责任,如"海滩事故,其中包括船舶破损、搁浅、火灾或沉没造成的损失或伤害事故"。在其他责任方面,也列明了"海盗、抛弃、捕捉、报复、突袭"等所带来的船舶及货物的损失。因此,这张保单可以看作具有典型意义的保险合同。

2. 现代海上保险发展于英国

美洲新大陆发现以后,贸易中心逐渐从地中海区域转移到大西洋沿岸,海上保险制度也自意大利传入葡萄牙、西班牙,后又经法国、西班牙传入荷兰、德国、英国等国。16世纪以前，英国的对外贸易先是操纵在威尼斯和汉莎同盟的商人手里，其后又为意大利伦巴第人所掌握。从1554年起，英国女王收回了原先掌握在商人手中的贸易权，特许英国商人组建贸易公司，促进了英国海上贸易和海上保险的发展。1575年，英国女王特许在皇家交易所设立保险商会，专门办理保险单的登记业务和标准保险单的制定。1601年，伊丽莎白女王颁布了英国第一部海上保险法。17世纪的资产阶级革命，使英国的经济迅速发展，大规模的殖民掠夺使英国逐渐成为世界的贸易、航海和保险中心。1720年，英国女王颁布法令，规定除个人经营外，禁止任何其他公司和商业团体从事海上保险业，授予皇家交易保险公司和伦敦保险公司经营海上保险的专利权。1824年，英国政府撤销了1720年的保险经营专利权，大量资金开始涌入海上保险市场，新的保险公司纷纷成立。1884年，经营海上保险业务的保险公司共同组织了伦敦保险人协会，制定海上保险通用的协会条款及处理共同事项。1906年，英国颁布《海上保险法》，这一法规在全球保险界引起很大反响，被各国奉为经典而纷纷效仿。至此，现代海上保险制度已经形成，并不断地得到发展。

3. 劳合社的成立与发展

在英国近代海上保险的发展过程中，有一个对世界保险业至今仍有重要影响的保险组织——劳合社。1688年，一个名叫爱得华·劳埃德的人在伦敦的泰晤士河畔开了一家咖啡馆。由于劳埃德咖啡馆临近码头、海关和港务局的特殊地理位置，很快成了船长、船东、商人、银行老板、放高利贷者、经纪人和海关办事员聚集的地方。客人们在咖啡馆中交换有关航运和贸易的消息，有时也顺便洽谈业务，吸引保险商人也经常前往，与船东和贸易商洽谈保险业务。店主为招揽顾客，于1696年开始出版小报《劳埃德新闻》，主要报道一些海运、贸易等消息。1734年，咖啡馆开始出版《劳合动态》，发布航海和贸易信息，该报成为英国历史最悠久的报纸之一，至今仍在出版。随着顾客的日益增多，劳埃德咖啡馆已不适应业务洽谈的需要，1771年，劳合社另选地址专门进行海上保险交易。1871年，英国议会通过决议，承认劳合社为一个个人组成的无限责任的保险社团组织，劳合社取得了法人资格。1874年，劳合社迁至皇家交易所，正式成为英国海上保险的交易中心。1911年，只允许劳合社成员从事海上保险业务的限制被取消，劳合社成员可从事一切保险业务。

至今，劳合社已经成为国际保险市场上具有强大优势的保险组织，其业务范围几乎遍及所有险种。从劳合社的组织性质来看，它并不是保险公司，而是一家保险社团，它本身不承保业务，也不对其成员的业务负责，只是向其提供交易场所以及进行交易的有关服务。在劳合社投保是向其成员，即劳合社承保人投保。按劳合社的规定，投保人必须通过劳合社的经纪人代找承包人，投保人与承包人并不直接见面，所有事项均通过劳合社经纪人安排。

第三节 保险的分类

随着现代科学技术的迅速发展，人们的保险需求日益广泛，保险种类和业务范畴也越来越复杂。目前，国际上还未形成统一的保险分类原则和分类标准。因此，保险的种类可以不同的角度划分。常见的分类主要有以下四种。

一、按保险的性质划分

按不同的性质，保险可分为商业保险、社会保险和政策保险。

（一）商业保险

商业保险（commercial insurance），是指投保人和保险人订立保险合同，根据保险合同约定，投保人向保险人支付保险费，保险人对可能发生的事故所造成的损失承担赔偿责任；或者当投保人死亡、疾病、伤残或达到约定的年龄期限时给付保险金责任的保险。

（二）社会保险

社会保险（social insurance），是指国家通过立法对社会劳动者暂时或永久丧失劳动能力或失业时，提供一定的物质帮助，以保证其基本生活的社会保障制度。社会保险是强制性的，凡符合法律规定条件的成员，不论愿意与否，都要参加社会保险；而商业保险出于自愿。

（三）政策保险

政策保险（policy insurance），是政府由于某个特定的政策目的，以商业保险的一般做法而举办的保险。例如，为促进进出口贸易的出口信用保险。政策保险通常由国家设立专门机构，或者委托官方或者半官方的保险公司具体承办。例如，我国的出口信用保险是由国家政策性保险公司——中国出口信用保险公司专门为出口企业提供的政策性保险产品。

二、按保险的标的划分

保险标的，又称保险对象，是指保险合同中所载明的投保对象。按不同的标的，保险可分为财产保险（property insurance）、人身保险（personal insurance）、责任保险（liability insurance）和信用保证保险（credit & bond insurance）四类。

（一）财产保险

财产保险，是以物质财富以及相关利益作为标的的一种保险。财产保险主要有以下几种。

1. 火灾保险

火灾保险（fire insurance），简称火险，是指保险人对于保险标的因火灾所导致的损失负责补偿的一种财产风险。火灾是财产面临的最基本和最主要的风险。火灾保险一般不作为单独的险别，而是将其包括在综合性险别的责任范围内。

2. 海上保险

海上保险（marine insurance），又称水险，是指保险人对海上标的因海上风险所导致的损失或赔偿责任提供经济保障的一种保险。海上保险主要包括海洋运输货物保险、船舶保险、海上石油开发保险、海上养殖业保险等。

3. 货物运输保险

货物运输保险(cargo transportation insurance),是指保险人对运输途中的货物遭受保单承保的各类风险而导致的损失,提供经济保障的一种保险。货物运输保险主要包括海洋运输货物保险、陆上运输货物保险、航空运输货物保险、邮政包裹运输货物保险等。

4. 运输工具保险

运输工具保险(conveyance insurance),是指承保海、陆、空、内河各类运输工具在行驶和停放过程中所发生的各种损失。其主要包括船舶保险、汽车保险、飞机保险、铁路车辆保险等。

5. 工程保险

工程保险(engineering insurance),是以各类建筑工程和机器安装过程中的财产为保险标的的保险。保险的责任除了包括自然灾害和意外事故所造成的财产损失外,还包括第三者人身伤害与财产损失的补偿责任。其主要包括建筑工程保险、安装工程保险等。

6. 农业保险

农业保险(agricultural insurance),是指保险人为农业生产者在从事种植、养殖和捕捞生产过程中,因遭遇自然灾害或意外事故而导致的损失提供经济补偿的一种保险。其主要包括农作物保险、农产品保险、牲畜保险、家禽保险及其他养殖业保险等。

7. 盗窃保险

盗窃保险(burglary insurance),是指对财产因遭抢劫或者偷窃行为所造成的损失的保险。盗窃保险一般包括在一揽子保险单中,包括商业盗窃保险、银行盗窃保险、个人盗窃保险等。

(二) 人身保险

人身保险,是指以人的身体或生命为保险标的的保险,当投保人在保险期满继续生存或在保险期内死亡时,保险人应按保险合同约定承担给付保险金责任。人身保险可划分为人寿保险(life insurance)、人身意外伤害保险(personal accident insurance)和健康保险(health insurance)。

1. 人寿保险

人寿保险,简称寿险,是以人的生死为保险对象的一种保险,是投保人在保险责任期内生存或死亡,由保险人根据契约规定给付保险金的一种保险。人寿保险的业务范围包括生存保险、死亡保险、两全保险。

2. 人身意外伤害保险

人身意外伤害保险,是以人的身体遭受意外伤害为保险条件的保险。

3. 健康保险

健康保险,也称疾病保险,是以非意外伤害而由投保人本身的疾病导致的伤残、死亡为保险条件的保险。

(三) 责任保险

责任保险,是以投保人依法应负的民事损害赔偿责任或经过特别约定的合同责任作为保险标的的保险。按照承保责任的不同，可分为公众责任保险（public liability insurance）、产品责任保险（product liability insurance）、职业责任保险（professional liability insurance）和雇主责任保险（employer's liability insurance）。

（四）信用保证保险

信用保证保险，是一种以经济合同所规定的预期应得的有形财产或预期应得的经济利益为保险标的的保险。按照担保对象的不同，信用保证保险可分为信用保险（credit insurance）和保证保险（bond insurance）。

1. 信用保险

信用保险，是权利人要求保险人担保对方（被保证人）的信用的保险。

2. 保证保险

保证保险，是被保证人根据权利人的要求，要求保险人担保自己的信用的保险。保证保险的主要险别有忠诚保证保险和履约保证保险。

三、按保险的实施方式划分

按不同的实施方式，保险可分为自愿保险（voluntary insurance）、强制保险（compulsory insurance）。

（一）自愿保险

自愿保险，又称任意保险，是指投保人与保险人在平等、自愿的基础上，通过协商订立保险合同，建立双方的保险关系。自愿保险其实就是投保人有权决定是否投保、向谁投保、投保险别、投保金额、保险期限以及是否退保等事项。至于保险人，也有权选择被保险人，决定承保金额和保险期限等保险条件。自愿保险是商业保险的基本形式。

（二）强制保险

强制保险，又称法定保险，是指国家对一定的对象，以法律或者行政法规的形式规定其必须投保的保险。这种保险关系的建立是依据国家立法，而不是投保人和保险人的意愿与合同行为。例如，中国人民财产保险公司对在国内乘火车、飞机、轮船的旅客实施的旅客意外伤害保险就规定，自旅客购买到车票、机票、船票开始旅行时起，保险责任就自动开始，每位旅客的保险金额根据法律，按不同的运输方式统一规定。

四、按承担责任次序的不同和承保方式的不同划分

按承担责任次序的不同和承保方式的不同，保险可分为原保险（original insurance）、再保险（reinsurance）、共同保险（coinsurance）、重复保险（double insurance）。

（一）原保险

原保险，又称第一次保险，是指投保人与保险人直接订立保险合同，建立保险关系的保险形式。保险人对被保险人事故所导致的损害承担直接原始的赔偿责任。我们一般所

说的保险，大多指的是原保险。

（二）再保险

再保险，又称分保，是指将原保险责任的一部分或者全部转让给另一个保险人承保。我国《保险法》第2章第28条对再保险作出了如下定义，保险人将其承担的保险业务，以分保形式部分转移给其他保险人的，为再保险。最初承保业务的公司称为分出公司或者原保险人，接受分出公司保险的公司称为再保险人。再保险是保险业务不可缺少的组成部分，国际上已经出现了不少经营再保险业务的专门再保险公司和再保险集团，如慕尼黑再保险公司、瑞士再保险公司等。1996年中保集团专门设立了中保再保险有限责任公司，专门经营再保险业务。

（三）共同保险

共同保险，简称共保，是指由两个或者两个以上保险人，在相同的保险期限和范围内，承保同一风险的保险形式。当发生赔偿责任时，其赔偿按照各保险人各自承保的金额比例分摊。

（四）重复保险

《保险法》第2章第56条对重复保险作出了如下定义：重复保险是指投保人对同一保险标的、同一保险利益、同一保险事故分别与两个以上保险人订立保险合同，且保险金额总和超过保险价值的保险。《保险法》进一步规定：各保险人的赔偿金额的总和不得超过保险价值。除合同另有规定外，各保险人按照其保险金额占保险金额总和的比例承担赔偿责任。此外，重复保险的投保人可以就保险金额总和超过保险价值的部分，请求各保险人按比例返还保险费。在重复保险中，根据保险的补偿原则，为了防止被保险人获得双重赔偿，需要将保险标的的实际损失在各保险人之间进行分摊。

保险分类如图8-1所示。

- 保险分类
  - 性质
    - 商业保险
    - 社会保险
    - 政策保险
  - 保险标的
    - 财产保险
    - 人身保险
    - 责任保险
    - 信用保证保险
  - 实施方式
    - 自愿保险
    - 强制保险
  - 承担责任次序和承保方式
    - 原保险
    - 再保险
    - 共同保险
    - 重复保险

图8-1 保险分类

第四节 保险中介

保险业务的经营涉及许多环节，如展业、核保、拟定费率和条款、理赔追索等，这些工作涉及专门知识和技术，需要专业人员为其服务。同时，保险的经营在性质上必须力求多数人参加以分散风险。在日常生活中，一般人虽然知道风险的存在，但并不一定知道如何预防风险，如何办理保险，即使投了保险也不一定完全了解其真正含义，从而产生许多误解和纠纷。因此，在保险合同的订立或履行上，除当事人及关系人以外，还需要辅助人即保险中介的存在。

一、保险中介的定义

一般意义上的保险中介是指介于保险经营机构之间或保险经营机构与投保人之间，专门从事保险业务咨询与销售、风险管理与安排、价值衡量与评估、损失鉴定与理算等中介服务活动，并从中依法获取佣金或手续费的单位或个人。

二、保险中介的种类

一般来说，保险中介包括保险代理人、保险经纪人和保险公估人。

（一）保险代理人

《保险法》第 5 章第 118 条将保险代理人定义为：保险代理人是根据保险人的委托，向保险人收取佣金，并在保险人授权的范围内代为办理保险业务的机构或个人。

1. 按代理的经营职责划分

按代理的经营职责，保险代理人可分为展业代理人和理赔代理人。

1）展业代理人

展业代理人一般向企业或个人进行保险宣传，招揽保险业务，收取保险费，一般不承担出立保险单和理赔工作，其按实收取保险费向保险人索取酬金。

2）理赔代理人

理赔代理人是指专门代理保险人进行现场查勘、检验、定损，并在保险人授予的核赔权限内办理赔款，若损失是第三方造成的，其有权向第三方追偿。一般根据查勘案情的复杂程序、赔款金额、追偿实际金额等情况由保险人向理赔代理人支付一定的劳务报酬。

2. 按代理人的职业划分

按代理人的职业，保险代理人可分为兼职代理人和专职代理人。

1）兼职代理人

兼职代理人是指受保险人委托的代理人在进行本职工作的同时兼营保险代理业务。常见的兼职代理人有银行代理、行业代理和单位代理三种，如由货物运输部门代理货物运输保险业务，由单位工会或财务部门代办一些与职工生活关系密切的保险业务等。

2）专职代理人

专职代理人是指受保险人委托专职从事代理业务，如根据中国保险业务向城镇、农村深入发展的需要，中国人民保险公司在城市街道、农村乡镇广泛建立集体性质的专职保险代理组织，如保险代理所、保险服务所等，深入基层开展群众迫切需要的分散性保险业务。

3. 按代理人与保险公司的关系划分

按代理人与保险公司的关系，保险代理人可分为独立代理人和专用代理人。

1）独立代理人

独立代理人是独立的，可以代理若干家保险公司的业务。独立代理人根据为各公司承包业务的多少收取佣金；有权终止或更新保单，也有权将某公司届满的保单推销给另一家公司，而这些都取决于被保险人的利益；其佣金由于经营的险种不同而异。

2）专用代理人

专用代理人只代表一家保险公司或某一保险集团。与独立代理人不同，专用代理人对其所招揽的业务不能保有其所有权，而是由保险公司占有使用与控制保险单记录的权利等。在专用代理人制度下，续保旧业务的佣金低于承保新业务的佣金，这就刺激了专用代理人尽力寻求新业务，致使运用这类制度的保险公司业务快速增长。

4. 按采用代理制度的保险公司对代理人管理的不同方式划分

按采用代理制度的保险公司对代理人管理的不同方式，保险代理可分为总代理制度、分公司制度和直接报告制度。

1）总代理制度

总代理制度是指保险公司仅与总代理人签订契约，授权后者在一定范围内代表保险公司的制度。总代理人的职能是任命代理人、雇用推销员、自己招揽业务等。总代理人必须产生相当的业务量，否则代理契约就会被保险公司解除。保险公司按总代理人招揽业务的多少付给佣金，然后由总代理人从佣金中支出经营费用、薪水及其招揽业务的代理人的佣金。总代理人与代理人之间必须签订契约，同时必须经过保险公司的批准，甚至只能使用保险公司统一的契约。

2）分公司制度

分公司制度是指较大的保险公司在各地设置分支机构。分公司的一切开支由保险公司负担。分公司经理被看作保险公司的雇员，他们按照总公司的命令处理日常事务。

3）直接报告制度

在直接报告制度下，保险代理人可直接与总公司发生关系，总公司与各地保险代理人保持频繁的联系及提供大量的服务。地方保险代理人在其领域范围内享有独占权利，既像保险经纪人那样为保险公司招揽业务，又像总代理人那样为保险公司拓展业务。

（二）保险经纪人

《保险法》第 5 章第 118 条将保险经纪人定义为：保险经纪人是基于投保人的利益，为投保人与保险人订立保险合同提供中介服务，并依法收取佣金的机构。从理论上讲，保险经纪人是保险购买者的代理人而不是保险公司的代理人，但其佣金是由保险公司支付的。不过，保险购买者所支付的保费，必须包含保险人所支付的任何佣金在内，因此，这部分佣金其实还是间接由保险购买者支付。

保险经纪人提供的服务主要有以下几个方面。

(1) 给投保者提供风险管理有关保险方面的知识。

(2) 分析风险管理者所面临的危险,并提供处理措施。

(3) 为风险管理者设计投保计划,选择标的,以最经济、合理的保费,选择声誉卓著的、健全的保险公司。

(4) 对保险条款加以解释。

(5) 帮助被保险人获得最充分补偿。

保险经纪人公司在国外虽然是以法人形式存在,但它是由各个独立的保险经纪人组成的,每个保险经纪人必须向管理部门注册,并提供个人经营资历的证明。经营活动是由各个独立的或合伙的保险经纪人完成的,保险经纪人公司只是一种管理机构,它的主要目的是确保保险经纪人能够合理经营,保证在处理不公平竞争时相互支持和合作。

(三) 保险公估人

保险公估人又称保险公证人,是指向保险人或被保险人收取费用,为其办理保险标的的查勘、鉴定、估价与赔款的理算、洽商,并予以证明的人。有时也称其为公估行、损失理算员等。

由此可以看出,保险公估人是既可以为保险人工作,也可以为被保险人工作,同时分别向其收取费用的保险双方当事人的辅助人。其工作任务主要是办理保险标的的查勘、鉴定及估价,赔款的理算与洽商,并就其承办的工作出具证明。保险公估人的作用就在于通过其具有的专门知识技能而获得双方当事人的信任,使当事人在订立或履行保险合同时有了客观可靠的依据。

保险公估人由何方当事人所委托,一般因保险种类不同而不同。财产保险通常由保险人委托。但对于海上保险,保险公估人则多由被保险人委托,由保险公估人就损害的原因及数额制成公估报告书交给被保险人,由其向保险公司索赔。需特别指出的是,由于保险公估人所制成的公估报告书,其主要作用是证明财物遭受损害的原因、程度及受损价值,因此保险公估人的检验技术、审慎程度和公正立场与其检验结果有很大影响。所以,有些保险公司常在保险条款中约定保留委任公估公司的选择权。也就是说,被保险人须委托保险单指定的保险公估人或先征求保险公司同意的保险公估人办理公估。

由于保险中介在保险市场中起着沟通买方和卖方、保证保险契约公正执行等重要作用,因此一般对其资格和执业都有严格规定。例如,英国规定保险经纪人至少拥有1 000英镑的经营资本,至少有相同数目的偿付能力及保持对保险人的独立等条件,此外,保险中介还必须投保职业责任险,保额也有具体规定。纵观世界各国,一般都是通过立法形式对保险中介人作出规定,并对违法者予以罚金、吊销执照,甚至处以刑罚。

经典案例

美家纺巨头破产引行业震荡——中国信保勇出击担巨额损失

（涉及险种：短期出口信用保险；风险类别：商业风险）

案情摘要：受中美经贸摩擦影响，海外零售商破产风险继续蔓延，北美最大的实用家纺床品生产商、美国第三大家纺产品供应商H及其母公司由于经营不善于2019年5月19日正式申请进入破产保护程序。中国信保在保企业中多达15余家羽绒、家纺制造企业受到波及，部分国内供应商生产经营岌岌可危。中国信保通过多种渠道及时向被保险人通报风险，主动积极介入处置风险，快速定损核赔助力出口企业应对风险，截至2019年年底，已向被保险人支付赔款累计1 851.6万美元，平均赔付时间仅37天，及时有效缓解了企业资金压力，极大地帮助我国出口企业化解由中美贸易摩擦带来的海外风险。

案情特点：中美贸易摩擦导致北美零售巨头破产或关闭门店的情况时有发生，美国传统零售业风险高企。为最大限度帮助出口企业在"走出去"的过程中控制风险和减少损失，中国信保在分析梳理贸易摩擦爆发以来美国理赔业务情况的基础上，研究并制定对美业务理赔追偿支持举措，做到"优先赔""快速赔""速查追""精准追"和"专业追"。

以本案为例，中国信保在接到买方破产消息后，第一时间通过内外部多种形式对风险信息进行发布和通报，并联合海外专业渠道律师，指导企业应对危机，最大限度保障客户债权人权益。然后，及时审理核查，快速就本案项下登记债权损失启动定损核赔程序，及时有效缓解企业资金压力，弥补因中美贸易摩擦带来的应收账款损失。另外，联合政府机构举办风险发布会，持续通报对美出口风险信息并讲解典型案例；同时，充分利用渠道优势，邀请海外追偿渠道资深专家举办信用风险实战研讨会，为出口企业防控贸易及投资法律风险提供重要的指引，帮助企业持续应对贸易摩擦。

专家点评：本案例以中国信保处理美国家纺行业巨头集团破产系列案件为例，重点论述对美业务相关支持举措出台以来，保险人在向被保险人及时通报风险、指导债权登记、定损核赔帮助企业弥补经济损失的具体过程，为出口企业后续应对美国买方破产风险提供经验和启示。在中美贸易摩擦背景下，保险人充分履行政策性职能，帮助出口企业在"走出去"的过程中控制风险和减少损失，体现了中国信保作为海外风险异动的预报人、风险控制的引路人和出口企业的守护人的责任与担当。

资料来源：2019年中国财产保险十佳理赔案例[EB/OL]. http://insurance.hexun.com/2020-05-14/201342418.html.（有改动）

本章小结与关键术语

小结8

练习思考题

1. 什么是风险？风险的特征有哪些？
2. 风险的种类有哪些？
3. 什么是保险？保险的特征有哪些？
4. 海上保险是如何发展起来的？
5. 保险的种类有哪些？
6. 试比较原保险和再保险。
7. 保险中介的种类有哪些？

即测即练

习题8

第九章

保险的基本原则

【本章结构图】

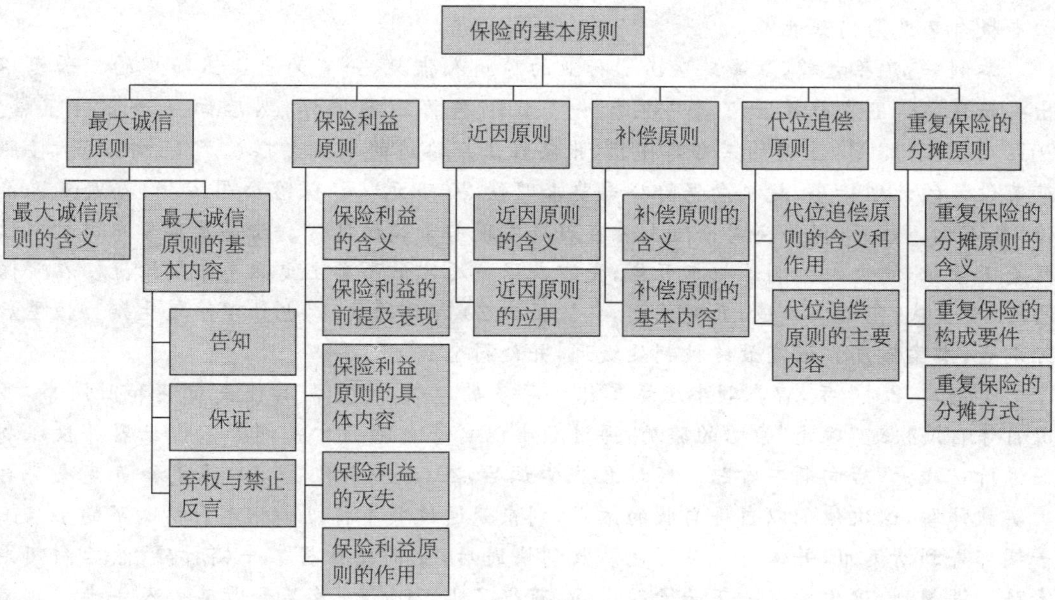

【本章学习目标】

1. 了解最大诚信原则的含义,掌握最大诚信原则的基本内容

2. 了解保险利益的含义、前提和表现,掌握保险利益原则的具体内容,了解保险利益原则的灭失和作用

3. 了解近因原则的含义,掌握近因原则的应用

4. 了解补偿原则的含义及基本内容,掌握损失的赔偿方式

5. 了解代位追偿原则的内容和作用

6. 掌握重复保险的分摊原则的主要内容,以及重复保险损失分摊的计算

引导案例

细节看保险：毁玉

“细观玉轩吟，一生良苦心。雕琢复雕琢，片玉万黄金。”中国人视玉器为宝，把珍贵的玉石称为宝玉。然则，却有人故意损毁手中玉器，所为者何？

相传古代，有人曾经得到两件相同的稀世玉器，把玩之后，便将一件摔到地上毁掉。从人惊问其故，回答道，世上只有一件便为稀世之宝，如果有两件以上，价值便要大打折扣，故而毁之。在现实生活中，也有生意人将自己经营的玉器毁损。今时不同往日，在玉器供应充足，已经进入寻常百姓家的今天，即使毁掉一半，也未必让另一半涨身价。那这位老板却又是为何如此？

举例一：几年之前，从事珠宝玉器行业的滁州人张某，一直为自己玉雕厂的玉器卖不出去而发愁。朋友范某出了个“妙计”——找辆车将玉器撞坏，然后向保险公司理赔。2012 年 8 月 13 日，张某的玉雕厂搬迁，张某在工厂路边的木柜上摆放了 12 件玉器，按照范某设计的计划行事，趁机向保险公司要求赔偿 20 万元。经保险公司定损，损毁玉器价值 19 万元。然而，保险公司出险人员在现场发现若干骗保痕迹。诸如肇事货车司机不仅丝毫不紧张，竟大大咧咧地把车开走；受害人张某远比肇事车主更熟悉车辆情况。在哪保的险、多少钱，张某都知道；面对询问，爽快报出 20 万元的数目，也让理赔员生疑。报警后经调查，本案案发。张某最终被判处缓刑，并处罚金。

举例二：2016 年，曾在顺丰速运工作 7 年多的莫某，竟连同其姐夫黄某和旧同事，多次自导自演快递“碰瓷”索赔的骗局，通过顺丰以自寄自收的方式邮寄低价玉器并投以高额保价，“碰瓷”后向顺丰索赔。经过几次尝试后，2015 年 6 月 23 日，莫某和黄某决定再次实施诈骗，这次他们以自寄自收的方式，到东莞通过顺丰将以 100 元价格购买的 1 只玉手镯邮寄到清远市，并保价 1.9 万元。收到快递后，他们故意将玉手镯打碎，然后向顺丰索赔。没想到，这次竟然一下子索赔成功，获得了 18 705 元，莫某和黄某一人一半。莫某自以为是一个“赚钱”的好方法，便频频如法炮制。常言道，常在河边走哪有不湿鞋，最终还是东窗事发，露出马脚。经法院审理，涉案 3 名男子均获刑。

古人道，宁为玉碎不为瓦全，讲的是人要有气节。而上述几人，有的是因为生意不景气，要挽回损失；有的是贪财心切，走了偏路。实质上，他们是违反了保险中的诚实守信、保险利益等原则，走上了违法犯罪的道路。

资料来源：黄明明. 细节看保险：毁玉[EB/OL]. http://xw. sinoins. com/2018-09/14/content_271601. htm.(有改动)

第一节 最大诚信原则

一、最大诚信原则的含义

最大诚信原则(principle of utmost good faith)源于海上保险。在海上保险中，保险人在与投保人签订保险合同时，往往远离船舶和货物所在地，难以对保险财产进行实地勘察，仅能凭借投保人提供的资料，决定是否予以承保以及以何种条件承保。后来将最大诚信原则作为订立和履行所有保险合同的一个重要条件。很多国家还将其以法律形式加以确认，如英国《1906 年海上保险法》第 17 条规定，海上保险契约以最大诚信为基础，倘若任何一方不遵守最大诚信原则，另一方必须声明此项契约无效。《中华人民共和国民法通则》第 1 章第 4 条规定，民事活动应当遵循自愿、公平、等价有偿、诚实信用的原则。《保险法》第 1 章第 5 条规定，保险活动当事人行使权利、履行义务应当遵循诚实信用原则。

所谓最大诚信原则，就是指保险合同双方当事人在订立和履行合同时，都能够做到以最大的诚意履行约定义务，恪守承诺，互不欺骗，互不隐瞒。

二、最大诚信原则的基本内容

最大诚信原则是保险合同主体必须遵守的基本行为准则，适用于保险活动中合同的订立、履行、解除等各个环节，其基本内容包括三个部分：告知、保证、弃权与禁止反言。

（一）告知

告知是指保险合同双方当事人一方在签订合同前、签订以及履行合同时将重要事实向对方做的口头或书面的陈述。告知是保险双方的义务。对投保人来说，通常为如实告知义务；对保险人来说，称为说明义务。

1. 投保人的告知内容

（1）保险合同签订时，投保人应将已知或应知的与保险标的及其危险有关的重要事实如实告知保险人。

（2）保险合同订立后，保险标的的风险情况发生变化应及时通知保险人。

（3）保险事故发生后，应及时通知保险人，并提供保险人所要求的各种真实证明。

（4）重复保险的投保人应将重复保险的有关情况告知保险人。

（5）保险标的的权益发生变化，放置地点发生转移，经保险人同意变更合同后继续承保。

2. 保险人的告知内容

在保险合同订立时，要主动向投保人说明保险合同条款的内容即术语、目的等，对于责任免除情况也要进行明确说明。

3. 投保人的告知方式

从各国保险立法来看，关于投保人的告知方式一般分为无限告知和询问告知两种。

（1）无限告知。无限告知又称客观告知，是指如果法律或保险人对告知的内容没有明确性的规定，投保人应将所有保险标的危险状况及相关重要事实全部如实告知给保险人。

（2）询问告知。询问告知又称主观告知，是指投保人只需对保险人询问的问题如实告知，对询问以外的问题投保人无须告知。

目前世界上大多数国家，包括我国在内的保险立法都采用询问告知形式。根据《保险法》第1章第16条第1款的规定，保险人就保险标的或者被保险人的有关情况提出询问的，投保人应当如实告知。这是对投保人在合同订立时履行告知义务的方式要求。至于合同订立后的危险增加和事故发生时的通知义务，法律上则没有要求具体形式，只要求投保人及受益人在最大诚信的基础上自觉地、主动地及时履行。

4. 保险人的告知方式

关于保险人的告知方式一般分为明确列明与明确说明两种。

(1) 明确列明。明确列明是指保险人只需将保险的主要内容明确列明在保险合同当中，即视为已告知投保人。

(2) 明确说明。明确说明是指不仅应将保险的主要内容列明在保险合同中，还需对投保人进行明确提示，并加以适当、正确的解释。

国际上通常只要求保险人做到明确列明保险的主要内容，而我国为了更好地保护投保人的利益，要求保险人向投保人明确说明保险的主要条款和责任免除内容。

（二）保证

一般意义的保证为允诺、担保。保险中的保证是指保险合同中以书面文字或通过法律规定的形式使投保人承诺某一事实状态存在或不存在、持续存在或不持续存在，对某一特定事项作为或者不作为的保险合同条款。在保险合同中，保险人要求投保人承诺某种保证，其目的在于控制风险，确保保险标的及其周围环境处于良好的状态中。

按保证存在的形式，保证分为明示保证和默示保证两种。

1. 明示保证

明示保证是指以文字或者书面的形式载明于保险合同中约定的事项或保险合同的保证条款。例如，船舶保险单中附有“投保人保证船舶不去南极、北极、大湖区、波罗的海”的条款，就是投保人对船舶航行区域所做的明示保证。

2. 默示保证

默示保证是指根据有关法律或国际惯例产生的，不载明于保险合同中，习惯上或社会公认的投保人必须遵守的保证。海上保险的默示保证有三项：①船舶必须适航；②船舶需按预定航线航行，不得绕行；③船舶必须从事合法的运输。

（三）弃权与禁止反言

弃权是指保险人自愿或有意识地放弃在合同中可以主张的某种权利。禁止反言是指保险人既然已经放弃某种权利，日后就不得再向投保人主张该权利。

弃权与禁止反言的规定，约束了保险人的行为，也维护了投保人的权益，有利于保险双方权利义务关系的平衡。

案例分析 9-1

谎报案由遭拒赔 法院裁定判败诉

被保险人谢某于 2014 年 11 月 29 日在中国人寿保险股份有限公司福建省宁德市霞浦县支公司投保了一份国寿安心贷借款人意外伤害保险，缴纳保费 1 200 元，保险金额为 80 万元，保险期间为 2014 年 11 月 29 日至 2015 年 11 月 28 日。2015 年 3 月 16 日上午，被保险人谢某在霞浦县溪南镇某理发店洗头发后，因剧烈头痛，在洗头床上休息时摔下，当天被送往福州市中国人民解放军第 476 医院急救，医院诊断为脑出血破入脑室系统，高血压病Ⅲ级（极高危组）等，经过治疗无效，于 2015 年 3 月 21 日出院，并于当晚死亡。事故发生后，被保险人谢某之妻林某等人虚假陈述称谢某系骑车摔倒受伤经治疗无效死亡，多次要求中国人寿保险股份有限公司霞浦县支公司予以理赔。经过调查取证，中国人寿保险股份有限公司霞浦县支公司拒绝赔付。被保险人谢某之妻林某等人对理赔处理结果不满，于 2016 年 4 月一纸诉状向霞浦县法院提起诉讼，并提供国寿安心贷借款人意外伤害保险合同、医院疾病诊断证明书、证人询问笔录等证据，主张被保险人谢某死亡属于保险责任事故。

经据理力争，2016 年 10 月，霞浦县法院裁定认为谢某与被告签订的保险合同合法有效，其死亡也发生于保险责任期间，但谢某死亡不属于保险合同约定的保险责任事故，并驳回了原告林某对被告中国人寿保险股份有限公司霞浦县支公司的诉讼请求。

[**案例解析**]

原告被保险人谢某之妻林某有意人为虚报谢某受伤系意外事故的行为，印证其知悉谢某投保保险险种情况及明知意外伤害保险的保险责任范围，从而有意回避谢某在理发店发病的起因，进一步说明谢某系自身疾病造成死亡的事实。

同时，中国人寿保险股份有限公司霞浦县支公司向霞浦县法院提供谢某生前原患有脑梗死、高血压Ⅲ级（极高危组）、心脏病等既往病史住院病案等材料，认定死者谢某死因系上述病因导致突发疾病死亡，不属于意外伤害死亡保险责任。此案例中，原告被保险人谢某之妻林某明显违反了保险基本原则中的最大诚信原则，未履行如实告知义务。

资料来源：张尚文. 谎报案由遭拒赔 法院裁定判败诉[EB/OL]. http://chsh.sinoins.com/2016-12/01/content_215077.htm.（有改动）

第二节　保险利益原则

一、保险利益的含义

保险利益（insured interest，insurable interest），又称可保利益或可保权益。《保险法》第 1 章第 12 条第 7 款规定，保险利益是指投保人或者被保险人对保险标的具有的法律上承认的利益。保险利益是一种利益关系，就财产保险而言，保险利益体现为被保险人或投保人的经济利益因保险标的的完好而存在，因保险标的的损毁而受损。就人身保险而言，保险利益体现为投保人的利益因被保险人的健在而得到保障,因被保险人的伤亡而受损。

保险利益和保险标的具有密切关系,但二者的性质并不相同。保险标的是指保险合同中载明的投保对象。例如,财产保险中的建筑物、原材料等有价物及相关利益,以及人的寿命和身体等。而保险利益体现投保人和保险标的之间的利益关系。保险标的因保险事故而致损毁或伤亡,保险人赔偿或给付的是被保险人因此而遭受的经济损失,即被保险人对该保险标的所具有的保险利益而非保险标的本身,即保险合同真正保障的是保险利益。

二、保险利益的前提及表现

(一) 保险利益的前提

1. 保险利益必须是法律承认的利益

保险利益必须是符合法律规定、符合社会公共秩序、为法律所认可的利益,即在法律上可以主张的利益。违法行为取得的利益,不能成为保险利益。

2. 保险利益必须是确定的利益

保险利益必须是既得利益或预期利益,是投保人对保险标的在客观上或事实上已经存在或可以确定的利益。这种利益是可以用货币形式估价而且是客观存在的利益,仅凭主观臆测或推断将来可能获得的利益不能成为保险利益。

3. 保险利益必须是具有经济价值的利益

保险利益必须具有经济价值是指被保险人对保险标的的利益必须可以用货币衡量。如果投保人或被保险人的利益不能用货币来反映,则保险人的承保和补偿就难以进行。因此投保人对保险标的的保险利益在形式和数量上应该可以用货币来计量,无法用货币衡量的利益不能成为保险利益。

(二) 保险利益的表现

1. 现有利益

现有利益,是指被保险人对财产已享有且可继续享有的利益。被保险人如对财产具有合法的所有权、保管权、抵押权、留置权等关系均具有保险利益。船舶所有人、货物所有人、船舶或货物的受押人等均可以是海上保险合同的被保险人。

2. 预期利益

预期利益,是指因财产的现有利益而存在确实可得的未来一定时期的利益,包括利润利益、租金收入利益、运费收入利益等。例如,若在运输中发生风险事故致使货物受损,承运人的运费收入就会减少,则承运人对于预期的运费具有保险利益。

3. 责任利益

责任利益,是指被保险人因其对第三方的民事损害行为依法应承担的赔偿责任,因承担赔偿责任而作出经济赔偿和支付他人费用的人具有责任保险的保险利益。例如,承运人对货损货差承担责任,船东对船员、乘客承担责任,都具有责任利益。

4. 合同利益

合同利益,是指基于有效合同而产生的保险利益,如在国际贸易中,卖方将货物发运后，买方可能因自身原因拒付货款，使卖方遭受经济损失，因此，卖方对买方的信用具有保险利益。

三、保险利益原则的具体内容

在明确了保险利益基本概念的基础上，保险利益原则可以表述为：在订立和履行保险合同的过程中，投保人或被保险人对保险标的必须具有保险利益，如果投保人对保险标的不具有保险利益，签订的保险合同无效；或者保险合同生效后，投保人或被保险人失去了对保险标的的保险利益，保险合同随之失效（人身保险合同除外）。保险标的发生保险责任事故，只有对该标的具有保险利益的人才具有索赔资格，但是所得到的赔偿或给付的保险金不得超过其保险利益额度，不得因保险而获得额外利益。

（一）财产保险的有关规定

一般财产保险的保险利益原则是最严格的。在一般财产保险中，保险利益原则要求投保人对其与保险人订立的保险合同所对应的保险标的应具有保险利益，而且所约定的保险金额不得超过该保险利益额度。一般财产保险的保险利益必须从保险合同订立到损失发生的全过程都存在。一般财产保险的保单转让一定要事先征得保险人同意并由其签字，否则，转让无效。

（二）海上货物运输保险的有关规定

海上货物运输保险的保险利益原则要求在投保时可不存在保险利益，但在发生保险事故时保险利益一定要存在。同时，由于运输货物处于流动状态，为了便于国际贸易快速顺利地进行，海上货物运输保险的保险单可以自由地转让，无须征得保险人同意。

（三）人身保险的有关规定

人身保险的保险利益必须在保险合同订立时存在，而不要求在保险事故发生时具有保险利益。此外，人寿保险保单可出售、转让和抵押。

四、保险利益的灭失

保险利益的灭失是指投保人或被保险人失去保险利益，即在保险合同成立后，因为发生某种法律事实而引起投保人或被保险人丧失对保险标的所具有的利害关系。在财产保险合同方面，保险标的消灭则保险利益消灭；在人身保险合同方面，被保险人因人身保险合同除外责任规定的原因死亡，如自杀、刑事犯罪被处决等，均构成保险利益的消灭。

五、保险利益原则的作用

保险利益原则是指在订立和履行保险合同的过程中，投保人或被保险人对保险标的应当具有保险利益。如果投保人或被保险人对保险标的不具有保险利益，保险合同无效。

现代保险制度起源于海上保险。在海上保险产生初期，航海还是一种冒险行为，曾出现过一些人将与自己毫无利益关系的船舶、货物作为保险标的投保，一旦船舶、货物因海事而受损,这些人就可以得到保险赔款。这种保险赔款并不是用于补偿被保险人的损失,而是投机者以少量的保险费支出获得大大超过保险费的不当收益,从而使保险成为一种赌博手段,与其补偿损失的职能相悖。为了制止这一现象,英国及其他各国的法律均规定,禁止订立不具有保险利益的保险合同,在保险业务活动中也逐渐形成了保险利益原则。保险业务必须遵循保险利益原则,其作用主要体现为以下几点。

(一) 防止赌博行为

从保险利益原则的起源可知,遵循这一原则能有效地防止赌博行为的产生。保险利益原则规定,投保人或被保险人对保险标的必须具有保险利益才可订立有效的保险合同。换言之,若投保人或被保险人对保险标的不具有保险利益,则订立的保险合同无效,不能获得保险人的保险赔偿或给付。

(二) 防止道德风险的发生

道德风险(moral hazard),是指保险合同的当事人或关系人品行不端,为获得保险陪衬或保险金给付,故意促成保险事件发生的风险。

(三) 限制保险保障的最高额度

保险利益是投保人或被保险人与保险标的之间的经济利益关系,具有经济价值。以其作为保险保障的最高限度,一方面能使被保险人得到充分的补偿,另一方面又使其不会因保险而不当得利。保险作为一种经济补偿制度,其主要目标就是补偿被保险人因保险事故发生而遭受的经济损失,但不允许被保险人通过保险而额外获利。由此可见,保险利益既为被保险人得到保险保障提供了客观依据,也为保险人提供保险补偿提供了客观依据,维护了保险的经济补偿职能。

案例分析 9-2

放火烧掉自家公司,骗保不成反因放火罪被抓

2018 年 7 月 23 日早晨 6 时 24 分,太平洋产险浙江义乌支公司接到被保险人报案,称其位于义乌市荷叶塘工业区凯旋北路 117 号的义乌市某服饰有限公司于凌晨发生大火,义乌消防队员奋战了近 3 个小时才将大火完全扑灭,财产损失巨大,无人员伤亡。经核实,该单位向太平洋产险投保财产基本险,保额 1 000 万元(其中房屋保额 300 万元、设备保额 150 万元、存货保额 550 万元),免赔 2 000 元或 20%以高为准,火灾发生时间在保单有效期内。事故发生后被保险人不含房屋报损 820 万元。公司理赔人员第一时间赶赴现场,初步查勘火灾造成的房屋、机器设备及存货损失。太平洋产险浙江分公司得知情况后,再次派员赶赴现场进行复勘,并与当事人接洽沟通。其间,查勘人员凭借丰富经验和高度职业敏感性,发现该案存在多处疑点:被保险人在近期频繁出现资金周转困难、拖欠职工工资等情形下,突然在事发前 5 天投保财产险,投保意向急切,且对增加保费表现大度,不符合常理。同时,火灾起火时间为凌晨 1 时 21 分许,无工作人员滞留,被保险人也明确表示车间内已完全断电,火灾发生概率极低,是道德风险案件的高风险时段。案发后,公司负责人李某表现得异常淡定,又十分从容地在当日提供了库存清单，理赔材料前期准备格外充足，有悖于一般企业主发生火灾后的正常反应。针对诸多疑点，太平洋产险浙江分公司主动出击、落实案情，分三组推进案件处理：一组按照正常的查勘定损流程继续开展资料收集及清点工作，向当事人详细了解情况，做好相关笔录；一组向出险地址辖属派出所——义乌市福田派出所报案；一组向当地经侦部门报案。

经过与公安部门的通力协作，被保险人最终在强有力的证据面前，对人为故意纵火事实供认不讳。8 月 13 日，经浙江省义乌市人民检察院批准，义乌刑警刑事侦查分局将嫌疑人抓捕归案进行刑事拘留。

[案例解析]

此案例中，该公司负责人李某明显违反了保险基本原则中的保险利益原则。李某品行不端，为获得保险金给付，故意放火烧掉自家公司促成道德风险的发生。

资料来源：顾芸. 放火烧掉自家公司，骗保不成因放火罪被抓[EB/OL]. http://chsh. sinoins. com/2018-09/13/content_271481. htm.（有改动）

第三节 近因原则

一、近因原则的含义

在保险实务中，各种保险责任条款通常规定：“下列原因造成保险标的损失，保险公司负责赔偿。”各种免责条款通常规定：“下列原因造成保险标的损失，保险公司不负责赔偿。”由于导致损害事故的原因可能并不是单一的，而是多个原因同时发生作用或先后发生作用或交叉发生作用，此时需运用近因原则判断保险公司是否对损失承担保险责任。

（一）近因的定义

近因(proximate cause)是指导致保险标的损害发生的最直接、最有效、起决定性作用的原因，而并不是指时间上或空间上最近的原因。近因是一种起因，它与结果之间经历的时间可长可短，也可能引起一连串事故，只要中间没有新的力量打破或中断这一因果连锁关系，这一起因就是近因。

（二）近因原则的含义

1906 年英国颁发的《海上保险法》第五十五条第一款规定，除保险单另有规定外，保险人对由其承保危险近因所致的任何损失，均负赔偿责任；但对非由其承保危险近因所致的任何损失，均不负赔偿责任。因此，近因原则(principle of proximate cause)是指在多个原因导致保险标的损失的情况下，只有导致保险标的损失的近因在保险责任范围之内，保险人才对保险标的的损失负责赔偿。所有在保险理赔中，确定造成保险事故的众多原因中哪一个是近因，然后判断损失的近因是否属于承保风险是首先要解决的问题。

二、近因原则的应用

造成损失发生的原因，可以分成以下四种。

（一）单一原因致损

若造成保险标的损失的原因只有一个，那么情况非常简单，这唯一的原因就是近因。如果这个原因属于承保风险，保险人承担保险责任；否则，保险人不承担保险责任。

（二）数个原因同时发生致损

数个原因同时对损失产生作用，很难准确区分不同原因在发生时间上的先后顺序。通常按以下原则来确定致损的近因。

（1）当多个原因所致的损失结果可以划分时，保险人对所有承保风险引起的损失均需负责，但对不保风险和除外风险所致的损失不需负责。

（2）当多个原因所致的损失结果无法划分时，保险人按下面两种情况处理。

① 数个原因之中既有承保风险，又有不保风险，保险人对全部损失予以负责，即承保风险优于不保风险。

② 数个原因中既有承保风险，又有除外风险，保险人对损失都不负责，即除外风险优于承保风险。

（三）数个原因连续发生致损

如果保险标的的损失是由多个原因连续发生作用造成的，则持续起决定和支配作用的原因是致损的近因。

（1）若连续发生致损的多种原因均属承保责任，则保险人应负全部损失的赔偿责任。

（2）若连续发生致损的多种原因均属于除外责任，则保险人不负赔偿责任。

（3）若连续发生致损的多种原因不全属于承保责任，最先发生的原因属于承保责任，而后因不属于除外责任，则近因属承保责任，保险人负赔偿责任。

（4）最先发生的原因属于除外责任，其后发生的原因属于承保责任，则近因是除外责任，保险人不负赔偿责任。

（四）数个原因先后间断发生致损

数个原因相继发生，但其因果关系由于新的、独立的干预因素而中断。如果这种新干预原因具有现实性、决定性和有效性，那么在此之前的原因就被新干预原因所取代，变成致损的远因而不被考虑，也即后来发生致损的风险是新干预原因单独造成的，而不是前因造成的直接或自然的结果。此时，前因是否为承保责任并不重要，也不用考虑新干预的原因是否是致损的近因，只需考虑新干预原因是否属于承保风险。

知识链接 9-1

近因是指对损失的发生具有现实性、决定性和有效性的原因。损失是近因的必然的和自然的结果与延伸。如果某个原因仅仅是增加了损失的程度或者扩大了损失的范围，则此种原因不能构成近因。

案例分析 9-3

260 万元损失，保险公司为何不赔

甲公司在乙保险公司投保电厂财产综合险，甲公司在投保单上加盖公章并交纳了保费，乙保险公司出具保险单。保险期限内的 2013 年 9 月 9 日，甲公司 3 台机组中的 1＃检修、3＃停机、2＃正常发电。当日晚上值班人员听到一声巨响，值班人员紧急停机，待相关人员赶到，水已经从水机层漫到电机层，后漫到防洪墙高度。事故发生后甲公司向乙保险公司报案。甲公司后会同当地县级水利局、市级水利局质监站、设备供应商、乙保险公司等对事故进行调查但未有结论。甲公司于 2015 年 7 月 17 日提起诉讼，要求乙保险公司赔偿 262 万余元。

一审法院职权委托鉴定机构对事故原因以及造成损失进行鉴定。鉴定机构的《鉴定意见书》载明：1＃机组进水蝶阀在维修时未按照国家标准规定切断操作电源，未安装检修用机械锁定装置，当各种原因使蝶阀误动开启时，导致阀门被外力打开，是发生厂房进水的主要原因。水电站技术管理存在一定漏洞，需要改进和完善。对于蝶阀误动开启，《鉴定意见书》认为：根据现有资料，未看到蝶阀零件破断失效的记录，因此判断应当是液压控制系统误发开阀指令。一审法院认为：鉴定结论中的"当各种原因使蝶阀误动开始时"，其中对"各种原因"并未确定，不排除液压控制系统中压力容器发生破裂导致蝶阀误动开启，而压力容器发生破裂即为保险条款中的爆炸事故，因此被告应当按照保险合同约定向原告支付保险赔偿金。二审法院认为：本案中事故原因是控制系统误发指令导致蝶阀误动开启，不属于承保风险，所以本案保险责任不成立。二审法院认为"液压控制系统中压力容器发生破裂导致蝶阀误动开启"无任何依据。因此，应当驳回甲公司的诉讼请求。

［案例解析］

此案例中，甲公司明显违反了保险基本原则中的近因原则。当数个原因先后发生，导致保险标的损失的、最先发生并导致一连串事故的原因即为近因。若近因为承保风险，保险人应承担赔偿责任。若近因为除外风险，保险人不承担赔偿责任。本案事故近因是控制系统误发指令导致蝶阀误动开启，不属于承保风险范围。

资料来源：周小强. 260 万元损失，保险公司为何不赔？［EB/OL］. http://chsh.sinoins.com/2018-06/21/content_264395.htm.（有改动）

第四节　补 偿 原 则

一、补偿原则的含义

补偿原则（principle of indemnity）是指当保险标的发生保险事故遭受损失时，被保险人有权按照保险合同的规定得到充分的补偿；同时，保险补偿受到一定限制，赔偿金额不能超过规定的限额。

补偿原则体现了保险的宗旨，即一方面确保被保险人通过保险赔偿弥补损失；另一方面又防止被保险人利用保险获得额外得利，从而有助于预防道德风险和保险欺诈，保证保险业健康、有序地发展。需要指出的是，补偿原则仅适用于补偿性的保险合同。

二、补偿原则的基本内容

（一）补偿原则的限额

保险人履行补偿原则时通常以实际损失、保险金额和保险价值作为限制，目的是既保证被保险人能恢复失去的经济利益，又不会因保险补偿而获得额外利益。在这三者中，应以金额最小的限额作为保险补偿的额度。

（1）以实际损失为限。实际损失是指保险事故发生所致保险标的损失的实际现金价值，即以损失当时保险标的的市场价为准，计算损失金额（定值保险、重置价值、人身保险和施救费用的赔偿除外）。

（2）以保险金额为限。保险金额是保险双方事先约定的、记载于保险单上的保险人承担赔偿责任的最高限额。因此，无论保险标的发生全损或任何一次部分损失，保险人的最高赔付责任都不应该超过合同规定的保险金额。

（3）以保险价值为限。保险价值可能在订立保险合同时即已确定，也可能在保险标的发生保险事故后才予以确定。保险价值的金额因被保险人与保险人的不同约定而不同，双方可以约定以保险标的的重置价值作为保险价值，也可以约定以保险事故发生时保险标的的实际价值作为保险价值。《保险法》第五十五条规定："投保人和保险人约定保险标的的保险价值并在合同中载明的，保险标的发生损失时，以约定的保险价值为赔偿计算标准。""保险金额不得超过保险价值。超过保险价值的，超过部分无效，保险人应当退还相应的保险费。保险金额低于保险价值的，除合同另有约定外，保险人按照保险金额与保险价值的比例承担赔偿保险金的责任。"因此，如果保险金额超过保险价值，即使保险标的发生全损，保险人的赔偿责任也只能以保险价值为限，而不是以保险金额为限。例如，某机动车辆保险合同规定，以投保时新车购置价为保险价值，投保时汽车的保险价值为 20 万元，如果投保人以 25 万元作为保险金额，那么该车如果因保险事故而致全损，保险人也只以 20 万元的保险价值为限计算赔偿，而不是以 25 万元的保险金额计算。

（二）补偿原则的实现方式

（1）现金赔付。在大多数情况下，保险人采用现金赔付方式。这样既可以减少很多麻烦，也符合大多数被保险人的意愿。

（2）修理。某些有形财产保险，只是标的发生部分损失或部分零部件的损残时，保险人可以委托有关修理部门对受损害的被保险标的物予以修复，其费用由保险人承担，如机动车辆保险。

（3）更换。因保险责任事故发生导致被保险标的损失，保险人采用替换的方法，对损失标的物予以补偿。

（4）重置。被保险人的财产损毁或灭失，保险人重新购置与所保标的等价的标的，以恢复被保险人财产本来面目的补偿方式。

（三）损失赔偿方法

（1）限额责任赔偿方法。限额责任赔偿方法是指保险人只承担事先约定的损失额以内的赔偿额，超过损失限额部分，保险人不负赔偿责任。

（2）免赔额（率）赔偿方法。该方法是指对免赔额（率）以内的损失保险人不予负责，而在损失超过免赔额（率）时才承担责任。采取绝对免赔额（率）赔偿方法的计算公式为：赔偿金额＝保险金额×（损失率—免赔率）。采取相对免赔额（率）赔偿方法的计算公式为：赔偿金额＝保险金额×损失率。

案例分析 9-4

医疗险是否适用补偿原则

2012 年 7 月 28 日，投保人吴某以自己为被保险人投保了一份 H 保险公司的终身寿险 2 万元，附加重大疾病保险 4 万元，意外伤害保险 1 万元，意外医疗保险 1 万元，同时投保个人住院费用保险 1 份。2015 年 12 月 5 日，被保险人在自家屋顶晾晒东西时，不慎从屋顶跌落，在河北医科大学第三医院骨科住院治疗，花费 12 321.6 元。出院后被保险人向 H 保险公司申请意外医疗保险金理赔，H 保险公司与吴某对保险金的理赔数额具有争议，被保险人不服理赔决定，申请石家庄市保险合同纠纷人民调解委员会（以下简称“调委会”）调解。

调委会认为吴某与 H 保险公司之间签订的合同首先是合法有效的，双方各自履行了保险合同义务。吴某依据保险法的规定和保险合同的约定，主张理赔其住院治疗费用，合法有据，调委会支持。双方的争议焦点在于医药费是否应扣减医保外用药。调委会结合司法判例，认为对于基本医疗保险范围外的医疗项目费用支出，保险公司应当按照基本医疗保险范围内的同类医疗费用标准赔付，保险公司应当提供医保外用药清单及相应的替代品，供消费者选择和知晓。因保险公司未提供和说明此情况，所以调委会调解意见为保险公司不应扣减医保外用药。H 保险公司上报总公司审核后认同调委会意见，与当事人达成调解协议。

［案例解析］

此调解案例争议焦点为医疗险是否可以适用补偿原则。目前，法院通常对于医疗险是否适用补偿原则的判决依据是保险合同是否载明补偿原则以及是否对补偿原则进行了明确说明。若保险合同约定了补偿原则且做了明确说明，则法院会根据私法自治原则，认定该约定合法有效，因而作出适用补偿原则的判决。若保险公司未载明补偿原则，保险人往往承担不利后果。保险学界倾向于将保险分为损害填补保险和定额给付保险，该种分类是以保险金之给付性质为标准作出的。其中损害填补保险是指保险事故发生后保险人依据被保险人的实际损失而支付保险金的保险，通常以财产险居多。定额给付保险则是双方当事人预先协议一定数额的保险金额，保险事故发生后，由保险人按照该保险金额承担责任的保险，大多数人身保险都是定额给付保险。此种分类方式比较契合保险的基本原理和本质精神，对规范保险活动、保护保险活动当事人的合法权益，有着重要的意义。

资料来源：李秀荣，高永飞. 医疗费用保险是否适用损失补偿原则［EB/OL］. http://www.china-insurance.com/news-center/newslist.asp?id=268090.（有改动）

第五节 代位追偿原则

一、代位追偿原则的含义和作用

代位追偿原则(principle of subrogation)是补偿原则的派生原则,是指发生在保险责任范围内的、由第三者责任造成的损失,保险人向被保险人履行赔偿义务后享有以被保险人的地位向该项损失中的第三者索赔的权利。

代位追偿原则同样仅适用于补偿性的保险合同。这一规定不仅可以防止被保险人由于保险事故的发生而获得超过其实际损失的经济利益,而且也维护了保险人的合法权益。同时根据法律规定,使第三者承担了应当履行的赔偿责任。

二、代位追偿原则的主要内容

(一)代位追偿产生的条件

代位追偿的产生必须具备以下三个条件。

(1) 保险标的的损害由保险事故所致。

(2) 保险事故的发生是由第三者责任方造成的。

(3) 保险人必须先履行赔偿义务。

(二)代位追偿产生的时间

根据《保险法》第 60 条规定:"因第三者对保险标的的损害而造成保险事故的,保险人自向被保险人赔偿保险金之日起,在赔偿金额范围内代位行使被保险人对第三者请求赔偿的权利。"由此可见,代位求偿权产生于保险人支付赔款之后。对于承保责任范围内的损失,保险人向被保险人支付赔款,被保险人将其与第三者之间产生的损害赔偿的权利转让给保险人,从而使保险人取得代位追偿权。在实际业务中,保险人支付保险赔款后,通常要求被保险人签署"权益转让书",明确表示将向第三者请求赔偿的权利转让给保险人。"权益转让书"可以确认保险赔偿的全额和赔偿的时间,进而确认保险人取得代位追偿权的时间和代位追偿的范围。但被保险人是否签署这一转让书并不影响保险人取得代位求偿权。

(三)代位追偿的范围

保险人所获得的代位追偿范围,以其对被保险人赔付的金额为限。《保险法》第 60 条规定:"被保险人已经从第三者取得损害赔偿的,保险人赔偿保险金时,可以相应扣减被保险人从第三者已取得的赔偿金额。保险人依照本条第一款规定行使代位请求赔偿的权利,不影响被保险人就未取得赔偿的部分向第三者请求赔偿的权利。"有些保险合同因不足额保险或规定有免赔额等原因,保险事故发生后被保险人获得的保险赔款往往低于其实际遭受的经济损失,此时被保险人有权就未取得保险赔偿的部分向第三者请求赔偿。

由于代位追偿是保险人履行赔偿责任之后才产生的，此前被保险人与第三者之间债务关系如何，即被保险人是否保留对第三者追偿的权利，直接影响保险人能否顺利行使其代位追偿权。对此，《保险法》第六十一条第一款规定："保险事故发生后，保险人未赔偿保险金之前，被保险人放弃对第三者请求赔偿的权利的，保险人不承担赔偿保险金的责任"；第三款规定："被保险人故意或者因重大过失致使保险人不能行使代位请求赔偿的权利的，保险人可以扣减或者要求返还相应的保险金。"

案例分析 9-5

高尔夫俱乐部挂网塔倒塌砸毁车辆　保险公司代位追偿获法院支持

车主任某为车牌号京 P2×××2 的小客车在甲保险公司投保了车辆损失险，保险期限为 2013 年 11 月 8 日到 2014 年 11 月 8 日，保险限额为 242 000 元。该车于 2014 年 7 月 16 日 19 时左右，停放在北京市石景山区某小区停车位时，乙体育公司经营的位于小区东侧的某国际高尔夫俱乐部的铁架连同护网倒塌，车辆被砸造成损毁报废，公安机关人员到现场勘查后认为，车主任某无责任。事故发生后，车主任某与乙体育公司交涉未果，后根据在甲保险公司处投保的机动车辆损失险，向甲保险公司申请理赔，甲保险公司依据相关法律规定及保险合同条款约定，于 2014 年 11 月 28 日赔付车主任某车辆损失 128 084 元。甲保险公司认为乙体育公司作为某国际高尔夫俱乐部的管理人和使用人，其未尽到安全管理义务，应对京 P2×××2 车辆的损坏承担赔偿责任。根据《保险法》第六十条之规定，甲保险公司在向车主任某理赔后，享有代位求偿权，有权在赔偿金额范围内向乙体育公司追偿，故诉至法院，向法院提出诉讼请求：①判决乙体育公司赔偿甲保险公司损失 128 084 元；②乙体育公司承担本案诉讼费用。但乙体育公司认为其不应列为被告，也不应承担赔偿责任。

[案例解析]

保险代位求偿权，是指当保险标的遭受保险事故造成的损失，依法应由第三者承担赔偿责任时，保险公司自支付保险赔偿金之日起，在赔偿金额的限度内，相应地取得向第三者请求赔偿的权利。本案例中，保险人甲保险公司已经依据其与任某之间合法有效的保险合同履行了保险赔偿责任。随后，被保险人任某通过转让书的形式将追偿权转移给甲保险公司。故甲保险公司有权在已经给付的 128 084 元保险赔偿金范围内对乙体育公司行使代位求偿权。因此被告乙体育公司的抗辩不能成立，原告甲保险公司的诉讼请求于法有据，法院应予支持。判决被告乙体育公司赔偿原告甲保险公司 128 084 元。

资料来源：袁婉珺. 高尔夫俱乐部挂网塔倒塌砸毁车辆 保险公司代位追偿获法院支持[EB/OL]. http://chsh.sinoins.com/2017-05/04/content_229733.htm.（有改动）

知识链接 9-2

2018 年 7 月 31 日，《最高人民法院关于适用〈中华人民共和国保险法〉若干问题的解释（四）》正式发布。该司法解释一大亮点是细化了保险人代位权的相关司法裁判规则。在《保险法》司法解释（四）中，对代位权实现的基础和前提——赔偿责任的确定进行了细化，进一步增强了该权利的可操作性。

根据《保险法》第六十条规定，因第三者对保险标的造成的损害而造成保险事故的，保险人自向被保险人赔偿保险金之日起，在赔偿金额范围内代位行使被保险人对第三者请求赔偿的权利。但是，代位权的行使需要以赔偿责任为前提，这种赔偿责任既可以是法定的，也可以是约定的。在以往的实践中，法定赔偿责任较为明确，但约定赔偿责任的实现却较为困难。为了解决这一难点，最高人民法院《保险法》司法解释（四）第十四条对于代位权实现依据有了明确的判断规则。具体包括："具有下列情形之一的，被保险人可以依照保险法第六十五条第二款的规定请求保险人直接向第三者赔偿保险金：（一）被保险人对第三者所负的赔偿责任经人民法院生效裁判、仲裁裁决确认；（二）被保险人对第三者所负的赔偿责任经被保险人与第三者协商一致；（三）被保险人对第三者应负的赔偿责任能够确定的其他情形。前款规定的情形下，保险人主张按照保险合同确定保险赔偿责任的，人民法院应予支持。"

资料来源：李霞. 浅析《保险法》司法解释（四）中的代位权行使[EB/OL]. http://chsh.sinoins.com/2018-08/16/content_269135.htm.（有改动）

第六节 重复保险的分摊原则

一、重复保险的分摊原则的含义

重复保险的分摊原则（principle of double insurance）也是补偿原则的派生原则，是指当被保险人拥有多份承保同一损失的保险单，即重复保险时，如果保险标的发生损失，各保险人应采取适当的分摊方法分配赔偿责任，使被保险人既能得到充分的补偿，又不会超过实际损失而获得额外的利益。

二、重复保险的构成要件

重复保险的认定必须同时满足以下条件。

（一）必须对同一保险标的和同一保险事故投保

"同一"是指投保人向不同保险人投保的保险合同所承保的保险标的和保险事故相同，并不要求保险标的和保险事故绝对相同。

（二）必须是对同一保险利益投保

重复保险要求同一投保人对于统一保险标的具有相同的可保利益。有时，虽然投保人以同一保险标的、同一保险事故向两个或两个以上保险人订立了保险合同，但是为了不同的保险利益，则这种投保不能构成重复保险。

（三）必须是与两个以上保险人订立保险合同

重复保险要求投保人必须是向两个以上的保险人订立数个保险合同。如果投保人就同一保险标的、同一可保利益、同一保险事故先后与同一保险人订立数个保险合同，也不构成重复保险。同时，重复保险还应与共同保险区分开来。共同保险时投保人就同一保险标的、同一保险事故和同一可保利益与数个保险人订立一个保险合同。

（四）必须是保险期间重叠的投保

重复保险要求投保人跟不同保险人订立的保险合同的保险期间的起讫时间应该有重叠。保险期间的重叠包括起讫时间的全部重叠和部分重叠。

（五）必须是每个保险人都对损失负责的投保

重复保险要求多个保险人在同一保险事故发生时，就同一保险标的和同一保险利益向投保人都承担赔偿责任。如果只有一个保险人根据保险合同承担赔偿责任，而其他保险人不承担赔偿责任就不能构成重复保险。

三、重复保险的分摊方式

（一）比例责任分摊方式

比例责任分摊是最常见的重复保险损失分摊方式。根据《保险法》的规定，除非保险合同另有规定，各保险人按照其保险金额占保险金额总和的比例承担赔偿责任。其计算公式为

$$各保险人的损失分摊额=损失金额\times\frac{该保险人承保的保险金额}{各保险人承保的保险金额总和}$$

例如，被保险人将其家庭财产分别于 2019 年 7 月 4 日和 2019 年 8 月 10 日向甲、乙两家保险公司投保一年期火灾保险，甲公司的保险金额为 10 万元，乙公司的保险金额为 5 万元。2019 年 10 月 10 日，被保险人家中发生火灾而致财产损失 9 万元，两家公司应如何分摊赔偿责任。

采用比例责任分摊方式，损失分摊计算如下：

$$甲公司赔款=9\times\frac{10}{10+5}=6(万元)$$

$$乙公司赔款=9\times\frac{5}{10+5}=3(万元)$$

（二）限额责任分摊方式

限额责任分摊是指以各保险人在没有其他保险人重复保险的情况下，按对某次保险事故损失单独应负的最高赔偿限额与各保险人应负的最高赔偿限额总和的比例，承担赔

偿责任。其计算公式为

$$各保险人的损失分摊额=损失金额\times\frac{该保险人的赔偿限额}{各保险人的赔偿限额总和}$$

在上述例子中，按限额责任分摊方式计算甲、乙两家保险公司应分摊的赔偿额。

甲公司在该次火灾事故中的赔偿责任限额为9万元，乙公司在该次火灾事故中的赔偿责任限额为5万元，计算如下：

$$甲公司赔款=9\times\frac{9}{9+5}=5.786(万元)$$

$$乙公司赔款=9\times\frac{5}{9+5}=3.214(万元)$$

（三）顺序责任分摊方式

顺序责任分摊是指按各保险人出立保险单的先后顺序分摊损失，当发生保险事故时，最先出立保险单的保险人先负责赔偿，若保险标的的损失超过其赔偿责任限额，超过部分依次由之后出立保险单的保险人负责赔偿。

在上述例子中，甲公司先立保险单，应承担赔偿责任9万元，后出单的乙公司不再承担赔偿责任。假如火灾所致损失为12万元，甲公司赔款9万元，剩下的3万元则由乙公司负责赔偿。被保险人的损失最终通过各保险人的分摊得以补偿。

（四）相同份额责任分摊方式

相同份额责任分摊是指不管各保险人的责任限额为多少，保险标的的损失均按相同份额分摊。如果分摊后的损失金额超过某保险人的责任限额，超过部分由其他保险人继续按相同份额分摊，以此类推，直至损失全部分摊完毕或各保险人承担的赔偿金额均已达到其责任限额。

仍以第一个例子为例，按相同份额责任分摊方式计算，甲、乙两保险公司按相同份额，即按1/2的比例分摊损失，各自应承担4.5万元的损失赔偿。

在保险实务中，各国采用较多的是比例责任分摊方式和限额责任分摊方式，因为在顺序责任分摊方式和相同份额责任分摊方式下各承保公司承担的责任欠公平。在我国，重复保险依法主要采用比例责任分摊方式赔偿。

经典案例

三者险多家投保 保险公司如何分配赔偿责任

李某车辆在甲保险公司投保交强险和商业第三者责任险（以下简称“三者险”），交强险和三者险保险期间均为2014年1月28日至2015年1月28日，三者险的赔偿限额10万元，在乙保险公司投保车辆损失险、三者险，三者险的赔偿限额30万元，保险期间为2014年1月30日至2015年1月29日。2014年11月3日，王某驾驶该车辆沿×市北辰大道十字由北向东行驶时，与由西向东丁某所骑的电动自行车相撞，致丁某受伤，发生交通事故。交警部门认定王某负事故全部责任,丁某无责任。因协商无果,丁某向法院起诉,其诉讼请求包括医疗费、住院伙食补助费、营养费、误工费、护理费、交通费、残疾赔偿金、精神损失抚慰金等,超出交强险限额应由三者险负责赔偿的医疗费、营养费、住院伙食补助费部分总额 12 600 元。庭审中,甲保险公司提出在三者险项下只承担 3 150 元,理由是该车三者险赔偿限额总和 40 万元,甲公司赔偿限额为 10 万元,仅占 1/4,剩余的 9 450 元由乙保险公司在三者险项下赔偿。对于本案件,法院审理后,判决支持了甲保险公司意见,判决甲保险公司在三者险项下承担 3 150 元,乙保险公司在三者险项下承担 9 450 元。

案例分析:该案例是依据重复保险的分摊原则,且采用比例责任分摊方式的典型例子。

资料来源:周小强,万暄. 三者险多家投保 保险公司如何分配赔偿责任[EB/OL]. http://chsh.sinoins.com/2015-07/09/content_161670.htm.(有改动)

本章小结与关键术语

练习思考题

1. 什么是最大诚信原则?
2. 最大诚信原则的主要内容有哪些?
3. 什么是保险利益和保险利益原则?
4. 什么是近因和近因原则? 在实践中,如何应用近因原则?
5. 什么是补偿原则?
6. 什么是代位追偿原则?
7. 重复保险的损失分摊方式主要有哪些?

即测即练

第十章

海洋运输货物保险的保障范围

【本章结构图】

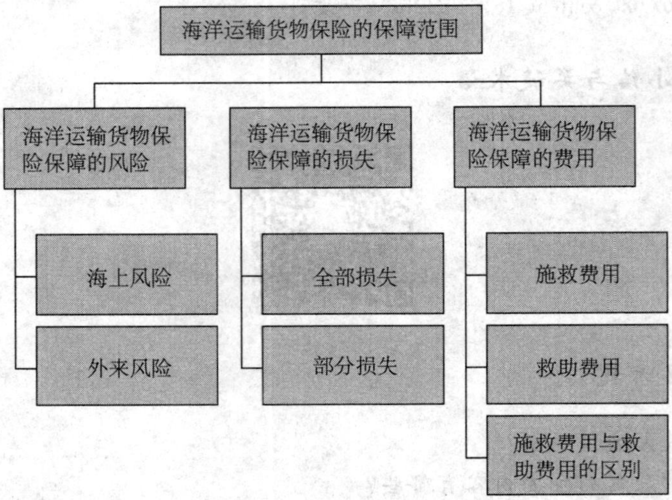

【本章学习目标】

1. 了解海洋运输货物保障的风险的分类，掌握海上风险、外来风险的分类以及各自的含义

2. 了解海洋运输货物保险保障的损失的分类，掌握全部损失和部分损失的分类与各自的含义

3. 掌握实际全损和推定全损的概念，以及实际全损与推定全损的区别

4. 掌握委付的概念及构成条件

5. 掌握共同海损和单独海损的概念，了解共同海损的构成条件及分摊原则

6. 掌握共同海损和单独海损的区别

7. 掌握施救费用和救助费用的概念与区别

8. 掌握保险人对施救费用和救助费用赔偿的区别

引导案例

"马士基浩南"轮印度洋失火

2018年3月6日，格林威治标准时间15点20分，马士基航运公司旗下集装箱船舶"马士基浩南"轮(Maersk Honam)在从新加坡驶往苏伊士运河途中，集货舱内发生严重火灾，23名船员安全转移，但仍有4名船员失踪。

综合各方消息，此次"马士基浩南"轮的损失极其惨重。其原因是多方面的。首先，"马士基浩南"轮起火时装载约80%，该轮设计运力为15 262TEU，事发时船上装载7 860个集装箱，相当于12 416TEU，近乎满载，超级集装箱船体积大，结构杂，配载密集，想扑灭大火谈何容易，从照片上看，甲板上堆满了货柜，这为灭火增添了难度；其次，事发地点距离最近海岸500海里，难以及时救援，灭火条件受限；最后，印度的远洋救助能力不足，之前印度洋的几次海轮起火事件，均后果惨重。

据了解，该船之前曾停靠多个中国港口，考虑到新加坡港箱量大部分来自中国，因此"马士基浩南"轮上应有为数不少的货物属于中国货主。该等货物是否在火灾中受损，有多少受损，目前尚且未知。此外，经披露，另有三家船公司与之共舱，包括Hamburg Süd、HMM(现代商船)、MSC(地中海航运公司)，故受损货主的范围不局限于马士基的托运人。

资料来源：中国货运保险网，2018-03-12.(有改动)

第一节　海洋运输货物保险保障的风险

在国际货物运输中，海洋运输具有其他运输方式无可比拟的优点。因此，国际贸易的货物，绝大部分是通过海洋运输完成的。但是海洋运输的货物和船舶容易受到各种海上风险的侵袭与威胁，从而导致货物和船舶的灭失与损害，同时还可能由此而产生有关费用。海洋运输货物保险是以货物和船舶作为保险标的，把货物和船舶在运输中可能遭受的风险、损失及费用作为保障范围的一种保险。因此，首先正确理解各种风险的确切含义就显得十分重要。

海洋运输货物保险保障的风险可以分为两大类，即海上风险和其他外来原因引起的外来风险(extraneous risks)，如图10-1所示。

一、海上风险

海上风险是指海上偶然发生的自然灾害和意外事故，但是对于经常发生的事件或偶然事件，如海上的一般风浪作用，并不包括在内。按照其发生性质，可分为自然灾害和意外事故两大类。

- 海洋运输货物保险保险的风险
  - 海上风险
    - 自然灾害
      - 恶劣气候
      - 雷电
      - 海啸
      - 洪水
      - 地震
      - 火山爆发
      - 浪击落海
      - 海水、湖水或河水进入船舶等
    - 意外事故
      - 搁浅
      - 触礁
      - 沉没
      - 碰撞
      - 失踪
      - 倾覆
      - 火灾
      - 爆炸
      - 抛弃
      - 吊索损害
      - 陆上运输工具倾覆
      - 海盗行为
      - 船长和船员的恶意行为
  - 外来风险
    - 一般外来风险
      - 偷窃
      - 提货不着
      - 渗漏
      - 短量
      - 碰损
      - 破碎
      - 钩损
      - 生锈
      - 淡水淋雨
      - 串味
      - 玷污
      - 受潮受热
    - 特殊外来风险
      - 战争
      - 罢工
      - 拒收
      - 交货不到
      - 进口关税损失

图 10-1　海洋运输货物保险保障的风险

(一) 自然灾害

自然灾害主要是指不以人的意志为转移的自然界的力量所引起的灾害，它是客观存在的、人力无法抗拒的灾害事故，是保险人承保的主要风险。但是，在海洋运输货物保险业务中，自然灾害并不是泛指一切由于自然界力量引起的灾害。按照我国2009年1月1日新修订的《海洋运输货物保险条款》的规定，所谓自然灾害，仅指恶劣气候（heavy weather）、雷电（lightning）、海啸（tsunami）、地震、洪水及其他人力不可抗拒的灾害等。而2009年1月1日新修订的《英国伦敦协会海运货物保险条款》（以下简称《协会货物保险条款》）规定，属于自然灾害性质的风险有雷电、地震、火山爆发、浪击落海（washing overboard），以及海水、湖水、河水进入船舶、驳船、运输工具、集装箱、大型海运箱或储存处所（enter of sea, lake or river water into vessel craft, hold, conveyance, container, liftvan or plance of storage）等。

现将上述各种风险的主要含义解释如下。

1. 恶劣气候

恶劣气候一般是指海上的暴风雨、飓风（八级以上的风）、大浪（3米以上的浪）等引起的船体颠簸倾斜，并由此造成船体、船舶及其设备的损坏；或者因此而引起的船上所载货物的相互挤压、碰撞所导致的货物的破碎、渗漏（leakage）、凹瘪等损失。在实务中，保险人对"恶劣气候"一词也没有明确的定义，往往根据风险的具体情况进行解释。

2. 雷电

雷电是指被保险货物在海上或陆上运输过程中由雷电所直接造成的，或者由于雷电引起的火灾造成的货物的灭失和损害，也包括船舶被雷电击中而破损致使海水进入船舶造成货物的损失等。

3. 海啸

海啸是指海底地震、火山活动、海岸地壳变异或特大海洋风暴等引起的海水强烈震动而产生巨大浪潮，因此导致船舶、货物被淹没、冲击或损毁。

4. 洪水

洪水是指因江河泛滥、山洪暴发、湖水上岸及倒灌、暴雨积水导致被保险货物遭受泡损、淹没、冲散等损失。

5. 地震

地震是指由于地壳发生急剧的自然变化，使地面发生震动、坍塌、地陷等造成的货物的损失。

6. 火山爆发

火山爆发是指由于火山爆发产生的地震及喷发出的火山岩灰造成的保险货物的损失。

7. 浪击落海

浪击落海是指存放在舱面上的货物在运输过程中受海浪冲击落海而造成的损失。我国现行保险条款基本险不保此项风险，而是在附加险的舱面险中承保。

8. 海水、湖水或河水进入船舶、驳船、运输工具、集装箱、大型海运箱或储存处所

海水、湖水或河水进入船舶、驳船、运输工具、集装箱、大型海运箱或储存处所。这种风险包括由于海水和湖水、河水进入船舶等运输工具或储存处所造成的保险货物的损失。这里对储存处所的范围未加限定，可以理解为包括陆上一切永久性的或临时性的有顶棚或露天的储存处所。

上述自然灾害中，洪水、地震、火山爆发以及湖水、河水进入船舶、驳船、集装箱及其他储存处所的风险实际上并非真正发生在海上的风险，而是发生在内陆或海陆、海河以及海轮与驳船相连处之处的风险。但对海洋货物来说，由于这些风险是随附海上运输而发生的，而且危害性往往很大，为了适应被保险人的实际需要，在海运货物保险业务的长期实践中，逐渐地也把它们列入海上保险的承保范围。

（二）意外事故

意外事故是指由于外来的、突然的、非意料之中的原因所致的事故。例如，船舶搁浅、触礁(stranding)、碰撞、沉没，飞机坠落，货物起火爆炸等。

海洋运输货物保险承保的意外事故，并不是泛指海上发生的所有意外事故。按照我国 2009 年 1 月 1 日新修订的《海洋运输货物保险条款》的规定，意外事故是指运输工具遭受搁浅、触礁、沉没、互撞、与流水或其他物体碰撞以及失火、爆炸等。根据英国伦敦保险协会 2009 年新修订的《协会货物保险条款》(*Insitute Cargo Clause*，ICC)，除了船舶、驳船的触礁、搁浅、沉没、倾覆(capsized)、火灾、爆炸等属于意外事故外，陆上运输工具的倾覆或出轨也属意外事故的范畴。由此可以看出，海洋运输货物保险所承保的意外事故，也不仅指在海上发生的意外事故。

现将主要意外事故的含义解释如下。

1. 搁浅

搁浅是指船舶在航行中，由于意外与水下障碍物，包括海滩、礁石等紧密接触，持续一段时间失去进退自由的状态。构成海上保险中的搁浅必须具备两个条件：①搁浅必须是意外发生的；②搁浅必须造成船底紧密搁置在障碍物上，在一段时间内处于静止状态，不能一擦而过。

2. 触礁

触礁是指船舶在航行中触及海中岩礁或其他障碍物，如沉船、木桩、渔栅等，但仍能继续前进的一种意外事故。

3. 沉没

沉没是指船舶在航行中或停泊时，船体全部沉入水中而失去航行能力的状态。如果船体的一部分浸入水中或海水虽不断浸入，但船舶仍具有航行能力，而不能认为是沉没事故。

4. 碰撞

碰撞是指载货船舶同水以外的其他外界物体发生的直接的、猛力的接触，从而造成船上货物受损的事故。其包括船舶与船舶的互撞和船舶与其他外界物体(如码头、浮冰、沉船、浮吊、桥梁、冰山、河堤等)的触撞。如果发生碰撞的是两艘船舶，那么碰撞不仅会带来船体及货物的损失，还会产生碰撞的责任损失。但船舶同海水的接触以及船舶停泊在港口内与其他船舶并排停靠码头旁边，因为波动相互挤擦，均不能认为是碰撞。

5. 失踪

失踪是指船舶在海上航行，失去联络超过合理期限的一种情况。所谓“合理期限”，就是一个事实问题，各个国家根据各自的情况，分别制定了一定的期限为合理期限。在我国,这一期限为两个月。被保险船舶一旦宣告失踪,除能证明失踪是因战争风险(war risk)导致的外,其他均由保险人当作海上风险损失负责赔偿。

6. 倾覆

倾覆是指船舶在航行中,遭受自然灾害或意外事故导致船体翻倒或倾斜,失去正常状态,非经施救不能继续航行,由此造成的保险货物的损失,属倾覆责任。

7. 火灾

火灾是指由于意外,偶然发生的燃烧失去控制,蔓延扩大而造成的船、货的损失。海上运输货物保险不论是直接被火烧毁、烧焦、烧裂,还是间接被火熏黑、灼热或为救火而致损失,均属火灾风险。

(1) 由于闪电、雷击引起船货火灾。

(2) 货物受海水浸湿温热而致起火。

(3) 船长、船员在航行中的过失引起火灾。

(4) 船舶遭遇海难后,在避难港修理,由于工作人员操作不当引起火灾,如电焊引起火灾。

凡因上述原因及其他不明原因所致的火灾损失,保险人均负责赔偿。但是,由于货物固有瑕疵或在不适当的情况下运送引起的货物自燃,则不属于保险人的承保责任范围。

8. 爆炸

爆炸是指物体内部发生急剧的分解或燃烧,迸发出大量气体和热力,致使物体本身及其周围的物体遭受猛烈破坏的现象。货物在海上运输过程中,因爆炸而受损的情况较多,如船舶锅炉爆炸致使货物受损,货物自身因气候温度变化的影响产生化学作用引起爆炸而受损。

9. 抛弃

抛弃是指当船舶及其承载的货物均处于紧急危险性情况下,船长为了保全船舶与货物的共同安全,故意将船上部分货物或设备抛弃海中所造成的损失。现行英国《协会货物保险条款》规定:凡因抛货造成的损失,保险人都给予赔偿。我国现行的《海洋运输货物保险条款》仅指共同海损的抛货。

需要注意的是,装在甲板上的货物如果没有特别声明按甲板货投保,普通的海上货物保险并不承保甲板货,因而保险人也不负责甲板货的抛弃损失。另外,由于货物的内在缺陷而被抛弃,或货物因不合理地存放在不安全地点而被抛弃,保险人也不负责任。危险品如因其特性被放在甲板上,有时会因其特性被抛弃,投保人最好在投保时指明要包括抛弃风险,才有权就抛弃的损失得到赔偿。

10. 吊索损害

吊索损害(sling loss)是指被保险货物在起运港、卸货港或转运港进行装卸时,从吊钩上摔下而造成的货物损失。对于此种风险,我国《海洋运输货物保险条款》的规定是:"在装卸或转运时由于一件或数件整件货物落海造成的全部或部分损失。"而英国《协会货物保险条款》的规定是:"货物在船舶或驳船装卸时落海或跌落造成任何整件的全损。"

11. 陆上运输工具倾覆

陆上运输工具倾覆(overturning of land conveyance)是指海运保险货物在起运地从指定的发货人仓库到港口装船以及在目的港从卸离海轮到指定的收货人仓库之间陆上载

货工具的倾覆，对由此造成的损失，英国现行《协会货物保险条款》把此项风险损失具体规定于保险人的承保责任范围内。

12. 海盗行为

海盗行为(buccaneering)是指强盗为了个人目的无区别地对海运货物保险单所承保的保险标的进行劫掠所造成的损失，它区别于某些人为了政治目的而合法或非法地抢劫某一特定国家的财产的行为。

按照 1982 年《联合国海洋法公约》的规定，海盗行为是：

(1) 必须旨在扣留人或者掠夺财物的非法行为。

(2) 通过暴力或威胁手段达到目的。

(3) 并非出自某一官方或半官方的指令或默许而进行的对敌方的攻击。

(4) 须发生在沿海国家管辖范围以外的海域或上空。

根据我国现行《海洋运输货物保险条款》的规定，海盗风险属于海运货物保险所承保的风险海运货物战争险条款的承保范围。

13. 船长和船员的恶意行为

船长和船员的恶意行为(barratry of master and mariner)是指船长或船员背着船东或货主故意损害船东或货主利益的一种恶意行为，如丢弃船舶、纵火焚烧、凿漏船体、违法走私造成船舶被扣押或没收等。但下列情况不包括在船长和船员的恶意行为的概念之内。

(1) 船长和船员的恶意行为事先为船主或货主所知悉并同意者。

(2) 船长即系船东，恶意行为所致损失由被保险人的故意行为造成。

在我国，此项保险属于海运货物罢工险的承保范围。

二、外来风险

外来风险是指海上风险以外的其他外来原因造成的风险。外来风险同样必须是意外的和偶然的，如货物在运输过程中可能发生的玷污、串味而造成的损失。类似货物的自然损耗和本质缺陷等属必然发生的损失，不包括在外来风险之内。外来风险一般分为一般外来风险和特殊外来风险(special extraneous risks)。

(一) 一般外来风险

我国货运保险业务中承保的一般外来风险有以下几种。

1. 偷窃

偷窃是指整件货物或包装内一部分货物被人暗中窃取的损失，不包括公开的攻击性的劫夺行为造成的损失。

2. 提货不着

提货不着是指货物在运输途中由于不明原因被遗弃，造成货物未能运抵目的地，或运抵目的地发生整件短少，没能交付给收货人的损失。

3. 渗漏

渗漏是指流质或半流质的货物在运输途中因容器损坏而引起的损失。

4. 短量

短量(shortage in weight)是指被保险货物在运输途中或货物到达目的地发现包装内货物数量短少或散装货物重量短缺。

5. 碰损

碰损(clash)是指金属和金属制品等货物在运输途中因受震动、颠簸、碰撞、受压等而造成的凹瘪、变形。

6. 破碎

破碎是指易碎物品在运输中因受震动、颠簸、碰撞、受压等而造成的破碎。

7. 钩损

钩损(hook damage)是指袋装、捆装货物在装卸、搬运过程中因使用手钩、吊钩操作不当而致货物的损失。

8. 生锈

生锈是指金属或金属制品的一种氧化过程。海洋运输货物保险中承保的生锈，是指货物在装运时无生锈现象，在保险期内生锈造成的货物损失。

9. 淡水雨淋

淡水雨淋(fresh water rain damage)是指直接由于淡水、雨水以及冰雪融化造成货物的水渍损失。

10. 串味

串味是指被保险货物受到其他带异味货物的影响，引起串味，失去原味。例如，茶叶和樟脑放在一起，会使茶叶吸收樟脑的气味而失去了饮用价值。

11. 玷污

玷污是指货物同其他物质接触而受污染，如布匹、纸张、食物、服装等被油类或带色的物质污染造成的损失。

12. 受潮受热

受潮受热(sweating and heating)是指由于气温骤变或船上通风设备失灵而使船舱内水汽凝结，引起货物发潮或发热而导致货物霉烂等而造成的损失。

(二) 特殊外来风险

特殊外来风险是指除一般外来风险以外的其他外来原因导致的风险，通常是与政治、军事、社会动荡、国家政策法令以及行政措施等有关的风险。常见的特殊外来风险主要有战争风险、罢工风险(strikes risk)、拒收风险(rejection risk)、交货不到风险(failure to delivery risk)、进口关税损失风险(import tariff loss risk)等。

1. 战争风险

战争风险是指由于战争或其他敌对行为而引起的对货物的捕获、拘留和各种战争武器直接造成的货物损失。在18世纪，海上保险人负责的风险中大约有12种风险属于战争风险，而且是将战争风险和海上风险在同一张保单中同时承保。后来人们认识到了武装冲突造成的大规模的经济破坏，承保人在水险保险单中免除承保战争风险，被保险人可以另行安排投保战争险。

2. 罢工风险

罢工风险是指由于罢工工人或参加工潮、暴动等斗争的人员的行动所造成的货物损失。需要注意的是，保险人只承保罢工风险造成的保险标的的“实际损失或损害”，而对于罢工风险引起的间接损失，保险人并不赔偿。例如，因罢工等风险造成劳动力缺少因而货物不能及时卸下或因罢工等风险船舶不能在原定卸载港卸货从而产生的各种额外费用损失等。

3. 拒收风险

拒收风险是指由于政府的相关法令，货物在进口港被进口国的有关当局拒绝进口或没收而造成货物的损失。例如，某些国家颁布新的政策或管制措施及国际组织颁布某些禁令，都可能造成货物无法出口或进口而造成损失。

4. 交货不到风险

交货不到风险是指由于政治行政因素而非运输原因引起的运输货物在一定时期内无法运达原定目的地交货。例如，被保险货物由于禁运被迫在中途卸货造成损失。

5. 进口关税损失风险

进口关税损失风险是指有些国家对进口货物征收关税时，无论货物是否完好，一律按货物完好时的价值征收进口关税，这样货主就会遭受关税损失。这种风险经特别约定可以由保险公司承保。

第二节　海洋运输货物保险保障的损失

在海运货物的运输途中，保险人承保的由于上节所述的海上风险和外来风险所造成的损失，称为海上损失。

海洋运输货物保险保障的损失分类，如图 10-2 所示。

- 海洋运输货物保险保障的损失
  - 全部损失
    - 实际全损
    - 推定全损
  - 部分损失
    - 共同海损
    - 单独海损

图 10-2　海洋运输货物保险保障的损失

海上损失按照损失程度的大小划分，可分为全部损失和部分损失。

一、全部损失

全部损失，简称全损，是指整批保险货物全部灭失或视同全部灭失的损害。根据全损情况的不同，可分为实际全损(actual total loss)和推定全损(constructive total loss)。

(一) 实际全损

实际全损，又称绝对全损，是指保险标的在实际上完全灭失或毁损。英国《1906 年海上保险法》第 57 条规定，如果保险标的完全灭失，或者损坏程度严重到不再是与原保险标的类似的事物，或保险标的丧失被保险人已无法挽回，且在实际全损的情况下，不必发送委付通知(notice of abandonment)。《海商法》第 245 条规定,保险标的发生保险事故后灭失,或者受到严重损坏完全失去原有形体、效用,或者不能再归被保险人所拥有的,为实际全损。根据上述法律规定,实际全损可确定为以下四种情况。

1. 保险标的灭失

保险标的灭失,是指保险货物的实体已经完全毁损和不复存在。例如,船舶遭遇海难后沉没,货物同时沉入海底;船舱进水,食盐被海水全部溶解。

2. 保险标的完全失去原有的形体和效用

保险标的受损后,实体虽然存在,但已丧失原有的商业价值和使用价值。例如,水泥被海水浸湿后结成硬块,不再具有水泥原有的用途,无法使用;宣纸被海水浸湿后,已丧失原有的功效;茶叶吸收樟脑的异味后,虽然外观不变,但已不能饮用,失去了商业价值。

3. 保险标的不可能再归被保险人所有

保险标的虽然还存在,但被保险人已经完全丧失了对它的所有权,包括对保险标的的实际占有、使用、受益和处置等权利。例如,船舶被劫走、货物被没收等。

4. 船舶失踪

《海商法》第 248 条规定,船舶失踪达 2 个月的,可按实际全损处理。被保险人在货物遭受了实际全损后,可按其投保金额,获得保险人全部损失的赔偿。

(二) 推定全损

1. 推定全损的含义

推定全损是指保险货物在海上运输中遭遇承保风险后,虽未达到完全灭失的状态,但可以预见实际全损将不可避免,或者为避免发生实际全损所需支付的施救费用、修理费用等与继续将货物运抵目的地的费用之和超过保险价值的,为推定全损。《海商法》第 246 条规定,船舶发生保险事故后,认为实际全损已经不可避免,或者为避免发生实际全损所需支付的费用超过保险价值的,为推定全损。

根据上述法律的规定,判断货物的推定全损有两个相互独立的标准:一是实际全损不可避免,二是为避免实际全损,所需支付的费用和续运费用之和超过保险标的的价值。

在保险实务中,推定全损包括以下三种情况。

(1) 保险标的损失严重,构成实际全损已无法避免。例如,船舶在航行途中意外搁浅,船壳严重损坏,船上所载水果部分腐烂,由于当时气候条件恶劣,无法对船舶进行救助,因而将不可避免出现船舶沉没、货物全损的结果,此时被保险人可按推定全损索赔。

(2) 保险标的遭受保险事故后,使被保险人丧失了对其享有的所有权,而收回这一所有权,其所花费用估计要超过收回后保险标的的价值。这种情况常常起因于战争风险。例如,载货船舶遭遇扣押、拘留、羁押、没收,保险货物的货主在合理的时间内无法收回该货物,或者收回费用要大大高于货物收回后的价值,此时保险货物视为发生了推定全损。

(3) 保险货物严重受损,修理、恢复费用和续运费用总和大于货物本身的价值,该批货物就构成了推定全损。

2. 推定全损的损失赔偿

保险标的的全部损失按损失程度可以分为实际全损和推定全损,被保险人在索赔这两类损失时,需办理的手续有所区别,索赔推定全损时必须先行委付(abandonment)。也就是说,在推定全损的情况下,被保险人可以获得部分损失的赔偿,也可以获得全部损失的赔偿。如果被保险人想获得全部损失的赔偿,被保险人必须无条件地把保险标的委付给保险人。

1)委付

委付,是指保险标的处于推定全损状态时,被保险人向保险人发出通知,表示愿意将本保险承保的被保险人对保险标的的全部权利和义务转让给保险人,而要求保险人对全部损失给予赔偿的一种行为。

《海商法》第249条规定,保险标的发生推定全损,被保险人要求保险人按照全部损失赔偿的,应当向保险人委付保险标的。保险人可以接受委付,也可以不接受委付,但是应在合理的时间内将接受委付或者不接受委付的决定通知被保险人。委付不得附带任何条件。委付一经保险人接受,不得撤回。《海商法》第250条又规定,保险人接受委付的,被保险人将委付财产的全部权利和义务转移给保险人。

在具体做法上,被保险人应以书面或口头方式向保险人发出委付通知。一方面向保险人表示其希望转移货物所有权,以获得全损赔偿;另一方面便于保险人在必要时能及时采取措施,避免全损或尽量减少被保险货物的损失。因此,被保险人一旦得知货物受损处于推定全损状态并愿按委付方式处理,应立即发出委付通知。被保险人一旦发出委付通知,就应受其约束。

保险人如果接受委付,在按全损赔偿后,取得委付财产的所有权利,同时承担由此带来的义务。一方面,如果保险人因此获得大于保险赔偿的收益,无须返还被保险人,此收益全部归保险人所有;另一方面,如果保险人为履行义务而支付的金额超过其所取得权益的金额,也全部由保险人自身承担。

保险人如果拒绝接受委付,仍需按全损进行赔偿,此时保险标的的所有权利和义务仍归被保险人所有。

2)委付构成的法定条件

(1)委付通知必须及时发出,可以是书面的,也可以是口头的。

(2)委付必须经过保险人的承诺才能生效。保险人可以用明示或默示的行为表示接受委付,但保险人的沉默不得视为接受委付。

(3)委付不能附带任何条件。任何附有条件的委付都是无效的。

(4)委付必须适用于保险标的的整体,具有不可分性。但如果一张保单上包括多种货物,只有其中一种发生推定全损,可以同其他货物分开,单独进行委付。

二、部分损失

部分损失,简称分损,是指被保险货物的损失没有达到全部损失的程度。根据损失的性质来划分,部分损失可分为共同海损和单独海损(particular average)。

(一)共同海损

1. 共同海损的含义

《海商法》第193条规定,共同海损,是指在同一海上航程中,船舶、货物和其他财产遭遇共同危险，为了共同安全，有意地合理地采取措施所直接造成的特殊牺牲、支付的特殊费用。共同海损包括共同海损牺牲(general average sacrifice)和共同海损费用(general average expenditures)。共同海损牺牲是指共同海损行为导致的船舶、货物等本身的损失；共同海损费用是指为采取共同海损行为而支付的费用。遭受共同海损牺牲的一方以及共同海损费用的支付方都有权向其他利益方请求按比例分摊损失，这就是共同海损分摊。

2. 构成共同海损的条件

(1) 导致共同海损的危险必须是真实存在的、不可避免的且危及船舶与货物共同安全的危险。首先，船舶和货物遇到的危险必须是真实的与紧迫的。例如，船舶在航行中，船上意外失火引发火灾，船长下令灌水灭火，火被扑灭。这种情况下，火灾危险确实存在，若不立即采取措施灭火，必然导致船货全部被烧毁的严重后果。其次，危险必须是危及船舶和货物的共同安全的。例如，船舶在航行途中搁浅，船底出现裂缝，海水大量涌入舱中，若不采取措施，船舶将会沉没，这是船舶和货物确实处于共同危险中；又如，船上冷藏机发生故障，使船上货物面临变质危险，船舶驶入附近港口修理冷藏机，由于冷藏机的故障没有危及船舶安全，因而不能构成共同海损。

(2) 共同海损的措施必须是为了解除船货的共同危险，人为地、有意识地采取合理的措施。首先，船舶和货物面临共同危险时，必须是为船舶和货物的共同安全而采取的措施。例如，船舶在航行时遭遇暴风雨，船体严重倾斜，同时由于海水进入某一船舱，使该舱内的贵重物品受损，船长下令将甲板上一侧的货物抛弃以使船舶保持平衡，同时又组织人员对受损的贵重物品进行抢救整理。这种情况下，抛货行为是为了解除船舶和货物的共同危险，属于共同海损行为；而对货物进行抢救整理是为该货货主单方面利益，不属于共同海损行为。其次，共同海损行为必须是人为的、有意的且合理的。例如，船舶搁浅，为使船舶起浮，船长下令开舱抛货，这是一种在紧急状态中采取的有意的且合理的措施，属于共同海损行为。但如果船舶已经起浮，船员由于疏忽没有注意到而继续抛货，这种超过实际需要的行为就不属于共同海损行为。

(3) 共同海损的牺牲必须是特殊的，费用必须是额外支付的。从上述第(2)条可以看出，共同海损不是海上危险直接导致的损失，而是恰巧相反，它正是为了解除这项危险而人为造成的另外一种性质的损失，这是一种特殊性质的损失，因此判断一项损失是否属于共同海损，必须从造成损失的原因进行分析。可以列为共同海损的费用必须是额外支付的。所谓额外支付，就是指船舶的正常营运核算以外的费用。例如，船舶在航行中发生严重机损影响船货的共同安全，为了解除危险，驶靠避难港修理，由此而支付的船员工资、燃料、物料费用，不在正常的营运费用范围之内，属额外支付性质的，因此可以列为共同海损费用。但如果上述避难港就是船舶航行计划中的中途停靠港口，则只要驶进该港口的费用不超过原定的营运费用，则不能成为额外支付。如果超过，则只有超过部分是额外支付的，可列为共同海损。

(4) 共同海损的损失必须是共同海损措施的直接、合理的后果。例如，船舶在航行中发生共同海损事故，船底受损需要修理，为了修理船舶必须将船舱内的货物卸下，由于卸货造成的货物受损失，是共同海损措施的直接后果，可列为共同海损。但如果货物在避难港存仓期间，仓库失火，造成货物的损失，不是共同海损措施的直接后果，不能列为共同海损。

(5) 造成共同海损损失的共同海损措施最终必须有效果。所谓最终有效，就是指经过抢救措施以后，船舶或货物的全部或一部分安全抵达航程的终点港或目的港，从而避免了船和货同归于尽的局面。因为共同海损将由各受益方进行分摊，而分摊又是以航程结束时的船、货价值来确定的，如果全船覆没，船与货遭受全损，那么，既没有获救财产，也不会有受益方，因而共同海损分摊便失去了基础，共同海损也就不能成立。

以上各项是构成共同海损所必须全部具备的条件，这些条件是一个统一整体，缺一不可。

3. 共同海损的构成

共同海损损失由共同海损牺牲和共同海损费用构成。

1) 共同海损牺牲

(1) 抛弃。共同海损的制度原是从抛货发展而来的，抛货一向都是最重要的共同海损牺牲。抛弃的对象，可以是载运的货物，也可以是船舶的燃料、物料，只要是解决共同危险而有意被抛弃的财产，都属于共同海损牺牲。

(2) 救火。火灾是海上运输中经常发生的一种灾害事故，发生火灾后一般要采取灭火措施，如使用泡沫灭火剂、粉末灭火剂等化学品灭火，用淡水、海水灭火。以上措施如果是为了维护船、货的共同利益，由此造成船、货的损失应列为共同海损牺牲。因此，被火烧毁或被蒸烤的货物、财物不属于共同海损牺牲，被救火水溅损的货物则应列为共同海损牺牲。

(3) 自动搁浅。自动搁浅是指船舶航行遭遇危险时，为了避免船、货遭受更大的损失而采取的一项救险措施。由于自动搁浅是一项共同海损措施，因此，为了重新起浮船舶造成的船、货的损失可列为共同海损牺牲。

(4) 起浮脱险。船舶意外搁浅后，就很可能使船、货处于危险之中，为了维护船、货的共同安全，采取起浮脱险措施，因起浮而造成的船、货损失，习惯上可以列为共同海损牺牲。

(5) 避难港卸载、重装、倒移货物、燃料、物料和油料。由于船舶在航行途中遭到意外事故，从出事地方驶往避难港后，为了修理船舶或其他目的，必须要卸下部分货物或燃料、物料或油料，如船舶由于出现倾斜，要卸下或在船上移动货物，以使船舶处于正常漂浮状态。因此而造成的船、货损失均可列为共同海损牺牲。

(6) 货物、物料被当作燃料。这是一种很古老的共同海损损失，今天已不多见。但这一措施在“约克-安特卫普规则”中至今仍被作为一个共同海损的典型事例被保留下来。

(7) 切除嵌楔物。碰撞以后，一艘船舶的船体和设备与对方船栓嵌在一起，造成一种危及船、货共同安全的危险，必须将本船嵌入对方船舶的部分切除，这种损失习惯上可列为共同海损牺牲。

(8) 割断锚链。船舶停在港内和锚地，当发生紧急情况时，如船舶在激流和风浪中走锚，而船舶又来不及起锚，为了避免与附近停泊的船舶发生碰撞，主动割断锚链，弃锚海底，以利船舶行动。这项断链弃锚的措施造成的损失也可以列为共同海损牺牲。

2) 共同海损费用

(1) 救助费用(salvage charges)。救助费用是共同海损费用中最普通的一种形式，但是如果仅仅为了救助船舶或货物所发生的救助费，则应属于船舶或货物的部分损失。例如，船舶触礁沉没，一部分货物漂浮在海面，为了打捞漂浮的货物而发生了一笔救助费用，应由货主独自承担。

（2）避难港费用。船舶在途中遭遇危险，为了恢复船舶的航行能力而进入避难港，如果具备了共同海损的条件，在避难港支付的费用可列为共同海损费用。其主要费用包括往返于原航线和避难港之间的燃料、机油、淡水费，因进入避难港所支付的饮水费、码头费、检疫费及其他港口费用等。

（3）代替费用。当船舶遭受意外事故，为了共同的利益和安全，船方认为可以支付一项较小数额的费用就能节省必须支付的较大数额的共同海损费用，则这项较小数额的费用称为代替费用。例如，因避难港的修理费用过高，经估价后，认为如果雇用拖轮拖至另一港口所支付的拖轮费加上在这个港口的修理费用的总和比在第一个避难港的修理费用低，则拖轮的拖带费就是代替费用。

（4）船方垫付的手续费及理算费。船舶进入避难港由船方垫付的费用，进行共同海损理算所支付的理算费、酬金等也可属于共同海损费用。

（5）船、货共同海损损失检验费。

（6）船舶避难港的代理费、电报费。

4. 共同海损的理算

在海洋运输契约中，一般都订有共同海损理算条款，载明按什么理算规则，在什么地方理算。国际上共同海损的理算一般按“约克-安特卫普规则”办理。“约克-安特卫普规则”虽不是强制性国际公约，但已为国际海运、贸易和保险界广泛接受。现在国际上的大部分租船合同、海运提单、海洋船舶和货运险的保险单上都规定按此规则理算。这个规则开头部分规定，在采用该规则时，凡与该规则相抵触的法律和习惯均视为无效。

知识链接 10-1

约克-安特卫普规则

“约克-安特卫普规则”是一个国际上广泛采用的共同海损理算规则，该规则最初由英国、美国和一些欧洲大陆国家的理算、海运、贸易和保险等方面的代表于1860年在英国格拉斯哥召开会议共同制定的，称为格拉斯哥决议。这个决议在1864年英国约克城召开的会议上和1877年比利时安特卫普召开的会议上两次进行重大修改与补充，并于1877年正式定名为“约克-安特卫普规则”。此后，这项规则又经过多次修订，但仍保留原名称，只是在规则名称前冠以修改的年份，由于每次修改都不废止旧规则，国际上常用的“约克-安特卫普规则”有1974年和1994年的规则，供有关方面选择使用。“约克-安特卫普规则”是国际社会为统一各国海损制度而努力的成果。虽然该规则不是国际公约，但是，由于海运提单以及租船公司大多订有按照“约克-安特卫普规则”进行共同海损理算的条款，该规则在实践中已成功避免了各国共同海损制度差异造成的消极影响，已经成为国际海运以及保险界广泛接受的国际惯例。

"1974年约克-安特卫普规则"是由国际海事委员会1974年5月修订的,并从同年7月1日起生效。该规定共30条,分为三组。第一组称为解释规则,对规则的适用范围做了规定。第二组对共同海损的定义、范围、补偿和分摊做了规定。由于它是按英文字母排列,从A至G共7条,故又称为字母规则。第三组对处理共同海损理算的一些手续和计算方法做了规定。该规则属于一种国际贸易的惯例规则,适用范围较广。运载国际贸易商品的海轮发生共同海损事故,大多数都按该规则进行理算。中国国际贸易促进委员会海事仲裁委员会进行海事理算时,除使用《中国国际贸易促进委员会共同海损理算暂行规则》(以下简称《北京理算规则》)外,也可使用该规则。

"1994年约克-安特卫普规则"是在国际海事委员会于1994年10月在澳大利亚悉尼召开的第35届大会在"1974年约克-安特卫普规则"的基础上修改通过的,该规则全文共31条,由四组不同性质的条文组成。第一组是总则性质的规定,称为解释规则,对规则的适用范围做了规定,明确指出:凡与该规则相抵触的法律和惯例都不适用;第二组为首要的规则,强调牺牲和费用的合理性;第三组为字母规则,从A至G共7条,对共同海损的定义、范围、补偿和分摊做了原则性规定;第四组为数字规则,共22条,对处理共同海损理算的一些手续和计算方法做了具体规定。该规则是多年来船、货双方斗争妥协的混合产物,对旧规则中一些不符合平等互利原则的规定进行了一定程度的修改,将在统一国际共同海损理算做法、减少不必要的争议方面起到积极作用。

"1994年约克-安特卫普规则"由四组不同性质的条文组成,全文共31条,扩大了船方的赔偿额,减少了货方的共同海损分摊。修改主要有如下几个方面:①规则六将大部分救助报酬排除在共同海损之外;②规则十一规定船舶在避难港停留期间的船员工资和给养不得确认为共同海损;③规则十四将临时修理费用确认为共同海损,应减除船方的节省;④规则二十规定共同海损费用不给予手续费;⑤规则二十一规定采用浮动年利率计算利息;⑥规则二十三增加了索赔共同海损分摊请求权的时效规定。"约克-安特卫普规则"不是强制性的,它只有在合同规定时才适用。有关方面可在1974年、1994年和2004年"约克-安特卫普规则"三者中选择使用。

"约克-安特卫普规则"不是国际公约,而只是一种国际贸易惯例规则,但由于它在很多问题上基本统一了欧美各国海损理算的做法,并曾取得国际法协会的认可,因此已被国际海运、贸易和保险界所接受,在海洋运输提单、租船合同和保险契约中约定采用,目前,它的适用范围比较广泛,国际上凡是载运国际贸易商品的海轮发生共同海损事故,一般都按照"约克-安特卫普规则"进行理算。

资料来源:blog. sina. com. cn/s/blog-4a292a770100rxvz. html.(有改动)

在我国,中国国际贸易促进委员会在总结我国共同海损理算工作经验的基础上,参照国际做法,制定了《北京理算规则》,并于1975年1月1日正式颁布施行。目前我国各海运船队在提单或其他运输合同中都规定:"如发生共同海损,按《北京理算规则》办理。"对共同海损理算应适用的规则问题,《海商法》第十章有下列规定:"共同海损的理算,适用合同约定的理算规则;合同未约定的,适用本章的规定。"该章对共同海损的范围、共同海损牺牲金额的计算、共同海损的分摊等问题均有具体规定。

练一练 10-1

共同海损的牺牲和分摊

某载货船舶在航行中发生共同海损，损失如下：船体损失 25 万元，货物牺牲 30 万元，救助费用 5.5 万元，损失运费 1.5 万元。

各方的分摊价值如下：船舶的价值 1 000 万元，货物共三批，总价值 300 万元，甲货主的货值 130 万元，乙货主的货值 60 万元，丙货主 110 万元。运费为 20 万元。分摊总价值为 1 320 万元。

（1）共同海损牺牲和费用总额为多少？

（2）共同海损分摊总价值为多少？

（3）共同海损分摊比率为多少？

（4）各方的分摊金额为多少？

案例分析 10-1

共同海损典型案例分析

乙船公司“琴海”轮承运甲公司货物，自马来西亚槟城港运至中国北海港。该提单背面的共同海损条款载明：“共同海损应根据承运人的选择在任何港口或地点根据 1974 年约克-安特卫普规则理算。”“琴海”轮驶离槟城港开往中国北海途中主机停车，船舶向南漂航。主机停车后船员即投入抢修，但因条件所限，经两天多抢修，仍无法修复主机。船舶发出求救信息，越南派出拖轮将“琴海”轮拖进金兰湾港。越方收取了拖轮费、救助费。船长代表船东发表共同海损声明，宣布共同海损，轮机长出具海事报告。由于能力及条件所限，在金兰湾无法将主机修复。乙船公司请广州救捞局将“琴海”轮拖至中国北海，并支付了拖带费。

在北海港经验船师检验，认定主机不能启动是由于各缸的空气启动阀启动活塞的密封环失去弹性，气密较差，已存在隐患，加上第七缸启动空气阀阀盘断裂，该气缸完全失去气密，导致进入各缸的启动空气压力不足而无法启动。

保险公司为甲公司的货物向乙船公司出具共同海损担保函，承诺“如果共同海损牺牲及/或费用被证明是因共同海损行为而合理产生的，且经确认下述货物应参加分摊，我司保证支付相应的共同海损分摊金额。”

乙船公司委托中国国际贸易促进委员会海损理算处对“琴海”轮进行共同海损理算，根据该处出具的理算书，确认共同海损的船货各方分摊金额。

甲公司与保险公司以共同海损事故是乙船公司不可免责过失造成为由拒绝分摊共同海损费用，乙船公司请求法院判令甲公司分摊该共同海损费用，保险公司承担连带责任，并由两被告承担本案诉讼费用。

案例分析：本案为共同海损分摊纠纷。根据目的港验船师的检验报告，法院认为，船舶在开航前和开航当时是不适航的。“琴海”轮主机的每一个缸的密封环全都老化和不气密，是一个长期的、渐进的过程，因而显然不属于船舶的潜在缺陷。由此非潜在缺陷而造成的船舶不适航，承运人不能免除赔偿之责任。根据《海商法》第 47 条规定：“承运人在船舶开航前和开航当时，应当谨慎处理，使船舶处于适航状态，妥善配备船员、装备船舶和配备供应品。"上述情况亦表明船舶是不适航的，且该不适航与共同海损事故之间有显而易见的法律上的因果关系。被告以共同海损事故是原告不可免责过失造成为由进行抗辩并拒绝分摊共同海损损失，符合法律规定，本院依法予以支持；原告诉讼请求被告分摊共同海损损失，没有法律依据，依法予以驳回。

资料来源：中国货运保险网，2018-06-20.（有改动）

（二）单独海损

1. 单独海损的含义

单独海损，是指在海上运输中，由于保险单承保风险直接导致的船舶或货物本身的部分损失。例如，载货船舶海运途中突遇暴风雨，海水灌进船舱，致使舱内一批服装遭水浸泡受损而贬值20%，该损失就属于这批服装货主的单独海损，与其他货主和船东均无关。

2. 构成单独海损的条件

（1）必须是意外的、偶然的以及承保风险直接导致的保险标的本身受损。

（2）必须是船方、货方或者其他利益方单方面所遭受的损失，而不涉及他方的损失。

（3）单独海损仅指保险标的本身的损失，而不包括由此引起的费用损失。

3. 单独海损的赔偿限度

货物的单独海损有两种情况，即部分货物的全损和全部或部分货物以受损状态运抵目的地，货物遭受贬值损失。《海商法》和现行《海洋运输货物保险条款》都没有对货物部分损失下保险人的赔偿限度作出决定，但是根据英国《1906年海上保险法》的规定，在上述两种货物单独海损情况下，保险人赔偿损失的限度是不同的。

1）货物部分全损

按照市场惯例，下列情况的货物损失属于部分全损(partial total loss)。

（1）一批被保险货物在若干张保单下承保，其中一张保单所保货物的全部损失。

（2）一张保单上所保的分类货物的完全损失。

（3）装卸过程中一个整件货物的完全损失。

（4）一张保单下包括多张提单的货物，其中一张或几张提单货物的完全灭失。

对于货物的部分全损，保险人的赔偿限度是受损部分货物的保险价值或可保价值。因此，如果每一单位的货物都可以确定其保险价值，在因承保风险而发生了部分全损时，保险人对这一单位的货物的赔偿就限于这一部分货物在总保险价值或总可保价值中所占的比例。

2）全部或部分货物以受损状态运抵目的地

货物若以受损状态运抵目的地，那么要做的第一件事就是计算货物的贬值率。如果货物在目的地没有出售，则由公估人根据货物在目的地完好状态下的估计价值与受损价值之间的差额确定其贬值率，乘以货物的保险价值(在定值保险下)或可保价值(在不定值保险下)，得出保险人的赔偿限额。值得注意的是，如果货损是保险人的赔偿责任，那么为确定损失而发生的检验费用作为特别费用也可以获得保险人的赔偿；相反，如果保险人对损失不负赔偿责任，那么为检验货损而发生的检验费用就由被保险人自己承担。

3）承保航程挫折，货物在运输途中遭受部分损失

如果载货船舶在运输途中遭遇承保风险，导致航程丧失和保险货物部分损失，按照《协会货物保险条款》的规定，除非被保险人及时通知保险人并在保险有效时提出续保的要求，并可能加缴保险费，否则保险责任将终止。被保险人可以有三种选择：第一，将货物在此港口出售；第二，将货物在此港口交付；第三，将货物继续运往原定目的地或其他目的地。有时，如果被保险人设法将货物转运至原定目的地的话，货物的损失可能会扩大，这时保险人可以建议将货物在中途港出售，出售货物所得归被保险人所有，而保险人赔偿货物的保险价值与售货所得之间的差价部分。这种解决货损赔偿的方法称为扣损余赔偿办法。这是一种简便的解决货物贬值的方法，相关售货费用也可以作为特别费用获得保险人的赔偿。

（三）共同海损与单独海损的区别

从损失程度上看，共同海损和单独海损都属于部分损失，但两者在损失发生的原因和损失承担方式上存在着差异。

1. 造成损失的原因不同

共同海损是因采取人为的、故意的措施而导致的损失，它是海上危险危及船货的共同安全时，采取某些人为措施，牺牲一部分货物或船舶的设备，达到保全财产安全的目的。而单独海损是因意外的、偶然的事故所直接造成的损失。例如，船舶因火灾或碰撞等意外事故造成货物的损失。在现实中，单独海损的发生往往引起共同海损的发生。

2. 承担损失的方式不同

共同海损损失是为了船货的共同安全作出的，所以应由各受益方按比例分摊。如果受益方投保了运输货物保险或船舶险，保险公司对于被保险人应承担的分摊金额予以赔偿。而单独海损损失一般由受损方承担，如果涉及第三者责任方的过失，则由过失方负责赔偿。在单独海损情况下，如果受损方投保了海上保险，其损失由保险公司根据保险条款规定承担损失赔偿责任。

第三节 海洋运输货物保险保障的费用

海洋运输货物风险除了会造成被保险货物的损失，还会带来大量的费用支出。这种费用损失称为海上费用。保险人负责赔偿的海上费用主要有施救费用和救助费用。

一、施救费用

（一）施救费用的含义

施救费用，是指被保险货物在遭遇承保责任范围内的灾害事故时，被保险人或其代理人、雇佣人或受让人，为了避免或减少货物损失，采取各种抢救与防护措施所支出的合理

费用。我国和世界各国的保险法规或保险条款一般都规定:保险人对被保险人所支付的施救费用应承担赔偿责任,赔偿金额以不超过该批货物的保险金额为限。

《海商法》第240条规定:"被保险人为防止或者减少根据合同可以得到赔偿的损失而支出的合理费用,为确定保险事故的性质、程度而支出的检验、估价的合理费用,以及为执行保险人的特别通知而支出的费用,应当由保险人在保险标的损失赔偿之外另行支付。"

(二) 构成施救费用的条件

(1) 施救费用必须是合理的和必要的。如果是不合理支出的施救费用,保险人不予赔偿。

(2) 施救费用必须是为防止或减少承保风险造成的损失所采取的措施而支出的费用。如果所采取的行动是为了避免或减少不是保险单所承保的损失,其费用不得作为施救费用向保险人索赔。

(3) 施救费用是由被保险人及其代理人、雇佣人采取措施而支出的费用。施救费用仅限于被保险人支出的费用,不包括保险人支出的费用。被保险人支出的费用包括其本人、代理人和雇佣人支出的费用。

(4) 施救费用的赔偿并不考虑措施是否成功,只要措施得当,费用支出合理,即便施救措施不成功,没有达到目的,保险人对施救费用也应负责。这个规定调动了被保险人拯救保险标的的积极性,从而也保护了保险人自己的利益。

(三) 保险人对施救费用赔偿的限度

(1) 施救费用条款是保险合同的补充性契约。虽然保险人可能已经赔付了全损,但被保险人仍可要求保险人赔偿他为了履行施救义务而适当发生的费用。保险人对保险标的损失的赔偿,是以保险金额为限,而保险人对施救费用的赔偿责任,也是以保险金额为限。因此,保险人对一次保险事故的损失赔偿,可能达到两个保险金额。

(2) 施救费用赔偿中免赔额的适用。如果保险单中规定了绝对免赔额,那么免赔额适用于所有部分损失的索赔,包括单独海损、救助、共同海损和施救费用的赔偿。同一事故引起的上述各项索赔加在一起,扣除一个免赔额后,由保险人赔偿。但是,与全损有关的施救费用的赔偿并不适用该免赔额。

(3) 不足额保险下施救费用的赔偿。如果保险单是不足额保险单,施救费用的赔偿要按照保险金额占保险价值的比例来赔偿。如果施救费用发生,货物的完好市场价值大于货物的保险价值,那么,保险人不考虑货物市场价值的因素,仍然按照货物保险金额与保险价值的比例赔偿被保险人所支出的施救费用。

二、救助费用

(一) 救助费用的含义

救助费用,是指被保险货物在遭遇到承保范围内的灾害事故时,由保险人和被保险人以外的第三者采取救助措施并获成功，由被救方付给救助人的一种报酬。在各国保险法或保险公司的保险条款中，一般都列有保险人对救助费用负赔偿责任的规定。救助费用往往是共同海损费用的一种，因为通常它是在船、货各方遭遇共同危难的情况下，为了共同安全由其他船舶前来救助而支出的费用。

（二）救助合同

在海上救助中，救助人与被救助人之间为明确双方的权利和义务，一般都在救助开始之前或在救助过程中订立救助合同（口头的或书面的）。救助合同一般有以下两种形式。

1. 雇佣性救助合同

雇佣性救助合同的特点是，不论救助是否有效，均按约定的费率（固定金额、工作时间）付给救助费用；同时救助工在遇难船指挥之下进行。

2. "无效果、无报酬"救助合同

"无效果、无报酬"（no cure，no pay）救助合同的特点是，救助费用是在救助完成之后，根据救助效果、救助财产价值、救助工作危险程度和技术水平，以及救助工作时间和耗费的费用等，通过协商或仲裁来确定，如果救助没有效果，便不付给报酬。救助人为了保证其在救助之后获得报酬，一般都要求被救方提供担保，对未提供担保的被救财产，救助人享有留置权。

长期以来，在国际海上救助中普遍采用的救助合同格式是英国的以"无效果、无报酬"为原则的"劳合社救助合同标准格式"（Lloyd's Standard form of Salvage Agreement/NO CURE，NO PAY）。不过由于海上石油运输量不断增加，海上污染严重，为保护海洋环境，防止或减轻油污损失，根据有关方面要求，劳合社已在其 1980 年的救助合同格式中，对"无效果、无报酬"的原则做了一些例外的规定，如对于遇难油轮，救助人只要没有过失，即使救助无效，也可获得合理报酬。在我国，中国国际贸易促进委员会海事仲裁委员会也制定有"海上救助契约格式"，这个格式所采用的也是"无效果、无报酬"原则。

知识链接 10-2

"阿摩科·卡迪兹号"油轮事件

1978 年 3 月，在暴风雨天气中，美国一艘满载 22 万吨伊朗原油的超级油轮"阿摩科·卡迪兹号"从波斯湾向荷兰的鹿特丹驶去。谁也没有料到的是，一场影响深远的海洋环境污染事件即将发生。3 月 24 日，当"阿摩科·卡迪兹号"行驶至布列塔尼（法国西北部一个地区）海岸时，油轮的操纵装置在波涛汹涌的海面上忽然失灵。万般无奈之下，"阿摩科·卡迪兹号"只好由一艘前来救援的拖轮拖着前进。然而，当拖轮拉着"阿摩科·卡迪兹号"这艘满载原油的庞然大物行驶还不到 10 海里时，由于承受不了如此重力，拖缆忽然断裂，随后"阿摩科·卡迪兹号"随波逐流向岩礁漂去，遭到海浪一次次猛击后终断裂成两半。很快，2.95 亿升原油从失事的"阿摩科·卡迪兹号"油轮喷涌入海。油随着潮汐漂移，在附近海域和海滩上覆盖了一层恶臭的黑漆油。

据统计，“阿摩科·卡迪兹号”触礁沉没后，共漏出原油达22.4万吨，污染了近350千米长的海岸带，仅牡蛎就死掉9 000多吨，海鸟死亡2万多吨。这次漏油事件，对所污染海岸的整个海洋生物以及海鸟来说，其灾难程度是史无前例的，成百万的海洋生物和软体动物被冲到岸上，包括海边的疗养胜地也随之遭殃。虽然海事本身损失1亿多美元，但对污染损失及治理的费用却达5亿多美元，而其对被污染区域的海洋生态环境造成的损失更是难以估量。事发好几个月后，英吉利海峡的油污才被清除干净。当时，有关方面曾进行各种清除油污的尝试，方法之一就是派船将化学品喷向水面使油分散。在对事故的后续调查中，“阿摩科·卡迪兹号”油轮的船长帕斯卡尔·巴达利也受到严厉批评，由于他“不可原谅的延误”，导致失事船只没有得到及时救援。

事故发生后，国际海事组织责成该组织的秘书处，就该案的救助方法起草报告。报告中涉及：①船长是否有权签订救助合同，因为这一问题在《1910年救助公约》中没有明确约定，而在“阿摩科·卡迪兹号”油轮事件中，“太平洋”油轮曾经准备对其施救，但在要求签订劳氏救助合同时遭到“阿摩科·卡迪兹号”油轮船长拒绝，待船长得到远在美国的船舶所有人同意时，已为时过晚；②当救助方施救油船无效果时，是否仍然可以获得救助报酬。

资料来源：张君长. 劳氏标准救助合同与《一九八九年国际救助公约》的相互影响[D]. 上海：上海海运学院，2002.（有改动）

（三）救助报酬

救助报酬是由遇难船舶或货方无关的第三者根据契约或海商法对遇难船舶、货物或其他财产进行抢救而取得的报酬。《1989年国际救助公约》明确列举了确定施救报酬所应考虑的因素。这些因素主要有：救助人获得成功的程度；危险的性质和程度；救助人在救助船舶、其他财产及人命方面的能力和努力；救助人所花的时间、费用及遭受的损失等十项。

（四）保险人对救助费用的赔偿限度

1. 以获救财产的价值为限

保险人对救助费用的赔偿责任以获救财产的价值为限，因而救助费用与保险标的本身损失的赔偿相加，不得超过一个保险金额。如果保险标的发生全损，除非另有约定，保险人对救助费用就不用再赔偿了。

2. 对人命救助的报酬的赔偿

如果救助人在救助过程中既救助了财产，又救助了人命，那么总的救助报酬会因为救助了人命而有所增加，海上保险人对于这样的救助报酬应根据合同给予赔偿。但是单纯救助人命的救助报酬，海上保险人并不给予赔偿。

三、施救费用与救助费用的区别

施救费用与救助费用的区别主要有以下四点。

（1）采取行为的主体不同。施救是由被保险人及其代理人等采取的行为，而救助是保险人和被保险人以外的第三者。

（2）给付报酬的原则不同。施救费用是施救不论有无效果，都予以赔偿，而救助则是"无效果、无报酬"。

（3）保险人的赔偿责任不同，施救费用可在保险货物本身的保额以外，再赔一个保额；而保险人对救助费用的赔偿责任是以不超过获救财产的价值为限，亦即救助费用与保险货物本身损失的赔偿金额二者相加，不得超过货物的保额，而且是按保险金额与获救的保险标的之价值比例承担责任。

（4）救助行为一般总是与共同海损联系在一起，而施救行为则并非如此。

本章小结与关键术语

小结10

练习思考题

一、单项选择题

1. 海洋运输货物保险的保障范围包括(　　)。

A. 保障的风险　　B. 保障的损失　　C. 保障的费用　　D. 以上三种都有

2. 海上风险承保范围(　　)。

A. 包括所有发生在海上的风险

B. 仅局限于海上航运过程中发生的风险

C. 不仅局限于海上航运过程中发生的风险，还包括与之相关联的内陆、内河、内湖运输过程中发生的一些风险

D. 以上说法都不对

3. 海上保险单中承保的偷窃(　　)。

A. 仅指海上袭击性偷窃所造成的损失

B. 仅指暗中的偷窃

C. 船上人员的偷窃所造成的损失

D. 不仅包括海上袭击性偷窃所造成的损失，还包括暗中的偷窃或船上人员的偷窃所造成的损失

4. 下面哪一项不属于一般外来风险(　　)。

A. 渗漏，短量，碰损　　B. 生锈，玷污，串味

C. 偷窃，破损，钩损　　D. 战争，罢工，拒收

5. 不能构成实际全损的情况是(　　)。

A. 保险标的物全部灭失　　　　　　B. 保险标的物完全变质
C. 保险标的物不可能归还保险人　　D. 施救费用和救助费用超过保险价值

6. 下面哪种说法是不正确的（　　）。
A. 保险人接受委付后，便不可反悔
B. 委付通知经保险人接受后，被保险人仍可撤销
C. 保险人表示放弃，不必进行委付时，被保险人无须发出委付通知
D. 委付不得附带任何条件

7. 共同海损的承担是（　　）。
A. 由船方、货主或运费方平均分摊　　B. 由船方、货主或运费方按比例分摊
C. 由损失方自己承担　　D. 由船方自己承担

8. 单独海损的承担是（　　）。
A. 由损失方自行承担　　B. 各方按比例分摊
C. 各方平均分摊　　D. 由船方自行承担

9. 下面哪一项不属于共同海损牺牲（　　）。
A. 抛弃，救火
B. 切断锚链，自动搁浅
C. 仅为救助货物时发生的费用
D. 避难港卸载、重装、倒移货物、燃料、物料和油料

10. 单独海损与共同海损的共同之处在于（　　）。
A. 二者造成的原因相同　　B. 损失都属于部分海损
C. 二者的责任承担方法不同　　D. 二者都属于全部海损

11. 救助费用是指（　　）。
A. 由被保险人及其代理人、雇佣人员和受让人采取行动所发生的费用
B. 保险人和被保险人以外的第三方救助者采取行动所应取得的救助报酬
C. 保险人采取行动所发生的费用
D. 以上说法都不对

12. 以下说法正确的是（　　）。
A. 救助费用往往是共同海损费用的一部分
B. 施救费用往往是共同海损费用的一部分
C. 救助费用和施救费用均不属于共同海损费用
D. 以上说法都不对

二、多项选择题

1. 海上风险包括（　　）。
A. 一般外来风险　B. 特殊外来风险　C. 外来风险
D. 自然灾害　E. 意外事故

2. 海损按损失的程度不同可分为（　　）。
A. 全部损失　B. 单独海损　C. 推定全损
D. 部分损失　E. 共同海损

3. 按照损失的性质不同，海损可分为(　　)。

A. 推定全损　　B. 部分损失　　C. 单独海损

D. 实际全损　　E. 共同海损

4. 下列几种损失，属于实际全损的有(　　)。

A. 保险标的物全部沉入海底　　B. 船只被海盗劫持

C. 水泥遇海水完全变质　　D. 为维持船身平衡抛出部分货物

5. 构成推定全损的条件有(　　)。

A. 实际全损已不可避免

B. 在合理的时间内不可能收回该标的

C. 收回标的的费用要大于标的收回后的价值

D. 保险标的物不可能归还保险人

6. 构成共同海损的条件有(　　)。

A. 共同海损的危险必须是实际存在的，不是主观臆测的

B. 消除船、货共同危险而采取的措施必须是合理的

C. 必须是属于非正常性质的损失

D. 采取措施后，船方和货方都作出了一定的牺牲

7. 构成施救费用的条件有(　　)。

A. 必须是合理的和必要的

B. 必须是为了避免或减少承保风险造成的损失所采取的措施而支出的费用

C. 必须是由被保险人及其代理人、雇佣人采取措施而支出的费用

D. 施救费用的赔偿不考虑措施是否成功，只要措施得当，费用支出合理

三、判断题

1. 海上保险业务的意外事故，仅局限于发生在海上的意外事故。(　　)

2. 船舶失踪达半年以上可以按推定全损处理。(　　)

3. 当被保险人对受损保险标的按全损索赔时，被保险人必须向保险人发出委付通知。(　　)

4. 共同海损是部分损失中的一种。(　　)

5. 造成共同海损损失的共同海损措施最终必须有效果。(　　)

6. 单独海损是指载货船舶在海运途中，被保险货物造成的部分损失。(　　)

7. 施救费用与损失赔偿之和不能超过保险金额。(　　)

8. 救助费用是由被保险人及其代理人、雇佣人采取措施而支出的费用。(　　)

四、案例分析

案例详情：

“明西奥”轮装载着散装亚麻籽，驶向美国的纽约港。不幸，在南美飓风的冷风区内搁浅被迫抛锚。当时，船长发现船板有断裂危险，一旦船体裂缝漏水，亚麻籽受膨胀有可能把船板胀裂，所以船长决定迅速脱浅，于是，该船先后 4 次动用主机，超负荷全速后退，终于脱浅成功。抵达纽约港后，对船体进行全面检修，发现主机和舵机受损严重，经过理算，要求货主承担 6 451 英镑的费用。货主对该项费用发生异议，拒绝付款。试分析货主该

不该拒绝付款？

五、简述题

1. 什么是海上风险和外来风险？分别列举其包括的主要风险。
2. 简述推定全损与实际全损的区别。
3. 委付的构成条件有哪些？
4. 什么是共同海损？其有哪些构成条件？
5. 单独海损和共同海损有哪些区别？
6. 保险人对施救费用和救助费用的赔偿有什么区别？

即测即练

第十一章

海洋运输货物保险条款

【本章结构图】

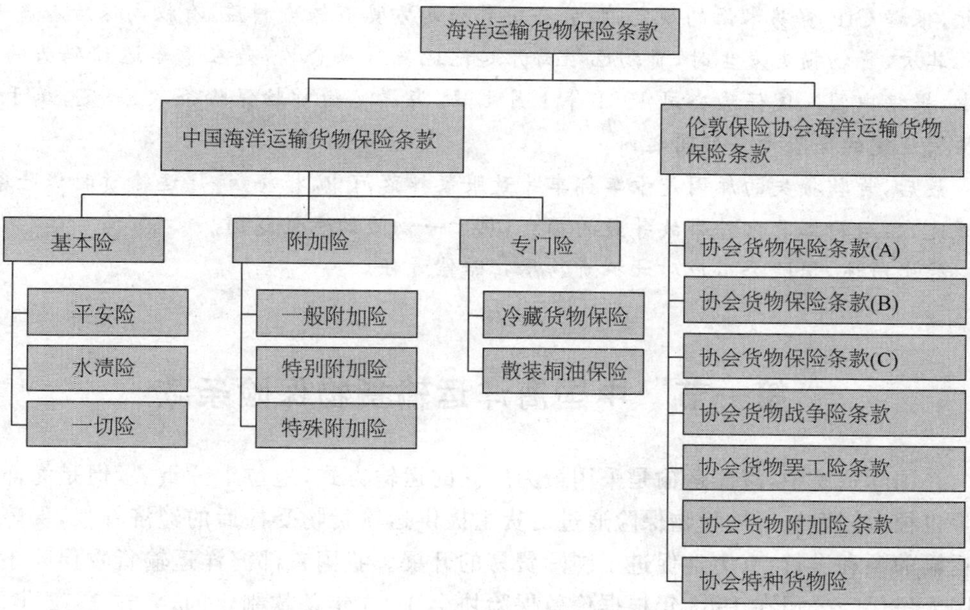

【本章学习目标】

1. 掌握中国海洋运输货物保险基本险的保险责任范围、除外责任、责任期间、被保险人的义务和索赔期限

2. 了解我国海运一般附加险条款、特别附加险条款和特殊附加险条款的内容

3. 了解中国海洋运输货物保险专门险的主要内容

4. 了解伦敦保险协会 2009 年货物保险新条款的变化

5. 掌握 ICC(A)条款、ICC(B)条款、ICC(C)条款的主要内容

6. 了解伦敦保险协会货物其他保险条款的主要内容

引导案例

2009 年 9 月 27 日，上海某服装公司与加拿大某贸易公司签订了一份服装出口合同，

CIF 加拿大温哥华，装运时间为当年 11 月上旬。同年 10 月 25 日，该服装公司向中国某保险公司为该批服装办理国际货运保险，被保险人为服装公司，承保险别为一切险，运输方式为海洋运输，保险期限为仓至仓，起运地为中国上海，目的地为加拿大温哥华，保险金额为 378 660 美元，采用中国人民保险公司 1981 年 1 月 1 日《海洋运输货物保险条款》。同年 11 月 6 日，该服装公司向保险公司索赔，称其投保的货物在从位于上海宝山的仓库装上卡车后，运往码头途中因卡车翻车而掉落河中，损失 5 360 美元。保险公司以货物损失不属于保险责任为由拒赔，双方因此产生纠纷。

问题：保险公司是否应对此批货物承担赔偿责任？

[**案例解析**]

首先，货物损失发生在货物离开起讫地上海宝山的仓库运往码头的途中，还没有越过船舷，根据 CIF 贸易术语的规定，服装公司作为卖方具有保险利益，有权向保险人索赔。

其次，货物损失发生时，货物已经离开起讫地发货人仓库，是在卡车运往码头的运输途中，根据中国人民保险公司 1981 年 1 月 1 日《海洋运输货物保险条款》规定，属于仓至仓原则规定的保险责任期间之内。

最后，货物损失的原因是卡车翻车导致服装掉落河中，根据《海洋运输货物保险条款》的规定，因运输工具意外事故导致的损失，属于一切险的责任范围。

综上所述，保险公司应对此批货物承担赔偿责任。

第一节 中国海洋运输货物保险条款

在国际贸易中，海洋运输是采用最为广泛的运输方式，地位十分重要，但是海洋运输风险也很大。海洋运输货物保险通过对货主提供运输货物受损后的经济补偿，保障了海上运输的顺利进行，有力地促进了国际贸易的开展。我国首部海洋运输货物保险条款是中国人民保险公司在 1963 年根据伦敦保险协会 1963 年条款制定的，后在 1972 年、1976 年和 1980 年进行了三次修改。1981 年 1 月 1 日开始实施的《海洋运输货物保险条款》(CIC1981)运行了将近 30 年，后来由于我国相关法律的制定和调整以及伦敦保险协会条款的变革，中国人民保险公司于 2006 年提出修改计划，最终于 2009 年推出新的海洋运输货物保险条款，即 CIC2009。CIC2009 条款可分为基本险、附加险和专门险三大类。每一大类险别又包括责任范围、除外责任、保险期间、被保险人的义务和索赔期限等内容。

一、海运货物保险基本险

基本险又称主险，是指可以单独投保，不必依附于其他险别项下的险别。基本险承保的主要是自然灾害和意外事故所造成的货物损失或费用。根据我国的《海洋运输货物保险条款》规定，我国海洋运输货物保险的基本险分为平安险(free from particular average，FPA)、水渍险和一切险三种。

（一）基本险的责任范围

1. 平安险的责任范围

平安险，其英文原文的含义是“不负责单独海损”，即保险人只负责赔偿保险标的发生的全损。“平安险”一词是我国保险业的习惯叫法，沿用已久，在三个基本险种中承保的责任范围最小。随着国际保险界对平安险条款的不断修订与补充，现在平安险的责任范围已远远超过全损险的责任范围。根据我国《海洋运输货物保险条款》，平安险的承保责任范围包括以下八个方面。

(1) 自然灾害造成的全损。被保险货物在运输途中由于恶劣气候、雷电、地震、海啸、洪水自然灾害造成整批货物的全损或推定全损。整批货物是指被保险货物的全部损失。但是，需注意的是，整批货物全损在海上货物险的理赔实践中，并不仅仅是以一张保险单上所载运货物的全部灭失为标准来确定的，只要一张保险单所承保的货物中可以分割的某一部分发生全部灭失，也可视为全损。有人把这种全损称为部分全损。

(2) 意外事故造成的全损或部分损失。由于运输工具遭受搁浅、触礁、沉没、互撞、与流冰或其他物体碰撞，以及失火、爆炸（火灾与爆炸不仅限于在船上运输阶段，还包括陆运及储存阶段）意外事故造成货物的全部或部分损失。

(3) 在发生意外事故后，在此前后又遭遇自然灾害造成的部分损失。在运输工具已经发生搁浅、触礁、沉没、焚毁这四种意外事故的情况下，货物在此前后又在海上遭受恶劣气候、雷电、海啸等自然灾害所造成的部分损失。

(4) 落海损失。在装卸或转运时，由于一件或数件整件货物落海造成的全部或部分损失，又称吊索损害，如在吊运货物时，吊钩脱落、钢索断裂、吊杆折断等。但是，如果由于一件或数件整件货物的一部分散落在海里所造成的部分损失，保险人不负责赔偿。

(5) 施救费用。被保险人对遭受承保责任内危险的货物采取抢救、防止或减少货损的措施而支付的合理费用，但以该批被救货物的保险金额为限。

(6) 避难港损失和费用。运输工具遭遇海难后，在避难港由于卸货所引起的损失，以及在中途港、避难港由于卸货、存仓和运送货物所产生的特别费用。本项规定中所说的海难是指海上固有的风险，而且仅指海上意外事故，如沉没、碰撞、触礁、飓风及其他偶发的灾害，不能把火灾、爆炸、战争、海盗、抢劫、盗窃、抛弃，以及船长船员的不法行为等也列为海难。

(7) 共同海损的牺牲、分摊和救助费用。在本项规定中，保险人只负责赔偿被保险货物因共同海损行为所作出的牺牲和被保险人所分摊到的那部分共同海损金额，而不是全部。

(8) 货方根据运输合同条款偿还船方的损失。运输契约订有“船舶互撞责任”条款（both-to-blame collision clause）时，根据该条款规定应由货方偿还船方的损失。

由于平安险的承保责任范围有限，一般多适用于大宗、低值、粗糙的无包装货物，如废钢铁、木材、矿砂等的投保。

2. 水渍险的责任范围

水渍险（with average/with particular average，WA/WPA），也是我国保险业沿用已

久的名称，其英文原文的含义是“负责单独海损”，也就是平安险不负责赔偿的部分损失，它予以赔偿。

根据我国《海洋运输货物保险条款》，水渍险的责任范围共有九项：①平安险所承保的八项责任；②自然灾害造成的部分损失。这里的自然灾害是指“被保险货物由于恶劣气候、雷电、海啸、地震、洪水自然灾害直接造成的部分损失”。

需要注意的是，虽然水渍险承担赔偿部分损失的责任，然而对被保险货物因某些外部原因所导致的部分损失，如碰损、锈损、破碎等是不负责任的。一般来说，水渍险适用于不太可能发生碰损、锈损、破碎，或者容易生锈但不影响使用的货物，如铁钉、铁丝、螺丝等小五金类产品，以及旧汽车、旧机床、旧设备等二手货。

3. 一切险的责任范围

一切险，是三个基本险中责任范围最广的险别。根据我国《海洋运输货物保险条款》的规定，一切险除负责平安险和水渍险的各项责任外，还负责被保险货物在运输途中由于外来原因所致的全部或部分损失。

从该条款的规定可以看出，一切险对于承保风险的规定不属于列明风险，而属于开放式的非列明风险，也就是承保除去除外责任之外的一切风险。但一切险并不是承保所有外来风险，其承保的外来原因必须是意外的，事先难以预料的，不是必然出现的。通常认为，11 种一般外来风险属于一切险承保范围内的“外来风险”，这 11 种一般外来风险包括偷窃险、提货不着险、淡水雨淋险、短量险、混杂玷污险、渗漏险、碰损破碎险、串味险、钩损险、锈损险、受潮受热险、包装破裂险。被保险人如果投保了一切险，就无须再加投保这 11 种一般附加险(general additional risks)。由于一切险提供的保障范围较为全面，所以在保险实务中，适用于各类货物，特别是价值较高、可能遭受损失因素较多的货物，如工艺品、精密仪器等。

需要注意的是，关于一切险中“外来风险”的界定范围，在理论研究和司法实践中尚存在争议。其核心问题是，一切险中“外来风险”的范围是否仅限于平安险、水渍险和列明的 11 种普通附加险。对承保范围的理解，保险人和被保险人从各自不同利益出发往往给出不同的解释，这也给司法实践和保险实务带来很多争议。在不断的审判争议中，2015 年 4 月最高人民法院公布了第十批指导性案例，在第 52 号案例中对于一切险的承保范围作出了明确界定，该案的结论认为一切险条款属于非列明风险，不限于 11 种普通附加险承保的风险。这一结论对于未来司法审判工作和保险实务都具有重大影响，也有助于平息关于一切险承保范围的争议。

知识链接 11-1

关于人保“一切险”承保范围的讨论

海上货物保险一般是采用格式合同，适用于中国人民财产保险公司 2009 年《海洋运输货物保险条款》，但是在司法实践中对于一切险的承保范围一直存在争议，核心在于何为“外来原因”。一个重要的原因是保险人和被保险人站在不同利益方的角度看待这个问题。

不同的利益方对承保范围的理解不同

在实践中，从保险人角度来看，常把一切险的承保范围解释为平安险、水渍险和列明的11种普通附加险，由此可以降低保险人的承保范围和保险责任。中国人民银行1997年5月21日在《关于〈海洋运输货物保险"一切险"条款解释的请示〉的复函》(根据2010年《中国人民银行、中国保险监督管理委员会公告[2010]第12号》已废止)中，将一切险中的外来原因解释为"仅指偷窃、提货不着、淡水雨淋、短量、混杂、玷污、渗漏、碰损、破碎、串味、受潮受热、钩损、包装破裂、锈损"。根据这种解释，中国人民财产保险公司一切险的承保范围应当采用一种"列明、封闭式"的方式来解释。而从被保险人角度来看，一切险的责任范围应不限于水渍险和11种普通附加险，承保范围还应包括其他外来原因所致的货物损失，但是排除一切险的除外责任、5种特别附加险(special additional of risks)和特殊附加险(specific additional risks)(战争险、罢工险)。

保险合同格式条款解释原则

保险合同作为一种格式合同，一般由保险公司提供，对于一切险条款的解释属于格式条款的解释，目前保险合同当事人主要对于"外来原因"的理解有争议。《合同法》和《保险法》的规定均是在双方当事人对保险合同条款存在争议时，对于合同条款首先应从文义解释出发。如果可以确定条款含义，则依据该文义解释，否则应遵循逆向利益解释原则，作出有利于被保险人的解释，即外来原因不限于保险人所认为的11种普通附加险承保的风险。

保险人明确说明的义务

《保险法》第17条规定，保险人应以合理的方式向投保人明确说明保险合同中限制或免除保险人责任的条款，如果未做明确的提示和说明，则该限制或免除责任条款不发生法律效力。PICC一切险条款中并未作出明确的书面说明，说明一切险的责任范围仅限于水渍险和11种普通附加险。所以PICC一切险条款在对除外责任和外来原因未明确说明约定时，承保范围应不限于水渍险和11种普通附加险。

最高人民法院的明确界定平息争议

2015年4月最高人民法院公布的第十批指导性案例中的第52号案例对于一切险的承保范围最高院作出了明确界定。最高人民法院再审裁定丰海公司投保的海南人保PICC一切险条款属于非列明风险，不限于11种普通附加险承保的风险。并否定了中国人民银行复函的规定和对保险合同双方当事人的约束力，保险标的的损失是由于船东非法贩卖和因船东走私被没收所造成，属于PICC一切险下的"外来原因"所致。该案的结论对于未来司法审判工作和保险实务都具有重大影响，对于一切险承保范围的争议也将尘埃落定。

资料来源：改编自庞凯华. 论海运货物一切险的承保范围[J]. 世界海运，2015，38(9)：45-49.（有改动）

我国海上货物运输保险三种基本险别承保的责任范围如图11-1所示。

- 一切险
  - 水渍险
    - 平安险
      - 自然灾害造成的全部损失
      - 意外事故造成的全部或部分损失
      - 在意外事故发生前后，自然灾害造成的部分损失
      - 落海损失
      - 施救费用
      - 避难港损失和费用
      - 共同海损牺牲、分摊或救助费用
      - 货方根据运输合同条款偿还船方的损失
    - 自然灾害造成的部分损失
  - 外来风险所造成的全部或部分损失

图 11-1 三种基本险别承保的责任范围

（二）基本险的除外责任

除外责任，是指保险人列明不负赔偿责任的风险范围，即保险人列明的不予承保的损失和费用。除外责任中列示的各项致损原因，一般都是非意外和不具有偶然性的，或是比较特殊的。我国《海洋运输货物保险条款》中的除外责任，主要包括以下五个方面。

（1）被保险人的故意行为或过失造成的损失。被保险人是指被保险人本人或其代表，并不包括其代理人或普通雇员。由于法律不允许任何人由于本身的故意行为而获利，所以将被保险人的故意行为作为除外风险。例如，买方指使船员把完好的货物抛弃并谎称发生海难，对此抛货损失，保险人将不负责赔偿被保险人故意行为造成的损失；再如，被保险人未能及时提货而造成货物损失，保险人不负责赔偿。

（2）发货人责任所引起的损失。发货人责任引起的损失一般指发货人的故意行为或过失行为引起的货物损失，具体表现为：发货人租用不适航船舶或是租用资信不良的承运人的船舶导致被保险货物损坏，或是在货损后无法向承运人追偿；发货人提供的货物品质不良、申报不实、包装不善、标志不清、货物原装短少短量，以及发货人未履行售货合同的有关规定而引起的货损；在采用集装箱运输的条件下，整箱发运的集装箱按 CY/CY 运输方式，由发货人集装箱引起的短装、积载不当、错装及所选用的集装箱不适货所造成的损失；发货人凭保函向承运人换取清洁提单；发货人参与海运欺诈或者对海运欺诈知情却未及时采取措施以避免或减少损失（minimizing losses）；等等。

（3）货物原已存在品质不良。保险责任开始前，被保险货物已存在的品质不良或数量短缺，这种情况称为货物的原残，如易生锈的钢材、二手机械设备等货物，常存在严重的原残。但在一般情况下，货物的损失是原残，还是在保险期限内由保险风险造成的，通常会引起双方的争议。为避免这种情况的发生，最好在货物装船前进行检验。

（4）被保险货物的自然损耗、本质缺陷、特性及市场跌落、运输延迟引起的损失与费用。自然损耗是因货物自身特性而导致的在运输途中必然会发生的损失，具体表现为水分蒸发、渗漏、扬尘、易碎品破碎、散装货短量等，保险人对此损失不予负责。例如，袋装水泥在运输途中因扬尘而致重量减轻，只要损耗在正常范围内，保险人不予赔偿；油脂类货物在油舱、油管四壁沾留而造成的短量损失。货物的本质缺陷是指货物本身固有的缺陷，或是货物在发运前已经存在的质量上的瑕疵。例如，某些粮谷商品在装船前已有虫卵，遇

到适当温度而孵化,导致货物被虫蛀受损。货物特性是指在没有外来原因或事故的情况下,在运输途中,货物自身性能变化引起的损失。例如,水果腐烂,面粉受热发霉,煤炭自燃等。市场跌落属于商业风险,是一种投机风险。运输延迟是指在运输途中因种种原因致使货物未能在规定的时间内在约定的港口交货,可能会造成市价跌落,新鲜蔬菜、水果腐烂、变质等损失。

(5) 战争险和罢工险中的保险责任与除外责任。这两种保险在我国属于特殊附加险,不在基本险范围之内,要投保需要特别约定附加。

(三) 保险期间

保险期间,是指保险人承担责任的起讫时限。与国际市场的习惯做法一样,我国海洋运输货物基本险的保险期间以运输过程为限,在保险实务中通常被称为“仓至仓”原则。

仓至仓原则,是海洋运输货物保险期间的基本原则,它规定了保险人承担责任的起讫地点,即保险人对保险货物的责任自被保险货物运离保险单载明的起运地发货人仓库或储存处所开始运输时生效,包括正常运输过程中的海上、陆上、内河和驳船运输在内,直到该项货物运抵保险单载明的目的地收货人的最后仓库或储存处所或被保险人用作分配、分派或非正常运输的其他储存处所为止。如未抵达上述仓库或储存处所,则以被保险货物在最后卸载港全部卸离海轮后满 60 天为止。如在上述 60 天内被保险货物需转运到非保险单所载明的目的地,则以该项货物开始转运时终止。

根据我国《海洋运输货物保险条款》“责任起讫”的规定,保险期间可分为正常运输和非正常运输两种情况。

1. 正常运输情况下的保险期间

正常运输是指被保险货物远离货物单载明的起运地发货人仓库或其储存处所至该项货物运抵保险单载明的目的地收货人的最后仓库或储存处所或被保险人用作分配、分派或非正常运输的其他储存处所为止。整个航程所需要的正常运输,包括正常运输过程中的海上、陆上、内河和驳船运输在内,按正常的航线行驶并停靠港口以及途中正常的延迟和转船。例如,一批保险货物从发货人仓库起讫,先装卡车后装火车,最后在起运港装海轮,当货物在卡车卸货于铁路仓库等待火车时,铁路仓库失火,货物被毁,保险人对此损失将负赔偿责任,因为货物损失发生在正常运输过程中。但如果货物从发货人仓库起运,先装卡车运往打包厂加工整理打包,若打包厂失火,货物被毁,保险人将不负任何赔偿责任,因为货物在加工厂储存加工期间,不属于正常运输范围。

在正常运输情况下,保险期间是按仓至仓原则办理的,但在实际业务中,经常发生保险货物卸离海轮后,在运至保险单所载明的收货人仓库之前,需要在卸货港存放一段时间。为满足被保险人的需要,保险人对这段时间仍提供保险保障,但最长时间不能超过 60 天。若届满 60 天货物仍未进入收货人仓库,保险责任也将终止;若在 60 天内货物进入收货人仓库,保险责任在进入仓库时终止。其责任终止具体有以下几种情况。

(1) 以卸货港为目的地,被保险人提货后,运到自己的仓库时,保险责任即将终止。

(2) 以卸货港为目的地,被保险人提货后并不将货物运往自己的仓库,而是将货物进行分配、分派或分散运转,保险责任从开始分配、分派或分散转运时终止。

(3) 以内陆为目的地,从向船方提货后运到内陆目的地的被保险人仓库时,保险责任即行终止,此后如果被保险人将货物出售或分配,保险人不再承担责任。

(4) 以内陆为目的地,如果保险货物在运抵内陆目的地,先行存入某一仓库,然后又将该批货物分成几批再继续运往内陆目的地另外几个仓库,包括保险单所载明目的地,在这种情况下,则以先行放入的某一仓库作为被保险人的最后仓库,保险责任在进入该仓库时即终止,而不管其中是否有部分货物最终运到了保险单所载明的内陆目的地仓库。

上述几种情况,均以保险货物卸离海轮后 60 天为限,并以先发生者为准。

2. 非正常运输情况下的保险期间

非正常运输是指被保险货物在运输中,由于被保险人无法控制的运输迟延、船舶绕道、被迫卸货、重新装载、转载或承运人行使运输合同赋予的权限所做的任何航海上的变更或终止运输合同,致使保险货物运抵非保险单所载明的目的地等非正常情况。

根据我国《海洋运输货物保险条款》的规定,在海洋运输过程中,如果出现被保险人所不能控制的非正常运输情形,保险责任将按下列规定办理。

(1) 当出现由于被保险人无法控制的运输迟延、绕道、被迫卸货、重新装载、转载或承运人运用运输合同赋予的权限所做任何航海上的变更时,在被保险人及时将获知的情况通知保险人并在必要时加缴一定保险费的情况下,保险人可继续承担责任。在此期间,保险合同继续有效。

(2) 在被保险人无法控制的情况下,保险货物如在运抵保险单载明的目的地之前,运输合同在其他港口或地方终止,在被保险人立即通知保险人并在必要时加缴一定保险费的情况下,保险合同继续有效,直至货物在这个卸载港口或地方卖出去以及送交之时为止。但是,最长时间不能超过货物在卸载港全部卸离海轮后满 60 天。在这两种情况下,保险责任的终止以先发生者为准。

(3) 被保险货物如在上述 60 天内继续运往保险单所载原目的地,保险责任的终止按正常运输情况下的规定。

(四) 被保险人的义务

被保险人如因未履行规定的义务而影响保险人利益,保险人对有关损失有权拒绝赔偿。被保险人的义务包括以下几方面。

(1) 及时提货、申请检验。当被保险货物运抵保险单所载明的目的地以后,被保险人应及时提货,发现被保险货物遭受任何损失,应立即向保险单上载明的检验、理赔代理人申请检验,如发现被保险货物整件短少或有明显残损痕迹应立即向承运人、受托人或有关当局(海关、港务当局等)索取货损货差证明。如果货损货差是由于承运人、受托人或其他有关方面的责任所造成,应以书面方式提出索赔,必要时还须取得延长时效的认证。

(2) 采取合理的抢救措施。对遭受承保责任内危险的货物,保险双方都可迅速采取合理的抢救措施,防止或减少货物的损失。被保险人采取此项措施,不应被视为放弃委付的表示,保险人采取此措施,也不得视为接受委付的表示。

(3) 维护保险单的效力。如遇航程变更或发现保险单所载明的货物、船名或航程有遗漏或错误,被保险人应在获悉后立即通知保险人并在必要时加缴保费,保险合同才继续有效。

(4) 提供索赔单证。索赔时,一般须提供:保险单正本、提单、发票、装箱单、磅码单、货损货差证明、检验报告及索赔清单。如涉及第三者责任,还须提供向责任方追偿的有关函电及其他必要单证或文件。

(5) 被保险人在获悉有关运输合同中"船舶互撞责任"条款的实际责任时,须及时通知保险人。如果能够证明承运方未尽到应尽职责,则其不能豁免对本船货损的赔偿责任。

(五) 索赔期限

被保险人提出保险索赔的期限最多不超过两年,从保险事故发生之日算起,逾期将丧失索赔权。

二、海运货物保险附加险

国际贸易货物在运输过程中可能遭遇到的风险和损失,除了前面基本险所承保的由于自然灾害与意外事故所造成的风险和损失外,往往还有其他外来原因所引起的风险和损失。为了满足投保人的需要,保险人在基本险条款之外又制定了各种附加险条款。附加险是基本险的扩大和补充,不能单独投保,必须在投保基本险(基本险的一种)的基础上加保。加保的附加险可以是一种或几种,由被保险人根据需要选择确定。附加险按照承保的风险不同,分为一般附加险、特别附加险和特殊附加险三类。

(一) 一般附加险

一般附加险,负责赔偿一般外来风险所致的损失。由于一般附加险已包括在一切险中,所以若已投保一切险,则无须加保此险别。我国《海洋运输货物保险条款》规定的一般附加险有以下 11 种。

1. 偷窃、提货不着险

偷窃、提货不着险(theft, pilferage and non-delivery clause, TPND),主要承保在保险有效期内保险货物被偷走或窃取以及货物抵达目的地后整件未交的损失。偷窃是指暗中进行的偷摸、窃取行为,不包括使用暴力手段的公开劫夺。提货不着是指货物的全部或整件未能在目的地交付给收货人。但本险别并非对任何原因所致的提货不着均负责,如保险货物在中途被当作危险品扣押,被保险人并不能据此险别获得赔偿。在这一险别下,为了便于确定责任,对于偷窃的损失,被保险人必须在及时提货后 10 天之内申请检验,而对于整件提货不着,被保险人必须向责任方、海关或有关当局取得证明,保险人才予赔偿。同时保险人享有代位追偿的权利。

2. 淡水雨淋险

淡水雨淋险(fresh water rain damage, FWRD),承保货物在运输途中由于淡水或雨水造成的损失,包括船上淡水舱、水管漏水以及舱汗所造成的货物损失。不过,保险人赔偿责任,要求被保险人必须在知道发生损失后的 10 天内申请检验,并要以外包装痕迹或其他证明为依据。

3. 短量险

短量险(risk of shortage),负责对被保险货物在运输途中,因包装破裂或散装货物发生数量损失或重量短缺的损失进行赔偿,但不包括货物在途中的正常损耗(正常损耗不属于短量险的责任范围,必须事先扣除,因此双方往往在保险单中约定一个免赔额)。被保险人对于包装货物的短少,应当提供外包装发生破裂现象的证明;对于散装货物,则以装船重量和卸船重量之间的差额作为计算短量的依据,同时还要扣除免赔额。

4. 混杂玷污险

混杂玷污险(risk of intermixture and contamination),承保两类风险:一是保险货物在运输过程中,因混进杂质而致的损失。例如,矿砂、矿石等因混进了泥土、草屑等使其质量受到影响。二是承保保险货物在运输途中受其他货物玷污所致的损失。例如,布匹、纸张、食物、服装等被油类或带色的物质污染而造成的经济损失等。如果因为船舱不洁而造成混杂、玷污的则属于承运方责任。

5. 渗漏险

渗漏险(leakage risk),承保两类损失:一是承保流质、半流质及油类货物在运输过程中,因容器损坏而引起的渗漏损失。例如,装在铁桶中的汽油由于铁桶破裂而漏出桶外造成的损失。二是承保用液体储藏的货物因液体的渗漏而引起的货物腐烂、变质等损失。例如,装在坛中的酱菜由于坛子破裂,酱菜汁渗漏而变质导致的损失。如果渗漏出来的物质对其他货物或者船舶造成的损失保险人不予承保。

6. 碰损破碎险

碰撞破碎险(risk of clash and breakage),承保货物在运输过程中,因震动、碰撞、受压造成的碰损和破碎损失。碰损主要是对金属和金属制品的货物,如机器、搪瓷或木家具等,在运输过程中因受震、受压、碰击等造成的凹痕、脱漆、破裂等。破碎主要是指易碎货物,如玻璃、玻璃制品、陶瓷制品、大理石、玉制工艺品等,在运输过程中因震动、挤压、撞击、颠簸等外来原因造成货物的破碎。如果碰损破碎的货物造成其他货物碰损破碎的损失保险人不予承保。

7. 串味险

串味险(taint of odor risk),承保货物在运输过程中,因受其他异味货物的影响造成串味的损失。例如,食品、饮料、香料、中药材、化妆品原料等在运输过程中与樟脑堆放在一起,樟脑味串及上述货物造成损失。但是,这种串味损失因承运人配载不当所造成,保险人在对被保险人赔付后,应向承运人追偿损失。

8. 受潮受热险

受潮受热险(sweat and heating risk),承保货物在运输过程中,由于气温突然变化或船上通风设备失灵,使船舱内的水汽凝结而引起货物发潮或发热所造成的霉烂、变质等损失。例如,船舶经过炎热潮湿的赤道地带,船舱内的谷物霉烂导致的损失,被保险人可向保险人索赔。但是,被保险人必须负举证之责,证明货物是由于外界原因而非本身缺陷致损的。

9. 钩损险

钩损险(hook damage clause),承保袋装、捆装货物在装卸或搬运过程中,由于装卸或搬运人员操作不当，使用钩子将包装钩坏或直接钩及货物而造成的损失。在实际业务中，袋装水泥、粮食及捆装货物、纸张等货物均可能遭受此类损失，一般应加保钩损险。

10. 包装破裂险

包装破裂险(breakage of packing risk)，承保货物在运输过程中，因装卸或搬运不慎，使外包装破裂造成短少、玷污等导致的损失。对于在运输过程中，为了续运安全需要而产生的修补包装、调换包装所支付的费用，保险人也予负责。

11. 锈损险

锈损险(risk of rust)，承保金属或金属制品在运输过程中，因各种外来原因导致生锈造成的损失。由于有些裸装的金属板、块、条、管等货物以及习惯装在舱面的体积庞大的钢铁制品等在运输过程中难免发生锈损，而且与装运前的锈损难以分开，因而保险人对此类货物一般不愿接受锈损险的投保。

（二）特别附加险

特别附加险，与一般附加险一样，不能独立投保，必须附属于基本险项下。它与一般附加险的区别在于：特别附加险不包括在一切险的责任范围内，而一般附加险属于一切险的责任范畴。特别附加险所承保的风险，往往与政治、国家行政措施、政策法令、航运贸易习惯等因素相关。我国海洋运输货物保险中承保的特别附加险主要有以下六种。

1. 进口关税险

进口关税险(import duty risk)，承保货物由于遭受保险事故损失，但被保险人仍需按完好货物价值缴纳进口关税所造成的损失。进口关税险的保险金额是单独的，与货物本身的保险金额分别载明在保险单内，不能互相串用，是我国海运附加险中唯一需另行确定保险金额的险种。保险金额根据可能缴纳的关税来确定，通常由被保险人根据进口国进口关税的税率来制定。这个险别的设置，是因有些国家规定，不论进口货物有无损失，都要照申报价值缴纳进口关税。如果货物发生全损或者丢失，根据一切险条款，进口商的货物损失可从保险公司得到补偿。但所纳关税属于间接损失，是一切险的除外责任，得不到补偿。收货人为取得这种在一切险责任以外的保障，需要向保险公司单独投保进口关税险。保险公司在承保时，也要审核和限定保险金额，以防止道德风险。这种附加险在赔偿时，保险公司赔偿的金额是被保险人因货物损毁而不应缴纳的那部分关税，即用完好价值关税减去残余货物关税的余额即可。

2. 舱面险

舱面险，承保载于舱面上的货物，因遭受保险事故而致的损失以及抛弃和浪击落海的损失。海洋运输货物一般都是装在轮船舱内进行运输的，保险人在制定海洋运输货物保险的责任范围和费率时，都是以舱内运输作为考虑基础的，因此，对于货物装载舱面所发生的损失，保险人不负赔偿责任。但是，有些货物由于体积大、有毒性、有污染性或者易燃易爆等，根据航运习惯必须装载在舱面上。舱面险就是为了对这类货物的损失经济补偿而设立的附加险别。由于货物装载舱面极易受损，遭受水湿雨淋等情况更是司空见惯。因此，保险人为避免责任过大，一般只接受在平安险、水渍险的基础上加保舱面险，不接受在一切险的基础上加保舱面险。集装箱货物视同舱内货物，不必加保本保险。

3. 黄曲霉素险

黄曲霉素险(aflatoxin risk),承保在保险责任有效期内,在进口港或进口地经当地卫生当局检验,证明黄曲霉素的含量超过进口国对该毒素的限制标准,因而被拒绝进口、没收或强制改变用途的损失。黄曲霉素是一种致癌毒素,发霉的花生、油菜籽、大米等一般都含有这种毒素。各国卫生当局对这种毒素的含量都有严格的限制标准。如果某种进口粮食作物的黄曲霉素含量超过限制标准,就会被拒绝进口,或者被没收,或者被强制改变用途。黄曲霉素险就是承保由此所造成损失的险别。

4. 拒收险

拒收险(rejection risk),承保货物在进口时由于各种原因,被进口国政府和有关当局(如海关、动植物检疫局)拒绝进口或没收所造成的损失。保险人的赔偿金额为被拒绝进口或没收货物的保险价值。其前提条件是,被保险人保证货物备有一切必需的有效进口许可文件,而且货物的生产、质量、包装和商品检验符合产地国与进口国的有关规定。在运输过程中,如果保险货物在起运后尚未抵达目的港,进口国宣布禁运或禁止,则保险人只负责赔偿将货物运回出口国或转口到其他目的地而增加的运费,但最多不能超过该批货物的保险价值。如果保险货物在起运前进口国即已宣布禁运或禁止,那么保险人不负任何赔偿责任。

5. 交货不到险

交货不到险(failure to delivery risk),承保货物装上船后,不论任何原因,从预定抵达目的地日期开始满 6 个月后仍未运到目的地交货的损失,"交货不到"与一般附加险中的"提货不着"不同,它并不是承运人运输上的原因,而是某些政治因素引起的。例如,由于运输途中被中途国政府当局禁运,保险货物被迫在中途卸货导致货主收不到货而造成损失。保险人在承保这种险别时,一般要求被保险人首先获得一切进口许可证件并办妥有关进口手续,以免日后因无进口许可证等原因,被拒绝进口而造成交货不到。另外,凡提货不着险及战争险应负责的损失,本险不予负责。由于交货不到,保险货物很可能并未实际遭受全损,因此,保险人在按全损赔付时,都特别要求被保险人将保险货物的全部权益转移给保险人。

6. 出口货物到香港(包括九龙)或澳门存仓火险责任扩展条款

出口货物到香港(包括九龙)或澳门存仓火险责任扩展条款(fire risk extension clause for storage of cargo at destination Hong Kong, including Kowloon or Macao),专门适用于出口到港澳地区且在该地银行办理押汇的出口运输货物。它承保货物运抵香港或澳门卸离运输工具后,直接存放于保险单载明的过户银行指定的仓库时发生火灾造成的损失。该附加险是一种保障过户银行权益的险种。货物通过银行办理押汇,在货主未向银行归还货款前,货物的权益属于银行,在该保险单上必须注明过户给放款银行。货物在此期间到达目的港,收货人无权提货,必须存入过户银行指定的仓库。该附加险的保险期间,自被保险货物运入过户银行指定的仓库之时起至过户银行收回货款,解除货物权益之时,或者运输责任终止(基本险责任)时起满 30 天时止。若被保险人在保险期限届满前向保险人书面申请延期的,在加缴所需保险费后可以继续延长。

（三）特殊附加险

特殊附加险，与特别附加险一样，不能独立投保，只有在投保海洋运输货物保险基本险的基础上，才能加保特殊附加险。特殊附加险包括战争险和罢工险。

1. 战争险

1）承保范围

战争险的承保范围包括：①被保险货物由于战争、类似战争行为和敌对行为、武装冲突或海盗行为；②由上述原因引起的捕获、拘留、扣留、禁制、扣押所造成的损失；③各种常规武器（包括水雷、鱼雷、炸弹）所致的损失；④上述原因引起的共同海损牺牲、损失和费用。

需要注意的是，战争险只承保战争风险造成的直接物质损失，对由于战争风险所致的附加费用并不予以承保。例如，因战争而导致航程中断，或引起卸货、存仓或转运等额外支出的费用，并不属于战争险的承保责任。如果被保险人希望保险人对这些附加费用也予以负责，可再加保战争险的附加费用险（additional expenses war risks），它实际上是对战争险责任范围的扩展。

2）除外责任

战争险的对以下责任不予承保：①由于敌对行为使用原子或热核制造的武器所致的损失和费用；②根据执政者、当权者或其他武装集团的扣押、拘留引起的承保航程的丧失和挫折而提出的任何索赔。

3）责任起讫

战争险保的险期间同基本险有所不同，它承保责任的起讫不是"仓至仓"，而是"水上危险"为限，即

(1) 以货物装上保险单所载明的起运港的海轮或驳船开始到卸离保险单所载明的目的港的海轮或驳船为止。如果被保险货物不卸离海轮或驳船，保险责任期限以海轮到达目的港的当日午夜起算 15 天为止。海轮到达上述目的港是指海轮在该港区内一个泊位或地点抛锚、停泊或系缆，如果没有这种泊位或地点，则指海轮在原卸货港或地点或附近第一次抛锚、停泊或系缆。

(2) 如果货物需在中途港转船，不论货物是否卸载，保险责任均以海轮到达该港或卸货地点的当日午夜起算满 15 天为止。只有在此期限内装上续运海轮，保险责任才继续有效。

(3) 如运输契约在保单载明目的地以外的地点终止，该地即视为本保险目的地，仍按照上述第(1)款的规定终止责任，如需运往原目的地或其他目的地，在被保险人在续运前通知保险人并加交保费的情况下，可自装上续运的海轮时继续有效。

(4) 如运输发生绕道，改变航程或承运人运输契约赋予的权限所做的任何航海上的改变，在被保险人及时将所获得的情况通知保险人，在必要时加交保费的情况下，保险合同继续有效。

2. 罢工险

罢工险是指对被保险货物由于罢工者，被迫停工工人或参加工潮、暴动、民众斗争的

人员的行动,或任何人的恶意行为所造成的直接损失和上述行动或行为所引起的共同海损的牺牲、分摊和救助费用负赔偿责任。

罢工险只承保罢工行为所致的被保险货物的直接损失。如果因罢工造成劳动力不足或无法使用劳动力,而使货物无法正常运输、装卸以致损失,属于间接损失,保险人不予负责。我国的罢工险与《协会货物保险条款》基本相同,不同的是没有特别强调恐怖行为或政治目的行为损失。

三、海运货物保险专门险

海运货物保险专门险是根据海洋运输货物的特性而承保的专门险别,可以单独投保。目前我国海运货物险的专门险主要有海洋运输冷藏货物保险和海洋运输散装桐油保险两种。

(一) 海洋运输冷藏货物保险条款

海洋运输冷藏货物保险条款[ocean marine insurance clause(frozen products)],是根据冷藏货物的特性专门设立的。一些需要冷藏运输的鲜货,如鱼、虾、肉类、蔬菜及水果等,为了保持新鲜程度,在运输时,一般需要经过特别处理后转入轮船冷藏舱内。在运输过程中,可能会因船舱冷藏设备失灵造成鲜货的腐烂,为此设立海洋运输冷藏货物保险。

1. 承保风险

1) 冷藏险

冷藏险(risks for frozen products)的责任范围除负责由于冷藏机器停止工作连续达24小时以上所造成的货物腐烂的损失外,其他赔偿责任与水渍险相同。此处的冷藏机器包括载运货物的冷藏车、冷藏集装箱及冷藏船上的制冷设备。

2) 冷藏一切险

冷藏一切险(all risks for frozen products)与一切险的责任基本相同:除包括上列冷藏险的各项责任外,还负责被保险货物在运输途中由于外来原因所致的腐败或损失。

2. 除外责任

海洋运输冷藏货物保险的除外责任,除海洋运输货物保险基本险的除外责任外,还针对冷藏货物保险的特点,增加了两点变化,对以下两点所造成的损失不负赔偿责任。

(1) 被保险货物在运输过程中的任何阶段,因未存放在有冷藏设备的仓库或运输工具中,或辅助工具没有隔温设备造成的货物腐败。

(2) 被保险货物在保险责任开始时因未保持良好状态,包括整理加工和包装不妥,冷冻上的不合规定及肉食骨头变质所引起的鲜货腐烂和损失。

3. 保险期间

海洋运输冷藏货物保险的保险期间与海洋运输货物保险的保险期间基本相同。只是针对冷藏货物的特点,对有关时间进行了调整。

(1) 自被保险货物运离保险单所载明起运地点的冷藏仓库装入运送工具开始运输时生效,包括正常运输过程中的海上、陆上、内河和驳船运输在内,直至该项货物到达保险单所载明的最后卸载港30天内卸离海轮，并将货物存入岸上冷藏库后继续有效。但以货物全部卸离海轮时起算满10天为限。在上述期限内货物一经移出冷藏库，则责任即行终止，如卸离海轮后不存入冷藏库，则至卸离海轮时终止。

(2) 由于被保险人无法控制的运输延迟、绕道、被迫卸货、重新装载、转载或承运人运用运输契约赋予的权限所做的任何航海上的变更或终止运输契约，致使被保险货物运到非保险单所载明目的地时，在被保险人即时将获知的情况通知保险人，并在必要时加缴保险费的情况下，本保险仍继续有效。保险责任按下列规定终止。

① 在货物到达卸载港30天内卸离海轮并将货物存入岸上冷藏仓库后继续有效，但以货物全部卸离海轮后时起算满10天终止。在上述期限内，被保险货物如在非保险单所载明目的地出售，保险责任至交货时为止。

② 被保险货物如在上述10天期限内继续运往保险单所载原目的地或其他目的地时，保险责任仍按上述第①款的规定终止。

关于被保险人的义务和索赔时效，海洋运输冷藏货物保险与海洋运输货物保险条款的规定相同。

(二) 海洋运输散装桐油保险条款

海洋运输散装桐油保险条款[ocean marine insurance clause(wood oil bulk)]，是根据散装桐油的特点而专门设立的，可以单独投保。桐油因自身的特性，在运输过程中容易受到污染、短少、渗漏、变质等损失。为此，它需要不同于一般货物保险的特殊保障。海洋运输散装桐油保险条款就是为了给桐油提供全面保障而制定的。

1. 承保风险

(1) 不论任何原因所致被保险桐油短少、渗漏损失而超过本保险单规定的免赔率时(以每个油仓作为计算单位)。

(2) 不论任何原因所致被保险桐油的玷污或变质损坏。

(3) 被保险人对遭受承保责任内危险的桐油采取抢救、防止或减少货损的措施而支付的合理费用，但以不超过该批被救桐油的保险额为限。

(4) 共同海损的牺牲、分摊和救助费用。

(5) 运输契约订有"船舶互撞责任"条款，根据该条款规定应由货方偿还船方的损失。

2. 除外责任

海洋运输散装桐油保险的除外责任与海洋运输冷藏货物保险的除外责任基本相同，主要是以下几点。

(1) 被保险人的故意行为或过失所造成的损失。

(2) 属于发货人责任所引起的损失。

(3) 在保险责任开始前，被保险桐油已存在的品质不良或数量短差所造成的损失。

(4) 被保险桐油的市价跌落或运输延迟所引起的损失或费用。

(5) 本公司海洋运输货物战争险和海洋运输货物罢工险条款规定的责任范围与除外责任。

3. 保险期间

海洋运输散装桐油保险的保险期间,与海洋运输货物保险基本险的保险期间基本一致,也是按仓至仓原则负责的。其具体内容如下。

(1) 自被保险桐油运离保险单所载明的起运港的岸上油库或盛装容器开始运输时生效,在整个运输过程中继续有效,直至安全交至保险单所载明目的地的岸上油库时为止。但若桐油不及时卸离海轮或未交至岸上油库,则最长保险期限以海轮到达目的港后 15 天为限。

(2) 在非正常运输情况下,被保险桐油运到非保险单所载明目的港时,应在到达该港口 15 天内卸离海轮,在卸离海轮后满 15 天责任终止。如在 15 天内货物在该地出售,则保险责任以交货时为止。

(3) 被保险桐油在上述非正常运输情况下,如在 15 天内继续运往保险单所载明原目的地或其他目的地,保险责任则按上述条款的规定终止。

4. 特别约定

由于桐油是易受污染和变质的货物,因此,保险人针对保险标的的特性,在接受承保时向被保险人提出了一些特别约定。

(1) 船上油仓在装油前必须清洁并经在场的商品检验局代表检验出具合格的证书,被保险人必须取得下列检验证书:在场的商品检验局出具的表明油轮清洁的合格证书;商品检验局对桐油装船后的容量或重量以及温度进行详细检验并出具的证书;商品检验局对装船桐油的品质进行抽样化验并出具合格证书,证明在装运时确无玷污、变质或"培他"(桐油损失专门名词)迹象。

(2) 如遇必须卸货的情况,在卸货前须进行品质鉴定并取得证书,对接收所卸桐油的油驳、岸上油库其他容器以及重新装载桐油的船舶油轮均须申请当地合格检验人进行检验,并取得证书。

(3) 被保险桐油在运抵本保险单所载明目的港后,被保险人必须在卸货前通知本保险单所指定的检验、理赔代理人,由他指定的检验人进行检验。确定卸货时油仓中的温度、容量、重量或量尺,并应由代理人指定的合格化验师一次或数次抽样化验,出具确定当时品质状况的证书。如到货后由油驳驳运,则油驳在装油前须经检验人检验出证。

5. 赔偿处理

海洋运输散装桐油保险赔款的处理,根据桐油保险的特点,规定如下。

(1) 如被保险桐油经检验和化验证明已发生短少或损失,必须同装船时的检验和化验报告相比较,估定损失数额。如发生全损,以经过商品检验局详细检验并出具证书的装船重量作为本保险负责的装运量的计算标准。同时需要扣除约定的免赔或正常途耗。

(2) 如根据化验报告中的鉴定被保险桐油品质上有变异,本保险按实际所需的提炼费用(包括提炼后的短量、贬值、运输、人工、存仓、保险等各项费用)减去通常所需的提炼费用后差额赔付。

(3) 一切检验和化验费用均由被保险人负担,但为了决定赔款数额而支付的必要检验和化验费用,可由保险人负担。海洋运输散装桐油保险的索赔时效,从被保险货物在最后卸载港全部卸离海轮后起计算,最多不超过两年。

本节内容可概括为表 11-1。

表 11-1 中国海洋运输货物保险条款

<table>
<tr><td rowspan="8">基本险</td><td rowspan="3">承保责任</td><td>平安险</td><td>对于由自然灾害引起的单独海损不赔</td></tr>
<tr><td>水渍险</td><td>平安险＋由自然灾害引起的部分损失</td></tr>
<tr><td>一切险</td><td>水渍险＋由外来原因引起的损失</td></tr>
<tr><td>除外责任</td><td colspan="2">1. 被保险人的故意行为或过失行为所造成的损失；
2. 发货人责任所引起的损失；
3. 货物原已存在品质不良；
4. 货物的自然损耗、本质缺陷、特性及市场跌落、运输延迟引起的损失与费用；
5. 战争险和罢工险中的保险责任与除外责任。这两种保险在我国属于特殊附加险，不在基本险范围之内，要投保需要特别约定附加</td></tr>
<tr><td rowspan="2">保险期间</td><td colspan="2">正常运输</td></tr>
<tr><td colspan="2">非正常运输</td></tr>
<tr><td>被保险人义务</td><td colspan="2">1. 及时提货，尽快报损，保留向责任方追偿权；
2. 合理施救，减少损失，不作为放弃委付表示；
3. 内容变更，通知加费，以使保险单继续有效；
4. 备全单证，办妥手续，以供保险人定损结案；
5. 船舶互撞，通报责任，相助保险人抗辩船方</td></tr>
<tr><td>索赔期限</td><td colspan="2">两年</td></tr>
<tr><td rowspan="3">附加险</td><td>一般附加险</td><td colspan="2">偷窃、提货不着险；淡水雨淋险，短量险，混杂玷污险，渗漏险，碰损破碎险，串味险，受潮受热险，钩损险，包装破裂险，锈损险</td></tr>
<tr><td>特别附加险</td><td colspan="2">进口关税险、舱面险、黄曲霉素险、拒收险、交货不到险、出口货物到中国香港（包括九龙）或中国澳门存仓火险责任扩展条款</td></tr>
<tr><td>特殊附加险</td><td colspan="2">战争险、罢工险</td></tr>
<tr><td colspan="2" rowspan="2">专门险</td><td colspan="2">海洋运输冷藏货物保险条款</td></tr>
<tr><td colspan="2">海洋运输散装桐油保险条款</td></tr>
</table>

第二节 伦敦保险协会海洋运输货物保险条款

英国是近代世界海上保险的中心，在国际海上贸易航运和保险业中占有很重要的地位。因此，英国所制定的各种保险规章制度，尤其是海运保险单格式和保险条款，使用非常广泛，对世界各国的海运保险发展都起着重要的影响。《协会货物保险条款》在国际保险市场上应用十分广泛，据统计，在全世界范围内大约有 2/3 的国家都在采用《协会货物保险条款》。

一、《协会货物保险条款》的主要发展阶段

英国劳合社的 S. G. 保险单（船、货保险单）在长期的保险发展实践中，曾一度是国际间海上保险的主要保单格式，也被许多国家作为制定自己国家海上保险单的范本。1779 年 1 月 12 日劳合社社员大会正式通过将 S. G. 保险单作为统一的标准化海上保险单。

1975 年英国议会通过立法，强制所有的承保商在海上保险交易中使用 S. G. 保险单。1906 年英国议会通过的《海上保险法》将 S. G. 保险单列为附件，后来逐渐成为英国法定的海上保险单的范本。

1912 年，伦敦保险协会的技术与条款委员会（Technical and Clause Committee）制定了《协会货物保险条款》，对沿用已久的 S. G. 保险单的内容进行了修改和补充，以加贴的形式附于保险单背面。后来，为了适应不同时期国际贸易、运输、法律等方面的变化和发展，该条款已先后多次补充和修改，于 1963 年形成了一套完整的海上运输货物保险标准条款，即 ICC 旧条款。该条款包括平安险、水渍险和一切险三套条款，我国现行的《海洋运输货物保险条款》正是参照该条款而制定的。

ICC 旧条款仍然是与 S. G. 保险单配合使用的，1981 年进行修订，并于 1982 年 1 月 1 日起开始在伦敦市场使用。1983 年 3 月 31 日起 ICC 旧条款和劳合社 S. G. 保险单在伦敦保险市场停止使用。从 1983 年 4 月 1 日起，开始强制性要求使用新的海上保险单格式和 ICC 新条款。新条款对原有保险条款进行了一次实质性变革，形成了 ICC(A)［协会货物保险条款(A)］、ICC(B)［协会货物保险条款(B)］、ICC(C)［协会货物保险条款(C)］。新保险单本身不能单独使用，必须与新条款同时使用才能构成一份完整的保险合同。

联合货物保险委员会（Joint Cargo Committee）于 2008 年对 ICC1982 进行了修订，推出了 2009 年 1 月 1 日版本的新条款。

二、2009 年《协会货物保险条款》的主要特点

1. 保险条款的结构统一，体系完整，语言简练

与 1982 年《协会货物保险条款》的结构体例基本相同，各种险别条款的条文，均按问题的性质做了统一的分类排列，体系完整，语言简练。除了作为附加险的“恶意损害险条款”之外，均包括八项内容，即承保范围、除外责任、保险期间、索赔、保险利益、减少损失、防止迟延（avoidance delay）及法律惯例（law and practice）。在上述八项内容中，除了前三项之外，其他五项在 ICC(A)、ICC(B)、ICC(C)以及战争险和罢工险中都是完全相同的。由于战争险和罢工险也完整地包括了上述八项内容，因而也可以独立投保，无须作为特殊附加险加保于基本险中。1963 年的协会条款有 14 条，ICC1982 和 ICC2009 条款都是 19 条，增加了保险利益条款（benefit of insurance clause）、续运费用条款（forwarding charge clause）、增值条款（increased value clause）、放弃条款和英国法律与惯例条款，内容更加全面，体系更加完整。

2. 保险条款的主要险别采用英文字母 A、B、C 命名，更加明晰严谨

从 ICC1982 开始，条款名称就取消了旧条款“单独海损不赔”（平安险）、“负责单独海损”（水渍险）及“一切险”的名称，而取代为“协会货物保险条款(A)”“协会货物保险条款(B)”“协会货物保险条款(C)”。这一改变克服了旧条款的名称与内容不一致，易使人们产生误解的弊端。另外，新条款 A、B、C 都取消了免赔额(率)的规定。

3. 承保责任采用“列明风险”和“一切风险减除外责任”两种方式

从 ICC1982 开始，除了个别险种外，保险条款均采用“列明风险”和“一切风险减除外责任”的方式表示保险人的承保责任。例如，ICC(A)就是采用“一切风险减除外责任”的

方式，即除了"除外责任"项下所列风险保险人不予负责外，其他风险均予负责。ICC(B)、ICC(C)以及战争险与罢工险则采用"列明风险"的方式，即在条款的开头就把保险人所承保的风险一一列出。

4. 取消了"全部损失"与"部分损失"的划分

从ICC1982开始，保险条款对保险人承保的风险损失，不再做全部损失与部分损失的划分。凡属承保责任范围内的损失，不论是全部损失还是部分损失，保险人均负赔偿责任；相反，凡不属承保责任范围内的损失，保险人不予负责。这一改变简化了对保险人承保责任的规定，使各种险别的承保责任范围比较明确，减少了不同险别的承保责任范围相互交叉重复的现象。但ICC(B)第1.3条关于承保范围的规定"货物在船舶或驳船装卸时落海或跌落造成任何整件的全损"是一个例外。

5. 不同险别的差距扩大，划分更加容易

旧条款中"单独海损不赔"与"负责单独海损"的差距较少，极易混淆；而自ICC1982开始的新保险条款中，ICC(A)、ICC(B)及ICC(C)险别的差距较大，且容易划分。

伦敦保险协会的海运货物保险条款主要有以下六种。

(1) 协会货物保险条款(A)(Institute Cargo Clause A)。

(2) 协会货物保险条款(B)(Institute Cargo Clause B)。

(3) 协会货物保险条款(C)(Institute Cargo Clause C)。

(4) 协会战争险条款(货物)(Institute War Clause-Cargo)。

(5) 协会罢工险条款(货物)(Institute Strike Clause-Cargo)。

(6) 协会恶意损害险条款(货物)(Institute Malicious Damage Clause)。

以上六种保险条款中，前三种为主险，可以单独投保。战争险条款、罢工险条款和恶意损害险条款为附加险，但战争险和罢工险也可以单独投保，只有恶意损害险不能单独投保，只能在基本险的基础上加保。

6. 关于保险责任条款的描述和用词更加准确、表述更加清楚

ICC1982的除外责任第4～7条下分别列有副标题，但副标题所表示的意义不能完全与除外责任的内容相比。为了避免产生歧义，首先，ICC2009取消了除外责任的副标题，从而使关于除外责任的表述更加准确。其次，ICC2009还对ICC1982的部分用词进行了更换，使其意思表达更为准确，如将雇员更换为受雇人；承保人更换为保险人；货物更换为保险标的；等等。此外ICC2009将ICC1982中沿袭ICC1963的个别表述晦涩难懂的条款表述予以更改，如关于"Both to Blame Collision Clause"(船舶互撞责任条款)表述的修改更加容易理解。

7. 关于除外责任、保险责任、航程变更和被保险人范围的界定做了较大变更

相对于ICC1982，ICC2009对除外责任中的第4.3条"保险标的的包装或配装不足或不当"、第4.5条"迟延"、第4.6条"船舶所有人、经理人、租船人或经营人破产或不履行债务"、第5条"不适航和不适货"、第7条"罢工和恐怖主义"进行了修订，使相关条款的使用更加容易判断，同时对相关除外责任进行了限制或范围扩大的变更。

ICC2009还对第8条"运输条款"中的保险责任起讫点进行了变更。将保险责任起点由ICC1982规定的"自货物运离保险单所载明的启运地仓库或储存处所开始运输时起"

拓展至"自保险标的为了开始运输立即搬运至运输车辆或其他运输工具的目的,在仓库或储存处所(本保险合同载明的地点)开始搬移时",即由"仓至仓"拓展至"从仓库搁板到车后挡板"(from shelf to tailgate)。[①]

同时,ICC2009 第 10 条对 ICC1982 "航程变更"时的续保条款进行了更为详尽的说明,同时增加了"被保险人或其受雇人对该船舶驶向另一目的地不知情,则本保险仍然被视为是在本保险合同规定的航程开始时生效"的规定,此规定加大了对无辜的被保险人提供的保障。

ICC2009 第 15 条"Benefit of Insurance"(保险利益)取代了 ICC1982 第 15 条"Not to Inure Clause"(不能受益条款)。同时规定"保障被保险人,包括根据本保险合同提出索赔的人或收货人"将被保险人的范围扩大到包括收货人。

三、伦敦保险协会货物基本险条款

ICC2009 基本险条款分为 A、B、C 三个条款。

(一) 协会货物保险条款(A)

1. 承保风险

承保风险包括风险条款(risks clause)、共同海损条款、船舶互撞责任条款。

1) 风险条款

ICC 2009(A)承保除第 4、5、6 和 7 条规定的除外责任以外的保险标的的灭失或损害的一切风险。造成保险标的的损失或损害的一切险减去除外责任,要求被保险人只要证明其保险货物遭受意外损失即可索赔。B、C 条款采用列明承保风险,保险条款未列明承保的风险不在保险人的保险赔偿责任范围内。

2) 共同海损条款

ICC2009(A)第 2 条规定本保险承保根据运输合同及/或适用法律和惯例理算或确定的,为避免或与避免任何原因导致的有关引起共同海损和救助费用的损失,但不包括第 4、5、6 和 7 条的除外责任。共同海损条款是对英国《1906 年海上保险法》有关共同海损和救助费用规定的补充,明确了共同海损理算或救助费用确定应该适用的法律。根据该条款,保险人不仅赔偿保险货物本身遭受的共同海损牺牲,还包括保险货物应承担的共同海损分摊或救助费用分摊。

3) 船舶互撞责任条款

ICC2009(A)第 3 条规定本保险赔偿被保险人根据运输契约的船舶互撞责任条款,由被保险人就承保风险应承担的责任。在上述条款下若承运人向被保险人提起索赔,被保险人同意通知保险人,保险人有权自负费用为被保险人就此项索赔抗辩。

2. 除外责任

从所包含的除外责任事项来看,ICC2009(A)的除外责任并未对 ICC1982 进行增减,都通过第 4、5、6、7 条除外责任进行规定。只是所有的除外责任不仅适用于保险标的的损

---

① 杨良宜,汪鹏南.英国海上保险详论[M].大连:大连海事大学出版社,2009:614.

失和损害，而且适用于有关费用。其具体除外责任如表 11-2 所示。

表 11-2　ICC 2009(A)除外责任

类别	条款序号	条款内容
ICC 2009(A)除外责任	第 4 条	4. 在任何情况下，本保险不承保： 4.1 可归因于被保险人的恶意行为引起的灭失、损害或费用。 4.2 保险标的的自然渗漏、重量或容量的自然损耗或自然磨损。 4.3 由于保险标的的包装或配装不足或不当引起的无法承受运输途中发生的通常的事故而产生的灭失、损害或费用，此种情况适用于：该包装或配装是由被保险人或其雇员完成的，或该包装或配装是在本保险责任开始前完成的(本条所称的“包装”，包括集装箱内的积载；本条所称的“雇员”，不包括独立合同人)。 4.4 保险标的的固有缺陷或特性导致的灭失、损害或费用。 4.5 迟延引起的灭失、损害或费用，即使该迟延由于承保风险所引起(上述第 2 条可以赔付的费用除外)。 4.6 因船舶所有人、经理人、租船人或经营人破产或不履行债务导致的灭失、损害或费用。此情况适用于，在保险标的装上船舶之时，被保险人知道或被保险人在正常业务经营中应当知道，此种破产或不履行债务会导致该航程被取消。 本条除外条款不适用于，当保险合同已经转让给另一方，即另一方已经善意购买或同意购买保险标的且受保险合同约束。 4.7 因使用任何原子或核子裂变和(或)聚变或其他类似反应或放射性力量或物质的武器或设备直接或间接导致的灭失、损害或费用
	第 5 条	5.1 本保险在任何情况下均不承保因下述原因所致的灭失、损害或费用： 5.1.1 被保险人在保险标的装船时已经知道船舶或驳船的不适航，及船舶或驳船不适合安全运输保险标的。 5.1.2 在本保险合同生效前，装载已开始或已完成，或被保险人或其受雇人在装载时已经知道集装箱或运输工具不适合安全运输保险标的。 5.2 上述 5.1.1 所述的除外条款不适用于：当保险合同已经善意转让给另一方，即另一方已经购买或同意购买保险标的且受合同约束。 5.3 保险人放弃运载保险标的至目的地的船舶违反适航和船舶适货的任何默示保证
	第 6 条	6. 本保险在任何情况下均不承保下述原因所致的灭失、损害或费用： 6.1 战争、内战、革命、叛乱、暴乱，或由此引起的内乱，或来自交战方或针对交战方的任何敌对行为。 6.2 捕获、扣押、扣留、管制或拘押(海盗除外)，以及由此引起的后果或任何企图、威胁。 6.3 丢弃的水雷、鱼雷、炸弹或其他被遗弃的战争武器
	第 7 条	7. 本保险在任何情况下均不承保下述灭失、损害或费用： 7.1 由罢工者、被迫停工工人或参与工潮、暴动或民众骚乱人员引起的。 7.2 由罢工、被迫停工、工潮、暴动或民众骚乱结果引起的。 7.3 由任何恐怖主义行为，或与恐怖主义行为相联系，任何组织通过暴力直接实施的旨在推翻或影响法律上承认的或非法律上承认的政府的行为引起的。 7.4 由任何人出于政治、信仰或宗教目的实施的行为引起的

3. 保险期间

在 ICC2009(A)条款中，对保险期间的规定包括三个条款，分别是运输条款、运输合同终止条款(Termination of Carriage Clause)和航程变更条款(Change of Voyage

Clause)。

1）运输条款

该条款规定了保险责任的开始、持续和终止的条件。ICC2009(A)第8条规定“本保险的责任自保险标的为了开始运输立即搬运至运输车辆或其他运输工具的目的，在仓库或储存处所(本保险合同载明的地点)开始搬移时生效，包括正常运输过程，直至运到下述地点时终止”。

(1) 在本保险合同载明的目的地最后仓库或储存处所，从运输车辆或其他运输工具完成卸货。

(2) 在本保险合同载明的目的地任何其他仓库或储存处所，或在中途任何其他仓库或储存处所，从运输车辆或其他运输工具完成卸货，上述任何其他仓库或储存处所是由被保险人或其受雇人选择用作在正常运送过程之外储存货物，或分配货物，或分派货物，或

(3) 自保险标的在最后卸货港卸离海轮满60天为止。上述情况以先发生者为准。

如果保险标的在最后卸货港卸离海轮后，但本保险责任终止前，需被转运至非保单载明的其他目的地，本保险在依然受上述(1)～(4)条款有关终止规定所制约的同时，截至该项保险标的为开始向该其他目的地转运而开始搬移之时。在被保险人无法控制的任何运输迟延、任何绕航、被迫卸货、重新装载、转运以及承运人运用运输合同授予的权利所做的任何航海上的变更的情况下，本保险单仍然继续有效(但需要受上述(1)～(4)条款有关终止的规定和等9条“运输合同终止条款”有关规定的制约)。

2）运输合同终止条款

ICC2009(A)第9条规定：如果因被保险人不能控制的情况，运输合同在保险单载明的目的地以外的港口或地点终止，或运输在保险标的按照上述第8条“运输条款”的规定卸载前而终止，则本保险也将终止，除非被保险人于获悉后立即通知保险人，请求延长保险责任期间，并在必要时加缴保险费，保险责任在下列情况下继续有效。

(1) 直至保险标的在该港口或地点出售为止，或除非另有约定，在保险标的抵达该港口或地点后满60天为止，两者以先发生者为准，或

(2) 若保险标的在上述60天(或任何约定的延长期限)内，继续运往保险合同载明的目的地或任何其他目的地，则保险责任仍按上述第8条“运输条款”的规定终止。

3）航程变更条款

ICC2009(A)第10条规定：①当本保险责任开始后，被保险人变更目的地，必须立即通知保险人，并另行商定保险费率和条件。在此费率和条件达成一致前，若发生保险事故，只有在保险费率和保险条件符合合理的商业市场行情情况下，本保险才仍然有效。②当保险标的按照本保险合同的航程规定开始航行时(与条款8.1“运输条款” 相一致)，被保险人或其受雇人对该船舶驶向另一目的地不知情，则本保险仍然被视为在本保险合同规定的航程开始时生效。

4. 索赔

被保险人在保险标的发生事故而向保险人索赔时，适用以下四个条款。

1）可保利益条款

ICC2009(A)第11条“可保利益条款”(Insurable Interest Clause)规定如下。

(1) 在保险标的发生损失时，被保险人必须对保险标的具有可保利益，才能获得本保险的赔偿。

(2) 被保险人有权按照上述第(1)款的规定，对本保险期间内发生的承保范围内的损失获得赔偿，即使损失发生在本保险合同订立之前，但在保险合同订立时被保险人已经知道损失发生，而保险人并不知晓者除外。

2) 续运费用条款

ICC2009(A)第 12 条"续运费用条款"规定：

若由于本保险承保的风险，致使承保的运输在保险标的依据本保险承保的以外的港口或地点终止，保险人将补偿被保险人因卸货、存仓和续运保险标的至保险单所载明的目的地而适当与合理发生的额外费用。

本条不适用共同海损和救助费，须受 ICC2009(A)第 4、5、6 和 7 条所包含的除外责任(表 11-2)的约束，但不包括因被保险人或其雇员的过失、疏忽、破产或不履行债务而引起的费用。

3) 推定全损条款

ICC2009(A)第 13 条"推定全损条款"(Constructive Total Loss Clause)规定如下。

本保险不负推定全损责任，除非保险标的的实际全损看起来不可避免，或恢复、修复和续运保险标的至保险目的地的费用将超过其抵达时保险标的本身的价值，经对保险标的合理委付的情况下，可按推定全损赔偿。

4) 增值条款

ICC2009(A)第 14 条"增值条款"规定如下。

(1) 若被保险人对保险标的办理了增值保险，则保险标的的约定价值应视为增加至本保险和承保灭失的所有增值保险的保险金额的总和，本保险项下的责任将按承保金额占此种保险金额的总和的比例计算。若被保险人提出索赔，则应向保险人提供所有其他保险的所保金额的证据。

(2) 在本保险为增值保险的情况下，应该适用下述条款。

保险标的的约定价值应视为等于由被保险人对保险标的办理的原保险和承保灭失的所有增值保险的保险金额的总和，本保险项下的责任将按承保金额占此种保险金额的总和的比例计算。若被保险人提出索赔，则应向保险人提供所有其他保险的所保金额的证据。

5. 保险利益条款

ICC2009(A)第 15 条"保险利益"规定如下。

本保险保障被保险人，包括根据本保险合同提出索赔的人或收货人。除非有特别说明，承运人或其他受托人不得享受本保险的利益。

6. 减少损失

在 ICC2009(A)条款中，对减少损失的规定包括两个条款，分别是第 16 条"被保险人的义务条款"和第 17 条"弃权条款"。

1) 被保险人的义务

ICC2009(A)第 16 条"被保险人的义务"规定如下。

在保险标的发生承保范围内的损失时，被保险人、其受雇人和代理人有下述义务：

①采取为避免或减少此种损失的合理措施;②确保对承运人、受托人或其他第三方追偿的所有权利被适当维护和行使。保险人将在赔偿承保责任范围内的任何损失外,还负责赔偿被保险人履行上述义务所产生的任何适当与合理的费用。

2) 弃权条款

为了鼓励被保险人采取措施减轻受损货物的损失,ICC2009(A)第17条弃权条款规定,被保险人或保险人为了施救、保护或恢复保险标的所采取的措施,不应视为放弃或接受委付的表示,或其他方面损害任何一方的权益。

7. 避免迟延的义务

ICC2009第18条"避免延迟的义务"(avoidance delay)要求被保险人在所有其能控制的情况下,采取合理迅速的措施加以处理。

8. 法律与惯例

ICC2009(A)第19条"法律与惯例"规定本保险适用于英国法律和惯例。明确此条款的意义在于,当保险双方协议采用协会保险条款并事后发生诉讼,而英国以外的其他国家对该诉讼具有管辖权时,法庭应当采用英国法律和惯例作为判案依据。

9. 附注事项

依据ICC2009(A)第9条(运输合同终止条款)的规定,要求继续承保,或依据第10条(航程变更条款)而更改运送目的地,被保险人有义务于获知上述情形时,迅即通知保险人,本项要求承保权利,取决于被保险人业已遵守本通知义务之履行。

(二) 协会货物保险条款(B)

1. 承保风险

ICC2009(B)承保的责任范围比ICC2009(A)条款小,它采用明示风险的方式,将所承保的风险逐一罗列。ICC2009(B)第1条"风险"条款规定除第4、5、6、7条规定的除外责任以外,本保险负责因下述原因所致的保险标的的损失和损害进行赔偿。

(1) 保险标的损失可合理归因于以下几点。

① 火灾或爆炸。

② 船舶或驳船搁浅、擦浅、沉没或倾覆。

③ 陆上运输工具倾覆或出轨。

④ 船舶、驳船或运输工具与水以外的任何外界物体碰撞或接触。

⑤ 在避难港卸货。

⑥ 地震、火山爆发或闪电。

(2) 由于下列原因引起的保险标的之损失。

① 共同海损牺牲。

② 抛弃和浪击落海。

③ 海水、湖水或河水进入船舶、驳船、运输工具、集装箱、吊装车厢或存储处所。

(3) 货物在船舶或驳船装卸时落海或跌落造成任何整件的全损。

此外,ICC2009(B)的承保范围中也包括"共同海损条款"和"船舶互撞责任条款",具体规定与 ICC2009(A)相同。

2. 除外责任

ICC2009(B)的除外责任和 ICC2009(A)大致相同,但有以下两点区别。

(1) ICC2009(B)4.7 增加了"由于任何人或数个人的错误行为,对保险标的或其组成部分故意损坏或破坏,保险人不负责任"的规定。这意味着在 ICC2009(B)中,保险人不但对被保险人的蓄意不法行为所致的损失不负责任,对任何其他人的故意非法行为所致损失也不负责任。

(2) ICC2009(B)6.2 规定"捕获、扣押、扣留、管制或拘押,以及由此引起的后果或任何企图、威胁"造成的损失、损害或费用不予承保。在 ICC2009(A)中,加上了"海盗行为除外"这几个字,明确将海盗风险从除外责任中剔除,即将海盗风险作为承保风险,而 ICC2009(B)并未将海盗风险作为除外风险,但也没有列入承保风险。由于 ICC2009(B)采取列明风险的方法确定承保风险,所以按照 ICC2009(B)的规定,保险人对海盗风险不予负责。

3. 其他内容

ICC2009(B)关于保险期限、索赔、减少损失等其他方面的规定与 ICC2009(A)相同。

(三) 协会货物保险条款(C)

1. 承保风险

ICC2009(C)是三种条款中责任范围最小的条款。ICC2009(C)的承保风险也采用逐一列明的方式。ICC2009(C)第 1 条"风险"条款规定除第 4、5、6、7 条规定的除外责任以外,本保险负责因下述原因所致的保险标的的损失和损害进行赔偿。

(1) 保险标的损失可合理归因于以下几点。

① 火灾或爆炸。

② 船舶或驳船遭受搁浅、触礁、沉没或倾覆。

③ 陆上运输工具的倾覆或出轨。

④ 船舶、驳船或运输工具同除水以外的任何外界物体碰撞。

⑤ 在避难港卸货。

(2) 由于下列原因引起保险标的之损失。

① 共同海损的牺牲。

② 抛货。

此外,ICC 2009(C)的承保范围中也包括"共同海损条款"和"船舶互撞责任条款",具体规定与 ICC 2009(A)相同。

2. 其他内容

ICC2009(C)关于除外责任、保险期间、减少损失等其他方面的规定与 ICC2009(B)完全一致。

ICC2009(A)、ICC2009(B)、ICC2009(C)承保风险的比较如表 11-3 所示。

表 11-3 ICC2009(A)、ICC2009(B)、ICC2009(C)承保风险的比较

承保风险	ICC2009(A)	ICC2009(B)	ICC2009(C)
1. 火灾、爆炸	√	√	√
2. 船舶、驳船的触礁、沉没或倾覆	√	√	√
3. 陆上运输工具倾覆或出轨	√	√	√
4. 船舶、驳船或运输工具与除水以外的任何外界物体碰撞	√	√	√
5. 在避难港卸货	√	√	√
6. 地震、火山爆发或雷电	√	√	×
7. 共同海损牺牲	√	√	√
8. 共同海损分摊和救助费用	√	√	√
9. 运输合同订有“船舶互撞责任条款”,根据该条款的规定,应由货方偿还船方的损失	√	√	√
10. 抛货	√	√	√
11. 浪击落海	√	√	×
12. 海水、湖水或河水进入船舶、驳船、运输工具、集装箱或储存处所	√	√	×
13. 货物在船舶或驳船装卸时落海或跌落造成任何整件的全损	√	√	×
14. 由于被保险人以外的其他人(如船长、船员等)的故意不法行为所造成的损失或费用	√	×	×
15. 海盗行为	√	×	×
16. 由于一般外来原因所造成的损失或费用	√	×	×

四、协会货物其他保险条款

(一) 协会货物战争险

1. 承保风险

(1) 战争、内战、革命、叛乱或由此引起的内战,或由交战力量引起的敌对行为。

(2) 由于上述承保风险造成的捕获、拘留、扣留、禁制或扣押以及此种行为的后果或任何进行此种行为的企图。

(3) 被遗弃的水雷、鱼雷、炸弹或其他被遗弃的战争武器。

(4) 上述承保风险所致的共同海损和救助费用。

2. 除外责任

战争险的除外责任与ICC(A)关于除外责任的第4条和第5条的规定基本相同,但在第4条中增加了航程挫折条款。规定保险人对所有因战争原因导致航程挫折而引起的保险标的的间接损失都不赔偿,因而协会货物战争险条款没有续运费用条款。此外,还规

定由于敌对行为使用原子或热核武器等造成的灭失或损害不负赔偿责任。

3. 保险期间

一般使用“水面危险”条款，因为如果按照仓至仓条款来承保的话，那么货物在陆地上运输期间包括在码头存放转运期间，一旦发生战争风险容易造成货物积压，风险不易分散，保险人承担的风险过于集中，损失将会很严重。根据1937年英国的《水上限制协定》规定：货运战争险保险责任始于货物在指定的港口装上船舶，终止于货物在目的港完全卸离海船。“水面危险”条款的通常解释为：本保险负责保险货物被装上船舶时开始到保险货物的全部或一部分在最终卸载港卸离海船时为止；若保险货物不卸离海船，则本保险的责任期限从船舶到达最终卸载港之日午夜12时算起满15天为限。两者以先发生者为准。关于到达，一般掌握为在港口第一次抛锚系缆，如果港内没有泊位，那么经港口指定，在港外第一次抛锚系缆，也视为到达。

(1) 中途转运。如果在所保航程期间，海船抵达中途港口或其他地点卸下保险标的，并由海船或航空器续运，或者货物在避难港或其他地点卸离船舶，被保险人在支付附加的保险费后，本保险责任连续，直到自船舶到达此港口或地点当日午夜12点算起届满15天终止。如果货物在所述15天期间内被续运，则保险责任重新开始。在该中转港口货物卸离海船，只要存放地不超过转船港口的所辖区域，保险仍有效。

(2) 航程终止。如果运输合同的航程在保险单约定的目的地以外的港口或地点终止，该港口或地点视为最后卸货港，此时保险责任根据“水面危险”条款的规定终止。如果保险标的在其后被重新发运到原来目的地，需通知保险人，并加缴保险费，才能重新恢复效力。

(3) 驳船转运。有些港口由于受水深的限制或因业务繁忙，需要使用驳船在海船与码头之间进行倒运货物，则本保险对装在驳船上的货物，由于驳船触及水雷或遗弃的水雷而导致的货物损失负责赔偿。而在期限上，保险人自货物从海船卸至驳船可以承担60天的责任，比“水面危险”条款规定的期限(15天)要长。

(4) 航程变更条款。如遇绕道或航程变更或船舶所有人或租船人运用运输合同所赋予的权限作出其他的变更，或有关货物、船舶或航程的记载发生遗漏或错误，本保险仍予负责，但须另行议定保险费。

（二）协会货物罢工险

1. 承保风险

(1) 由罢工工人、被迫停工工人或参与工潮、暴动或民众骚扰者所致损失。

(2) 由任何恐怖分子或任何出于政治目的的行动所造成的损失。

(3) 由任何人出于政治、信仰或宗教目的实施的行为所引起的灭失或损害。

(4) 为避免或有效避免上述风险所致的共同海损、分摊和救助费用。

2. 除外责任

罢工险的除外责任与ICC(A)关于除外责任的第4条和第5条的规定基本相同，但下述三方面的损失或费用由于不是罢工险承保风险所直接造成的损失，因此也不予赔偿。

(1) 因罢工、停工、工潮、暴动或民众骚扰等造成的劳动力缺乏、减少或扣押所引起的损失或费用，如装上船的水果，因无人卸载而腐烂。而不是罢工工人等的过激行为直接造成的保险货物的实际损毁灭失，所以不负责赔偿。

(2) 由于航程挫折而引起的损失。

(3) 因战争、内乱、革命、叛乱或由此引起的内战，或由交战力量引起的敌对行为所引起的损失或费用。核武器除外责任仅对敌对性使用核武器所致的损失后果予以除外。

3. 保险期间

采用"仓至仓"条款，即保险人承担货物自发货人仓库开始至收货人仓库为止的整个运输期间的风险。

(三) 协会货物附加险

1. 协会恶意损害险

恶意损害险是 ICC(A)的承保范围，属于 ICC(B)和 ICC(C)的除外责任。它没有完整的结构，不能单独投保，当被保险人投保 ICC(B)和 ICC(C)时若有需要，须另行加保。

恶意损害险承保被保险人以外的其他人(如船长、船员等)的故意损坏，故意破坏保险标的或其任何部分所造成的损失或费用。但恶意行为若出于政治动机，则不属于本险别的承保范围，而属于罢工险的承保范围。

2. 协会偷窃、提货不着险

本条款承保"偷窃"和"提货不着"两类风险，于 1983 年 12 月 1 日开始实施。由于这两种风险是 ICC(A)的承保范围，所以投保 ICC(A)时无须加保。需要注意的是，提货不着是指由于任何不明原因造成的整件货物不知去向，或者误交给其他不知姓名的提货人而无法追回。而不负责货物短量或件数不足而导致的提货不着。如果明知提货不着的原因和货物所在处所，则不属于"提货不着"的范畴。

(四) 协会特种货物险

由于冷冻食品、煤炭、散装油类和橡胶等商品性质或运送方式的特殊性，为了更好地为其国际运输提供更加全面的保障，协会在 ICC(A)、ICC(B)、ICC(C)条款的基础上，针对特种货物的海上运输制定了适应其特殊需要的保险条款。

1. 协会冷冻食品保险

该险种主要承保运输途中引起冷冻食品所需的严格的冷藏温度条件受到破坏的风险所致货损。该条款包括 19 条，结构与 ICC(A)、ICC(B)和 ICC(C)条款完全一致，主要在承保风险、除外责任和保险期间上有所区别。

2. 协会煤炭条款

该条款是在 ICC(B)的基础上进行了一些限制性规定，共 19 条与 ICC 同名的条款，于 1982 年 10 月 1 日开始施行。

3. 协会散装油类保险

该条款是协会在 1983 年新增订的针对油类货物的特种货物运输保险条款，在 ICC(B)条款的基础上增加了"理算条款"，总条款增加为 20 条。

4. 协会木材贸易联合会条款

该条款是1986年在ICC (A)、ICC(B)和ICC(C)条款基础上修订的,包括19条。与ICC(A)条款相比,在承保风险和运送条款上有所差异。

案例分析

"一切险"理赔范围存争议 最高人民法院再审定乾坤

案情介绍

海运货物被盗卖,保险赔付起争议

1995年11月28日,A公司在某财产保险有限公司(以下简称"保险公司")投保了B轮所运载的4 999.85吨桶装棕榈油,投保险别为一切险。根据保险条款规定,一切险的承保范围除包括平安险和水渍险的各项责任外,保险公司还"负责被保险货物在运输途中由于外来原因所致的全部或部分损失"。该条款还规定了五项除外责任。1995年11月23日至29日,B轮起航后,由于该轮的船东与期租船人之间发生船舶租金纠纷,B轮中止了提单约定的航程并对外封锁了该轮的动态情况,直至1996年4月B轮走私至中国汕尾被我国海警查获。根据广州市人民检察院《免予起诉决定书》的认定,B轮所载棕榈油已被盗卖或被我国检察机关作为走私货物没收上缴国库。A公司向保险公司提出索赔申请,保险公司明确表示拒赔,A公司因此向某海事法院提起诉讼。

二审判决截然相反

某海事法院一审认为,本案所涉投保货物的损失是由于船东的盗卖和走私行为造成的,应属于A公司所不能预测和控制的外来原因,符合A公司投保的一切险的承保条件。一审判决保险公司应赔偿A公司保险价值损失3 593 858.75美元。

某高级人民法院二审认为,根据保险单所附的保险条款和保险行业惯例,一切险的责任范围属于列明风险,包括平安险、水渍险和普通附加险。A公司投保货物的损失不属于一切险的责任范围。二审判决撤销一审判决,驳回A公司的诉讼请求。A公司向最高人民法院申请再审。

最高人民法院再审定乾坤

最高人民法院审理认为,A公司与保险公司之间订立的保险合同合法有效,双方的权利义务应受保险单及所附保险条款的约束。本案保险标的已经发生实际全损,对此发货人A公司没有过错,亦无证据证明被保险人A公司存在故意或过失。保险标的的损失是由于B轮船东与期租船人之间的租金纠纷,将船载货物运走销售和走私行为造成的。

争议焦点

本案争议的焦点在于如何理解涉案保险条款中一切险的责任范围。根据涉案海洋运输货物保险条款的规定,一切险除了包括平安险、水渍险的各项责任外,还负责被保险货物在运输过程中由于各种外来原因所造成的损失。同时保险条款中还明确列明了五种除外责任:①被保险人的故意行为或过失所造成的损失;②属于发货人责任所引起的损失;③在保险责任开始前,被保险货物已存在的品质不良或数量短差所造成的损失;④被保险货物的自然损耗、本质缺陷、特性以及市价跌落、运输迟延所引起的损失;

⑤本公司海洋运输货物战争险条款和海洋运输货物罢工险条款规定的责任范围与除外责任。从上述保险条款的规定看，海洋运输货物保险条款中的一切险条款具有如下特点。

(1) 一切险并非列明风险，而是非列明风险。在海洋运输货物保险条款中，平安险、水渍险为列明的风险，而一切险则为平安险、水渍险再加上未列明的运输途中由于外来原因造成的保险标的的损失。

(2) 保险标的的损失必须是外来原因造成的。被保险人在向保险人要求保险赔偿时，必须证明保险标的的损失是因为运输途中外来原因引起的。外来原因可以是自然原因，亦可以是人为的意外事故。但是一切险承保的风险具有不确定性，是不能确定的、意外的、无法列举的风险。对于那些预期的、确定的、正常的危险，则不属于外来原因的责任范围。

(3) 外来原因应当限于运输途中发生的，排除了运输发生以前和运输结束后发生的事故。只要被保险人证明损失并非因其自身原因，而是由于运输途中的意外事故造成的，保险人就应当承担保险赔偿责任。

最高人民法院再审认为，本案保险标的的损失不属于保险条款中规定的除外责任之列，应为收货人即被保险人A公司无法控制的外来原因所致，因此本案保险事故属一切险的责任范围。二审法院认为A公司投保货物的损失不属一切险的责任范围错误，应予纠正。A公司的再审申请理由依据充分，应予支持。

案例启示

本案中，海洋运输货物保险条款规定的一切险，除包括列明的平安险和水渍险等各项责任外，还包括被保险货物在运输途中由于外来原因所致的全部或部分损失。最高人民法院认为，在不存在被保险人故意或者过失的情况下，除非被保险货物的损失属于保险合同规定的除外责任，否则，保险人应当承担“运输途中外来原因”所致的一切损失。

该案例为海上运输货物保险合同纠纷的典型案例，本案争议焦点在于如何理解海洋运输货物保险条款中一切险的责任范围。此问题在海上保险法理论界和司法实践中一直存在不同的观点，这从本案一、二审两级法院就此作出截然相反的判决结果就可以看出来。最高人民法院的判决，对于海洋运输货物保险条款中一切险的理解作出了最终的论断。对于保险公司来说，要重视最高人民法院发布的典型案例，在承保时严格审查保险合同的各项条款，尤其是对于除外责任，要向被保险人作出明确说明，尽量减少理赔中的纠纷。

资料来源：袁婉珺.“一切险”理赔范围存争议 最高院再审定乾坤[EB/OL]. http://chsh.sinoins.com/2015-05/05/content_153821.htm.(有改动)

本章小结与关键术语

练习思考题

一、单项选择题

1. 下面说法不正确的是(　　)。

A. 平安险对单纯由于自然灾害所造成的部分损失负责

B. 水渍险对单纯由于自然灾害所造成的部分损失负责

C. 一切险对单纯由于自然灾害所造成的全损负责

D. 一切险对一般外来风险所造成的全部或部分损失负责

2. 根据我国《海洋运输货物保险条款》规定，一切险包括(　　)。

A. 平安险加 11 种一般附加险　　B. 一切险加 11 种一般附加险

C. 水渍险加 11 种一般附加险　　D. 11 种一般附加险加特殊附加险

3. 某批出口货物投保了水渍险，在运输过程中由于雨淋致使货物遭受部分损失，这样的损失保险公司将(　　)。

A. 负责赔偿整批货物

B. 负责赔偿被雨淋湿的部分

C. 不给予赔偿

D. 在被保险人同意的情况下，保险公司负责赔偿被雨淋湿的部分

4. 下面哪一项不属于中国海洋运输货物保险条款规定的除外责任(　　)。

A. 被保险人的故意行为或过失行为所造成的损失

B. 船主或船员的故意行为或过失行为所造成的损失

C. 发货人责任所引起的损失

D. 货物原已存在品质不良

5. 战争、罢工风险属于(　　)。

A. 自然灾害　B. 意外事故　C. 一切外来风险　D. 特殊外来风险

6. 我公司按 FOB 条件进口一批玻璃器皿，在运输途中的装卸、搬运过程中，部分货物受损，要得到保险公司赔偿，我公司应投保(　　)。

A. 平安险　B. 一切险　C. 破碎险　D. 一切险加破碎险

7. 保险公司承担保险责任的期间通常是(　　)。

A. 钩至钩期间　B. 舷至舷期间　C. 仓至仓期间　D. 水面责任期间

8. 根据仓至仓条款的规定，从货物在目的港卸离海船时起满(　　)天，不管货物是

否进入保险单载明的收货人仓库，保险公司的保险责任均告终止。

A. 15　　B. 30　　C. 10　　D. 60

9. 平安险不赔偿(　　)。

A. 自然灾害造成的实际全损

B. 自然灾害造成的推定全损

C. 意外事故造成的全部损失和部分损失

D. 自然灾害造成的单独海损

10. 淡水雨淋属于(　　)的承保范围。

A. 平安险　　B. 水渍险　　C. 一般附加险　　D. 特殊附加险

11. 按《海洋运输货物保险条款》的规定，在三种基本险别中，保险公司承担赔偿责任的范围是(　　)。

A. 平安险最大，其次是一切险，再次是水渍险

B. 水渍险最大，其次是一切险，再次是平安险

C. 一切险最大，其次是水渍险，再次是平安险

D. 一切险最大，其次是平安险，再次是水渍险

12. 下面哪一项不属于一般附加险条款(　　)。

A. 淡水雨淋险　　B. 短量险　　C. 混杂玷污险　　D. 交货不到险

13. 海洋运输货物战争险条款，对于承保风险所引起的保险货物的间接损失(　　)。

A. 保险人给予全部赔偿　　B. 保险人概不赔偿

C. 保险人给予部分赔偿　　D. 保险人按损失程度赔偿

14. 在ICC(A)条款中，船舶互撞责任条款是保护(　　)的利益。

A. 载货船方　　B. 被保险人货方

C. 与其发生碰撞的载货船方　　D. 以上说法都不对

15. 下面哪一项属于ICC(A)、ICC(B)和ICC(C)均能承保的风险(　　)。

A. 浪击落海　　B. 海盗行为

C. 抛货　　D. 由于一般外来原因所造成的损失或费用

16. 根据现行伦敦保险协会《协会货物保险条款》的规定，承保风险最大的险别是(　)。

A. ICC(A)　　B. ICC(B)　　C. ICC(C)　　D. ICC(D)

17. 根据现行伦敦保险协会《协会货物保险条款》的规定，下列险别中，不能单独投保的是(　　)。

A. ICC(A)　　B. 战争险　　C. ICC(C)　　D. 恶意损害险

18. 协会货物战争险的责任起讫(　　)。

A. 承保“仓至仓”责任　　B. 仅承保水上风险

C. 承保“仓至船”责任　　D. 以上说法都不对

19. ICC条款规定，被保险人必须在(　　)对被保险货物具有可保利益，才能向保险人索赔货损。

A. 投保时　　B. 保险单签发时

C. 损失发生时　　D. 投保时和损失发生时

20. 根据ICC条款的规定，在保险双方采用协会货物条款并发生诉讼时，应采用(　　)(国家)的法律作为准据法。

A. 被保险人所在国　　B. 保险人所在国　　C. 英国　　D. 美国

二、多项选择题

1. 我公司以CFR条件进口一批货物，在海运途中部分货物丢失。要得到保险公司赔偿，我公司可投保(　　)。

A. 平安险　　B. 一切险

C. 平安险加保偷窃、提货不着险　　D. 一切险加保偷窃、提货不着险

2. 根据我国现行《海洋运输货物保险条款》的规定，能够独立投保的险别有(　　)。

A. 平安险　　B. 水渍险　　C. 一切险　　D. 战争险

3. 根据我国现行《海洋运输货物保险条款》的规定，下列损失中，属于水渍险承保范围的有(　　)。

A. 由于海啸造成的被保货物的损失

B. 由于下雨造成的被保货物的损失

C. 由于船舶淡水水管渗漏造成的被保货物的损失

D. 由于船舶搁浅造成的被保货物的损失

4. 一般附加险包括(　　)。

A. 淡水雨淋险　　B. 包装破裂险　　C. 拒收险　　D. 舱面险

E. 必须是属于非正常性质的损失

F. 采取措施后，船方和货方都作出了一定的牺牲

5. 为防止海上运输途中货物被窃，可以投保(　　)。

A. 平安险加保偷窃险　　B. 水渍险加保偷窃险

C. 一切险加保偷窃险　　D. 一切险

6. 中国人民保险公司《海洋运输货物保险条款》规定的基本险别包括(　　)。

A. 平安险　　B. 战争险　　C. 水渍险　　D. 一切险

7. 出口茶叶，为防止运输途中串味，办理投保时，应该投保(　　)。

A. 串味险　　B. 平安险加串味险　　C. 一切险　　D. 水渍险加串味险

E. 一切险加串味险

8. 伦敦保险协会《协会货物保险条款》中的附加险有(　　)。

A. 战争险　　B. 罢工险　　C. 恶意损害险　　D淡水雨淋险

9. 根据伦敦保险协会《协会货物保险条款》的规定，能够独立投保的险别有(　　)。

A. 战争险　　B. 罢工险　　C. 恶意损害险　　D. ICC(A)　　E. ICC(B)

10. 根据伦敦保险协会《协会货物保险条款》的规定，下列损失中，属于ICC(A)承保范围的有(　　)。

A. 由于火灾、爆炸造成的被保险货物的损失

B. 由于浪击落海造成的被保险货物的损失

C. 由于海盗行为造成的被保货物的损失

D. 由于船舶搁浅造成的被保货物的损失

11. ICC(A)的除外责任包括(　　)。

A. 普通除外责任　　B. 不适航不适货除外责任

C. 战争除外责任　　D. 罢工除外责任

三、判断题

1. 一切险的承保范围包括由自然灾害、意外事故以及一切外来风险所造成的被保险货物的损失。(　　)

2. 进口关税险的保险金额可与货物的保险金额合计,并根据合计保险金额收取合计保险费。(　　)

3. 专门险条款又称特种货物保险条款,不可单独投保。(　　)

4. 交货不到险的承保责任是从被保险货物装上船开始,如果在预定抵达日期起满5个月仍不能运到原定目的地交货,则不论何种原因,保险公司均按照全部损失赔偿。(　　)

5. 中国海洋运输货物保险规定,如果由于被保险人无法控制的运输迟延、绕道导致任何航海路线等的变更,被保险人无须通知保险人,保险责任仍继续有效。(　　)

6. 船长和船员的恶意行为以及被保险人的恶意行为都是海运货物保险的除外责任。(　　)

7. 运输延迟引起的货物损失属于除外责任,但是如果是承保风险引起了运输延迟,则货物损失可以得到赔偿。(　　)

8. 货物包装不足不当或标志不清均属于发货人的责任,属于海运货物保险条款的除外责任。(　　)

9. 海盗风险属于我国海运货物保险的一切险的承保范围。(　　)

10. 我国海运货物保险条款规定的索赔实效为两年,从保险事故发生之日起算。(　　)

11. 我国海运货物战争险的保险期间同海运货物基本险的保险期间相同,均遵循仓至仓原则。(　　)

12. 协会货物战争险不承保因航程受阻引起的损失和续运费用,但承保行政行为导致的拘禁货物等风险。(　　)

13. ICC(A)中的不得受益条款是为了保护海上货物保险人的代位追偿权的行使。(　　)

14. 海运货物保险的被保险人在与保险公司订立保险合同时,不一定具有可保利益。(　　)

15. 在ICC(A)条件下,当被保险人向保险公司要求索赔时,必须证明损失或损害的确切原因。(　　)

16. ICC(A)和ICC(B)均不承保没有合理理由的抛货。(　　)

17. 货物罢工险的责任起讫与ICC(A)、ICC(B)、ICC(C)的规定完全一致,即承保“仓至仓”责任。(　　)

18. 恶意损害险只能作为ICC(A)、ICC(B)、ICC(C)的附加险投保。(　　)

19. ICC条款规定承保被保险人的共同海损损失,只包括被保险货物本身的共同海损牺牲,不包括被保险人承担的共同海损分摊。(　　)

20. 在ICC条款中，海盗风险不是战争险的承保责任，而是ICC(A)的承保责任。(　　)

四、案例分析

案例：上海某外贸公司与加拿大客户订立一份出口小麦合约，由中方负责货物运送和保险事宜(CIF价格条件)。为此，上海方与深圳某货运运输企业C订立运送合约，租用“跃进号”班轮的一个舱位。2001年7月26日，货物在广州装船。随即，中方向某保险公司A投保海上货物运输保险。货轮在海上航行途中遭到意外，使货物受损。

问题：

(1) 假如卖方企业投保的是平安险，而货物受到局部亏折是因为货物运输在海上遭到飓风，那卖方企业是否可从A处获取补偿？为何？

(2) 假如卖方企业投保的是一切险，而货物受损是因为货物运输员罢工，货轮停留不动半路港，以致小麦变质，那么卖方能否从A处获取补偿？为何？

(3) 假如发生的风险是因为承运人的过失引起的且归属承保范围的风险，A补偿了亏折后，卖方企业能否再向C企业索赔？为何？

五、简述题

1. 对于由于自然灾害造成的全部损失，平安险是否都予以赔偿？应当注意哪些问题？

2. 我国海洋运输货物保险的平安险、水渍险和一切险的承保范围有什么区别？

3. 如何正确理解“仓至仓”条款？

4. 我国海运货物保险条款所规定的被保险人的义务都有哪些？

5. 我国海洋运输货物保险的一般附加险、特别附加险和特殊附加险分别包括哪些险别？

6. 现行的英国伦敦保险协会ICC(A)、ICC(B)和ICC(C)的承保风险有哪些相同之处？有哪些不同之处？

7. ICC(A)规定的一般除外责任有哪些？它们与中国海运货物保险条款规定的除外责任有什么不同？与ICC(B)和ICC(C)的一般除外责任有何不同？

8. ICC条款中规定保险期间的条款都有哪些？

9. ICC(A)中规定被保险人的义务有哪些？

10. ICC(B)的承保责任有哪些？与水渍险有什么区别？

11. ICC(C)的承保责任有哪些？与平安险有什么区别？

12. 中、英两国海洋运输货物保险条款有哪些区别？

13. 什么是恶意损害险？在什么情况下需要投保恶意损害险？

即测即练

第十二章

其他运输方式货物保险

【本章结构图】

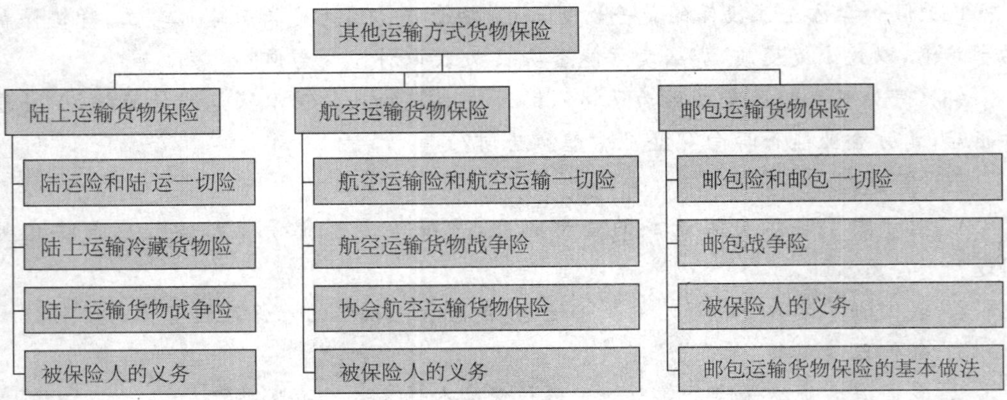

【本章学习目标】

1. 掌握陆运险和陆运一切险的承保责任范围、责任起讫和索赔时效
2. 了解陆运冷藏货物险和陆运货物战争险的相关内容
3. 掌握航空运输险和航空运输一切险的承保责任范围、责任起讫
4. 了解航空运输货物战争险的相关内容
5. 掌握邮包险和邮包一切险的承保责任范围、责任起讫和索赔时效
6. 了解邮包战争险的相关内容

引导案例

货车失火货物烧毁，保险公司依法代位求偿

2014 年 4 月，某物流公司的运输车辆起火，致车上运载的商品车被烧毁。某保险公司向商品车被保险人赔偿损失后，被保险人将向物流公司追偿权益转让给保险公司。故保险公司将物流公司诉至顺义法院。

原告保险公司起诉称：2014 年 4 月 7 日，被告承运货物的运输车辆在公路上发生燃烧事故，其承运的商品车被烧毁。其中商品车卡宴在原告处投保《国内水路、陆路货物运输保险》(以下简称"货运险"),保险金额100万元。事故发生后,原告依照保险合同的约定,向商品车卡宴的被保险人赔偿车辆损失72万余元,被保险人将向被告追偿的权益转让给原告。故诉至法院,请求判令被告支付车辆损失费72万余元。

被告物流公司辩称:不同意原告诉讼请求;被告不是本案的承运人,被告将车辆运输工作委托给第三方魏某所属的物流公司。在本案的运输过程中,驾驶人为魏某,车辆的提供者为魏某的物流公司,在整个的车辆运输过程中,运输车辆的安全管理维护是在实际承运人的控制下;保险人行使代位求偿权的条件,包括第三者的损害行为发生,第三者的损害行为与保险事故有因果关系,但前提是要证明谁是第三者。在原告提供的事故证明中明确记载驾驶人魏某的信息和车辆所有权人的信息,显示车辆所有权人为魏某的物流公司,承保公司是原告保险公司。该事故证明上有驾驶人本人的签字,以及有处理事故的公安交警的公章,因此可以证实车辆的实际承运者不是被告;保险合同是投保人与保险人约定保险权利义务的协议,被告是本案的投保人,是保险合同的当事人,不属于保险代位求偿权的第三人。作为公民个人,或是公司企事业单位,之所以投保,是为了降低企业的经营风险,投保人支付了保险费,如果不能享有保险合同权利,则失去了投保的意义;综上,请法院驳回原告的诉讼请求。

思考:根据案例所描述的实际情况,分析该物流公司是否应当给付原告保险公司赔偿金?

资料来源:货车失火货物烧毁,保险公司依法代位求偿[EB/OL]. http://news.vobao.com/zhinan/caichanxian/873714111439024385.shtml.(有改动)

第一节 陆上运输货物保险

对于陆上运输的货物,主要采用火车、汽车等陆上运输工具进行货物的运输。在运输过程中,货物有可能会遭遇到各种风险,有些与海上货物运输的风险不同,如铁路坍塌、道路损坏、桥梁折断、山体滑坡和泥石流等;有些与海上货物运输中的风险相同,如一般外来风险,在陆上运输中也是一样存在的。因此,陆上货物运输保险与海上运输货物保险有一定的相似之处,但也有所不同。

根据中国人民保险公司1981年修订的《陆上运输货物保险条款》,我国陆上运输货物保险的基本险别分为陆运险(overland transportation risks)和陆运一切险(overland transportation all risks)两种,不论火车运输还是汽车运输,均适用同样的险别和同样的责任范围。

一、陆运险与陆运一切险

(一)陆运险的承保责任范围

陆运险的承保责任范围与海运险中的"水渍险"相似,保险人在陆运险中,对下列损失承担赔偿责任。

第一，因被保险货物在运输途中遭受暴风、雷电、洪水、地震等自然灾害或由于运输工具遭受碰撞、倾覆、出轨或在驳运过程中因驳运工具遭受搁浅、触礁、沉没、碰撞，或由于遭受隧道坍塌、崖崩或失火、爆炸等意外事故造成的全部或部分损失。

第二，被保险人对遭受承保责任内危险的货物采取抢救、防止或减少货损的措施而支付的合理费用，保险公司也负责赔偿，但以不超过该批被救货物的保险金额为限。在投保陆运险的情况下，被保险人可根据需要加保一种或数种一般附加险。

（二）陆运一切险的承保责任范围

陆运一切险的承保责任范围与海洋运输货物保险条款中的“一切险”类似。保险公司除承担陆运险的赔偿责任外，还负责被保险货物在运输途中由于一般外来原因所造成的全损或部分损失。上述的责任范围均适用于火车和汽车运输，并以此为限。

陆运险和陆运一切险的除外责任与海洋运输货物险的除外责任基本相同。

（三）责任起讫

陆上运输货物险的责任起讫也采用“仓至仓”责任条款，保险责任从被保险货物运离保险单载明的起运地仓库或储存处所开始运输时生效，包括正常运输过程中的陆上和与其有关的水上驳运在内，直到该货物运到保险单上所载明的目的地收货人的仓库或被保险人用以分配、分派的其他储存处所为止。如未运抵上述仓库或储运处所，则以被保险货物运抵最后卸载的车站满 60 天为止。

（四）索赔时效

陆上运输货物保险的索赔时效为：从被保险货物在最后目的地车站全部卸离车辆后起算，最多不超过 2 年。

从上述内容中可以看出，陆运货物保险的两种基本险（陆运险和陆运一切险）与海运货物的基本险有以下不同。

第一，陆运货物保险的承保风险中，不包括流冰、海啸等海上运输中的自然灾害，而增加了倾覆、出轨、隧道坍塌、崖崩等陆上运输中所特有的意外事故。

第二，在陆运货物保险的承保风险中，没有共同海损牺牲、分摊以及救助费用等海上损失和费用。

第三，在陆运货物保险中，凡属承保范围内的损失，不论起因于自然灾害还是意外事故，也不论损失的程度是全部还是部分，保险人一般都予赔偿。因此，在陆运货物保险中不存在海运货物保险中的“单独海损不赔”的问题。也因为这个原因，陆运货物保险的基本险只有陆运险和陆运一切险，前者相当于海运货物保险中的水渍险，后者相当于海运货物保险中的一切险，而没有与海运货物保险中的平安险相当的险别。

第四，陆运货物保险的责任起讫期间虽然也采用“仓至仓”的原则，但对货物在运达目的地后，如不卸离运输工具或不及时运往收货人仓库或存储处所，保险期限规定为到达卸载站后满 60 天终止。

知识链接 12-1

陆上运输货物保险合同是指保险人与投保人之间达成的，以陆上运输过程中的货物作为保险标的，由保险人对于被保险货物因自然灾害或意外事故造成的损失承担赔偿责任的协议。

陆上运输货物保险合同，按其适用范围分为国内陆上运输货物保险合同和国际陆上运输货物保险合同。我国的国内陆上运输货物保险合同分为基本险和综合险两个险别。适用于国际陆上运输货物的陆上运输货物保险合同，分为陆运险和陆运一切险两个险别。

二、陆上运输冷藏货物险

陆上运输冷藏货物险（overland transportation insurance frozen products）属于陆上运输货物险中的一种专门保险，它是一种专门针对冷藏货物的基本险。

（一）陆上运输冷藏货物险的承保责任范围

第一，承担陆运险中的自然灾害和意外事故所致损失的赔偿责任。陆运险中的自然灾害和意外事故列举如下。

（1）暴风、雷电、地震、洪水。

（2）陆上运输工具遭受碰撞、倾覆或出轨。

（3）在驳运过程中驳运工具的搁浅、触礁、沉没、碰撞。

（4）隧道坍塌、崖崩、失火、爆炸。

第二，负责赔偿由于冷藏机器或隔温设备在运输途中损坏所造成的被保险货物解冻融化而腐烂造成的损失。

第三，被保险人对遭受承保责任内危险的货物采取抢救、防止或减少货损的措施而支付合理费用，但以不超过该批被救货物的保险金额为限。

（二）除外责任

本保险对下列损失不负赔偿责任。

第一，被保险人的故意行为或过失所造成的损失，以及属于发货人责任所引起的损失。

第二，被保险货物在运输过程中的任何阶段，因未存放在有冷藏设备的仓库或运输工具中，或辅助运输工具没有隔温设备或没有车厢内储存足够的冰块所致的货物腐败。

第三，被保险货物在保险责任开始时因未保持良好状态，包括整理加工、包扎不妥或冷冻不合规格所造成的货物腐败和损失。

第四，被保险货物的自然损耗、本质缺陷、特性及市价跌落、运输延迟所引起的损失和费用。

（三）责任起讫

陆上运输冷藏货物险的保险责任自被保险货物运离保险单所载明的起运地点的冷藏仓库装入运输工具开始运输时生效，把正常的陆运和与其有关的驳运包括在内，直至货物到达保险单所载明的目的地收货人的仓库为止。但最长保险责任的有效期限以被保险货物到达目的地车站后10天为限。

知识链接12-2

中国人民保险公司的该项保险条款还规定：

装货的任何运输工具，必须有相应的冷藏设备或隔离温度的设备；或供应和储存足够的冰块使车厢内始终保持适当的温度，保证被保险冷藏货物不致因融化而腐败，直至目的地收货人仓库为止。

（四）索赔时效

陆上运输冷藏货物险的索赔时效与陆运险和陆运一切险的索赔时效规定完全一样，从被保险货物在最后目的地全部卸离车辆后起算，最多不超过2年。

三、陆上运输货物战争险

陆上运输货物战争险（overland transportation cargo war risks）是陆上运输货物险的一种附加险。只有在投保了陆运险或陆运一切险的基础上经过投保人与保险公司协商方可加保。这种陆运战争险，国外私营保险公司大都是不保的，我国人民保险公司为适应外贸业务需要，接受加保，但目前仅限于火车运输，若使用汽车运输则不能加保。加保陆上运输货物战争险须另增加支付保险费。

（一）责任范围

第一，保险公司负责赔偿在火车运输途中由于战争、类似战争行为和敌对行为、武装冲突所致的损失。

第二，各种常规武器包括地雷、炸弹所致的损失。但是，由于敌对行为使用原子或热核武器所致的损失和费用，以及因执政者、当权者或其他武装集团的扣押、拘留引起的承保运程的丧失和挫折而造成的损失保险公司不负赔偿责任。

（二）责任起讫

与海运战争险相似，以货物置于运输工具时为限，即自被保险货物装上保险单所载起运地的火车时开始到卸离保险单项所载目的地火车时为止。如果被保险货物不卸离火车，则以火车到达目的地的当日午夜起计算，满48小时为止；如在运输中途转车，不论货物在当地卸载与否，保险责任以火车到达该中途站的当日午夜起计算满10天为止；如货物在此期限内重新装车续运，仍恢复有效。

但需要指出的是，如运输契约在保险单所载明目的地以外的地点终止，该地即视作本保险单所载明目的地，在货物卸离该地火车时为止，如不卸离火车，则保险责任以火车到达该地当日午夜起计算满 48 小时为止。

同海洋运输货物保险一样，陆上运输货物可以在投保战争险的基础上加保罢工险。加保罢工险不另收费。但如单独要求加保罢工险，则按战争险费率收费。陆上运输罢工险的承保责任范围与海洋运输货物罢工险的责任范围相同。

四、被保险人的义务

被保险人应按照以下规定的应尽义务办理有关事项。

第一，当被保险货物运抵保险单所载目的地以后，被保险人应及时提货，当发现被保险货物任何部分有腐败或损失，应立即向保险单上所载明的检验、理赔代理人申请检验，由其在本保险责任终止前确定腐败件数或损失程度。如发现被保险货物整件短少或有明显残损痕迹应向承运人、受托人或有关当局索取货损货差证明。如果货损货差是由于承运人、受托人或其他有关方面的责任所造成，应以书面方式向他们提出索赔，必要时还须取得延长时效的认证。

第二，对遭受承保责任内危险的货物，应迅速采取合理的抢救措施，防止或减少货物的损失。同时，在向保险人索赔时，必须提供下列单证。

保险单正本、提单、发票、装箱单、磅码单、货损货差证明、检验报告及索赔清单，如涉及第三者责任，还须提供向责任方追偿的有关的往来函电及其他必要的单证或文件。

练一练 12-1

1. 我国陆上运输货物保险基本险的保险期限是(　　)。

A. 未运抵指定仓库或储存处所，则以被保险货物运抵最后卸载车站满 30 天为止

B. 未运抵指定仓库或储存处所，则以被保险货物运抵最后卸载车站满 40 天为止

C. 未运抵指定仓库或储存处所，则以被保险货物运抵最后卸载车站满 50 天为止

D. 未运抵指定仓库或储存处所，则以被保险货物运抵最后卸载车站满 60 天为止

2. 我国陆上运输货物保险的专门险是(　　)。

A. 陆运险　　B. 陆运一切险

C. 陆上运输冷藏货物险　　D. 陆上运输货物战争险

3. 我国陆上运输货物战争险仅限于(　　)运输方式，并适当加收保费。

A. 飞机　　B. 汽车　　C. 人力车　　D. 火车

第二节　航空运输货物保险

航空货物运输是 20 世纪才出现的运输方式，随着国际贸易的迅猛发展，通过航空进行运输的货物也在逐渐增多，也就出现了对这些航空运输货物进行保险的需要。伦敦保

险协会在 1965 年时制定了用于航空运输的保险条款，经过 1982 年的修订，现为《协会货物险条款(航空)(邮包除外)》，此外还有《协会战争险条款（航空货物)(邮包除外)》和《协会罢工险条款(航空货物)》。我国为适应航空运输的需要，保险公司也制定了“航空运输险”(air transportation risks)和“航空运输一切险”(air transportation all risks)两种基本险条款及“航空运输货物战争险”(air transportation cargo war risks)的附加险条款。

航空运输货物保险的基本险别分为航空运输险和航空运输一切险。

一、航空运输险和航空运输一切险

（一）航空运输险的承保责任范围

航空运输险与海运保险中“水渍险”的承保责任大致相同，承保被保险货物在运输途中遭受雷电、火灾、爆炸或由于飞机遭受恶劣气候或其他危难事故而被抛弃，或者由于飞机遭受碰撞、倾覆、坠落、失踪意外事故所造成的全部或部分损失。具体来说，由于下列保险事故造成保险货物的损失，保险人负赔偿责任。

(1) 火灾、爆炸、雷电、冰雹、暴风、暴雨、洪水、海啸、地陷、崖崩。

(2) 因飞机遭受碰撞、倾覆、坠落、失踪(在 3 个月以上)，在危难中发生卸载以及遭受恶劣气候或其他危难事故发生抛弃行为所造成的损失。

(3) 因受震动、碰撞或压力而造成破碎、弯曲、凹瘪、折断、开裂的损失。

(4) 因包装破裂致使货物散失的损失。

(5) 凡属液体、半流体或者需要用液体保藏的保险货物，在运输途中因受震动、碰撞或压力致使所装容器(包括封口)损坏发生渗漏而造成的损失，或用液体保藏的保险货物因液体渗漏而致保藏的保险货物腐烂的损失。

(6) 遭受盗窃或者提货不着的损失。

(7) 在装货、卸货时和港内地面运输过程中，因遭受不可抗力的意外事故及雨淋所造成的损失。

此外还负责被保险人对遭受承保责任内危险的货物采取抢救、防止或减少货损的措施而支付的合理费用，但以不超过该批被救货物的保险金额为限。

航空运输险的上述责任范围实际上与海洋运输货物险中的水渍险和陆上运输货物保险中的陆运险的责任范围大体相同，不同的是排除了流冰、海啸、地震、洪水等自然灾害和运输工具搁浅、触礁、沉没、与流冰互撞等不可能发生的意外事故以及共同海损牺牲、分摊和救助费用，并针对航空运输的特点，增加了飞机倾覆、坠落或失踪等风险。

（二）航空运输一切险的承保责任范围

航空运输一切险的承保责任与海洋运输货物保险中的一切险及陆上运输货物保险中的陆运一切险责任基本一致，除了包括航空运输险的各项责任外，还负责被保险货物由于外来原因所致的全部或部分损失。

上述两个基本险的除外责任与海洋运输货物险的除外责任基本相同。

（三）航空运输险和航空运输一切险的责任起讫

航空运输货物两种基本险的保险责任也采用“仓至仓”原则，即自被保险货物运离保险单所载明的起运地仓库或储存处所开始运输时生效，直至被保险货物到达保险单载明的目的地收货人的最后仓库或储存处所或被保险人用于分配、分派或非正常运输的其他储存处所为止。如货物运到保险单上的目的地，但未运抵收货人的仓库，则被保险货物在最后卸载地卸离飞机后满 30 天保险责任终止。

如果由于被保险人无法控制的运输延迟、绕道、被迫卸货、重新装载、转载或承运人运用运输契约赋予的权限所做的任何航行上的变更或终止运输契约，被保险货物运到非保险单上所载的目的地，在被保险人及时将情况通知保险人，并在必要时加缴保险费的情况下，航空运输货物保险合同继续有效，保险责任的终止要按照下列的具体规定。

如被保险货物在非保险单载明的目的地出售，保险责任至交货时为止；被保险货物如在 30 天期限内继续运往保险单所载明原目的地或其他目的地，保险责任仍按上面的“仓至仓”条款，货物运到目的地收货人仓库或在目的地卸离飞机满 30 天时保险责任终止。

二、航空运输货物战争险

航空运输货物战争险是航空运输货物险的一种附加险。投保人只有投保了航空运输险或航空运输一切险后，才能够加保航空运输货物战争险。

（一）责任范围

在航空运输货物险项下，保险人负责承担在航空运输途中由于战争、类似战争行为和敌对行为、武装冲突所致的损失，以及由于上述原因引起的捕获、拘留、扣留、禁制、扣押所造成的损失和各种常规武器，包括炸弹所致的货物损失。与其他方式下的战争险一样，也把使用原子或热核武器所造成的损失作为除外责任。

（二）责任起讫

航空运输货物战争险的保险责任是自被保险货物装上保险单所载明的起运地的飞机开始，直到在保险单载明的目的地卸离飞机时为止。如被保险货物没卸离飞机，则以飞机到达目的地当日午夜起，计算满 15 天为止；如被保险货物需在中途转运，则保险责任以飞机到达转运地的当日午夜起，算满 15 天为止，一旦装上续运的飞机，保险单再恢复为有效。

与其他运输方式下的做法相同，投保人在投保战争险后，如欲加保罢工险，不需另行缴纳保费，如仅要求加保罢工险，则按照战争险的费率缴纳保费。

三、协会航空运输货物保险

（一）协会货物险条款（航空）（邮包除外）

1. 承保责任范围

该条款的承保责任范围较广，对承保风险的规定与 ICC(A)条款一样，是采用一切风险减除外责任的方法。在本保险条款中被特别规定的除外责任是一般除外责任、战争除外责任和罢工除外责任。与ICC(A)条款不同之处是缺少不适航、不适货除外责任。这是考虑到飞机运输的特殊性而采取的一种措施。即使没有规定,承担货物运输的飞机起飞时均应具备适航性,用于航空运输的特殊集装箱也必须适合于货物的安全运输。这些都是应当具备的前提条件。

此外,在"承保风险"的标题下,该条款与ICC(A)条款相比,没有共同海损条款和船舶互撞责任条款,而只有风险条款。这是因为航空运输有其特殊性,一旦发生事故,其发生全损的可能性最大。

2. 保险期限

协会货物保险条款(航空)的保险期限亦采用"仓至仓"条款。与我国的航空运输险和航空运输一切险的规定相同,卸货后的保险期限是在最终卸货地,货物从飞机上卸下以后30天。如在上述30天内被保险货物运到非保险单所载明的目的地,则以该货物开始转运时保险责任终止。该条款的其他内容均与海运ICC(A)条款的各有关内容相同。

(二) 协会战争险条款(航空货物)(邮包除外)

投保协会战争险(航空货物),保险公司承担赔偿在航空货物运输途中因战争、内乱、革命、叛乱、动乱及由此而发生的国内斗争或由交战国采取的或对交战国采取的一切敌对行为引起的捕获、扣留、禁制、拘留而造成的保险标的的损失,其中也包括废弃水雷、鱼雷、炸弹以及其他废弃武器造成的损失。可见,该条款不包括因使用原子武器所造成的损失。此外,在一般除外责任中还包括专门针对航空运输的飞机与集装箱等不合格的除外责任。

协会战争险(航空货物)的保险期限是自保险标的或其一部分因开始运输而被装上飞机时开始,直到在最终卸货地卸离飞机时为止。如保险标的不卸离飞机,则以飞机到达最终卸货地当天午夜12时起满15天为止。若保险标的在中途转运,在转运地的承保期限是15天,装上续运飞机,保险责任再恢复有效。由此可见,如同海上运输的战争险适用"水上危险"一样,航空运输战争险适用的是所谓空中危险。

该条款中的其他内容,诸如索赔、保险利益、减少损失等条款均与海运货物保险ICC(A)条款相同。这些条款的存在,使该险别具有独立性及完整性,因而也可以单独投保。

(三) 协会罢工险条款(航空货物)

投保协会罢工险(航空货物),保险公司负责赔偿在航空货物运输途中因罢工、关厂、劳资纠纷、暴动、骚乱或出于恐怖主义与政治动机而采取的行动所引起的保险标的的损失。

该险别的保险期限与协会货物险条款(航空)的原则一致,采用的是仓至仓责任原则,货物卸离飞机后的承保期限是30天。该险别的其他条款与协会战争险(航空货物)条款一样,具有独立性和完整性,可单独投保。

知识链接 12-3

为适应航空运输保险的特定需要，伦敦保险协会于 1965 年首次制定与航空运输有关的保险条款《协会航空运输货物一切险条款》，1982 年修订为现行的《协会货物险条款（航空）》。该条款与新的海运协会货物条款的规定方法相似。此外，伦敦保险协会还于 1982 年颁布了新的《协会战争险条款（航空货物）》和《协会罢工险条款（航空货物）》。上述三种险别条款均按条文的性质分为八个部分：承保风险、除外责任、保险期限、索赔、保险的利益、减少损失、防止迟延和法律与惯例。这些条款结构统一，体系完整，具备了独立性及自身的完整性，均可单独投保。

四、被保险人的义务

被保险人的义务被保险人应按照以下规定的应尽义务办理有关事项，如因未履行规定的义务而影响保险公司利益，保险公司对有关损失有权拒绝赔偿。

第一，当被保险货物运抵保险单所载明目的地以后，被保险人应及时提货，当发现被保险货物遭受任何损失，应立即向保险单上所载明的检验、理赔代理人申请检验，如发现被保险货物整件短少或有明显残损痕迹，应向承运人、受托人或有关当局索取货损货差证明。如果货损货差是由于承运人、受托人或其他有关方面的责任所造成，应以书面方式向他们提出索赔。必要时还须取得延长时效的认证。

第二，对遭受承保责任内危险的货物，应迅速采取合理的抢救措施，防止或减少货物损失。在向保险人索赔时，必须提供下列单证。

保险单正本、提单、发票、装箱单、磅码单、货损货差证明、检验报告及索赔清单，如涉及第三者责任还须提供向责任方赔偿的有关函电及其他必要单证或文件。

第三节　邮包运输货物保险

在国际贸易中，小件货品的运输或买卖双方寄送样品经常会采用邮政包裹的形式，因此，根据具体需要，也就出现了邮包运输货物保险。在我国，中国人民保险公司在 1981 年 1 月 1 日修订并公布了一套比较完备的邮包运输保险条款，包括邮包险（parcel post risks）、邮包一切险（parcel post all risks）和邮包战争险（parcel post war risks）。

一、邮包险和邮包一切险

邮包险和邮包一切险是邮包运输货物保险条款中的基本险条款。

（一）邮包险的承保责任范围

第一，被保险邮包在运输途中由于恶劣气候、雷电、海啸、地震、洪水、自然灾害或由于运输工具搁浅、触礁、沉没、碰撞、出轨、倾覆、坠落、失踪，或是由于失火和爆炸意外事故造成的全部损失和部分损失。

第二,被保险人对遭受承保责任内危险的货物采取抢救、防止或减少货损的措施而支付的合理费用,但以不超过该批被救货物的保险金额为限。

由于邮包运输可能是海运、陆运或空运,也可能是多式联运,故邮包险的承保责任是将水渍险、陆运险和空运险中的各项责任加以综合而成。

(二)邮包一切险的承保责任范围

邮包一切险的承保责任范围除了包括邮包险的全部责任外,还负责被保险邮包在运输途中由于外来原因所致的全部或部分损失,即与海运一切险、陆运一切险和空运一切险相似。

(三)除外责任

邮包险和邮包一切险对下列损失不负赔偿责任。

(1)被保险人的故意行为和过失所造成的损失。

(2)属于发货人责任所造成的损失。

(3)在保险责任开始时,被保险邮包已经存在的品质不良或数量短差所造成的损失。

(4)被保险邮包的自然损耗、本质缺陷、特性及市价跌落、运输延迟所引起的损失。

(5)邮包战争险条款和货物运输罢工险条款规定的责任范围与除外责任。

(四)责任起讫

保险责任自被保险邮包离开保险单所载明起运地点寄件人的住所运往邮局时开始生效,直至被保险邮包运达保险单所载明的目的地邮局,自邮局签发到货通知书给收件人当日午夜起算满 15 天为止,但在此期限内邮包一经递交至收件人的住所时,保险责任即行终止。

邮包运输保险的责任免除、被保险人义务、索赔期限等与海洋运输货物保险基本相同。

(五)索赔时效

保险的索赔时效,从被保险邮包递交收件人时起算,最多不超过 2 年。

二、邮包战争险

邮包战争险是邮政包裹保险的一种特殊附加险,只有在投保了基本险之后,增加支付保费方可加保。

(一)责任范围

邮包战争险中,保险人负责赔偿在航运途中由于战争、类似战争行为、敌对行为或武装冲突、海盗行为,以及常规武器包括水雷、鱼雷、炸弹等所造成货物的损失。另外,对于被保险人遭受承保责任范围内危险的物品采取抢救、防止或减少损失的措施支付的合理费用也予以负责。但同样，保险人不负责因使用原子或热核武器所造成的损失。

（二）责任起讫

邮包战争险的保险责任从被保险邮包经邮政机构收讫后自储存处所开始运送时生效，直到该邮包运达保险单所载明的目的地邮政机构送交收货人为止。

三、被保险人的义务

被保险人应按照以下规定的应尽义务办理有关事项，如因未履行规定的义务而影响保险公司利益，保险公司对有关损失有权拒绝赔偿。

第一，当被保险邮包运抵保险单所载明的目的地以后，被保险人应及时提取包裹，当发现被保险邮包遭受任何损失，应立即向保险单上所载明的检验、理赔代理人申请检验。如发现被保险邮包整件短少或有明显残损痕迹，应即向邮局索取短残证明，并以书面方式向他们提出索赔，必要时还须取得延长时效的认证。

第二，对遭受承保责任内危险的邮包，应迅速采取合理的抢救措施，防止或减少邮包的损失。同时，在向保险人索赔时，必须提供下列单证：保险单正本、邮包收据、发票、装箱单、磅码单、货损货差证明、检验报告及索赔清单。如涉及第三者责任，还须提供向责任方追偿的有关函电及其他必要单证或文件。

四、邮包运输货物保险的基本做法

在办理国际邮包运输时，应当正确选用邮包的保价与保险。凡经过保价的邮包，一旦在途中遗失或损坏，即可向邮政机构按保价金额取得补偿。因此，对寄往办理保价业务的国家，可予保价。鉴于有些国家和地区不办保价业务，或有关邮政机构对保价邮包损失赔偿限制过严，或保价限额低于邮包实际价值，则可采取保险，也可采取既保险又保价的做法。

根据中国人民保险公司规定，凡进行保价的邮包，可享受保险费减半收费的优待。我国通过邮包运输进口的货物，按邮包运输进口货物预约保险合同的规定办理投保手续。

知识链接 12-4

各国邮政机构有权限制它的最高保价金额，但不得少于 5 000 金法郎，或在本国内的保价限额少于 5 000 金法郎时，采用国内保价限额。实际上，目前参加《邮政包裹协定》的国家除少数规定不足 1 000 金法郎，个别为 5 000 金法郎外，一般均为 1 000 金法郎。

在采取不同保价限额的各国邮政机构间，各方均应以最低限额为准。对与寄达国邮政另有双边协定的，则以协定规定的限额为准。寄件人申报保价额，不得超过包裹内件的实际价值，但可以按包裹内件部分价值申报保价额。申报保价额超过包裹实际价值时，遇到损失或破坏损失，超过部分邮政机构不予补偿。

练一练 12-2

1. 我国对外贸易货运保险可分为(　　)。

A. 海上运输保险　　B. 陆上运输保险

C. 航空运输保险　　D. 邮包运输保险

2. 下列关于我国对外贸易货运保险说法正确的有(　　)。

A. 从被保险货物在最后目的地车站全部卸离车辆后起算,陆上货物运输险索赔最多不得超过两年

B. 我国航空货物运输险包括航空平安险和航空运输险两种基本险

C. 航空货物运输险采用"仓至仓"条款

D. 海、陆、空、邮货物保险的责任免除基本不一致

E. 航空货物运输保险人的责任以被保险货物在最后卸载地卸离飞机后满 60 天为止

经典案例

中国货运航空有限公司

中国货运航空有限公司(China Cargo Airlines LTD.,以下简称"中货航")成立于 1998 年 7 月 30 日,是中国民用航空局批准成立的首家专营航空货邮的专业货运航空公司。由中国东方航空股份有限公司(China Eastern Airlines,以下简称"东航")和中国远洋运输总公司共同投资成立。中货航总部设立于上海虹桥国际机场,并同时在上海浦东国际机场设有基地。中货航拥有众多货运航线,并经营着东航客机腹舱的货运业务,为全球客户提供货物运输、处理、中转等服务。

中货航是中国内地最早成立的一家全货运航空承运人。2003 年开始以 CK 代码独立运行美国航线并成功加入国际航空运输协会。2004 年中货航被选为中国民用航空局对危险品运输许可进行试点审定的单位,并成功成为中国首家获得《危险品运输许可》的航空承运人。

中货航不仅拥有东航相当规模的全球航线网络优势,经营着东航日、美、欧、韩及东南亚等部分航线的客机腹舱货运业务,而且拥有多条自身的专线货运航班,经营着芝加哥、洛杉矶、旧金山、达拉斯、巴黎、哥本哈根、卢森堡、东京、大阪、首尔、新加坡、曼谷、北京、青岛、厦门、香港等地的货运业务。此外,中货航还与亚洲、美洲及欧洲多家航空公司建立了互换舱位、代码共享、签订联运协议等合作关系,全面满足客户需求。

中货航将陆续增加武汉、大连、成都、西安、云南、深圳、乌鲁木齐等国内站点,陆续增加纽约、伦敦、迪拜、孟买、米兰、亚特兰大等国际站点,中货航将通过上海中心枢纽形成完整通畅的国内转国内、国内转国际、国际转国际、国际转国内的货运中转体系。

本章小结与关键术语

练习思考题

1. 陆上运输货物保险有哪几种？它们的责任范围有什么区别？
2. 陆上运输货物保险的责任起讫是什么？
3. 航空运输货物保险有哪几种？它们的责任范围有什么区别？
4. 航空运输货物保险的责任起讫是什么？
5. 邮包运输货物保险有哪几种？它们的责任范围有什么区别？
6. 邮包运输货物保险的责任起讫是什么？

即测即练

第十三章

国际货物运输保险实务

【本章结构图】

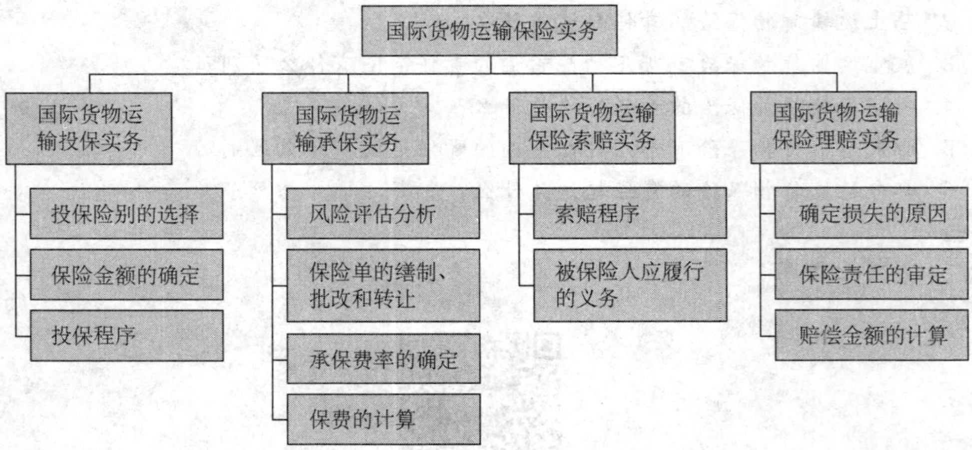

【本章学习目标】

1. 理解投保险别选择的影响因素
2. 掌握保险金额和保费计算
3. 掌握投保单和保险单填制及使用方法
4. 了解索赔和理赔程序
5. 掌握责任审定和损失赔偿计算方法

引导案例

运输保险纠纷案

某远洋运输公司的“东风号”轮在 4 月 28 日满载货物起航，出公海后由于风浪过大偏离航线而触礁，船底划破长 2 米的裂缝，海水不断渗入。为了船货的共同安全，船长下令抛掉一部分货物并组织人员抢修裂缝。船只修复以后继续航行。不久，又遇船舱失火，船长下令灌水灭火。在火被扑灭后发现 2 000 箱货物中一部分被火烧毁，另一部分被水浸湿。在船抵达目的港后清点共有以下损失：①抛入海中的 200 箱货物；②组织抢修船只而额外支付的人员工资；③被火烧毁的500箱货物；④船只部分船体被火烧毁；⑤被水浸湿的100箱货物。

试问：(1) 以上的损失各属什么性质的损失？说明原因。

(2) 投保什么险别的情况下，保险公司给予赔偿？为什么？(指CIC的最小险别)

答案提示：

(1) ①抛入海中的200箱货物；②组织抢修船只而额外支付的人员工资；③被水浸湿的100箱货物，属于共同海损，因为以上损失是为了对抗危及船货各方共同安全的风险而导致的损失；④被火烧毁的500箱货物；⑤船只部分船体被火烧毁，属于单独海损，因为该损失是风险本身所导致的后果。

(2) 在投保平安险时，保险公司即予以赔偿，因为平安险承保共同海损，以及意外事故导致的部分损失。

第一节 国际货物运输投保实务

国际货物运输通常都需要运输货物保险。投保是指投保人向保险人提出申请，与保险人订立保险合同，合同中约定投保人按照保险合同支付保费，保险人依据合同在被保险人发生合同约定的风险事故时给予补偿的一种行为。国际货物运输保险可以由买方或卖方办理投保，具体取决于双方采用的贸易术语。但无论哪方办理投保，一般都要经过投保险别的选择、投保金额的确定及保险费的计算、投保单据的填制等步骤。

一、投保险别的选择

在不同的险别下，保险人承保的责任范围是不同的，保险费率也不同，如按照我国海运货物基本险，平安险的责任范围最小，水渍险次之，一切险最大。与此相对应，平安险的费用率最低，水渍险次之，一切险最高。

因此投保人在选择险别时，应该根据货物的特性和运输的实际情况加以全面衡量，既要考虑使货物得到充分的保障，又要尽量节约保险费的支出。在国际货物运输实务中，选择何种险别，一般应综合考虑以下因素。

(一) 货物的性质和特点

不同种类的货物，由于其性质和特点不同，在运输时即使遭遇同一风险事故，所致的损失后果通常也并不相同。因此，投保人在投保时应充分考虑货物的性质和特点，选择适当的险别。例如，粮谷类食物因含水分、易蒸发的特点，经过长途运输可能造成短量；在运输途中如果通风设备不良，还易发汗、发热或者发霉。对于此类货物，一般可以在投保水渍险的基础上加保短量险和受潮受热险，或者投保一切险。而对于油脂类商品，在运输途中常因容器破裂而造成渗漏或沾染杂质而造成玷污损失。如果是散装，还会因油脂本身粘在舱壁或者在装卸过程中消耗而造成短量。因此，对于此类货物，可以在水渍险的基础上加保短量险和玷污险。对于水果等易腐商品或者大宗货物，可以根据货物本身的特点选择特定或专门的保险条款给予充分的保障。

（二）货物的包装

货物的包装对货物的安全运输具有重要作用，有些货物在运输过程及装卸转运过程中，常因包装破损而造成质量或数量上的损失。因此，在办理投保和选择险别时，对货物包装在运输过程中可能发生的损坏以及由此对货物可能造成的损失也应加以考虑。但需注意，由于保险标的的包装或配装不足或不当引起的无法承受运输途中发生的通常的事故而产生的灭失、损害或费用，保险人一般不需负责，因为包装不良或不当属于装运前发货人的责任。

（三）货物的用途与价值

投保的险别与货物的用途也密切相关。对于与人的身体和生命相关的货物以及有特殊用途的货物（如食品、药品和茶叶等），由于其用途的特殊性，在运输途中一旦发生污染或变质损失，就会丧失全部使用价值。因此，在投保时应充分考虑其风险因素，投保一切险，给予其最高风险保障。

同时，货物价值的高低对投保险别也有影响。对于古玩、金银、珠宝以及贵重工艺品等价值高昂且易损坏的货物，应该投保一切险，以获得全部的保障。对于砂石、矿砂等大宗货物价值低廉且不易受损的货物，通常只需在平安险的基础上加保短量险即可，陆上运输则可投保陆运险并加保短量险。

（四）运输方式和运输工具

在国际运输中采用不同的运输方式和运输工具，货物可能遭遇的风险也不同，应投保的险别也应不同。针对海运、陆运、空运和邮包运输等常见的运输方式，中国人民保险公司都有与之相对的货物运输保险。我国海洋运输货物保险包括一切险、水渍险和平安险，陆上运输货物保险的主险包括陆运险和陆运一切险。此外还有航空运输和邮包运输的保险险别等。可以根据不同的运输方式选择适用的险别。

随着运输方式的发展，国际多式联运作为新的运输方式越来越多地被采用，但国际上并无专门的承保国际多式联运的保险条款，因而需要根据多式联运过程具体采用的运输方式，分段投保相应的保险险别。

（五）运输路线、运输季节及船舶停靠港口

运输路线的长短和路线也会给运输中的货物带来不同的风险。一般而言，运输路线越长，所需的运输时间越长，货物在运输过程中可能遭遇的风险越多；相反，运输路线越短，货物可能遭受的风险越少。途经不同的区域可能会面临不同的特定风险，在投保时都

应充分考虑。

同时,运输途中所处的不同季节、不同气候条件也可能给货物带来不同的风险。在途经炎热、寒冷、多雨等区域时,应事先根据货物的特性来选择合适的险种。

此外,货物在运输途中停靠不同的港口,由于其在设备、装卸能力以及安全设施、管理水平、治安状况等方面有很大差异,进出口货物在港口卸货过程中发生货损和货差的情况也就不同。投保人在投保时,应事先了解装卸地区及中转地港口的情况,根据需要决定投保的险别。

二、保险金额的确定

保险金额是被保险人对保险标的的实际投保金额,是保险合同约定的保险人承担赔偿或给付保险金责任的最高赔偿数额。投保人在投保运输货物保险时应向保险人申报保险金额。

国际运输货物保险的保险金额通常是按货物的 CIF 或 CIP 发票金额加一成(加成率为 10%)计算。这主要是基于两方面考虑:①货物在发生损失时,不仅货物本身的价值受到损失,已经支付的运费和保险费也随之损失,所以要采用包含保费和运费的 CIF 或 CIP 价格;②货物在发生损失时,被保险人已经支付的各种经营费用和手续费(如贷款利息、税款、开证费等)以及预期利润都无法实现,而且不能从保险公司获得补偿。所以各国保险和国际贸易管理通用的做法是保险金额可在 CIF 或 CIP 价格上适当加成。

关于保险投保加成的问题,UCP600(跟单信用证统一惯例)第 28 条规定"信用证对于投保金额为货物价值、发票金额或类似金额的某一比例的要求,将被视为对最低保额的要求。如果信用证对投保金额未做规定,投保金额须至少为货物的 CIF 或 CIP 价格的 110%。如果从单据中不能确定 CIF 或者 CIP 价格,投保金额必须基于要求承付或议付的金额,或者基于发票上显示的货物总值来计算,两者之中取金额较高者"。

保险金额的计算公式:

$$保险金额=\text{CIF (CIP)}价\times(1+投保加成率)$$

如果报价为 CFR,而对方要求改报 CIF,或者在 CFR 合同下,卖方代为买方投保时,需要先将 CFR 价格换算为 CIF 价格,然后再加成计算保险金额。换算公式为

$$\text{CIF(CIP)}价=\text{CFR(CPT)}价/[1-(1+投保加成率)\times保险费率]$$

三、投保程序

在投保货物运输保险时,投保人应填写货物运输保险投保单,向保险人作出投保申请。保险人审核后处理保险单,保险双方就确定了合同关系。在国际货物买卖中,双方通常根据事先商定的价格条件来决定由哪一方负责投保国际货物运输保险。

(一) 投保单的填写

投保单是投保人向保险人提出投保的书面申请,投保人应对保险标的的基本情况

进行如实告知，保险人在对投保人填写的保单进行详细的核实和风险评估后，据以签发正式的保单。在保险合同确定后，投保单是保险合同不可分割的组成部分，具有法律效力。

投保单的主要内容包括以下几方面。

(1) 被保险人的姓名。被保险人是保险合同的保障对象，应根据保险利益的实际情况，正确填写买方或卖方的名称。如果以CIF或CIP条件出口，卖方作为投保人办理保险。出口方作为被保险人应根据买卖双方事先约定好的风险划分界限，对于由出口方承担的风险，出口方可以向保险人索赔。一旦货物交承运人后，出口方可以根据信用证或其他文件的要求将保险单签字背书，将其转让给进口方或指定第三方。如果以FOB、CFR等条件成交，则进口方可以自行办理保险。保险责任自买卖双方事先约定的风险划分归属买方时开始。

(2) 被保险货物的名称。货物的名称和具体类别必须具体明确，也便于保险人确定适用的保险费率。

(3) 标记。投保单上的标记应注意与提单和货物外包装上的标记一致，避免在理赔确定责任时混乱。

(4) 数量及包装。货物包装的方式和数量应书写清楚。当一次投保有数种不同的包装时，可以件为单位。

(5) 保险价值和保险金额。在定值保单下，货物的保险价值由保险人与投保人共同商定。保单的保险金额通常是CIF或CIP发票价格加成确定，一般是加一成。保险金额的币种应与发票保持一致。

(6) 运输工具名称。在海运时，应写明船名，尤其在转运时也需注明；如果是火车或航空运输，应注明具体的车次和航次。对于多式联运，应写明联运的方式。投保人在投保时要将运输船舶的船龄如实告知公司，因为保险公司对于船龄超过15年的船舶所载货物的运输保险要加收保费。

(7) 开航日期和航程。投保人在投保时应填上具体的开航日期和航程路线。

(8) 提单或运单号码。投保人应如实填写清楚，以备保险公司核对。

(9) 发票号码和合同号码。通常，出口货物一般填写该批货物的发票号码，进口货物则填写贸易合同号码。这一项主要用于确定获得保障的保险标的的具体批号，便于索赔时进行核对。

(10) 承保险别。投保人应明确填写所投保的险别以及所适用的保险条款。如果有特别要求，也可注明。

(11) 赔付地点。通常保险赔付地为保险目的地。如果被保险人要求在目的地以外，可以注明。

(12) 投保日期。卖方投保时，投保日期应在船舶开航或运输工具开行之前。买方投保时，由于买卖双方距离遥远，很有可能存在信息传递失误或延误的情况，买方不太容易准确确定投保的时间。按照国际货运保险惯例,如果投保时货物已经发生损失,只要买方是善意的,事先并不知情,保险依然有效。相反,如果事先知情,则该投保行为便属于欺诈。

(13) 投保人签章、企业名称和联系方式。投保人投保时应准确填写自身的相关信息。

(二) 填写保单的注意事项

投保人填写保单时应注意以下问题:①投保时必须如实申报相关信息。若违背最大诚信原则,存在不实或瞒报,保险合同无效。②投保单的内容必须与买卖合同和信用证的规定相符。避免在信用证结算时因单证不符影响货款回收。当出现信用证和贸易合同的保险条款不一致时,出口方应注意及时和进口方修改信用证或合同条款,使二者保持一致,避免结算时出现单证不符。③要尽可能将保险期间延展到内陆目的地,避免货物在最后卸离海轮的目的港至内陆收获仓库时无法获得风险保障。

第二节　国际货物运输保险承保实务

在实务中,保险的承保是保险人综合评估投保人的保险申请、与被保险人签订保险合同的行为。一般来说,保险公司在接到投保人的投保申请后,需要对投保对象和保险标的进行风险评估与分析,在综合考虑被投保人的资信情况、以往的赔付记录以及保险标的的性质、运输工具、运输路线、投标险别等与国际货物运输有关的风险后,决定是否承保,并提出相应的保险条件,确定保险费率。

保险公司承保工作质量的好坏,关系到保障合同能否顺利履行。保险公司的承保业务通常包括以下内容:风险评估分析、保险单的缮制批改和转让、承保费率的确定和保费的计算。如果保险双方对保险合同的条款取得一致意见,保险合同成立,保险公司应及时签发保险单。

一、风险评估分析

保险人在收到投保人的投保申请后,通常需要对保险标的的风险因素进行分析和评估,以在保费收入和承保风险之间进行科学决策。在考虑如何承保货运险时,保险人通常应考虑以下因素:①根据投保货物的性质和特点,确定适当的风险等级和承保标准。②要充分考虑包装在运输途中可能发生的风险损失及对货物损失的影响程度。③综合考虑运输工具的性能、运输航线及停靠港口、运输季节等对货物运输风险及货物损失的影响。④应充分认识与投保险别对应的承保责任。⑤同时还需关注与投保人的道德风险、经济能力、以往索赔记录、承运人或船东的信用与经营水平等因素相关的风险因素。

二、保险单的缮制、批改和转让

（一）保险单的缮制

保险单是保险公司根据投保人填写的投保单的内容制作的。因此，保险人在接受投保申请后，所缮制的保险单内容应与投保单相同，以满足投保人对保险的要求。

保险单通常应包括下列事项。

（1）保险公司名称。保险单最上方均事先印有保险公司的名称。

（2）保险单名称。如“海洋货物运输保险单”“铁路货物运输保险单”。

（3）保险单批号。这是保险公司按照出单顺序对每张保险单所设的编号。

（4）被保险人名称。此项俗称为“抬头”。保险单可以由被保险人背书转让。如果信用证对保险单的抬头有具体要求，应按照该要求填写抬头。

（5）发票号与唛头。此处填写发票号，一般还应将发票上所标的唛头打上。如果唛头比较复杂，可只填写发票号码。在保险理赔时可以将保险单与发票相互参照。

（6）保险货物项目。此处一般根据投保单的内容印制，应与发票保持一致。

（7）包装和数量。此处应按照投保单印制。包装货物应当标明包装方式，如“袋”“箱”等。

（8）保险金额。此处按照投保单上的保险金额填写，小数点后的尾数一律进为整数，大小写必须一致。

（9）保费。此处一般只打印“按照约定”，但若信用证要求标明保费以及费率，则应打上具体保费以及费率。

（10）装载运输工具。针对海洋运输，此处应按投保单上的内容打印上船名和船次。若船名未知，则打印“to be declared”。

（11）开航日期。此处一般填写“按照所附提单”(as per B/L)，表示以提单为准，或打上具体时间。

（12）运输起讫地。按照投保单填写，如果中途转船，应打明转船字样。

（13）承保险别。根据投保单上填写的内容，全面、详细而准确地载明保险公司承担的保险责任。

（14）保险公司在目的地检测、理赔代理人名称以及详细地址、电话号码等内容。

（15）赔款偿付地点。一般以目的地作为赔款偿付地点，不能把国家名称作为偿付地点。

（16）保单签发日期。UCP600 第 28 条规定保险单据日期不得晚于发运日期，除非保险单据表明保险责任不迟于发运日生效。开证行不接受迟于运输单据日期的保单。

（17）保险人代表签名。UCP600 第 28 条规定：“保险单据，例如保险单或预约保险项下的保险证明书或者声明书，必须看似由保险公司或承保人或其代理人或代表出具并签署。代理人或代表的签字必须标明其系代表保险公司或承保人签字。”

货物运输保险单如图 13-1 所示。

中国人民保险公司杭州市分公司
The People's Insurance Company of China
Hangzhou Branch

PICC

总公司设于北京 一九四九年创立
Head Office Beijing Established in 1949

货物运输保险单
CARGO TRANSPORTATION INSURANCE POLICY

发票号(INVOICE NO.)
合同号(CONTRACT NO.)
信用证号(L/C NO.)

保单号次
POLICY NO.

被保险人：Insured: ____________________

中国人民保险公司(以下简称本公司)根据被保险人的要求，由被保险人向本公司缴付约定的保险费，按照本保险单承保险别和背面所载条款与下列特款承保下述货物运输保险，特立本保险单。

THIS POLICY OF INSURANCE WITNESSES THAT THE PEOPLE'S INSURANCE COMPANY OF CHINA (HEREINAFTER CALLED "THE COMPANY") AT THE REQUEST OF THE INSURED AND IN CONSIDERATION OF THE AGREED PREMIUM PAID TO THE COMPANY BY THE INSURED,

UNDERTAKES TO INSURE THE UNDERMENTIONED GOODS IN TRANSPORTATION SUBJECT TO THE CONDITIONS OF THIS OF

THIS POLICY AS PER THE CLAUSES PRINTED OVERLEAF AND OTHER SPECIL CLAUSES ATTACHED HEREON.

标 记 MARKS&NOS	包装及数量 QUANTITY	保险货物项目 DESCRIPTION OF GOODS	保险金额 INSURED

总保险金额
TOTAL AMOUNT INSURED: ____________________

保费：PREMIUM: AS ARRANGED 启运日期 ________ 装载运输工具： ________

自 FROM: ________ 经 VIA ________ 至 TO ________

承保险别：
CONDITIONS:

所保货物,如发生保险单项下可能引起索赔的损失或损坏,应立即通知本公司下述代理人查勘。如有索赔,应向本公司提交保单正本(本保险单共有 份正本)及有关文件。如一份正本已用于索赔，其余正本自动失效。
IN THE EVENT OF LOSS OR DAMAGE WITCH MAY RESULT IN A CLAIM UNDER THIS POLICY, IMMEDIATE NOTICE MUST BE GIVEN TO THE COMPANY'S AGENT AS MENTIONED HEREUNDER. CLAIMS, IF ANY, ONE OF THE ORIGINAL POLICY WHICH HAS BEEN ISSUED IN ________ ORIGINAL(S) TOGETHER WITH THE RELEVENT DOCUMENTS SHALL BE SURRENDERED TO THE COMPANY. IF ONE OF THE ORIGINAL POLICY HAS BEEN ACCOMPLISHED. THE OTHERS TO BE VOID.

中国人民保险公司杭州市分公司
The People's Insurance Company of China
Hangzhou Branch

Authorized Signature

地址(ADD)：中国杭州体育场路 27 号人保大厦 17-18 楼

ADD:17-18, FLOORSPICC BUILDING, 27, TIYUCHANG ROAD, HANGZHOU, CHINA 电话(TEL): (0571)85284216

邮编(POST CODE): 310004 传真(FAX): (0571)85284217

图 13-1 货物运输保险单

（二）保险单的批改

保险单签发后，在保险单有效期内，其内容一般不宜修改。但在保险实务中，投保人往往会由于各种原因向保险公司申报信息时出现陈述错误或遗漏。此时，必须及时变更或修改保单内容，否则被保险人的利益极有可能受到影响，甚至导致保险合同失效。此外，被保险货物在运输过程中，也可能遇到某种突发的意外情况，如承运人根据运输合同所赋予的权利改变航行路线，更改目的地、临时挂靠非预定港口或转船等。这些新变化也要求对原保险单内容及时进行变更或修改，以便保险标的重新获得与新情况相适合的保险保障。

保险单内容的变更和修改，往往会影响保险人的承保责任范围以及承担的风险。投保人或被保险人应以书面形式就保险单内容的变更或修改向保险人申请批改。一般情况下，只要变更或修改的内容不超过保险条款规定允许的范围，保险人都会接受。被保险人在不知有损失发生的情况下，在货物到达目的之前，如果愿意加交保费，通常保险人也会同意扩大承保责任或增加保险金额。

（三）保险单的转让

保险单的转让即保险单权利的转让，是指持有保险单的人将保险单所赋予的要求损坏赔偿的权利以及相应的诉讼权转让给受让人。被保险人转让保险单通常通过空白背书的方式进行。按照惯例，被保险人可以在保险损失发生之前或之后转让保险单，无须事前通知保险人，也不影响保险效力。需要注意的是，保险单权利的转让与被保险货物本身所有权的转让是两种不同的法律行为。买卖双方交接货物，转移货物所有权，并不能自动转移保险单的权利。

（四）保险单份数

UCP600 第 28 条规定如果保险单据表明其以多份正本出具，所有正本均须提交。中国人民保险公司出具的全套保单一式四份，正本和副本各两份。保险公司和出口商各留副本一份，其他两份正本提交给银行结汇。

三、承保费率的确定

确定适宜的保险费率是保险人进行承保活动的重要一环。保险人通常以保险标的风险大小、损失率高低和经营成本等为基础，同时结合商品性质和包装、运输方式、运输路线及停靠港口以及投保险别等因素来综合确定保险费率。保险费率过高或过低都不利于保险人承保活动的开展。

货物费率按照运输方式可分为海运、陆运、空运和邮包运输，四种费率的确定原则大体相同，下面以中国人民保险公司海洋运输货物保险费率为例来介绍保险费率的确定方法。

（一）出口货物保险费率

根据出口货物的性质以及货物在运输途中是否容易受损，将出口货物分为“一般货物”和“指明货物”两大类。然后根据投保险别（平安险、水渍险和一切险）和货物运送的目的地确定适用于所有货物的一般货物费率与适用于指明货物的指明货物加费费率。费率表的结构分为四部分。

一般货物费率是被保险人必须支付的基本保险费率标准。出口货物投保不同险种、运往不同的目的地适用的费率标准不同。指明货物加费费率主要是针对易短少、易破碎和易腐的特殊货物加收的一种附加费率。不同种类的货物通常适用不同的费率标准。通常在指明货物加费费率表中还会针对一些货物规定免赔率。

针对战争险和罢工险还有专门的战争险费率和罢工险费率。当二者一起投保时，只按战争险费率计收。当只投保罢工险时，按战争险费率计收。而且，不论货物的分类，费率都相等。

此外，还有针对一般附加险、特别附加险、内陆运输扩展责任险、延长保险期限、转运、免赔率增减、贵重商品保险等制定相应的收费标准。

（二）进口货物保险费率

目前，中国人民保险公司的进口货物费率表包括"特约费率表""进口货物费率表"和"特价费率表"三类。其中，"特约费率"是一种优惠的平均费率，适用于与保险公司签订有预约保险合同的各专业进出口公司的进口货物保费率的计算。"进口货物费率"适用于专业进出口公司以外的其他单位的进口货物保费的计算，费率较特约费率高，通常根据投保险别和目的地地区来计收。"特价费率"是主要针对一些指定商品投保一切险时的费率。类似于出口货物的"指明货物加费费率"。

四、保费的计算

货物运输保险的保费是以货物的保险金额和保险费率为基础来进行计算的。

可按照以下公式计算：

保险金额＝CIF（CIP）价×（1＋投保加成率）

如果以 CFR 或 CPT 成交：

CIF(CIP)价＝CFR(CPT)价/[1－(1＋投保加成率)×保险费率]

保险金额＝CIF(CIP)价×(1＋投保加成率)

保险费＝保险金额×保险费率

练一练 13-1

1. 北京某货运公司出口一批货物到日本，原报 CFR 日本大阪，总金额为 80 000 美元，现进口商来电要求改报 CIF 价格，目的地不变，并按 CIF 价加成 10%投保海运一切险，假设运至日本大阪的该项货物海运一切险的保险费率为 0.5%。保险费为多少？

2. 某批出口至新加坡的货物。CIF 发票总金额为 45 万元人民币，如按发票总金额 110%投保一切险和战争险，应付多少保险费？（注：一切险保险费率为 0.3%，战争险的保险费率为 0.04%。）

第三节 国际货物运输保险索赔实务

保险索赔是指当进出口货物遭受承保责任范围内的损失时，对保险标的具有保险利益的卖方或买方备好索赔单证，在索赔时效内(一般为两年)向相关保险公司提出赔偿要求。

一、索赔程序

当被保险的货物发生属于保险责任范围内的损失，被保险人在向保险公司索赔时，必须对保险标的具有保险利益。以海运为例，当以 CIF 成交时，若货物的损失发生在从卖方仓库运往起运港的途中，应由卖方向保险人索赔；若货物的损失发生在起运港装船后运往目的地的途中，则应由买方向保险人进行索赔。索赔手续主要包括以下内容。

(一) 货损通知

被保险人一经获悉货物遭受损失，应尽快向保险人或其指定代理人发出货损通知。通常货物遭受损失主要有两种情况：①货物在运输途中因运输工具遇到意外事故而遭受损失。②货物在起运前后因各种原因已经遭受损失，但由于货物损失程度不重或很难从外表被发现，在货物运至目的港被保险人提货时或者在最后进入仓库时才被发现。

保险人或其代理人接到损失通知后，一方面安排与组织对货物进行施救，避免损失扩大；另一方面尽快安排对货物的损失进行检验，核定损失原因，确定损失责任和损失程度，避免因拖延造成责任无法认定。被保险人有义务在发现货物出现损失时及时通知保险人，否则保险人有权拒赔。因特殊原因，被保险人无法及时通知时，应及时向保险人申请延期通知。

(二) 申请检验

被保险人在向保险人或其代理人发出货损通知的同时，还应尽快向检验机构申请检验，以便确定货物损失是否发生在保险期间。保险人对货损通知时间和申请检验时间均有严格的时间规定，中国人民保险公司申请检验的时间最迟不能超过保险责任终止后 10 天。

被保险人在申请检验时，应注意以下两点：①申请检验的机构。发现货损后，被保险人必须向保单上载明的代理人申请检验，不能自行找人代为检验。保险中指定的检验代理人有两种：一种是只有检验权的代理人，另一种是同时具备检验与理赔权的代理人。在进口运输货物保险中，在货物抵达目的地出现损失时，一般由保险人或其代理人与被保险人通过联合检验来确定损失的原因和责任划分。②免于申请检验。对于整件短少的货物，被保险人可以通过向承运人或者港口当局或装卸公司获取短卸证明，以此作为损失依据，可免于检验。同时对于损失较小的货物，检验费用可能超过损失金额，可由保险代理人出具不检验损失报告。

检验完成后，负责检验的代理人、检验机构或保险公司应出具被保险人给予认可的检验报告，据以作为被保险人向保险人索赔的重要证据。需要注意的是，保险人最后是否就被保险人的损失给予赔偿并不完全取决于检验报告，最终需要保险人根据保险合同条款决定。检验报告仅是检验人对货损状况作出的客观鉴定证明。

（三）提交的有关单证

被保险人索赔时，必须提交相关单证。根据中国货物运输保险条款的规定，这些单证包括：①正本保单。保单是被保险人向保险人索赔的最基本依据。②运输单据。运输单据是货物交付承运人运输时的依据，可作为保险人确定货物是否在保险期内发生以及承运人是否应承担责任的一个重要参考。③发票。发票是保险人计算保险赔偿的依据之一。被保险人应确保提交的发票、保单及提单之间内容相符。④装箱单和重量单。装箱单和重量单是保险人核定货物损失的一个依据。⑤货损证明。货损证明既是被保险人向保险人索赔的依据，同时也是被保险人和保险人向责任人追偿的依据。⑥检验报告。检验报告主要记录了对货损原因、程度、金额等判定和鉴定，以及损失处理的经过等。⑦索赔清单。索赔清单主要列明索赔金额和计算依据以及相关费用的明细等。⑧海事报告。海事报告主要用于记录海上遭受风险、货损原因及采取的施救或救助措施等，是确定损失原因和保险责任的重要参考。

除了上述单证，保险人有时还可能会根据需要要求被保险人提供与确定货损原因和程度的其他证据。

二、被保险人应履行的义务

除了上述三项事项，在保险索赔时，被保险人还必须履行以下两项义务。

（一）采取施救措施，防止或减少保险标的损失

《海商法》第 236 条和《保险法》第 57 条都规定了在发生保险事故时，在收到保险人发出的有关采取防止或减少损失的合理措施的通知后，被保险人有义务尽力采取必要的合理措施，防止或者减少损失。若因被保险人没有履行上述义务而造成货损的扩大，则保险公司就损失扩大的部分不予赔偿。

（二）及时向有关责任方索赔，维护保险人的代位求偿权

为了防止被保险人因保险赔偿而额外得利，保险人在对被保险人赔偿后有权代位行使被保险人对造成保险标的损害负有赔偿责任的第三方进行索赔求偿权的权利。《保险法》和《海商法》同时也规定为维护保险人的代位求偿权，被保险人应履行两方面的义务：一是被保险人应在保险事故发生后，及时向第三人发出索赔通知，甚至提起诉讼，以保全诉讼时效利益。二是被保险人应向保险人提供与代位求偿权有关的文件资料和知道的与第三人责任有关的所有情况，协助保险人行使该权利。在保险理赔实务中，保险人支付保险赔偿金后往往要求被保险人签署权益转让书。

三、索赔时效

根据中国《海洋运输货物保险条款》的规定，被保险人向保险人索赔的时效自保险事

故发生之日起两年，而向有关第三责任方索赔的时效往往小于两年。《海商法》规定向承运人索赔的时效为货物卸离海轮之日起一年，交通部规定向港务部门索赔的时效为其编制货运记录次日起 180 天。因此，被保险人一定要在索赔有效期内向第三责任方提出索赔，以维护自己向保险人的索赔权以及保险人的代位求偿权。

案例分析

某货代公司接受货主委托，安排一批茶叶海运出口。货代公司在提取了船公司提供的集装箱并装箱后，将整箱货交给船公司。同时，货主自行办理了货物运输保险。收货人在目的港拆箱提货时发现集装箱内异味浓重，经查明，该集装箱前一航次所载货物为精萘，致使茶叶受精萘污染。

请问：

（1）收货人可以向谁索赔？为什么？

（2）最终应由谁对茶叶受污染事故承担赔偿责任？

[**案例解析**]

（1）可向保险人或承运人索赔。因为根据保险合同，在保险人承保期间和责任范围内，保险人应承担赔付责任。因为根据运输合同，承运人应提供适载的船舶，由于船舶存在问题，承运人应承担赔偿责任。保险人在赔付后，可向承运人行使代位求偿权。

（2）由于承运人没有提供适载的船舶，而货代在提空箱时没有履行其义务，即检查箱子的义务。并且在目的港拆箱时异味还很浓重，因此，承运人和货代应按各自过失比例承担赔偿责任，如承运人承担 60%，货代承担 40%的责任。

第四节　国际货物运输保险理赔实务

保险理赔是指保险人在接到被保险人的损失通知后，通过对损失进行检验和调查，确定损失原因、损失程度和责任归属认定，并对保险赔偿金额进行计算和赔付的一系列过程。

在保险理赔过程中，应重点关注以下几个环节。

一、确定损失的原因

确定损失的原因对保险公司进行保险责任归属划分至关重要。保险人在进行损失原因确定时，通常根据近因原则，核定因承保风险导致的损失并进行赔付。在实务中，快速厘清错综复杂的货损原因，划清责任归属，对保险人和被保险人都非常重要。常见的导致运输货物损失的原因有以下几种。

（一）货物发运前本身的内在品质缺陷

在运输过程中，因货物在装运前本身存在内在质量缺陷或者货物包装不适合长途运输，通常容易造成货物损失。无论是我国的货物运输保险还是伦敦保险协会的保险条款都将原残归属于发货人责任，列为除外责任。

（二）货物运输中因海上自然灾害和意外事故或者一般外来风险致损

货物在运输途中常见的损失主要有水渍、短量或短少、碰损或者破损等。导致这些损失的原因比较复杂，在判定损失的原因时应根据近因原则，厘清到底是承保责任范围内的原因所致，还是运输中承运人的行为不当所致，或者是货物装卸过程中的不当或人为原因引起的损失，如暴风雨使海水浸入船舱、船舶碰撞后海水从船体裂缝处浸入等情况，往往可以在船长海事报告或者航行日志中找到证明。但并不是所有的海水水渍损失都有海事记录可查，这就需要对损失原因进行分析以确定责任。淡水雨淋损失通常与船舶发生海事无直接联系，主要应观察包装外表有无水湿的痕迹。对于短量或短少损失，应核查是外来的偷窃原因，还是原装短少和货物运输正常途耗。

二、保险责任的审定

在划分责任归属时，应依据保险合同中投保险别的承保范围以及保险期间的规定，结合损失原因和货损发生的时间来进行责任认定。同时还应审查被保险人是否履行保险合同中规定的应尽义务。

（一）确定承保险别的责任

在对损失原因进行确定后，保险人应以保险合同中关于承保险别的承保范围为依据，确定损失是否属于保险责任，如风浪使海水激溅船上，货物受损属水渍险范围。在审定海运一切险责任时，要注意并不是所有的外来原因，都可以归属于可负责任的保险范围，如自然损耗、本质缺陷和货物特性引起的损失是保险合同的除外责任。而对一些特定性质的损失，如交货不到、舱面激落、战争、罢工、拒收、虫蛀等风险引起的损失，保险人可以审定被保险人是否加投特别附加险及是否属于承保责任范围，是否发生了除外责任约定的事项。

（二）确定保险期限

确定损失的保险责任后，保险人还应审查保险事故是否发生在保险合同存续期间。通过应审查以下内容：①审查保险单中的被保险人名称在保险事故发生时是否具有保险利益。在货运险中，主要看保险事故发生时，买卖双方是否发生风险责任转移以及承担风险责任的一方是否具有保险利益。这通常应根据买卖合同中双方约定的价格术语的风险责任划分界限来确定。②审查货物的损失是否发生在正常运输过程中。如果发生了非正常运输，是否及时通知保险人并征得其同意。否则，保险人可以因非正常运输加大承保风险为由终止保险合同。③审查保险单中的责任起讫地点。

（三）审查被保险人的义务

当在保险期间内货物发生承保责任范围内的损失时，被保险人有权获得保险人的赔偿，但同时也必须履行相应的义务。通常包括以下内容：①被保险人应根据最大诚信原则履行如实告知义务。②被保险人应遵守其在保险合同中所作出的承诺,否则保险人不负责赔偿被保险人在违背承诺之后所发生的损失。③合同有效期内,保险货物的危险程度增加,被保险人应及时通知保险人。④在保险事故发生时,应及时将货损通知保险人,同时履行应尽的施救义务。⑤在货损涉及第三者时,有义务及时向第三责任方获取索赔证明,有效地维护保险人的代位求偿权利。

三、赔偿金额的计算

保险货物发生承保责任范围内的损失,如果保险人核定属于保险责任,则应及时向保险人进行经济补偿。《保险法》对保险人的赔偿责任有明确的规定。如属保险责任,应在同被保险人达成保险赔偿协议后 10 日内,支付保险赔偿。若保险人在收到赔偿请求及相关资料 60 日内不能确定赔偿金额的,保险人应按最低数额先行赔付,待最终确定赔偿金额后,再支付差额。国际贸易货物保险赔偿的范围通常包括货物损失的赔偿和相关费用损失的赔偿两方面。

(一) 货物损失的赔偿

1. 全损的赔偿

货运险一般采用定值保险的方式,发生保险责任范围内的实际全损或推定全损,被保险人都应得到保险金额的全额赔偿。需要注意的是,发生全部损失后,如有残值的要扣除残值计算赔款。如果一批货物采用驳船分批运输,其中一艘或几艘驳船上的货物全部损失,也视为全损,保险人应按该驳船所载货物的保险金额全额赔付。

2. 单独海损的赔偿

1) 数量(重量)损失的赔偿

若保险货物中部分货物出现灭失或数量(重量)短少,应按照灭失或损失的数量(重量)占保险货物总量的比例,按保险金额计算赔偿。

计算公式为

赔偿金额=保险金额×损失数量(重量)/保险货物总数量(重量)

2) 质量损失赔偿

当保险货物遭受质量损失时,应先确定货物的完好价值和受损的价值,计算出贬值率,以此乘以保险金额,即可计算出赔偿金额。

计算公式为

赔偿金额=保险金额×(货物完好价值-货物受损后价值)/货物完好价值

需要注意的是,货物完好价值和货物受损后价值必须是同一地点的市场价值。如果难以确定当地市场价,经协议可以用发票价值计算。

计算公式为

赔偿金额=保险金额×按发票价值计算的损失额/发票金额

3) 规定有免赔率的货物损失赔偿

对于易碎、易损、易耗等特殊货物的保险,保险合同通常会规定免赔率。免赔率分为绝对免赔率和相对免赔率。我国各保险公司采用的是绝对免赔率,无论货物损失程度如何，保险公司对免赔率内的损失一概不赔。例如，一批货物实际损失的重量是3%，保险合同中约定的绝对免赔率是2%，则保险公司仅赔偿1%的重量损失。

（二）相关费用损失的赔偿

保险事故发生后，除了造成的货物损失，为了避免损失的扩大，或用来处理货损余物，或为了续航和对货物损失进行检验，往往还会产生相关的费用。这些费用包括施救费用、救助费用、续运费用、仓储及卸货费用、检验费用、出售费用及共同海损理算费用等。对于这些费用的支出，如果货物损失属于保险责任，则对费用的支出予以赔付。但保险公司对于上述费用的赔付都规定了相应的赔付额度。根据货物运输保险条款的规定，救助费用的赔偿和保险货物本身损失的赔偿之和不能超过保险金额。出售费用作为货物损失的一部分，和货物本身的损失赔偿之和不能超过保险金额。

（三）共同海损牺牲和分摊的赔偿

在海洋货物运输中，共同海损是不可避免的。海运险中保险人承保的平安险、水渍险和一切险都负责赔偿共同海损牺牲与共同海运分摊。共同海损牺牲和费用应由船舶、货物和运费三个主要利益方按比例分摊。应先计算分摊价值，然后根据各方价值占分摊价值的比重确定分摊比例，最后根据分摊比例确定各方的分摊金额。

本章小结与关键术语

练习思考题

一、简述题

1. 货物发生损失后，被保险人如何进行索赔？索赔时提交的单证有哪些？
2. 索赔时，保险费的计算是如何进行的？
3. 什么是保险理赔？理赔包括哪些环节？
4. 在货物运输过程中，导致货物在运输途中损失的原因主要有哪几种？
5. 共同海损和单独海损的区别有哪些？

二、案例分析

1. 我国某公司以每箱50美元CIF悉尼出口某商品共1万箱，货物出口前，由我公司向中国人民保险公司某分公司投保了水渍险、串味险及淡水雨淋险，其保险费率分别为0.7%、0.3%和0.2%，按发票金额110%投保。试计算该批货物的投保金额和保险费各是多少？

2. 我国A公司按照CIF价格条件与某国B公司签订了一单2 000吨食用糖的生意，投保一切险。由于货轮陈旧，速度慢，加上沿途尽量多装货物，停靠码头的次数和时间太多，结果航行3个月才到达目的港。卸货后发现，路途时间过长，加之又要穿过赤道，食用糖长时间受热已变质，根本无法出售。问这种情况保险公司是否应赔偿？为什么？

即测即练

参考文献

[1] 姚新超.国际贸易运输与保险[M].4版.北京:对外经济贸易大学出版社,2016.

[2] 姚新超.国际贸易保险[M].3版.北京:对外经济贸易大学出版社,2012.

[3] 栗丽.国际货物运输与保险[M].5版.北京:中国人民大学出版社,2017.

[4] 蔡蕊.国际货运与保险[M].北京:北京大学出版社,2013.

[5] 李贺.国际货物运输与保险:理论·实务·案例·实训[M].2版.上海:上海财经大学出版社,2016.

[6] 杨良宜,汪鹏南.英国海上保险条款详论[M].大连:大连海事大学出版社,2009.

[7] 段满珍.国际集装箱运输与多式联运[M].北京:北京交通大学出版社,2011.

[8] 罗勇,吴小梅.新编国际货运代理实务[M].北京:电子工业出版社,2013.

[9] 杨海芳.国际货物运输与保险[M].3版.北京:北京交通大学出版社,2018.

[10] 孙家庆,杨旭.国际货运代理风险规避与案例分析[M].北京:科学出版社,2009.

[11] 顾寒梅,张华.国际货物运输保险理论与实务[M].北京:中国物资出版社,2005.

[12] 张颖.国际货物运输代理实务[M].大连:大连理工大学出版社,2010.

[13] 孙晓程.国际货物运输与保险[M].大连:大连理工大学出版社,2009.

[14] 朱岩,王贵斌.国际货运代理理论与实务操作[M].杭州:浙江工商大学出版社,2012.

[15] 赵家平.国际货运与代理实务[M].天津:天津大学出版社,2009.

[16] 潘永,吴晓东.国际贸易运输与保险[M].大连:东北财经大学出版社,2012.

[17] 孙志强.案例分析:一切险责任方的判断[J].集装箱化,2006(5):26-28.

[18] 徐伯民.集装箱内货损分析和防止货损的建议[J].航海技术,2007(4):25-29.

[19] 姚新超.集装箱运输STC条款下贸易商申报货物数量方式的探讨[J].对外经贸实务,2006(6):15-20.

[20] 刘聪.面向承运人的集装箱运输系统协作管理[D].上海:上海交通大学,2012.

[21] 周甫宾.集装箱装载服装货损一案分析.[J].集装箱化,2005(8):38-40.

[22] 李勤昌.国际货物运输[M].5版.大连:东北财经大学出版社,2018.

[23] 董琳娜,何翔.国际货物运输与保险[M].北京:清华大学出版社,2017.

[24] 方照琪.集装箱运输管理与国际多式联运[M].北京:电子工业出版社,2017.

[25] 黄海东,孙玉红.国际货物运输保险[M].3版.北京:清华大学出版社,2016.

[26] 薛刚.国际贸易运输——外贸运输操作实务[M].广州:广东经济出版社,2014.

[27] 庞凯华.论海运货物一切险的承保范围[J].世界海运,2015,38(9):45-49.

[28] 孙佳佳,赵婷婷.海上货运“一切险”保什么[J].中国外汇,2016(1):68-69.

[29] 袁婉珺.“一切险”理赔范围存争议 最高院再审定乾坤[N].中国保险报,2015-05-05.

[30] 黄海.对海运货物一切险承保范围之界定[J].法律适用,2006(Z1):125-127.

教学支持说明

▶▶ 课件与教学大纲申请

尊敬的老师：

您好！感谢您选用清华大学出版社的教材！为更好地服务教学，我们为采用本书作为教材的老师提供教学辅助资源。该部分资源仅提供给授课教师使用，请您直接用手机扫描下方二维码完成认证及申请。

任课教师扫描二维码
可获取教学辅助资源

▶▶ 样书申请

为方便教师选用教材，我们为您提供免费赠送样书服务。授课教师扫描下方二维码即可获取清华大学出版社教材电子书目。在线填写个人信息，经审核认证后即可获取所选教材。我们会第一时间为您寄送样书。

任课教师扫描二维码
可获取教材电子书目

清华大学出版社

E-mail: tupfuwu@163.com　　网址：http://www.tup.com.cn/
电话：010-83470158/83470142　　传真：8610-83470107
地址：北京市海淀区双清路学研大厦B座509室　　邮编：100084